方彦富　主编

HAIXIA WENHUA
LUNJI

海峡文化论集

刘登翰　著

江苏大学出版社
JIANGSU UNIVERSITY PRESS
镇　江

图书在版编目(CIP)数据

海峡文化论集 / 刘登翰著. —镇江:江苏大学出
版社,2014.3
ISBN 978-7-81130-696-5

Ⅰ.①海… Ⅱ.①刘… Ⅲ.①海峡两岸－地方文化－
文集 Ⅳ.①K295－53

中国版本图书馆 CIP 数据核字(2014)第 042389 号

海峡文化论集

丛书策划/芮月英
丛书主编/方彦富
著　者/刘登翰
责任编辑/张　璐
责任印制/常　霞
出版发行/江苏大学出版社
地　　址/江苏省镇江市梦溪园巷 30 号(邮编:212003)
电　　话/0511-84446464(传真)
网　　址/http://press.ujs.edu.cn
排　　版/镇江文苑制版印刷有限责任公司
印　　刷/丹阳市兴华印刷厂
经　　销/江苏省新华书店
开　　本/890 mm×1 240 mm　1/32
印　　张/11.25
字　　数/330 千字
版　　次/2014 年 3 月第 1 版　2014 年 3 月第 1 次印刷
书　　号/ISBN 978-7-81130-696-5
定　　价/38.00 元

如有印装质量问题请与本社营销部联系(电话:0511-84440882)

目　录

序

孙绍振

　　从20世纪50年代认识登翰，就觉得他气质上和我不同。他的诗和他的人一样温文尔雅，不像我受了当年苏联红极一时的诗人马雅可夫斯基的影响，以率性呐喊自得。他还在大学一二年级时，就置身于北大才子集中的《红楼》，和康式昭、谢冕、林昭、张炯、江枫以及《红楼》的主要作者群张元勋、沈泽宜、任彦芳、温小钰、汪浙成等一起，那可是我可望而不可即的宝塔尖。不过1958年寒假期间，谢冕把我、孙玉石、殷晋培、洪子诚和登翰拉到一起写《新诗发展概况》，在《诗刊》上连载。虽然没有载完形势就发生了变化，以至于不了了之，但是在讨论他的稿件时，我就感到他颇有文采，"笔锋常带感情"。以他的才情，毕业后留在北大是不成问题的，但是，他似乎并不在意令人羡慕的学者的前程。他选择回到故乡福建的目的是更好地照顾家庭并更多地接近生活，把生命奉献给文学创作。回到故乡以后，意想不到的挫折、贬入山区的坎坷并没有把他压倒。很快，他的组诗《蓝色而透明的土地》《耕山抒情》引得福建文坛刮目相看，他对自己才能的自信最终被实践所证明。读到郭风对他赞扬的文字时，我正在华侨大学那个"左"得荒谬的地方挨整，平均每两个星期被领导"刮胡子"（挨批）一次。我不仅丧失了创作和学术研究的兴趣，而且丧失了人生的自信。十多年来，除了读书，我几乎没有什么乐趣。有一段时间，我甚至放弃了文学阅读，专门钻研哲学、历史，包括对黑格尔和马克思的研究，越是难啃的哲学经典，越是能够让我忘却现实的痛苦。当时只是怀着一种"改造世界观"的虔诚，根本没有做学问的念头。待到改革开放，

"朦胧诗"大论战把我推向第一线的时候,我和登翰又会师了。对于舒婷,他接触得比我早,想得也比我多,在我写出那篇引起"左派"愤懑的《新的美学原则在崛起》之前,我们有过多次交谈。他的许多话给我很大的启发。其中最警策的是:舒婷他们这一代写诗和我们不同,他们是无所讳忌地贴近自己,而我们则是千方百计地回避自己。这句话的概括力很强,我的一些朦胧的感觉被调动起来。他的话和他的个性一样温和,不带进攻性。而我生性粗率,又加上多年研究黑格尔而带给自己的刻骨铭心的影响,我养成了在树立对立面中立论的习惯,率性骂人,口无遮拦,难免言辞尖刻。在《新的美学原则在崛起》中,就更加锋芒毕露,他所说的贴近自我就变成了"自我表现",而且把当时视作神圣经典的"抒人民之情"当成对立面。感觉不过瘾,还加上了几个"不屑于"表现英勇劳动、忘我斗争、"不屑于"充当精神的号角。这就惹恼了全国从上到下一系列的正统派,使我在三四年左右的时间内陷入了被围困的境地。我曾经想过,同样的意思,让他来写,可能就要委婉得多、周密得多。当然,历史不容假设,况且他和我的文风各有高下和短长。

20世纪90年代初期,文坛和诗坛都令我失望。谢冕写过一篇文章叫做《新诗正离我们远去》,我当时的想法是,与其"你"远去,还不如我远去。差不多有十年的时间,我把关注的焦点转向了幽默学和散文。等到20世纪90年代末,我重归学术界,发现登翰早已离开了诗歌创作和研究,转向台湾和港澳文学,而且成了权威,主持完成了《台湾文学史》《香港文学史》《澳门文学概观》,之后又进入了世界华文文学理论的探索领域。此前,台港文学研究尚在草创,虽然每两年有一次全国性学会的年会,但是,就我的涉猎来看,基本上还是以介绍为主,以作家论、作品论,甚至赏析为主,对于当代文学评论表现出某种幼稚的依附性。由于缺乏艺术感觉和真正独立的思想,对台港文学作品一概甜言蜜语成为风气,令界外人士不屑。登翰就亲口转述过一位上海某刊物主编相当刻薄的评价:"弱智"。当然,真正有分量的研究还是有的,只是比较罕见。登翰以他的辩证法功底和创作经验与这些论者相比,当属凤毛麟角。我曾经在香港一家报纸的专栏上说出这个印象,不想引起了朋友潘亚暾先生的愤怒,被为文反讥扣了"宗派主义"的帽子。二十多年过去了,回首往事,如普希金所言,那逝去了的一切,都变成亲切的怀恋。

人生如白驹过隙,转眼跨过了 20 世纪。台湾文学研究已经变成了"台港澳暨海外华文文学"研究,或称"世界华文文学"研究。我偶然参与其年会,不禁惊讶其规模之大和水准之高,与当年不可同日而语。以往那种从现象到现象的感性介绍、甜言蜜语的赏析,虽不能说荡然无存,但是已经退居边缘。二三十年的时光没有白过,台港澳暨海外华文文学研究已经走过了草创时期,学科建构的定位似乎有了比较普遍的自觉。我的涉猎不广,仅仅从登翰的文章中可以看出,从材料的梳理到学科基本范畴的建构,留下了坚实的足迹。在摆脱了对于当代中国文学评论的学科依附性之后,提出了本学科独立的范畴和诠释的架构。这显然是一项浩大的工程,每一个概念都需要原创命名,并在内涵上严密阐释。登翰为此做出了许多努力。我从他刚刚出版的文集《华文文学的大同世界》中,看到了这种学理性的追求。对于一些基本概念,从命名、范畴到内涵,都企图建立一个属于华文文学自己的理论框架和诠释体系,诸如"华人"的概念和身份变化,"语种的华文文学"和"文化的华文文学""族性的华文文学""个人化的华文文学"概念、内涵的共通和差异,华人为何"文学"和文学如何"华人"的提问,双重经验的跨域书写,等等,无不显示出深化论题和深入辨析的努力。值得注意的是,基本范畴的形成还得力于内部和外部谱系的展开:"一体化和多中心",华人的世界性生存经验与文学书写的关系,海外华文文学与母国文学的"相似性"和"转移性"等,在内在的深层和外部广阔的联系中,提出"华人文化诗学"的概念,以此基本范畴为核心,走向系统观念的建构。

这一切给我的感觉,不仅仅是学科建构,而且是学术升级。

较之早期的新诗讨论,这是登翰二十多年来付出最多的一项研究,一项富于独立性和开创性的研究。

然而,如今摆在我面前的这部新作是登翰在华文文学研究之余拓展的另一个新的领域:地域文化研究。

在当前,地域文化研究是门显学。不过,大多研究者关注的要么是地域文化形成的历史,要么是地域文化的各种表现形式,如方言、民间习俗、民间信仰、民间戏曲、民间工艺、民间美术等。登翰主持过一套总计 17 本、约 500 万字的大型《闽台文化关系研究丛书》,每册一个主题,林林总总,就包括了上述大多数研究者关注的这两个方面。但登翰所写的作为"丛书"导论的《中华文化与闽台社会——闽台文化关系论纲》,其着力点不在于讲述历史、介绍背景,而在于透过对历史背景的现象描述,揭示中华文化如何走向海洋的意义和价值,从理论上建立对闽台文化的认识体系和阐释框架。他借鉴文化地理学的视野和方法,发现了传统的文化地理学对文化区域划分的缺陷,即只重视"地域"而忽略了"海域",而"海域"的观念对于我们这样一个有着漫长海岸线的滨海大国具有重大意义。福建和台湾恰恰处于台湾海峡这一黄金水道的两侧,历史上由中原经福建再度移民台湾,方言、习俗、信仰等的传承性和相似性,使闽台成为一个共同的文化区。从文化传播的路径上看,其特征不是相邻地域的扩展传播,而是面对海峡的跨海传播。为此他提出了"海峡文化"和"海峡文化区"的概念,并以此作为对"闽台文化"的重新认识和命名。这样的概括把内陆文化与海洋文化的统一和转化当做主导,突出海峡的特殊性,正面指出闽台作为具有移民播迁的文化积淀的特色,肯定了中华文化的内陆性质在走向大海过程中对海洋文化精神的涵化。他在此基础上提出"海口性"文化的范畴("海口性"是一个具有原创性精神的概括),并且在阐释中衍生出系统的、有机的概念谱系,而这正是学科建构、提升的标志。他从移民和移民社会入手,围绕共同面对的一道海峡,分析闽台社会的地理文化特征和社会文化心理,提出如下一系列相互关联的富有新意的观点。他这样概括闽台社会地缘的文化特征:

1. 从大陆文化向海洋文化的过渡:多元交汇的"海口型"文化。
2. 从蛮荒之地到理学之乡的建构:"远儒"与"崇儒"的文化辩证。
3. 从边陲海禁到门户开放的反复:商贸文化对农耕文明的冲击。
4. 从殖民屈辱到民族精神的高扬:历史记忆的双重可能。

正是在这样的历史文化环境中,孕育了闽台相似的社会心理和文化性格：

　　1.祖根意识与本土认同：移民文化的心理投射。

　　2.拼搏开拓与冒险犯难：移民拓殖性格的两面性。

　　3.族群观念与帮派意识：移民社会组合方式的心理影响。

　　4.边缘心态与"孤儿"意识：自卑与自尊的心理敏感。

　　5.步中原之后与领风气之先：近代社会的心态变化。

　　这些立论和分析秉承着登翰一贯的不满足于表象描述的理论气度，在严格的概念内涵界定中，有自己独特的发现和概括，也有自己诠释的理论系统和话语。他以这样的研究把自己和同行的研究区别开来。建立在史料基础上的理论概括，从原创概念出发的诠释和学术建构，是登翰从华文文学研究到地域文化研究的一贯风格，也是这二十多年来我所看到的登翰的成熟。

　　从移民到文化，闽台关系是一个有史可证的客观存在。不过近年来也为彼岸某些人所忌讳，生怕谈了闽台就矮化了台湾，这是一种被"政治"绑架了的学术恐惧心态。谈政治，必须结合两岸；但论及文化区，无论从语言、习俗、信仰等哪个方面看都必须讲闽台，不讲闽台，难道去讲京台、川台、辽台？更有甚者，一些鼓吹"台独"的人，企图建立他们的文化"理论"。他们鼓吹"台湾人不是中国人""台湾文化不是中国文化""台湾话不是中国话""台湾历史不是中国历史"。这些罔顾事实和逻辑常识的所谓"理论"，由于披有学术的外衣，便具有相当的欺骗性、煽动性。若就事论事对其进行政治批判，则不免流于肤浅；如果没有共同语言，就会变成聋子的对话。西方修辞学的传统认为，辩论应有共同前提，也就是"论辩双方必须属于同一话语共同体"。这个理论是有缺陷的，因为不同的话语体系间的辩论无处不在。破解之道，即只要把对方的前提转化为自己的前提，也就是以你的道理来论证我的立场，不同系统之间的对话、论辩就能顺利进行。这就是说，不管话语体系多么相左，只要本着系统的资源和学理逻辑，以子之矛，攻子之盾，辩论就有是非曲直可言。

　　登翰所做的闽台文化研究，自有其深刻的本身价值。面对"台独"的文化谬论，这些研究实际上又成为批驳和辩论的基础。也就是说，要从根本上破除此等荒谬言论,则不能不对海峡文化学进行学科建构和提升,不能不对海峡文化的历史资源和现状作原创概括和第一手梳理。

在这里,基本概念和范畴的辨析就成为基础的基础。故本书从《论海峡文化》开始,开宗明义,就着力对"海峡文化区"的概念作出界定,对其内涵与外延、性质与意义进行阐释,指出此一概念与通常使用的"闽台文化""闽南文化"的异同。这表面上似乎是学院派的概念繁琐辨析,其深邃含义乃在前者重在"地域",而海峡文化区的焦点乃在"海域"。对这样的区别,辨析毫厘,并没有陷入经典哲学繁琐的论辩,恰恰是因为其现实针对性而显出理论的活力。这一论述,客观上也在瓦解"台独"理论把中华文化定位为大陆文化,将台湾定位为海洋文化的根基。文章以丰富的历史资源和辩证的学理逻辑做出了雄辩的回答。在学科建构多层次中颠覆"台独"分子的文化话语,成为本书的一大特色。

这显然得力于登翰的哲学方法论,在此二元对立被视为不够时髦的时候,他却很自觉地坚持着黑格尔式的对立、统一、转化的模式,这表现在他对观念、现象作多层次(剥笋壳式)的矛盾分析。他从对核心概念"海峡文化"的具体分析出发,提出"海峡文化区"和"环海峡文化圈"两个概念,又从"文化区"中分析出"形式文化区"和"功能文化区"。由此指出"台独"分子所强调的台湾文化实际上并不是历史积淀的稳定的"形式文化区",而是暂时性的"功能文化区"。抓住并分析矛盾的对立面,并没有使得他的分析僵化,相反,他按照黑格尔"正反合"的模式作螺旋式的推进,在个别地方对黑格尔"正反合"的模式方法有所保留,这使他更灵活。正是因为这样,他得心应手地从核心和范畴方面进行分析,衍生出成对的子范畴谱系,这似乎是他的"拿手好戏"。

他学风的可贵在于对学理的深化和学科建构的追求。他把学科建构基本范畴和逻辑系统作为论述的纲领,自然使得他的著作具有某种气魄;但是,如果要挑一点毛病的话,观念的定义(内涵和外延)以及其体系性的谱系的强化,不可避免地使得实证性有所弱化,因而从阅读效果来说,感性不够饱和。例如,"台独"理论硬说台湾流行的闽南话不是中国话,这是违反最起码的经验和常识的。闽南话和被称作"台湾话"的闽南方言的基本词汇是大体一致的,其词源和中古词汇一脉相承。只是到了现代,北方官话变了,而闽南和台湾方言却没有变,如把"锅"叫做"鼎","晒太阳"叫做"曝日","进来"叫做"入来","快步"叫做"走","开水"叫做"汤",等等。而在语音上系统的对应更是明显,如,中古的声母 g/k/h,在现代系统地变成了 j/q/x;在闽南和台湾方言中,仍然读做 g/k/h,如街道的"街",普通话的声母读 j,而在闽南和台湾方言中仍然读 g。这种语音演变的痕迹保留在汉字形声结构中,"街"的形旁为"行",是一条交叉的路,而当中的"圭"则是表示声音的,在现代汉语和闽南话中此字的声母都仍然读 g。又如"起",现代汉语的声母是 q,而在闽南和台湾方言中,声母保存了古代的 k;现代汉语中的"喜",声母读 x,而在闽南和台湾方言中仍然读古代的h。只要有起码的闽南话和汉语史的修养,就不难揭穿"台独"论者所喋喋不休的所谓"台语"不是中国话的鬼话。其实,台湾闽南口语的音韵比之现代北京话更多地保留了中原音韵系统前的中古音,通俗地说,不管是陈水扁、李登辉还是闽台引车卖浆者流,他们的口语比之普通话更接近杜甫和岳飞的口音。"台独"论者要证明台湾方言不是中国话,首先就得证明岳飞和杜甫不是中国人。登翰是闽南人,在这方面的感性资源得天独厚,如果能把这些资源适当逻辑化,则不难使文章更富情彩和智彩。不过,这种假设也许是武断的,真要强迫登翰这样写,文章可能就不像是刘登翰的,而像是孙绍振的了。

2012 年 12 月 13 日

论海峡文化

　　建设海峡西岸经济区的战略构想已成为事实,一个具有更大视野的海峡经济区的概念受到各方面的关注。事实上,当"海峡"由一个自然地理的概念转换成人文区域的概念时,"海峡"便不仅仅只是"岸"的单一性概念,而是两岸的关联性概念了。一方面,每一个经济区的形成都有其深厚的人文背景,并且随着经济的发展,伴生出新的文化形态;另一方面,文化的区域形态及其发展,将成为经济发展的基础,并推动经济向更大的空间发展。因此,关注海西和海峡经济区的发展,就不能不关注这一区域的文化构成,它的历史、形态、现状和发展所区别于其他区域的特殊性,以及对于经济发展可能产生的影响。为此,海峡文化便也成为一个特殊的命题,它既是一个已然的事实,也是一个尚未被我们充分认识的、发展着的文化存在。本文尝试对海峡文化的内涵与外延、性质与意义,以及与我们此前常常使用的"闽台文化"与"闽南文化"之间的关系等问题,作一点初步的界定和思考,以就教于关心海西建设和海峡文化发展的朋友。

一、海峡文化:一个有待重新认识的概念

　　在中国的区域划分和区域文化研究中,一个普遍的倾向是:比较重视"地域"的观念,而相对缺乏对"海域"的认识。这自然有中国历史所形成的农耕文明的原因。中国文明发端于黄河流域中游,而后才逐渐向自然条件更好即更适宜耕种的黄河下游延伸。自上古的商周历经秦、汉、隋、唐而至北宋,两千余年来中国的政治、经济、文化中心

都沿着黄河这一轴心在长安——洛阳——开封作东西方向的移动。直至西晋末年，才迫于北方游牧民族的军事压力，开始成批向江南转移。土地是中原汉族的根本，中原文化也是根植于土地的文化。作为其典型代表的儒家学说，便是对建筑在农耕文明基础之上的封建宗法社会的反映和维护。漫长封建社会的分封制，是以土地和人口为标志，将中原文化携带延播到周边不同地区，进而在不同的自然与人文环境中发展成为中原文化的亚文化形态。区域划分和区域文化研究强调"地域"的因素，以之作为划分和研究的依据，自有其历史的必然性。

然而，中国不仅是一个内陆国家，还是一个滨海国家。中国的西部和中部，深入在亚洲大陆的内陆核心，从这里发育出灿烂的农耕文明；而其东部和南部，则处于亚洲大陆的东南边缘，面对浩瀚的西太平洋。从中国北部的渤海湾、黄海、东海直到南海的北部湾，漫长的海岸线上分布着五千多个岛屿。这样的滨海环境，自古就孕育出了十分活跃的海洋经济和海洋社会的文化因素。平坦开阔的中国中部大陆上自西向东奔流入海的大江、大河，不仅带着内陆的泥沙，也携带着中原的文化并向东、向南延伸。中原汉族的巨大融合力和统治王朝的强大震慑力，使生活在滨海地区的海洋部族东夷和南越先后融入汉族之中，纳入在中央王朝的统辖之内。中原文化在进入滨海的地理和人文环境之后，把海洋文化因素涵化其中，创造出了与中原传统社会有所差异的文化形式，既承续着中原社会的文化传统，又发展着滨海民间社会以海为田、经商异域的小传统。由内陆文化向海洋文化的过渡与融合，成为滨海地区特殊文化形态的重要标志。在中国历史上，自南宋以后，中国政治、经济重心都逐渐由北向南倾斜，实质上就是由北方的旱作文化向南方的水作文化倾斜，由中西部的内陆文化向东南部的海洋文化倾斜。宋元以来，海上的贸易和交往十分频繁。中国与世界的联系，不只是有蹒跚的驼队在漫漫沙漠上的跋涉一途，还有浩渺大海上的乘风破浪。在此后的历史发展中，中国的政治中心，虽仍偏于北方，但经济重心却转移到了南方。自南宋以来八百多年间，这一状况似无太大改变。时至今日，拜海洋文化传统所赐，中国的改革开放最先从南部和东部起步,并获得显著的效果。今日中国经济最为活跃的地区,无论环渤海湾、长三角还是珠三角,无不体现着融入世界经济大格局之中的海洋文化精神。

从总体看,中国文化的走向有着显著的由内陆文化向海洋文化发展和融合的趋势。台湾海峡地区文化的发展典型地体现了这一走向。

自然地理学认为:海峡是连接两个海域的狭长水道。这个定义同时也意味着,海峡是沟通被分割的两块陆地的一片水域。特殊的地理环境使海峡成为人类交往和经济、文化交流最为活跃的区域之一,从而将自然地理学意义上的海峡发展为文化地理学意义上的海峡。

据统计,全世界有一千多个海峡,但其中适合航行的仅130多个,而能够成为人类频繁交往通道的只有40多个①。中国的海峡不多,较著名的有沟通渤海和黄海的渤海海峡、沟通东海和南海的台湾海峡,以及沟通南海和北部湾的琼州海峡。而无论从政治、经济还是文化上看,台湾海峡都是最重要的一个。它位于福建省和台湾省之间,南北长三百多公里。从纬度上看,以福建的中部和南部为主要对应地区,还向南延伸到粤东,并且辐射到香港和澳门地区。自古以来,台湾海峡就是纵贯我国南北最重要的海上黄金通道。从南北看,不仅从渤海、黄海、东海到南海的往返船只必须从这里通过;而且中国与欧洲、非洲、大洋洲和东北亚、东南亚、南亚交往的船只,也须从这里穿行。而从东西向看,连通海峡两岸的,只有这片水域。四通八达的交往,无论从经济层面还是文化层面都使台湾海峡成为最为忙碌也最为人们所关注的地区。在中国历史上,自西晋之后,大量中原汉族人口向南迁徙,成为闽、粤社会的人口主体,并在明末以后,人们再度由闽南和粤东越过海峡,向台湾移民,成为台湾社会的人口主体,并以移民携带的中原文化作为台湾社会建构的基础,形成了福建、粤东与台湾在共同的地缘、血缘、文缘、商缘和法缘基础上的共同文化区,这也就是我们所说的台湾海峡文化区。这里有必要对"海峡文化""海峡文化区"和"环海峡文化圈"这几个互相关联的概念做一点解释。所谓"海峡

---

① 李长久,卢云亭编:《海峡》,海洋出版社,1980年。

文化"是指中原文化在台湾海峡地区孕育发展的地域形态;"海峡文化区"是这一特殊文化形态所分布的区域范围;而"环海峡文化圈"则是由文化的向外渗透和辐射作用所形成的,以"海峡文化区"为中心而形成的环绕台湾海峡地区的一个更为广大的文化圈。三者既相关联又有若干区别。由于近代以来台湾的特殊历史遭遇,使台湾问题和祖国统一问题成为两岸共同关注的话题。因此,我们通常所说的"海峡西岸""海峡经济""海峡文化"或"海峡文化区",在未作特别说明的情况下,均指台湾海峡。

经济学界在讨论"海峡经济区"时,明确其范围是指台湾海峡东岸的台湾和台湾海峡西岸的福建,以及浙江南部的温州地区和广东东部的潮汕、梅州地区,还有作为腹地的江西中东部地区。这个范围对海峡文化区基本也是适用的。说"基本",是因为如果仅仅从自然地理的纬度上看,浙江南部的温州地区并不在台湾海峡范围之内,但从文化范畴上看,古代福建本为百越族活动的地区之一。公元前3世纪,无绪立闽越国,其范围就在从今天的浙南到粤东的一片广大地区。今日温州地区的一部分,还属闽南方言语系,呈现出一定程度的闽南文化形态,将其包括在海峡文化这一概念内,亦有其道理。文化地理学在讨论"文化区"这一概念时,将其划分为形式文化区和功能文化区两种。所谓形式文化区是指具有一种或多种文化特征(如语言、宗教、信仰、民俗,等等)的人群所分布的地理范围;而功能文化区则强调广义的文化所涵盖的政治、经济、法律等不同机制和功能对地域和人群的划分,如一个省区、县区,一个教区,一个选区等。形式文化区是漫长历史发展中文化积淀的结果,相对于功能文化区,具有更大的稳定性;而功能文化区侧重对现时政治、经济状态的考量,往往会由于政治、经济、法律的某些变动而随之重新划分;也因此,形式文化区由于文化传播的渗透性和跳跃性,其边缘界限往往是模糊的、带状的,不像功能文化区的划分那么清楚、明确,以线划界。形式文化区和功能文化区既相对区别,有时又互相重叠,还可能互为因果,互相包容。在这个意义上,我们所讨论的海峡文化区,是一个形式文化区。在台湾海峡这个特定环境中,海峡文化区和海峡经济区有着辩证的互动关系,在"空间"上既相互重叠,在"时间"上又有着互相分离的过程。

海峡文化区这一概念在今天被重新提出,有着特殊的意义。首先,海峡文化区更准确地界定了海峡文化的构成因素和区域范围。以往我们习惯以"闽"/"台"和"闽南"/"福佬"相对应来讨论海峡两岸的文化,它客观上造成了对海峡西岸南北两端的粤东和浙南,以及与闽南文化有着同样重要地位的客家文化的忽略。对"海峡文化"或"海峡文化区"的重新定义,避免了这种以偏(虽然是主要的)概全的不足。其次,"海峡文化"的概念突出了海峡地理环境对文化形成和发展的影响因素,从源头上追溯海洋文化对于伴随中原移民而来的内陆文化,在海峡两岸互相涵化和发展的过程,把区域文化研究的"时间"(历史渊源的追溯)和"空间"(濒海地区的海洋文化因素)辩证地统一起来,更准确地突显出台湾海峡地区区域的文化特征和发展走向。再次,"海峡文化"是对当下两岸文化现实的概括。这一定位把以往较多建立在历史学基础上的闽台文化研究拉回到当下现实的层面,不仅关注海峡两岸文化形成的历史,而且关注海峡两岸文化的当下状态和现代性发展,关注现代经济背景下新的现代文化形态形成的当下现实。

毫无疑问,福建是海峡西岸的核心部分。作为中原文化地域形态的闽文化或闽南文化的代表,福建是影响海峡东岸文化形成的主要因素,因而也应当是海峡文化的主体部分。海峡文化和闽台文化这两个概念并不互相对立和排斥,而是互相包容和印证,并有所扩展的。海峡文化既涵括了作为主体的闽台文化,也重视闽台以外的其他文化形态的存在和影响,是既以闽台为中心,又对超越闽台界限对文化的既存历史和现实发展作出的更大视野的回应。

二、海峡文化:历史形成的一个稳定的文化结构

海峡文化或海峡文化区概念的提出,不是偶然灵机一动的主观想象,而是历史发展的一个既存的事实。首先,作为台湾海峡西岸主体部分的福建及粤东,与海峡东岸的台湾及其周边岛屿,都在亚洲大陆的东南边缘,其间只隔着一道宽约 150 千米,水深大都在 100 米以内,南部可达 400 米、中部仅 40 米的"窄窄"而"浅浅"的海峡。在历史上

的几次冰川时期,从 300 万年前到 15000 年前,曾经四次与陆地两岸相连。正是这个特定的地缘因素使早期的华南相哺乳类动物群由西岸向东岸迁徙。台湾著名的考古学家宋文薰还以大量考古发现认定,"这段期间很可能有以狩猎与采集为生的旧石器时代人类,跟随动物移居台湾"。① 在台湾台南县左镇乡菜寮溪发现的旧石器时代的"左镇人",是由祖国大陆迁往台湾的,与北京"山顶洞人"为同一时期的旧石器时代人类,在人类进化史上有着密切的亲缘关系。现今台湾的少数民族,虽然有着来自不同方向的族源之说,但其中一个重要的族源即由海峡西岸东迁的古越族。至今,古越族的许多标志性的文化特征仍保留在台湾的少数民族族群之中,这是两岸人类学界的共识。

从今天台湾社会的人口主体看,中原汉族由海峡西岸向东岸大规模的移民,始于明末,至有清一代,经历了三次大的移民浪潮。这些自公元 3 世纪就开始不断由中原南迁福建和广东的汉族人口,在经历了一千多年的生息之后,再度由闽粤东徙入台,并且成为台湾社会的人口主体。移民的迁徙,实际上也是文化的延播。由中原随移民延入福建和广东的中原文化,经历了在闽粤的本土化之后,再以闽南文化和客家文化的地域形态,随移民携带入台,成为台湾汉族社会的建构基础。这个过程,既是人口迁徙的过程,也是文化形成和社会建构的过程。"同种同文",是人们对两岸密切的血缘和族缘,以及由血缘和族缘所带来的文化亲缘最简约、通俗的概括,也是海峡文化得以形成的一个最重要的基础。两岸密切的交往,在经济层面上是清代以来各彰特色、互通有无的经贸关系的发展,此时大量出现的以沟通两岸物流为目标的"郊商",便是这一经济需求发展的结果。在历史上,台湾作为中国领土之一的地位,早已明确。1622 年荷兰人驾船东来,声称发现"福摩萨"。而据史料记载,早此 1400 多年,三国东吴已遣将派兵进入台湾,并有了沈莹在《临海水土志》中对台湾的详细记载。此后历朝都有经营台湾的举措。至元,已在澎湖设置巡检司。1662 年郑成功驱荷复台,将台湾作为抗清复明的海上军事基

---

① 宋文薰:《由考古学看台湾》,《中国的台湾》,台湾"中央"文物供应社,1980 年,第 6 页。

地,还仿明制移入了大陆的政治军事体制。1683 年清政府统一台湾,进一步将台湾作为中央王朝的一个府,其行政建制隶属于福建省。1885 年台湾单独建省,仍称"福建台湾省"。历史事实说明,台湾始终在中国政治版图之中,并在其社会进程上寻求与大陆社会的同质建构和同步发展。这一明确的法缘关系,更进一步表明了海峡两岸不可分割的政治、经济和文化的一体性。

台湾海峡是属于中国领海之内的海峡,不同于诸如英国和法国之间的英吉利海峡,新加坡、马来西亚和印尼之间的马六甲海峡,必须面对不同的国家、种族和文化。台湾海峡两岸密切的"五缘"(地缘、血缘、文缘、商缘、法缘)关系,使台湾海峡文化,就其性质而言,是在同一个国家、同一个民族和同一个文化体系之内,因不同地理和人文环境所形成的区域形态,是中华文化的一个亚文化形态。海峡两岸的人口迁徙,不同于世界上不同国家之间的跨国移民,只是在本国之内由经济开发较早地区向经济开发迟缓地区的移民。因此其面对的移民和台湾少数民族之间的种族差异和文化冲突,并不十分激烈。特别是大陆居民移至台湾,前后经历几次高潮,持续达三四百年之久。较早的移民经过数代传延之后,已成土著;后来的移民实际上是早来移民的延续,是后来者对早到者在经济生产力上的充实和文化亲缘上的加深。二者不存在根本利益的矛盾和冲突。虽然后来由于社会的变迁,特别是台湾特殊的历史遭遇,导致今日台湾社会的发展走上和祖国大陆无论在政治体制、经济制度还是意识形态等,都不尽相同的道路,文化形态上发展出若干新的特征,但并没有根本改变两岸文化的同质性。无论从上层士人文化的儒家传统,还是下层俗民文化的方言、宗教、信仰、习俗和民间工艺等看,台湾文化依然是以中原汉民族文化为基础和规范建构起来的海峡文化区的一个侧面,一个在共同的民族文化逻辑上虽有某些新发展但并未改变其本质的分支。

在中国文化的大格局中,海峡文化是最典型地体现出中原文化由内陆向海洋发展的走向与特征的。我在《中华文化与闽台社会——闽台文化关系论纲》一书中,曾经就闽台文化的特征提出一个"海口性"

的概念①。所谓"海口性",首先是指闽台的地理区位,就海峡西岸的福建与粤东而言,是内陆河流的出海口;其次,从文化区位上看,"海口性"是源生于中原内陆的文化走向海洋的出海口。与闽粤仅一水之隔的台湾,是这一走向海洋的中原文化的承接地。从更大一点的视野看,台湾与福建一样,都处于面对浩瀚海洋的亚洲大陆架边沿。台湾岛的东岸,是深达 2000 米以上的西太平洋,而其东岸,则是一个仅有 100 多米深(南部最深不过 400 米)的大陆架浅海。台湾的对外交往,历来只以东岸为港口,而无法从西岸出入。中原文化延入台湾的发展,也是由东部登陆而逐渐向西部深入的。相对于中原内陆,两岸共同的"海口型"的地理区位,也形成了两岸文化共同的"海口型"特征,亦即是"海峡型"的特征。它一方面是指内陆文化由此向海洋文化过渡,在融合与涵化海洋文化的精神中,培育了中原文化延入海峡地区之后发展出来的"海洋精神"或"海洋性格";另一方面,临海的地理区位,同时也是广泛接受各种外来文化的"海口"。在中国的历史上,无论阿拉伯文化、东南亚文化、西方文化或东洋文化,也无论是以和平的交流方式传入,还是以战争的殖民方式强迫接受,都从这一海峡地区最先跨进,然后逐步北上,进入中国政治、经济、文化的核心地区,从而对中国社会发展产生影响。文化的"海口性"或"海峡性",不仅造就了中原文化涵化海洋精神而有别于其原乡的海峡文化的独特形态,也使这一地区成为外来文化的接纳地和多元交汇的文化繁荣带,形成了海峡文化既守成于传统,又兼容于多元的文化性格,突显出海峡文化继承性和开放性的辩证统一。

海峡文化是历史形成的一个既定的文化结构。这个结构包括三个层面:第一,以儒家学说为代表的主导两岸社会同质建构的上层士人文化;第二,涵化在广大民众生活传统、经验传统、信仰传统和社区组织传统之中的底层庶民文化;第三,潜在于民众内层精神世界的情感和心理结构。在现代政治和经济的剧烈变动中,这样的文化结构具

---

① 刘登翰:《中华文化与闽台社会——闽台文化关系论纲》,福建人民出版社,2002年,第 194 – 201 页。

有比政治和经济更大的稳定性。在这个意义上可以说,文化具有超越政治和经济的力量。以台湾为例,台湾于 1895 年为日本所割据,成为日本帝国统治下的殖民地。战后虽然有一个短暂的回归和统一,但很快又由于从祖国大陆退据台湾的国民党政权,而使两岸再度处于对峙和分隔状态。政治的对峙和分割,使两岸曾经建立起来的经济联系遭到了很大的破坏,特别是在 19 世纪 50 年代到 80 年代国民党政权统治台湾的三四十年间,几乎完全断绝。从日据至今,一个多世纪的政治分裂和将近一个世纪的经济疏离,使两岸在政治和经济上有着很大的差异,但台湾并没有因此而从祖国分裂出去。其最根本的原因不是政治,也非经济,而是文化的力量。台湾著名作家黄春明曾经说过:"文化是人类的 DNA,中华文化是中华民族的 DNA,不是轻易可以改变的。"①文化的稳定性不仅是中华各族儿女共同的精神纽带,也是维护祖国统一的基础。这是一股绝不可以轻视的力量,是我们必须十分珍视的精神财富。

三、海峡文化:与海峡经济的辩证互动

经济是文化的基础,怎样的经济便会孕育出怎样的文化;但同时文化又是经济的能动反映,它能动地反作用于经济的发展,或者促进,或者制约。传统政治经济学将经济与文化两分的这一理论,似乎难已完全满足今日社会发展的新情况。在当前,经济与文化日益融合与一的发展,正在成为社会进步的必然趋势。一方面,经济发展中文化含量不断提高,特别是由于知识经济和信息时代的到来,科学是第一生产力,现代科技在现代经济的发展中越来越居于主导和核心的地位,从一定意义上可以说,经济的力量同时也是文化和科技力量的体现;另一方面,文化的经济功能正日益突显。随着生活水平的发展,人们对文化消费的需求逐渐上升到更为重要的地位,消费者对物质产品的要求也逐渐地从对其使用价值的关注,同时转向对其文化价值的追求。文化作为产业的发展空间越来越大。教育、传媒、文艺、体育、旅

---

① 黄春明在 2006 年 12 月 2 日于香港世界华文文学联会成立大会晚宴上的演讲。

游、休闲等向产业化的转型,使文化产业成为国民经济一个新的增长级和重要支柱。在综合国力的激烈竞争中,文化的地位和作用日益趋前。经济与文化日益融合的社会发展趋势,是我们观察与思考海峡文化与海峡经济关系的新的出发点。

我以为以下三个方面值得我们重视。

第一,海峡文化为海峡经济区提供了建构和发展的文化背景。区域经济是建立在对"区域"这一特殊地理环境的认同上的。台湾海峡虽然和环渤海湾、长三角、珠三角一样,都在中国的领土之内,但一个世纪来却一直处于动荡不定的政治对峙的状态。这种特殊状态使曾经互相联结的经济链条在很长一段时间是处于断裂状态的。断裂产生差异,而差异需要互补,海峡经济区的重新出台,便是两岸经济在异动中走向互补和整合以实现双赢的经济运动的结果。邓小平同志提出的"一国两制"的伟大构想,使两岸疏离的经济有了重新整合的政策基础;而海峡文化区的客观存在更是海峡经济区得以形成的重要文化背景。今日中国,在政治地域上是分开的,但在文化上是统一的。这是著名的文化学者方克立曾经作出的论断。他说:"从文化的意义来说,中国不是分裂的,而是统一的,因为中华文化是统一的。从历史的眼光来看,中国在政治地域上的分割只是暂时的,而统一的中华文化是在历史上长久存在的……这种文化的统一,是促成中国统一的一个重要的因素。"① 这个历史的经验,对于今日台海两岸的现实,是有启迪和借鉴意义的。海峡经济区的提出,便建立在这个统一的文化基础之上。共同的地缘、血缘、文缘、商缘和法缘,提供了海峡经济在政治对峙背景下的一个共同的文化空间,有利于海峡经济区内两岸经济的互补整合与双赢发展。

第二,文化作为一个新兴的产业,在两岸经济的差异和互补中,有着更大的对接和发展空间,并正在成为海峡经济的一个新的增长点和重要支柱。文化产业的对接和发展,已经在两岸的教育、传媒、新闻出

① 方克立:《"文化中国"概念小议》,福建省炎黄文化研究会主编《同祖同根,源远流长》,海峡文艺出版社,1993年,第432页。

版和旅游、休闲文化、创意文化,以及人才互纳等方面,展示了初步的
成效和广阔的前景。相对于长三角、珠三角等率先发展起来的地区,
海峡经济区的文化产业还处于刚刚起步的状态,但两岸特殊的政治和
文化区位,使文化产业的对接和发展有了更多的特色和优势。对接提
供了跨越政治分歧的空间,而互补实现着经济的双赢。文化产业的对
接和发展,是推动两岸经济的重要力量。如何认清这一文化优势,抓
住特色,做大做强,实现双赢,推动两岸经济的发展,是海峡文化产业
发展战略必须要优先考虑和选择的重点,也是海峡文化对于海峡经济
区建设最具实际意义的重要贡献。

　　第三,海峡文化性格对于海峡经济发展的影响。中原移民在漫长
的历史岁月中不断南徙闽粤并东迁入台。移民的特殊身份和坎坷经
历,不仅形成了两岸移民社会的特殊文化,也孕育了移民的特殊文化
心态与文化性格,这是两岸共同的情感、心理结构形成的背景。尽管
早期迁徙的艰难岁月已渐渐远去,但作为移民播迁的文化积淀则并非
可以被轻易抹掉的,它们在今日的社会心态和文化性格中仍留下深刻
的影响。我在《中华文化与闽台社会——闽台文化关系论纲》一书中
曾对闽台文化的地域特征和闽台的社会文化心态做了一些概括和分
析①,提出闽台地域文化的四个特点:(1) 从大陆文化向海洋文化的过
渡:多元交汇的"海口型"文化;(2) 从蛮荒之地到理学之乡的建构:
"远儒"与"崇儒"的文化辩证;(3) 从边陲海禁到门户开放的反复:商
贸文化对农耕文明的冲击;(4) 从殖民屈辱到民族精神的高扬:历史
印记的双重可能。而关于闽台文化心态的分析,也提出五个方面:
(1) 祖根意识与本土认同:移民文化的心理投射;(2) 拼搏开拓与冒
险犯难:移民拓殖性格的两面性;(3) 族群观念与帮派意识:移民社会
组合方式的心理影响;(4) 边缘心态与"孤儿"意识:自卑与自尊的心
理敏感;(5) 步中原之后与领风气之先:近代社会的心态变化。这些
方面无疑都会对海峡经济区的建设产生一定的影响。尤其是历史上

---

　　① 刘登翰:《中华文化与闽台社会——闽台文化关系论纲》,福建人民出版社,2002 年
12 月,第 194 – 259 页。

从边陲海禁到门户开放的商贸文化与农业文明的冲击,体现着海峡地区人民打破农业守成的禁锢,发扬经商异域的海洋文化精神,对海峡经济区既存的海洋文化传统的重认和精神的弘扬,有着重要意义。而由移民拓殖性格所形成的拼搏开拓与冒险犯难的性格两面,以及由移民社会组合方式所带来的族群观念和帮会意识,都在今日竞争激烈的现代经济中,既有积极意义也留下负面影响。台湾经济起飞初期的"山寨"经济和闽粤改革开放初期的家庭作坊和后来发展的家族企业,以及"宁当鸡头,不作牛后"的"人人都想当老板"的小企业格局,等等,都烙着由历史迁延而来的文化特征和精神印记。如何弘扬海峡文化的积极一面、克服消极因素,对海峡经济区的发展,无疑将具有重要意义。

经济和文化的关系是双向互动的。海峡文化作为海峡经济区的发展背景,影响着海峡经济的发展,而海峡经济的发展,也推动着海峡文化孕育新的形态。祖国大陆改革开放以后,两岸人员的交流和两岸经济的互动,已经潜在地使两岸的文化登陆、上岛,互相渗透,从而使海峡西岸和海峡东岸出现了若干新的文化形态,其中某些方面已深入到我们的日常生活之中。例如,祖国大陆的简体字已悄悄为许多台湾文化人和年青一代所认识并逐步接受;而台湾的休闲文化,诸如茶艺居,等等,也进入海峡西岸的日常生活之中。新的经济在哪些方面孕育和发展了新的文化形态,其正负两面的价值和意义,等等,这些都是需要进行认真分析和重新认识的,有待于我们的努力。

四、"泛海峡文化":跨域建构的可能性?

在讨论海峡文化时,一个突出的现象引起我们注意:在今日全世界 3650 余万华侨和华人中,祖籍广东的有 2000 万人,祖籍福建的有 1100 余万人,粤闽两省华侨华人相加占了全体海外华侨华人总人数的 80% 以上。《中国移民史》的作者曾经提出一条定律:移民的走向和数量,与移出地到移入地之间的距离密切相关。中国古代丝绸之路的开通使穿过西域走向中东的商人或移民以西北为主。近代以来,进入俄罗斯和东北亚的移民,以北方省份的居多。而南向东南亚及以"契约华工"名义远航美洲的，大部分则非南方滨海的广东和福建居民莫属。20 世纪 50 年代以后，由于"冷战"的政治原因，中国大陆被迫关闭了海外移民的大门，移民的迁徙中心转向台湾。20 世纪五六十年代，大批裹挟在政治浪潮中漂落台湾的内地人及其第二代，纷纷借留学等名义远赴他邦，带动本省籍青年而形成了台湾的一个海外移民浪潮，20 世纪 50—70 年代的中国海外移民，大多来自台湾。广东、福建、台湾都在我们所说的台湾海峡地区范围之内。占世界 80% 以上的华侨华人人口，都源于这里。这一特殊现象蕴含着什么，不能不引起我们的思考。

人是文化的创造者，但同时又为文化所创造。因此，人不仅是文化的承载者，还是文化的传播者。中国的移民走出国门，同时也把中华文化带向世界。由于最初迫于异邦压力的艰难生存处境，以及中华文化聚族而居的传统，移民所到之处都有后来被称为"唐人街"或"中国城"的集中居住区出现。这个"城中之城"或"城外之城"的唐人街，从某种意义上可以视为中华文化的异域"飞地"。不仅中华文化的儒家传统，还有移民自原乡携带而来的地域文化，主导着唐人街的文化构成。在许多城市的唐人街里，广府方言、客家方言、闽南方言、福州方言，通行无阻；客家和广府的信仰和习俗、闽南和福州的信仰和习俗，异彩纷呈。中华文化在海外华侨华人的民间社会里，大多是以粤、闽的地域形态呈现的。中华文化及其以区域形态体现的原乡文化——其中大部分是我们这里所说的海峡文化，不仅是海外华侨华人的"原乡记忆"，而且是他们在面对别国他乡异族文化压力的生存环境中建构自己族裔文化的依凭，是确立自己文化身份和以自己的身份、文化参与所在国多元文化共建的资源。以海峡地区为主要移出地的海外华侨华人，以及他们所携带的海峡文化的广泛分布，启示着我们思考一个跨域的"泛海峡文化区"存在的可能。

海外的华侨华人回馈于故国母土往往从自己的故乡开始。他们早期的修祠盖庙、建桥铺路、办学校、盖医院等，使广东、福建的侨乡在乡土文化中融合着海外的异质文化风致。而近年，他们积极参与国家和家乡的建设，且更具规模。据统计，从改革开放到 2006 年 7 月，全国累计实际使用外资金额达 6550 亿美元,其中华侨华人的投资占 70% 以上。以福建为例,2006 年外商投资企业联合年检的数据显示,在外资企业投资总额 443 亿美元中,侨资企业占 72% 。这些都说明华侨华人经济实力的增强,使其正在成为参与祖国经济建设的一股重要力量。改革开放以来,着眼全球化的经济布局,不断有人提出"海峡经济圈""华南经济圈"乃至"华人经济圈"的种种概念。"泛海峡文化"作为联结主要来自海峡地区的大部分华侨华人的精神纽带,与"华人经济圈"的可能实施,起着一种互补和互动的作用。这一概念和设想的可能与否,还有待于更深入的考察和论证。在此仓促提出,只作为讨论的参考。

闽台文化研究的文化地理学思考

　　对闽台文化的关注,是当前方兴未艾的文化研究和台湾研究的一个热点和重要方面。正如江泽民同志所说:"中华各族儿女共同创造的五千年灿烂文化,始终是维系中国人的精神纽带,也是实现和平统一的一个重要基础。"因此,这不仅出于现实的需要,同时也是自身价值所决定的,因为闽台文化作为多元一体的中华文化的一个分支或子系,其特殊的地理环境、历史遭遇和面临多种异质文化冲击的处境,使闽台文化独具特色,并与其他区域文化一起,既互相影响,又互相区别地为中华文化增添了新的色泽与财富。文化价值与文化功能的双重意义,使对闽台文化研究的关注不断地扩展它从历史到现实、从文化到政治的多重层面。

　　不过,在我们以往对于闽台文化的研究中,较多地是追寻中原文化在闽台传播、发展的进程,以及由此所形成的与母系文化不可分割的共同特征。这实际上是一个文化史学的课题,当然也是透视和剖析闽台文化不可或缺的一个重要方面。但是,闽台文化作为一种地域文化,它同时还是一个文化地理学的课题。虽然,20世纪文化地理学的发展,已经不像19世纪这一学科初建时那样,把文化地理学仅仅看做一个空间的概念,而是引进历史学的方法,把空间和时间的变化统一起来,在文化的空间分布中,探察其中所包含的文化起源、扩散和发展的种种有价值的信息,从而赋予文化空间分布以时间变化的意义。这是文化地理学和文化史学交叉的综合视野,对于区域文化研究走向的深入,无疑是一条重要的途径。

当我们从文化地理学出发,综合文化史学的研究方法和视野,我们感到,文化地理学所提出的一系列理论——如文化区的类型划分、文化扩散理论、文化生态学、文化综合作用、文化景观等,不仅开阔我们的视野,而且启悟我们的思考。这令我们对于原存疑窦或涉之不深的某些问题,常会有豁然开朗的新的颖悟。

本文所将尝试的是借用文化地理学的概念和理论,对闽台文化研究中的某些问题,做一点初步的考察和分析。由于笔者对此也属初涉,恐或有不当和附会之处,期待先达和同好的指正。

一、关于形式文化区和功能文化区

多年前,在由中华炎黄文化研究会和福建省炎黄文化研究会等单位于厦门联合召开的"闽台文化研讨会"上,曾经就闽台是否同属一个文化区展开过争论。一些学者主要从民族、语言、宗教信仰、风俗习惯、文学艺术等方面所具有的共同特征,来认证闽台文化是在闽南方言基础上所形成的共同文化区;另一些学者则在承认台湾文化是中原文化一个分支的前提下,强调台湾历史发展的特殊性所带来的文化的独特性,特别是近半个世纪来台湾走上与大陆无论从政治制度还是经济制度来说都完全不同的道路,从而不赞成把闽台看做一个文化区的提法。著名历史学家戴逸在为会议所作的学术小结中提出:"分歧的产生是对今天台湾文化的特殊性的估计有高低,这就可以推动我们去研究今天的台湾文化,深入分析,认真思考,以求得共识。"①

这一至今尚还难说已经取得"共识"的分歧,主要来自两个方面:第一,如何确认文化区的划分类型与标准;第二,怎样看待同一性和特殊性。

文化区的划分是文化地理学赖以建立的一个基本概念。作为研究"文化空间分布"的一个专门学科,文化区通常被界定为"某种文化

---

① 戴逸:《闽台文化的渊源与发展》,福建省炎黄文化研究会编《同祖同根,源远流长》,海峡文艺出版社,1993年。

和具有某种文化特征的人在地球表面所占据的空间"。① 按照不同的需要和指标体系,它又可以划分为形式文化区和功能文化区两类。形式文化区强调的是具有一种或多种共同文化特征的人所分布的地理范围,如语言、宗教、民俗、文学艺术、社会组织、聚落方式,等等。我们通常所说的文化区,大致属于这一类。功能文化区则是按照文化的功能——广义的文化所涵括的政治、经济、社会的不同机制和功能所组织起来的地区来划分的,如一个国家、一个省、一个县或一个教区、一个选区等。因此两类文化区既互相关联,又互相区别。第一,形式文化区是依照文化的特征来划分的,所侧重的是文化的本体;功能文化区则是以文化的机制和功能来划分的,所侧重的是文化的功能。第二,形式文化区的形成往往有一个比较漫长的历史发展和文化积淀的过程,是所谓时间的发展在空间上的文化凝聚。这就是我们往往习惯从文化史学的立场来认识形式文化区,或者从形式文化区的景观所潜隐的历史信息来对文化史进行研究的原因。而功能文化区则更强调它在当下的状态,虽然也会有一个积累和发展的过程,但往往会由于某些政治或经济上原因作重新的划分。因此,形式文化区往往更多关注其历史的积累,有更大的相对稳定性;功能文化区则更多侧重对现实的观察,有较多的变化。第三,由历史承传下来的以文化特征为划分标准的形式文化区,其边缘界线往往比较模糊。这一方面是历史的变迁使原来相对分明的界线逐渐模糊;另一方面则由于文化的扩散作用,不同的文化区域边缘互相渗透影响,成为一种"毛边"。而功能文化区以其机制和功能为要求,如作为政治上行政辖区的省、市、县,其疆界必须是十分明确的。在这里,形式文化区的"区域"与纯粹地理学意义上的"地区"的概念略有差别。被岁月流逝模糊化了的文化"区域",作为一个文化范畴的概念,成为划分文化的标志。它的边界是一条模糊的"带",而不像功能文化区是一条明晰的"线"。第四,形式文化区和功能文化区既互有区别有时又互相重叠,它们往往还可能互为因果。因文化特征的共同性而在某种程度上也呈现为文化功能的一

---

① 王恩涌:《文化地理学导论》,高等教育出版社,1989 年。

致性;也因功能区域的划分而影响文化的形成,从而具有某种同一性。它们在不同的历史发展阶段会形成不同的界线,其复杂纷纭的状态,只能根据不同的对象进行具体的分析。

从文化地理学的意义来重新思考闽台文化区,我们看到,一方面,闽台作为共同的形式文化区,是长期的历史发展所形成的。中原文化向南播迁,在福建有着一个本土化的过程;带有福建本土特色的中原文化,特别是以闽南方言和部分客家方言为背景的闽南文化和来自粤东、闽西的客家文化,再度越海向台湾延伸,使闽台两地成为一个共同的文化区。它以闽南方言和部分客家方言为基础,在家族制度、聚落方式、宗教信仰(特别是民间信仰)、民间习俗、民间戏曲、歌舞和工艺等方面,沿袭富有闽台本土特色的中原文化传统,表现出了在历史坎坷和异质文化冲击、包围中坚守民族本位的文化稳定性。虽然历史的差异也带来闽台两地文化形态的某些不同,但并未从根本上或总体上改变闽台文化的同一属性。它作为形式文化区是确定的。另一方面,今日闽台两地,并不同属于一个功能文化区。尽管历史上台湾曾经是福建的一个府,在行政管辖、科考制度等机制上曾经是一致的,但自台湾建省以后,闽台两地作为政治功能上的辖区已经分开;特别经过近一个世纪的日本割据和两岸分隔,台湾不管从政治制度还是经济制度来讲,都走上了与福建甚至大陆其他省、市完全不同的发展道路,其作为现实的功能文化区,当然也就不同了。对闽台文化区的认识上有所歧见,部分原因恐或与此有关。当然,我们认为闽台两省不属于同一个功能文化区,是在一个中国的前提下对中国文化地理的区分。从根本上说,政治最主要的功能是主权归属。纵然台湾在政治、经济制度等机制和功能上与大陆有再大的不同,但不能改变它的主权归属。在这一点上闽台两地是一致的,都是中国领土的一部分。我们是在这一前提下,把闽台放在中国文化地理的背景上来作区域文化的辨析。

二、关于文化的扩散方式

文化地理学把文化的传播划分为扩展扩散和迁移扩散两种类型。扩展扩散指的是通过社会网络中人与人直接接触或间接的信息传播,使某一特征的文化如滚雪球般地占据越来越大的空间。扩展扩散因其接触方式的不同，又可分为传染扩散、等级扩散和刺激扩散三种。传染扩散是通过人的直接接触的文化传播;等级扩散是通过公共信息由中心向次一级中心的扩展传播;而刺激扩散则是在接受文化传播中无法全盘照搬，而是受其信息的刺激而对适合本地情况进行的改造。在文化传播中，扩展扩散是最基本和最普遍的一种方式。而迁移扩散则是随着人群的流动迁徙把文化从一个地区带到另一个地区的特殊传播方式。它带有爆发性的特征，较之扩展扩散的渐进方式，速度要快，范围也大，可以跳跃式地跨过高山大海，造成拥有同一文化特征的新区和老区，在空间分布上不一定相连。

毫无疑问，中原文化在闽台的传播，是随着中原移民入闽和闽南移民入台而带来的迁移扩散，其间经过两次传递。第一次的传递是西晋以后三次大规模的中原移民入闽，即永嘉二年(308年)的"衣冠南渡"，唐高宗总章二年(669年)的陈政、陈元光父子率兵入闽和唐朝末年王潮、王审知兄弟率光、寿二州数万兵民入闽建立闽国。三次中原移民改变了福建的人口结构，将中原文化带入福建并以此奠立福建社会发展的文化基础，加速了福建的开发及发展。至宋代，在中原政治、经济、文化南移的背景下，福建凭借地域优势发展成为"东南全盛之邦"，在承传中原文化的基础上呈现出闽文化的本土特色。第二次的传递在明朝以后，由郑芝龙开始，继之以郑成功和清朝统一台湾之后自康熙至雍正、乾隆、嘉庆的三次大规模的闽南移民(含少部分客家)入台，同样也改变了台湾的人口结构，带来了源自中原且已经本土化了的闽南文化和客家文化，使之成为推动台湾社会发展的文化基础，并在由移民社会转化为移民定居社会的过程中完成了经由福建而传入的中原文化在台湾的本土化进程。两次传递，使中原文化在闽台的本土化进程中形成了文化本体上总体的同一性，而被视为一个共同的文化区。因此，循着闽台的中原移民路线来追索闽台文化的源头、形成和发展，既是题中应有之义，也是当前我们闽台文化研究做得最多、收获也最丰的一个方面。这是首先应当肯定的。

但移民毕竟是阶段性的，随同移民而来的文化的迁移扩散，也毕竟只是文化的传播方式之一。文化地理学在讨论迁移扩散和扩展扩散这两种基本的文化传播方式时,注意到二者并不是截然分开或互相对立的,而是互相渗透和补充的。对于一个移民社会来说,文化的迁移扩散,主要是建立一种随同移民而来的文化范式,在移民逐渐成为社会的主体之后,它也成为奠立这一社会的文化基础并成为未来发展的指向。但在漫长的历史发展中,带有某种突发性因素的迁移扩散还需要依靠大量渗透于日常生活和社会进程中更基本的扩展扩散来持续、丰富和补充。因此,在我们对移民的文化扩散进行大量研究的同时,不能忽略了对另一种同样重要的文化扩散方式的研究。

且以儒学在福建的传播和发展为例。自永嘉至唐末五代三次中原移民的南迁,是儒学入闽的根源。由于三次移民都是有组织的大规模举族迁入,这不仅带来了中原的常俗文化,而且带来了以儒学为核心的士族文化。中原移民在主导福建社会的文化发展时,首先建立了士族制度和儒学制度。自南朝阮弥之任昌国(晋安郡)太守,开了福建办学的先风,至王审知治闽,"崇尚儒学,好尚文艺,建学校以教诲,设厨馔以供给"(《王审知治功碑》),儒学之风已颇兴盛。如果说这还属于文化的迁移扩散性质,那么在这一背景下儒学在闽的发展,则更赖以另一种扩散方式——扩展扩散。追索儒学在闽的发展脉络,我们可以发现,闽中第一位儒家思想家——唐代的欧阳詹,是在国子监的耳濡目染中,师承其同榜进士韩愈,而成为韩愈复兴道统运动的同盟者的。至宋,由朱熹集儒学大成而创立的"考亭学派",更有着言传身教的承继关系。朱熹理学的建立,曾受其青年时代理学入门老师福建路南剑州剑浦县(今福建南平)李侗的影响。李侗是沙县罗从彦的弟子,罗从彦则师承道南一系的理学创始人南剑州将乐县(今属福建三明)杨时,而杨时是在游学中原时受教于当时被视为宋学主流的程颢、程颐,因其对二程理学的深刻阐发而被奉为"程氏正宗"。从这一传承谱系中可以看出,儒学在福建的传播过程中由传入到发展,从而达到新的理论思维高度,迁移扩散只是最初的一个背景和条件,漫长时日的扩展扩散才是它成就大业的根柢。建立文化传播方式的多重视野,是我们研究闽台文化形成——不仅着眼于其源头,还着眼于其发展的一个不容忽视的前提。

同样的例子还有妈祖信仰在台湾的传播情况。妈祖最初是由讨海的渔民和行商的船民为祈求海上平安带到台湾的。迄今所知台湾最早的妈祖庙建于明朝天启年间的澎湖。继而在历次多难的海上移民中,妈祖作为海上保护神和移民祖家的神祇而被带入台湾本岛。据统计,康熙统一台湾时,台湾有妈祖庙 10 座;至清末时,即雍正、乾隆、嘉庆时期大批移民入台之后,妈祖庙宇增至 222 座,这可以作为妈祖信仰是随同移民到来的一种迁移扩散的佐证。但值得注意的是,在移民高潮结束以后,台湾的妈祖信仰还在不断扩展,特别是在日本据台推行扼制汉民族文化的殖民政策下,妈祖庙宇不减反增。据 1940 年统计,妈祖已达到 335 座。在两岸分隔的半个世纪里,又有更大发展。1981 年统计已达到 510 座;近 20 年来则增至 800 余座。妈祖已经成为台湾信众最多的第一大民间神灵。妈祖信仰在台湾的传播有三个阶段。第一个阶段是随同移民的迁移扩散;第二个阶段——自甲午战争以后的近一个世纪,是在一个相对封闭空间里的自我发育,它孕育了台湾妈祖信仰的某些与大陆不同的特征;第三个阶段则是在近 20 年通过两岸民间交往的重新合流。三个阶段的两种传播方式各有先后主次地互相交错和渗透。

文化扩散方式是我们进入闽台文化研究的一个先导,它虽不是文化的本体,但影响着我们对本体的认识。尤其当我们把它作为研究文化史的课题时,我们不能只重源头而不重发展,那么对文化传播的多种方式的认识与尊重,便是至关重要的了。

三、关于物质文化景观和非物质文化景观

文化景观是文化地理学用来识别文化空间分布的一个特定概念。它指的是对自然有意识地改造和利用所呈现出来的具有某一人群集团文化特征的景观,是人群集团文化特征叠加在自然景观之上的一种文化物。在这个意义上,文化景观有以下三个方面的含义:

第一,文化景观是文化的凝聚体。它不是时间意义上文化发展的过程,而是空间意义上文化的特定形态,是文化变迁的结果。因此在

文化景观上沉积着文化发展的信息。

第二，文化景观是特定空间的独特文化景象，指明了该区域内文化的同一性，以及与其他区域的文化的差异性。

第三，文化景观是人类"可以感知"的文化景色。它包括看得见的物质文化景观，以及只可意会和理解的非物质文化景观。物质文化景观指的是以自然景观为基础和依托的文化创造物，具有可视性和与自然景观相融合的特征，如园林、建筑、雕塑、城市、运河，等等。而非物质文化景观，则主要指意识形态和知识谱系等方面的现象，如宗教、法律、文学、艺术和某些民间祭祀仪式、工艺法则，等等。虽然这些并不是在自然景观上的叠加，但仍然要以外在的环境为形成的物质基础。二者虽有着形态上的差别，但对文化特征的反映则是一致的。物质文化景观和非物质文化景观有时也互相兼容。例如宗教，就其精神而言，是非物质的，但是宗教建筑（寺庙、教堂）和某些祭祀器物等，则具有可视、可摸的物质性。

如同文化地理学把文化景观作为自己研究的核心一样，在闽台文化的研究中，文化景观也是受到关注最多的一个中心论题。由于文化景观所涵盖的多重层面和价值，作为兼具文化学、文化地理学和文化史学多学科综合的闽台文化研究也包括以下三个层次：

第一，文化景观的本体研究，即把文化景观作为时间意义上的文化凝定物，亦即文化变迁的结果，来进行对其本体的现状研究；其中既有着共同文化区中文化景观总体的同一性研究，也有局部的差异性的考察。

第二，透过文化景观所贮存的文化信息，对其文化的源头、扩散和发展进行追索和研究。这实际上是对文化地理进行文化史学的考察。

第三，文化景观形成背后所潜在的对文化精神、文化心理、文化行为和文化特征的研究。它是文化人类学、文化社会学和精神现象学渗透在文化地理研究中的一种学科交叉。它既积淀在文化景观之中，也泛化为一种普遍的社会心理和行为，是更深层次的一种非物质文化景观。

就当下闽台文化研究的状况看，或许由于从事这一领域研究的学者主要来自历史学界,研究的重心便也较多集中于对文化景观作文化史的分析和认知上,我们可以把这类研究称为对文化空间分布作时间还原的研究。对于本来就具文化史和文化地理双重意义的闽台文化研究,这本是题中应有之义,应无可厚非。问题是相对而言,对文化景观的本体,特别是其当下状态,研究者都较少进行细致的考察和深入的分析,这使我们在对文化景观的认定上往往侧重于历史所形成的总体同一性,而忽略因不同环境的发展而出现当下状态的局部差异性或变异。这或许有着受阻于两岸疏隔而难以深入进行田野调查的客观原因,但另一方面的论题,即透过文化景观进行其背后潜在的文化精神、文化心理和文化行为的研究,同样没能引起研究者充分的注意。文化精神、文化心理和文化行为,既是一种历史环境和地理环境的积淀,同时又作用于当下的现实;它不同程度地凝定在文化景观之中,而文化景观又对它的发育起着重要的影响。因此这既是一个纯粹的学术性论题,又是一个可能影响当下政治行为的现实性论题。无论从价值层面还是功能层面,都应当受到加倍的重视。

这一论题的复杂性主要在于它需要对闽台区域的文化特征进行整体性的认识与把握,在这一基础之上,才能超越具体的历史事象,透析出文化景观背后所潜隐的社会普遍的文化心理和民众文化性格及其行为特征。

关于闽台文化的区域性特征,我们历来的研究中较少有整体性的把握与讨论。我曾经尝试对此做过一点分析,也极粗疏和不成熟。这里不揣冒昧提出以供参考。我以为就其整体而言,闽台区域文化具有以下四个方面的特征:

第一,从大陆文化向海洋文化的过渡:多元混杂的"海口型"文化。这是对闽台区域文化类型的总体认知。我不认为闽台区域文化就是海洋文化,当然也不会是内陆文化,而是内陆文化向海洋文化的过渡和混杂。一方面是闽台地理环境的山区与沿海并存所造成的文化特征的两重性;另一方面,更重要的是内陆型的中原文化播迁闽台之后成为社会发展的基础和主导,与海洋环境所带来的文化特征形成冲突、渗透、混杂和转换。如台湾作家王幼华所说:"它丰富复杂,像介于河海与大地之间的沼泽一般,充满生机。"

第二,从蛮夷之地到理学之乡的建构:"远儒"与"崇儒"的文化辩证。这是闽台迟于中原开发的历史发展所决定的。蛮夷之地的"远儒性"使闽台文化具有灵动的边缘性、叛逆性、开放性和兼容性;而宋代闽中理学的集儒学之大成,恰是中原文化进入福建之后本土化的重要时期。社会的"崇儒"导向,使边缘与中心、叛逆与守成、开放与锁闭、兼容与独尊形成复杂的纠葛与一定程度的互相置换。它深刻地影响着福建社会的发展。台湾自明郑至清统一之后对儒学的倡兴,其"远儒"与"崇儒"所导致的文化纠葛,在本质上与福建相似,只不过如文化扩散理论所提出的"影响随时间、距离的延长而衰减"的定律那样,程度有所不同而已。

第三,从边陲海禁到门户开放的反复:商贸文化对农耕文明的冲击。自明以来,作为大陆边陲的闽台屡次禁海,这表面上看来是中央政权为了靖边止乱,其实质却是建立在对自然经济基础上的农业社会锁闭性与对于开海所可能带来的商贸文化的开放性潜隐的恐惧。因此,自明以来不断出现的禁海与开海的反复,便反映了更具现代文化和海洋文化特征的商贸文化对传统农耕文明的冲击。最终,在帝国主义的炮口之下被迫门户开放。它带给民族屈辱,也带给民族新生的契机。处于这一漩涡中心的闽台,最先受到商贸文化的熏染,故较之内地更富于商品意识,其影响迄今仍在。

第四,从殖民屈辱到民族精神的高扬:历史记忆的双重可能。近代以来闽台屡遭异族的侵扰,尤其是台湾,曾两度沦入荷兰和日本的殖民统治。异族的侵扰和统治给闽台社会留下的是两方面的印记,一方面,是民族意识和斗争精神的高扬,这是闽台社会的光荣传统;另一方面,在异族殖民者长期淫威利诱之下,养成了社会一部分人的买办意识、奴化思想和媚外心理。历史的这种双重印记,我们从今天台湾社会的政治现实中,都可以得到印证。

对闽台区域文化特征的整体把握有助于我们分析和认识闽台社会的文化心态和民众的文化性格。我认为它突出表现在以下几个方面。

第一,祖根意识和本土认同:移民文化的心理投射。闽台移民社会的建构和发展,一方面,形成了移民及其后裔对母体社会和原乡不可割舍的归属意识和念祖情怀。这是中华民族固有的文化传统。另一方面,在由移民社会向定居社会发展的过程中,又产生了一代代移民后裔对本土的认同情感,这是文化播迁的一个必然进程。世代积存下来的恋乡情怀和祖根意识,以及生死于斯的对于本土的认同关怀,构成了闽台社会民众文化心理有机的两面。就台湾而言,其特定的历史遭遇与现实困境,使这一复合着母体与本土两面的文化心理表现得尤为强烈。近年有所谓"中国意识"和"台湾意识"之争,均缘生于此。本来二者是殊相同质的一体两面,以乡土认同为基础的台湾意识包含在以国家认同为前提的中国意识之中,但在分离主义者别有用心的挑唆下,台湾意识成为对立于中国意识的一种文化理论,这是利用台湾民众这一文化心理所作的歪曲和延伸。

第二,拼搏开拓与冒险犯难:移民拓殖性格的两面性。闽台作为一个共同的移民社会,移民过程所历经的艰难险阻,以及开拓蛮荒新区克服的种种困难,造就了移民社会普遍的坚忍克难、拓展进取的拼搏精神,有时甚至不惜冒险犯难、拼死一搏,其中也包含某种"流氓无产者"的盲目性。《爱拼才会赢》这首闽南方言歌曲典型地体现了闽台社会这种文化精神与性格。但"拼"是有具体内容的,如果只作为一种带有许多情绪化成分的抽象精神对其加以肯定,则很容易产生负面价值。从闽台社会的开发,台湾奇迹般的经济起飞与福建改革开放后经济的迅猛发展,以及近年台湾社会的政治躁动,都可以看到这一社会民众文化性格的正负面影响。

第三,族群观念与帮派意识:移民社会组合方式的心理影响。移民初抵新区,大多按其原乡分类聚居。随着向定居社会的发展,以乡缘祖籍为核心的社会聚合群落,逐渐让位于以血缘家族为核心的社会聚合群落。传统宗法社会的这一构成模式形成了闽台社会强烈的族群观念。尤其在台湾,由于移民到来的时间先后有别,利益并不均等,常因狭隘的地域划分和行业的利益关系引起冲突。有清一代,台湾械斗不断,往往"一言不合,拔刀相仇"(刘铭传),使人感到此地(闽南亦然)民性好斗,帮会意识强烈,好讲江湖义气。此一历史积习,延续至今,我们仍可以在今日台湾的政治文化中看到它的影子。

第四,边缘心态与"孤儿"意识:自卑与自尊的心理敏感。相对于中原,闽台移民社会的边缘性,使生活在这里的民众对于步中原之后的文化二度承传,具有一种先天而来的自卑感;然而,闽台濒临海外,对于现代文化的得风气之先,又使他们在相对锁闭守旧的中原面前有盲目性的自大。这一敏感的复杂心理浸透在闽台社会生活的方方面面。台湾四面环海的岛居形态和由于历史特殊遭遇而先行的现代化进程,使这一既自卑又自尊的敏感心理尤为强烈。同时,两度遭受殖民而备受屈辱的心灵创伤,在长期积郁中反弹为对"尊严"的强烈诉求,亦可视作是这一敏感心理在另一范畴上的转化,它同样反映在今日台湾的政治斗争中。

以上对于闽台区域文化特征和民众文化心理的分析,或许并不全面,但它同样让我们看到,作为一个潜隐的文化景观,闽台文化的同一性及这一文化心理对今天闽台社会在政治、经济发展上的深刻影响。

四、关于同一性和差异性

文化的同一性,是文化区的标志。然而,事物的发展并不是均衡的,即使在一个共同文化区里,文化的同一性是基本的,这是就其总体的状态而言;而文化的差异性虽是特殊的,但却是普遍存在的。不过这个普遍存在的差异只是同一文化产生的某些不同的表现形态而已,并不从根本上改变其文化在质态上的共同特征。如果差异成为主导,改变了文化的同一性质,成为两种不同质地和形态的文化,那么一个共同文化区便可能分化为两个不同的文化区。这是事物的矛盾对立统一和转化的普遍规律。

文化地理学在讨论文化差异性时指出,根据文化的综合作用,一种文化要素的空间分布,既会受到环境中自然要素的影响,还会受到环境中其他文化要素的影响。根据这一理论,文化的空间扩散,必然会因自然环境和文化环境的不同而出现某些差异或变异。即使在同一文化区中也是如此。这是差异性产生的一方面原因。另一方面,文化区的形成是时间发展的结果,而时间还在发展,这一被空间划分而凝定下来的文化形态,也就还在发展变化之中。因后来历史际遇的不同,也会呈现出某种差别。文化史的研究为这种差异提出了许多例证。

回至本文最初讨论的闽台文化区的问题上来,闽台文化区的形成是中原文化传播的结果。从历史上分析,闽台都是移民社会。只不过中原移民入闽,已有一千多年的历史,中原移民在福建的土著化,如果是在宋代①,距今也已千年左右,加之长期以来融入国家统一的政治体制和文化传统之中,其移民社会的色彩已日渐淡薄;而福建对台湾的移民,从明末开始,至清代中期形成高潮,也只三四百年时间;加之不断的异族侵扰、割据和分隔,民族意识和寻根认宗的念祖情怀强烈反弹,反而使台湾社会的移民色彩得到长期保持。中原文化传入福建,经过本土化以后,以闽南文化的本土形态再度传入台湾,便成为闽台社会共同的文化标志。数百年发展至今,无论在家族制度、聚落方式、文字和方言、宗教信仰、民间习俗、文学艺术,乃至某些社会心态和文化性格,都保持着基本的同一性。这是我们确认闽台为同一文化区的根据。

当然台湾的自然地理环境与福建不尽相同,福建依山面海,台湾则是四面环海的岛屿;福建的人文因素也与台湾的人文因素有所差异。福建曾是闽越族的聚居之地,但汉以后,闽越族已被强制内迁或消融在后来成为福建人口主体的中原汉族移民之中,至今我们只能从考古遗存和某些文化遗风中来了解闽越族的生存踪迹和文化踪迹,如近期发掘的武夷悬棺葬、崇安汉城遗址和福州闽越冶都遗址,以及闽文化中好信鬼神的巫觋之风等,而台湾则是高山族同胞②最早的聚居

---

① 林国平,方宝川:《闽台文化的形成及其历史作用》,林国平主编《闽台区域文化研究》,中国社会科学院出版社,2000年。

② 关于先于汉族居住在台湾的土著民族的称谓,历史上多有不同。汉代称"山夷",隋称"琉球土人",宋称"毗舍耶",明称"东番夷",至清,则称为"番族",并有"生番""熟番""高山番""平埔番"之分。日据时期以"高砂族"称之。抗战胜利之后,开始出现"高山族"的称谓,但20世纪50年代以后,台湾当局则以"山地同胞"或"山胞"称之。新中国成立后,在民族认定时,沿袭了"高山族"的名称。但近年来学术界对这一称谓屡有争议,或以"原住民""先住民"称之,或以"南岛语系族群"称之。

之地。从对人类学的研究来看,虽然推论高山族的某些部分与闽越族有某种亲缘关系,但高山族只是一个笼统的名称,有着许多各具自己独特文化形态的不同族系,其族源除了来自祖国大陆,还来自南部的马来半岛、印尼、菲律宾,以及北部的琉球等,十分复杂。在历史发展中,除平埔族大部分融入汉族移民之中,其避居高山海岛的其他族系依然保持自己独特的文化形态,并且在近年世界性的"原住民运动"中,越来越强烈地表现出要求承认和尊重的民族自觉和文化自觉。这一切都不能不使中原文化在播迁福建与台湾的不同进程中,呈现出某些差异性的特征。再者,在台湾的历史发展中,自日据以后,便中断了与福建相似相携的发展道路。在异质文化(先是日本,后是美国)挟带其政治和经济的强势,长驱台湾,并且一个时期里(如日据时期)成为社会的主导文化时,这一特定的文化环境,便不能不使福建和台湾的文化同一性受到挑战,而产生较大的差异和变异,这是台湾特殊文化处境的一方面结果。另一方面则是中华文化的强大凝聚力,在本来就有强烈祖根意识的台湾社会,升华为一种与异质文化相抗衡的民族意识。在这一"祖根意识——民族意识"的主导下,民族文化的各种形态,特别是浸透在日常生活中的那一部分常俗文化,例如方言俚语、宗族观念、民间信仰、礼仪习俗、民间文艺,等等,越发以充沛的生命力活跃起来。前面提及的妈祖庙宇在日本毁除汉族神祇的殖民文化政策下,不减反增,就是一个例子。台湾歌仔戏也是在日据时期以闽南方言为基础,摄取闽南口传文学和传统戏曲的故事内容,在闽南歌仔(传入台湾称"本土歌仔")和岁时节庆迎神赛会时化妆表演的各种"阵头"基础上,吸收其他剧种的戏曲表演程式而孕育发展起来的台湾地区唯一的地方剧种,这更是一个突出的例子。

　　闽台之间文化差异性的存在是一个客观事实,也是其他文化区(例如吴越文化区的江苏与浙江,荆湘文化区的湖北与湖南等)都普遍存在的一种现象。问题是这一差异性是否根本改变了闽台文化的同一性,成为另一种在本质和形态上完全不同的文化,以大量的事实考察,我们看不到这种从形到质的完全分野。相反的,在近20年闽台频繁的交往中,不断的文化寻根、归宗认祖,有一种消弭差异走向新的整合的趋势。闽台之间的文化同一性,依然是本质的、主导的。

　　这样说并非意味差异性已经消弭或者对差异性的研究并不重要。相反,在肯认同一的前提下承认差异和研究差异,是为了更实事求是地在尊重客观事实的基础上进一步促进同一的整合。20多年前,笔者在为《台湾文学史》所写的"导论"中曾提出:"认同确定归属,是研究的前提与出发点;而辨异则是在确认归属之后对现象的更深层分析,是研究的深入和对认同的进一步肯定。在这个意义上,对特殊性的辨析有着与对同一性的首肯认同同等重要,甚至更为深刻的意义。"① 我想这也应当适用于闽台文化的研究。

---

① 刘登翰:《台湾文学史》上卷,海峡文艺出版社,1991年,第3—4页。

跨越海峡的文化足迹

一

台湾文化的大陆渊源可以远溯到史前时期,它主要表现在两个方面:第一,台湾出土的旧石器时期的长滨文化和新石器时期的圆山文化、大坌坑文化等,与祖国大陆华南地区,特别是福建出土的旧石器时期三明万寿岩文化遗存、漳州莲花池山文化遗存和新石器时期的壳丘头文化、昙石山文化等,有密切的对应关系和亲缘关系。它也证明了地质研究中所指出的:台湾在更新世的地质年代中,在冰川期的周期性出现与消融中,四次以陆地和福建相连。在这一时期就有古人类为采集和狩猎,随同华南相的动物群一起经海上陆桥进入台湾,从而给台湾石器时期的文化带来深刻影响。第二,在对台湾少数民族源的人类学研究中,无论是从文化的比较,还是 DNA 的分析,都证明古越族是台湾少数民族最重要的来源之一;而活动区域在福建的闽越族,是最靠近台湾,也可能是最多进入台湾的古越族的一支。古越族在汉以后,大部分已逐渐融入汉族,成为汉族的四大族源之一。而这一时期进入台湾的古越族,则融入台湾的少数民族之中,使族源复杂的台湾少数民族中相当大的一部分,无论血统还是文化,都保留着古越族的鲜明特征。对台湾远古时期这一文化追认,说明台湾与祖国大陆自古以来就有着密切的文化亲缘关系。

台湾社会的发展,经历了由台湾少数民族社会向汉人社会转型的过程。形成于社会转型进程中的台湾文化,其构成和性质都发生了变化。这是由于明清以来,主要来自福建的几次汉族移民高潮,把植入福建的中原汉文化带入台湾,并且随着台湾移民定居社会的形成,汉族文化成为台湾社会发展的文化基础和主导因素。文化构成是一个复杂的系统。中华民族文化就其整体而言,是以汉民族文化为核心,包括各兄弟民族文化的一个多元一体的文化系统。在汉族地区和兄弟民族地区,其文化构成的主体各不相同。台湾社会在汉族移民到来之前,其人口主体是族源不一的先住民,多元的少数民族文化便也成为台湾社会文化构成的主体部分。明清时期,几次汉族移民高潮使台湾成为汉族移民社会,汉族移民也就成为台湾社会的人口主体,随同移民带入台湾的汉民族文化,便也在台湾文化的构成中占据主体的地位。它和多元的少数民族文化共同构成了中华民族文化在台湾的区域体现。而在汉族的移民文化中,有来自福建的闽南文化(其下又有泉州府和漳州府的区别),有来自闽粤交界的客家文化,还有 20 世纪中叶大量涌入的祖国大陆各省籍人士带来的"外省文化"等。台湾的少数民族文化则包括基本上已为汉族移民同化了的平埔族各支系文化和一般认为有 13 个不同族裔的"高山族"文化。台湾文化这一复杂的构成,以汉族文化为主体,有着广泛的包容性和多元发展的文化基因。

对于台湾文化的构成成分,曾经出现过一些不同的意见。有一种观点认为:台湾"从长滨文化(15000 年前)开始到今天,它包括了山地文化、荷西文化、满族文化、日本文化、大陆沿海文化、国民党买办封建文化、美欧文化,错综复杂,终而塑造了自己的形象,大大的与祖国大陆传统的汉文化不同。"① 与之相似的说法还有所谓台湾文化的"五大渊源",即台湾少数民族文化、汉移民原乡文化、汉移民社会移民文化、各宗教教派文化、日本和欧美文化。无论"七种成分论"还是"五大渊源说",撇开其"台独"的政治目的不说,在学理上存在两个问题。

第一,把文化在不同时期和不同层面的表现当做不同性质的文化。例如祖国大陆沿海文化、汉移民原乡文化、汉移民社会移民文化,其本质都是汉民族文化,而不是不同的文化成分。而所谓"国民党封

---

① 宋泽来:《台湾人的自我追寻》,台湾前卫出版社,1988 年,第 125 - 126 页。

建买办文化",是从政治性质对文化某一发展阶段的说明,而不具有文化的本质规定性,不能成为一种独立的文化成分。再如"满族文化",所指并非满族文化,而是满族入关后,接受汉族文化的清代统治者的文化。大量的史料证明,清代对台湾的统治所推行的是汉族文化,而非满族文化。在文化概念定义上标准不一的随意性,使其所说的"七种成分"或"五大渊源",并不都是真正的"成分"和"渊源"。

第二,把文化影响当做文化构成元素。台湾历史上曾遭到荷兰、西班牙、日本的殖民占领,近半个世纪来又受到欧风美雨的侵袭,这都是客观事实。殖民者所带来的文化,作为体现他们殖民统治的意志和手段,并借助殖民政治的推动,对被殖民地区的文化产生重要的影响,这也是必然的。但是文化影响和文化元素是两个概念,尤其不能把殖民文化的影响当做被殖民地区的文化成分来鼓吹和接受,这是必须十分警惕的,否则便会露出为虎作伥的马脚来。

二

中原汉文化在台湾的延播,是与台湾移民社会形成和发展并生的一个历史的文化进程。台湾移民社会与其他一些地方的移民社会不同,它是在同一个国家内部由经济开发较早地区向经济开发较迟缓地区的移民,移民来源不仅属于同一国家、同一民族,而且基本来自同一个地区;无论出于何种移民目的和原因(政治的或经济的),都以故国家园为归指;在与台湾少数民族的关系上,也保持着较为和睦的民族关系。这一切都赋予中原文化在台湾的延播具有不同于其他移民文化的特殊性,主要表现在:

第一,中原文化传入台湾,是随同移民的携带。就文化传播的方式而言,这是一种迁移扩散。移民作为文化的载体和文化传播的媒介与动力,在迁移扩散中起了主导作用。由于大陆对于台湾的移民浪潮已持续三百多年,移民在这期间与祖籍地有着密切的联系,时常往返,因此,中原文化在台湾还存在着另一种通过人际交往而逐渐渗透的传播方式,即扩展扩散。两种不同的传播方式,把中原文化对台湾的延播互补地持续了数百年之久。

第二,中原文化的延播是全面的移入。由于汉族移民在台湾不像其他地区的移民那样会融入当地社会和文化之中;而是相反的,在台湾少数民族社会之外,建立自己与台湾少数民族社会并立的移民聚落,并逐渐发展成为影响整个台湾的移民社会。它不仅使随同移民携带进入台湾的原乡文化——中原汉族文化保持相对的独立性与完整性;而且由于自成聚落的移民社会建构和发展的需要,对原乡文化是一种全面性的移入,即不仅带来体现原乡先进生产水平的物质文化,还移入了规约社会人际关系的制度文化和满足移民全面发展需要的精神文化。这种文化的全面移入和完整保存,在某种意义上,是近乎对移民原乡文化的"克隆"。

第三,中原文化的延播是以俗文化为主体,雅文化为主导的。俗和雅不是对文化严格意义的区分,而是一种形象的说法。俗文化一般指建立在民众的经验传统、生活传统、信仰传统、社区组织传统基础之上,带有自发性、非理性和承传性特征,以约定俗成的方式在民间广泛流行的那些文化形态,如方言俗谚、风俗习惯、民间信仰、民间工艺和歌舞、曲艺等。雅文化则主要指经过比较精细加工,以意识形态和书面形式出现的那些系统完整、逻辑严密,主要为上层社会所掌握的文化成果,包括政治法律、科学技术、文人创作、学术著作等。虽然雅文化往往源于俗文化,是对于俗文化的加工和提高,但反过来又对俗文化起着指导、规范和制约的作用。由于台湾在长达三百余年的移民浪潮中,存在着以开发拓垦为目的的经济性移民和以建立政权为目的的政治性移民两种不同类型,其对文化的引入重点和方式也各有侧重。政治性的移民,例如郑成功驱荷复台,虽然也从事垦殖开发,但出于对政权建构和统治的需要,更多侧重于通过自上而下的官方行政力量,建立起属于上层雅文化系统的、规约社会的各种制度和意识形态;而对于大量以经济为目的的垦殖移民,更多的是在其地缘和血缘的社会聚落中,通过人际关系自下而上的影响和渗透,把那些适合生存和发展需要的文化——首先是在民众日常生活广泛流行的俗文化引入台湾,包括生活方式、生产技术、宗族组织、风俗习惯、民间信仰、民间文艺,等等。以俗文化为主体的民间下层的自下而上的扩散和以雅文化为主导的来自政权自上而下的推广,二者形成的合力,把中原文化全面地移入台湾。

第四,中原文化进入台湾,是经由闽粤的二度传播。由于台湾移民大部分来自福建的闽南地区,少部分来自闽粤交界的客家地区,随同移民而来的汉民族文化的移植,不是直接来自中原地区,而是经由福建和粤东的二度延播。受到闽粤自然与人文环境的影响,进入台湾的中原文化,带有浓厚的闽南文化和客家文化的特征,这使台湾文化与闽粤文化有着密切的关系而成为一个共同的文化区。这些带有福建本土化色彩的中原文化进入台湾,还会受到台湾自然与人文环境的影响,再度经历一次本土化的衍化,虽然未曾改变其汉民族文化的本质特征,却已具有鲜明的地域色彩。

三

上述这些特点渗透在中原文化延播台湾的各个层面与全部进程之中,使中原文化在台湾的发展呈现出独特的形态和过程。表现如下:

第一是在物质文化方面。宋元以后,即使如福建这样开发晚于中原的地区,也已进入了成熟的封建社会,相对于此时尚处于部族社会的台湾,无论社会发展阶段还是生产力发展水平,都高出许多。南宋时就深感人口压力至明清时更为甚之的福建,之所以选择移民台湾,就因为台湾拥有大片未经开发的沃野。然而要形成较高的生产力,仅有劳动力的移入远远不够,还必须有较先进的生产技术和劳动工具。因此在某种意义上可以说,垦殖移民也是一种技术移民,是移入的劳动力运用较为先进的生产技术和劳动工具,对未经开发土地的拓垦,以求获得较高的农业收益。

这种把体现祖国大陆物质文化水平的较为先进的技术和工具传入台湾的移民方式,可以追溯到宋元时期泉州对台湾外岛澎湖的开发。据南宋楼钥《汪大猷行状》和周必大《汪大猷神道碑》所载,彼时的澎湖已由渔民避风取水的暂居之地,变成拥有"沙洲数万亩","邦人就植粟、麦、麻"的定居点。至明,福建沿海渔民和商人开始越过澎湖,频繁在台湾西部渔场和港口出入。黄承玄《条陈海防事宜疏》称"其采捕于澎湖、北港之间者,岁无虑数十百艘",并逐渐登岸逗留,出现了兼治农耕的零散渔村和就地与当地少数民族进行贸易的"坐商"。明末,雄霸海上的郑芝龙,在台湾建立据点,并有组织地招引福建移民入台垦殖。史载"人给银三两,三人给牛一头",福建受灾的数万饥民就这样用船舶载入台湾。史学界对其移民数量能否达到"数万"持有怀疑,但其为第一次大规模地将劳动力与劳动工具一并带入台湾,则无异议。从明末至清,历次出现的移民高潮,意味着一次又一次将祖国大陆先进生产技术和劳动工具引入台湾。即使为政治目的而来的郑成功,在其收复台湾的船队中也"携有很多的犁、种子和开垦所需的其他物品",① 可见,生产技术和劳动工具的携带,依然是郑氏谋取在台湾立足所必须考虑的。在郑氏于台湾推行屯田制度的同时,还采纳户官杨英的建议,发给周围的番社"铁犁、耙、锄各一副,熟牛一头",并派人传授"犁耙之法,五谷割获之方",使当时还不知锄镰为何物、稻熟时"逐穗而拔"的土著居民,"欣然效尤,变其旧习",② 乃至后来做到"耕种如牛车犁耙与汉人同"。③ 在台湾持续三百余年的移民浪潮中,土地的开发由最初的嘉南平原向台湾北部和中部深入,逐渐遍及全境,体现出了这种劳动力移入与技术引进同时并举的积极成果。除了农业,在其他手工业方面,如制糖业、硫磺业、盐业、茶叶加工业等,也广泛引入祖国大陆的生产技术和工艺,推动了台湾社会的发展。

第二是制度文化方面。宋元时期,中央政府已开始对台湾驻官设治,不过此时还限于台湾外岛的澎湖。乾道七年(1171 年),泉州知府汪大猷已在澎湖"建屋二百间",派兵驻守。至元,更设巡检司,秩九品,职巡逻。官虽不大,这却是在台湾设立行政管理机构的开始。有明一代,巡检司虽几度废兴,却一直把澎湖和台湾纳入明代的海防部

---

① 曹永和:《郑氏时代之台湾垦殖》,《台湾早期历史研究》,台湾联经出版事业公司,1979 年,第 267 页。
② 杨英:《先王实录》,福建人民出版社,1981 年,第 259 - 260 页。
③ [清]范咸:《重修台湾府志》卷一四,高等教育出版社,2005 年。

署之中。明朝末年,郑成功驱荷复台,目的是把台湾建成抗清复明的根据地,因而十分重视在台湾的政权建设。早在永历九年(1655年),郑成功就在厦门承制设立"六官"(吏官、户官、礼官、兵官、刑官、工官),下置都事、行人、给事中,将此制度带入台湾。另一方面,按照明代的郡县制度,划分台湾区辖,以便于统治。郑成功最初立赤嵌为东都明京,设一府(承天府)、二县(天兴县、万年县);至郑经时,改东都为东宁,升二县为州,另设北路、南路和澎湖三个安抚司。台湾的行政建制自明郑开始,就全面引入祖国大陆的封建政治体制和行政管理系统。清统一台湾之后,进一步加强和完善了这一政治体制和管理系统。所不同的是,郑氏是把台湾作为承袭明朝的政权机构,而清政府则是把台湾作为中央政府辖下的地方政权来设置,一切皆循祖国大陆地方政府之例。起初将台湾作为福建省的一个府,归属福建台厦道,后来由单独设立的台湾道对其管理;1885年单独建省后,仍援甘肃、新疆之例,对主政台湾官员以"福建台湾巡抚"名之,以求台湾和福建"联成一气,内外相维,不致明分畛域"。① 在行政区域的划分上,进一步细化。由明郑时期的一府二县三司,增为一府(台湾府)、四县(台湾、凤山、诸罗、彰化)、三厅(淡水厅、澎湖厅、噶玛兰厅);光绪元年(1875年),在原来台湾府的基础上增设台北府,辖淡水、新竹、宜兰三县及基隆厅;分省以后,又添官设治,为三府(台湾府、台南府、台北府)、十一县(台湾、云林、苗栗、彰化、安平、凤山、恒春、嘉义、淡水、新竹、宜兰)、四厅(埔里社厅、澎湖厅、基隆厅、南雅厅),及一个直隶州(台东)。一应官员,均由中央政府选派。政治制度的移入,是祖国大陆制度文化移入台湾的一个重要标志。

与政治制度建立的同时,教育与科举制度亦移入台湾,此举亦自明郑时期开始。儒生出身的郑成功对先后赴台的明末文人学士十分礼敬,与他们吟诗作赋,时相过从。不过此时政局尚乱,未能顾及其他。永历十九年(1665年),时局稍为安定,郑氏部将陈永华即向郑经提出:"开辟业已就绪,屯田略有成法,当速建圣庙、立学校",并以"成

① 〔清〕刘铭传:《遵议台湾建省事宜折》。

汤以百里而王,文王以七十里而兴"为激励,希望借兴学以求人才,"十年生长,十年教养,十年成聚,三十年真可与中原相甲乙"。① 在陈永华的倡导下,引入了学院、府学、州学和社学等相当完整的祖国大陆教育体系;并开始推行科举选考人才制度,即两年三试,"州试有名送府,府试有名送院,院试取中,准充入太学,仍按月月课。三年取中试者,补六官内都事,擢用升转"。② 清统一台湾以后,进一步完善这一套教育系统,设府学和县学,统称儒学,由主管台湾政务的台厦道(后为台湾道)兼理学政。民间则有社学、义学和私塾如雨后春笋般崛起。由于各级官员的倡导,祖国大陆盛行的书院也移入台湾。据统计,自康熙四十三年(1704 年)台湾知府卫台揆倡建的崇文书院始,至光绪十九年(1893 年)台湾布政使沈应奎所建的明道书院止,百余年间台湾共办书院 45 处。所有这些书院,所学均以儒家经史典籍为正统,有所谓"非圣贤之书,一家之言,不立于学官者,士子不得诵习"之说;其授业儒师,则由内地调补。清《吏部则例》规定:"台湾府学训导,并台湾等四县教谕、训导缺出,先尽泉州府属之晋江、安溪、同安,漳州府属之龙溪、漳浦、平和、诏安等七学相调缺教职内拣选补调,倘有不敷,或人地未宜,仍于通省教职内,一体拣选补调。"因此,台湾儒师,多为福建人。由于福建学子对朱熹的崇敬,程朱理学便在台湾儒学的发展中占有重要地位。各级学校、书院的学规,亦大都沿袭朱熹创办的白鹿书院的学规而加以衍化。其强调明大义、端学规、务实学、崇经史、正文体、慎交游等,均以儒家思想为规范。为了推崇儒家典范,各学校在主祀孔子,两旁配祀颜子、子思、曾子、孟子的同时,有的地方还增设朱子祠,并配祀明末清初寓台八贤,即沈光文、徐孚远、卢若腾、王忠孝、沈诠期、辜朝荐、郭贞一、蓝鼎元。春秋两祭,亦礼同祖国大陆。儒家思想在台湾的弘扬,推动了台湾走向与祖国大陆一体的文治社会。

科举制度移入台湾后,自明郑草创至清以后,在儒学的基础上,更进一步纳入体制,走向正规。三年两试,由县试、府试至院试,逐级选

---

① [清]江日升:《台湾外纪》卷六。
② 同①。

拔,均按内地模式进行。岁考、科考在台湾,乡试则须到省城福州。考虑到台湾文教初开,往来风波险阻,为鼓励生员参加省城乡试,于康熙二十六年(1687 年)援甘肃、新疆例,为台湾考生另编字号,额外取举人 1 名。雍正、乾隆、嘉庆、咸丰时期又陆续增加,定额中试举人者最后已达 8 名。在全国会试中,也于福建通省之外,另准额取 1 名。此一举措,说明清政府对台湾的重视,也反映了台湾儒学教育的发展状况。科举制度既是人才选拔的措施,也是教育推广的结果,同时又是统治者对作为士、农、工、商四民之首的"士"进行思想控制的手段。它在台湾也同样起到了播扬儒家思想、选用各级人才、把台湾纳入体制等多方面作用。

第三是在语言方面。语言的移入是移民直接的结果。台湾的土著语言,应是台湾少数民族所使用的属于南岛语系的黏着语。虽然有学者研究指出,南岛语系与古越语有十分密切的关系①,但其与孤立语的汉语分属不同语系是公认的。明清以来的祖国大陆汉族移民,从其移出地带来了汉语的闽南方言和客家方言,成为占台湾90%以上人口的通用语,并且一直沿用至今。数百年来,无论在语音形态还是语言的内部结构上都没有发生多大变化。但在闽南方言和客家方言传入台湾的同时,作为汉语标准语的"官话"——即现在台湾所称的"国语"和祖国大陆所说的"普通话",也一并传入台湾,成为官方的正式语言,这却是过去较少为人论及的。语言的发展,一方面是语言的分化,即方言的产生,另一方面是语言的整合,即标准语的出现。建立在北方方言基础之上、以北京话为标准音的汉语标准语,是语言整合运动的结果。它对于促进国家统一,维系民族团结,沟通不同方言区之间的联系,推动民族文化的保存和发展,有着不可替代的作用。汉语标准语,即明清时期所谓的"官话",与闽南方言和客家方言同时传入台湾,对于促进台湾社会与祖国大陆社会一体化的发展,整合建立在地缘和血缘基础上各自分散的移民聚落,推动教育的发展和科举的实行,有着重要的意义。虽然闽南方言本身就有"白读"和"文读"两种

① 史式,黄大受:《台湾先住民史》,九州图书出版社,1999 年,第 83 – 95 页。

发音,白读用于日常生活的交流,文读用于书面阅读与写作,它更近于上古语音和以此为基础发展的北方方言。但文读并不能代替汉语标准语的推行,只能起一种辅助的作用。如果说闽南方言和客家方言的移入是来自民间自发的携带,它有利于闽南方言文化和客家方言文化在台湾的传播;而汉语标准语的推行以及与标准语的同时引入,再次证明了来自民间和来自官方自下而上与自上而下的合力,对中原文化的延播有重要意义,尤其对于需要更多依靠官方的行政力量支持的政治、科举、教育、文学等来自上层的雅文化的推广,有直接的作用。

第四是在宗族文化方面。与移民关系最为直接的是宗族文化、民间习俗与宗教信仰的传入。福建自南宋以后,特别是明清以来,宗族文化已有了较为成熟和完善的发展。在农业社会,以父系血缘为中轴的宗族关系和宗族文化,往往是以农民和土地作为基本载体。血缘和地缘在某种程序上的融通与合一,使宗族文化和村落文化互相依托。血缘关系定格于地缘,地缘则成为血缘关系的投影。福建宗族文化的这一特征,在移民至台湾以后发挥了重要作用。以垦殖为主要目的的福建移民,以同乡或同宗的牵引投靠、聚亲(族亲和乡亲)而居,形成了相对集中地固定在某一片土地上的、包含着一定血缘关系的地缘聚落,为宗族文化的移入准备了前提条件。不过宗族文化在台湾的移入有一个发展的过程。在郑氏父子所带动的早期移民中,郑芝龙组织渡台救饥的灾民主要是男性劳力,灾后不少仍返回原乡,其血缘关系并不重要,宗族文化并没有在台湾形成影响。郑成功率军入台,并于逐荷后招接因"迁界"而流离失所的沿海人民入台垦殖,形成了一次移民高潮。但其正处于和清政府的战争状态,垦殖活动主要是寓兵于农的分配屯田,此时虽已出现了某些巨姓大族,但主要都在上层集团之中,如郑氏家族,在郑氏政权中举足轻重的陈永华家族等。民间以垦殖为中心的宗族聚合或同乡聚合,尚不多见,宗族文化的传播也不明显。清廷统一台湾后实行的限制入台政策,使受到挫折的移民活动以私渡的方式继续发展。在这种情况下,毫无关系的单身移民来到环境陌生的台湾,其所遭遇的困难是可想而知的。事实上,当时的移民,不论明渡还是私渡,大都有族人乡亲的牵引,抵台后也以族缘、乡缘相投靠,以地缘性为主,同时包括一定血缘关系的移民聚落开始出现。到雍正、乾隆年间,在闽台官员的不断吁请之下,才三次诏许台湾垦民回原乡搬眷,时间虽不长,渡台门户却为之洞开,有力地推动了移民的规模和速度。宗族制度在台湾的形成和发展,主要是在这一时期。

由于早期渡台政策限制,台湾移民中举族浩荡的迁徙几乎不曾见,多是单人独户的迁入;即使合家迁入,也多以化整为零的方式渗透私渡。在抵台以后,依靠单家独户的力量难以进行恶劣条件下的垦殖活动,便常有同宗不同房系或几个宗族联族合作经营的现象出现。如康熙五十二年(1713 年),王姓与郑、朱、赖三姓合垦海山堡;乾隆六年(1741 年),龙溪杨正公与同籍廖、陈、蔡、吴、张、马等族人合垦台南大内乡。因此,早期台湾的移民聚落方式以地缘性的聚落为主。他们以宗姓或原乡的地名来命名新开辟的居地。如南安丰州黄氏族人在台北聚居的村落叫"黄厝村",南安玲苏苏姓族人在嘉义聚居的村落叫"苏厝村",而晋江石井双溪李氏分布在嘉义、台北和新竹的聚居地都叫"双溪村",南安码头枫林村林氏族人在花莲的聚居地叫"枫林村"。陈正祥编写的《台湾地名手册》收入此类冠姓地名的词条 87 个,《台湾省通志稿》则多达 165 个,这与这种垦殖环境和聚居方式相适应。早期台湾移民宗族制度的发育尚不完全,无法按祖籍的房、辈来区分,只能以合股的方式来奉祀共同的祖先,出现了一种"合约式祭祀公业"的方式。数代以后,随着后辈的成长,在直亲血缘基础上形成的继承式的宗族制度才开始出现。其在台湾的发展也不平衡。在移民较早进入的台南地区,据康熙五十六年(1717 年)编修的《诸罗县志》记载,已出现四世同堂、五世同堂,宗族成员中男子达 48 人的大家庭。而移民较晚进入的地区,如台中和台北,宗族组织则晚至乾隆、嘉庆、道光年间才形成。从以祭祀原乡共同祖先为主的"合约式的祭祀公业",到祭祀开台祖先为主的"继承性宗族",这是宗族制度在台湾发展的两个阶段。宗族制度的建立,同时也成为台湾由移民社会向移民定居社会发展的标志之一。①

----

① 彭文宇:《闽台家族社会》,台湾幼狮文化事业有限公司,1998 年。

　　宗族制度在台湾的确立,可以从有形的族田设置、祠堂兴建、族谱编修、族长的设立等方面来考察。但无形的宗族文化对台湾社会发展的影响更为深刻。首先,宗族对于移民,不仅是一种血缘关系,还是一种生产组合方式。早期的移民以血缘和地缘的关系,形成一种劳动组合,这是台湾开发初期的基本特征。台湾垦殖史上记载着大量这样的例子。如新竹地区的开垦,是同安人王世杰在康熙三十至四十年间,率族亲和乡党百余人请垦竹堑埔开发的;下淡水流域的开发主要是康熙年间在府治东门种菜的嘉应州客属移民,招徕乡人族亲请垦而成的。较大规模的水利设施也多为同乡同族合力修建的。如惠安杨志申领四个弟弟及族人修筑彰化三处水利,晋江张士箱父子联合族人在台湾北部修建七处陂圳。其次,宗族文化还起着社会组织的作用。宗族内部有着严格的辈分秩序,形成了一种生物学的等级关系。在移民社会形成初期,上层社会管理系统尚难以充分到达社会底层的每一个成员。等级秩序严格的宗族制度便同时起着调节和制衡所有宗族成员的作用,可以弥补社会管理系统的不足。再次,宗族文化本身就是中华文化构成的部分。中国传统文化的儒家伦理道德,围绕着对祖先的崇拜不断深化和丰富起来。在血亲认同的基础上以宗族为单元,形成了封建的宗法体制。事亲和忠君是封建伦理道德的核心,以此孕育出中国传统的人际关系;对宗族制度的维护,实际上也是对宗法社会人伦传统关系的维护;宗族制度在台湾的确立,便也意味着中国传统人文精神在台湾的播入。最后,宗族组织形成的一整套礼俗规范,通过对成员在心理、文化、精神上的"族化",从思维方式和行为规范上强化了所谓的"宗族人格",并且在"敬宗睦族"的观念指引下,形成了宗族成员的认同感和凝聚力。移入台湾的宗族,都承袭祖籍的郡望、堂号,以及世传辈分,标榜自己的渊源、衍派,并定时回乡祭祖扫墓,延修族谱,以示不忘根本。这一切宗族活动,既强调了对原乡宗族的认同,也形成了在新土生存的巨大凝聚力。当然,作为封建宗法社会构成基础的宗族制度,也有着其他一些负面影响。随着时代的变迁,宗族制度的表面形态已逐渐解体,但其作为历史积淀的精神价值,依然在发挥作用。

第五是在民俗方面。民间习俗是与民众生活紧密联系的一种约定俗成的规范形态。狭义地说，民俗即是一种生活方式，一种为了生存的需要，无数次循环进行的为群体所认同了的生活习惯和仪式。移民进入台湾，为了现实生存的需要，也为了怀乡思亲，都把原乡的生活习惯和仪式带入新地。特别是福建和台湾，有着大致相同的自然环境，民俗的引入不会出现太大的障碍。例如在衣、食、住、行方面，衣以单衣短裤，赤足木屐；食以饭稻羹鱼，辅以番薯；住以杆栏式的民居和源自当地丰富建筑材料的石建筑房屋；行以轻舟泛海，乘风踏浪。这些大致相近甚至完全相同的生活习惯，来自闽台共同的山海地理环境，湿润多雨的自然条件，还可以远溯至闽越族和台湾少数民族留下的影响。有着较多中原文化积淀的生产习俗、岁时节庆和人生礼仪，则在移民的地缘性族居聚落中，承继和延续下来。台湾汉族移民中的岁时节庆，自初一"开正"到除夕"围炉"，其间的元宵赏灯、清明祭扫、端午插艾、七夕乞巧、中秋赏月、重阳登高，等等，皆与源自中原的福建民俗相同。因此，清丁绍仪在《东瀛识略》中认为："台湾皆徙自闽之漳州、泉州，粤之潮州、嘉应州，其起居、服食、祀祭、婚丧，悉本土风，人地无甚殊异。"① 某些不同于中原的特殊民俗的出现，皆与闽台特殊的社会环境有关。如拾骨葬，相传系"宋季南迁，转徙不常，取先骸而珍藏之，便于携带"，② 与中原移民南迁福建相关。而福建移民入住台湾以后，由于叶落归根的寻宗观念，子孙后代常依先人遗志，拾骨改葬祖籍地。后来又受风水观念的影响，拾骨葬在闽台相沿成风。又如养子习俗，它本来源于福建的宗族社会以多子而强房的观念。移民台湾以后，因单身男子多，为承祀祖宗香火，不使绝嗣，便广为盛行。在岁时节庆中，普度为闽台最为盛大的一个时节。其原因为闽台皆是移民社会，艰辛的移民途中和筚路蓝缕的开发过程中，多有因疾病、猛兽、饥寒而恶死者。乡俗以为孤魂野鬼是瘟灾疾病的散布根源，便以盛大的普度斋祭，超度这些无主野鬼，以保驱灾避祸。至于某些习俗，随由时

① ［清］丁绍仪:《东瀛识略》卷三,《台湾文献丛刊》第3种。
② 《诸罗县志》卷八,《台湾文献丛刊》第142种,第136页。

代的更迁而发生嬗变,如结婚礼仪中的文明婚礼,年岁节俗新增的元旦、圣诞,等等,则闽台两地情况如一。

第六是在神灵崇拜方面。闽台两地的先民本来就有好巫尚鬼的习俗。这是因为古代先民生产力低下,无法认识并战胜南方湿热多病和灾害频发的恶劣环境,只好乞求超自然力,巫医结合,以求平安。所以史书上早有闽人"信鬼神,重淫祀"的记载。明清以后,福建居民大量移民台湾,海上风波险阻,新土瘴疠肆虐、野兽横行,严重危及生存。在巨大的环境压力下,移民往往携带祖籍寺庙的香火、符签,乃至地方和宗族的守护神,以求保佑。平安抵台后,便立庙设祭,并在此后不断回乡拜谒祖庙,增修扩建。于是,福建本来就神出多源的宗教和民间信仰便随同移民足迹传遍全岛。来自底层民众的民间信仰的功利性和实用性,只求灵验,而不问其神灵系统。即使一石一木,只要能够却灾避难,便叩头烧香,相信多一个神灵,便多一份保佑,神灵越多,平安的系数也就越高,这使闽台的信众走向多神信仰的状态。西方宗教的排他性,在中国文化传统的消弭中化为多神的共存并蓄。其神灵体系,既有从印度传入经过汉化了的佛教、中国本土的道教、全国性的俗神信仰,也有产生于福建本土的自然神崇拜,神格化了的祖先神、行业神和英雄神崇拜,等等。福建宗教信仰中的各种神明究竟有多少,有称数百,有说逾千,尚无准确统计;台湾也号称"神明三百,庙宇逾万",这都说明其多神信仰的特征。且台湾神明绝大部分皆由福建移入(少数来自广东),其与福建关系十分密切,不仅由福建祖庙分香,连寺庙建筑也多仿祖庙原型,或从祖籍地聘请工匠购置材料赴台依祖庙仿建,还定期组织庞大进香团,返回祖庙寻根拜祖,或恭请祖庙宗神赴台"巡境",从而形成了闽台的共同祭祀圈。

最早传入台湾的民间信仰应属17世纪初已在台湾立庙的保生大帝吴本。吴本原为北宋时医德高尚的名医,出生和行医于福建漳州的龙海,死后衍化为能祛病除灾的医神,俗称"大道公"。康熙《台湾县志》卷九"寺庙"条云:"在广储东里,大道公庙,红毛时建。"广储东里即今台南县新化镇,"红毛"为台湾民众对荷兰殖民者的蔑称。其时郑芝龙已在台湾建立据点,保生大帝庙应是随同郑芝龙的船队或垦民由闽南传入的。郑成功驱荷复台时,据说曾拜求妈祖相助,还把保生大帝神像供奉船上。所以在攻取台湾后,翌年便于鹿耳门(今台南市南区土城)修建妈祖庙,并把由龙海白礁慈济宫分身而来的保生大帝神像,供入学甲慈济宫。于是,保生大帝和妈祖成为最早进入台湾、香火也最鼎盛的两尊民间拜祭的神明。至康熙统一台湾时,已建保生大帝庙21座、妈祖庙10座。据乾隆《重修台湾府志》所载,保生大帝庙在台湾五大神佛庙宇中,数量居其首,先在台湾高雄建庙,随后发展到中部的嘉义、云林,不久扩展到北部的台北、宜兰,宫庙扩增的地方恰是闽南移民开发台湾的路线。在晚明至有清一代持续两百多年的移民浪潮中,作为海上守护神的妈祖信仰更是后来居上。由于籍贯的不同,移民对从自己家乡寺庙分身而来的妈祖,便也有了不同的称谓,来自莆田的称"兴化妈"或"湄洲妈",来自泉州的称"温陵妈"(泉州别称温陵),来自同安的称"银同妈"(同安别称银城)。据1930年对台湾寺庙的调查,妈祖庙宇已达335座,保生大帝庙也有117座,都列入台湾民间信仰的前10位神明。至今寺庙扩建的数量和规模更数倍于此。妈祖和保生大帝所以为移民信众所尊崇,当与其海上救难和祛病除灾的神职功能密切相关。

闽粤移民带入台湾的民间神明,当以地方或宗族的守护神为最多。如安溪移民奉请入台的家乡守护神"清水祖师",惠安移民奉请入台的俗称青山公的"灵安尊王",漳州移民奉请入台的"开漳圣王陈元光",闽粤客家移民奉请入台的"定光佛",潮汕移民奉请入台的"三山国王"等。另如泉州郭姓族人奉请入台的"广泽尊王",据说因其善庇流寓之人而成为闽南移民共同尊奉的"守护神"。而职司五方疫病的"五府王爷";因其分身来源不同,也各有称谓:来自晋江潘径乡的高雄天凤宫称"吴王爷";来自莆田南天宫的凤山北辰宫称"巫王爷";来自晋江大崙村的台南保济宫称"池王爷";还有来自漳浦的云林县福顺宫称"朱、李、池三王爷";来自平和古坑社的嘉义玉贤宫称"黄、吴、李三王爷",等等。另外还有在诏许搬眷后由福州移民奉请入台的"临水夫人",因其专司护胎育儿而成为移民共同信奉的妇幼保护神。所有这些神明,都以其来自原乡,具有安境息民、除灾去病、助业护生的超自然能力而获得移民的尊崇,这体现了闽台民间信仰共同的功能性和实用性特征,成为聚合移民群体和维系与原乡联系的精神纽带。

第七是在文学艺术方面。文学艺术在台湾的发展也深以中原文化的延播而获得活泼的生机。一方面,作为雅文化的文人创作,自明郑时代开始,以先后入台的文人为核心,将中国传统文学的诗文范式引入台湾,开了台湾文学的先河;清统一台湾以后,又以宦游台湾的文人学士为主体,采风问俗,咏怀述志,进一步弘扬了中国文学的传统精神。在台湾进入定居社会的过程中,儒学教育的发展培育了一代台湾本土的知识分子,他们关怀本土的创作,把台湾文学融入中国文学的传统之中。当时诗社林立,几遍全岛,即使在日本殖民占据的淫威之下,也盛况不减。一部《瀛海诗集》,所收稍负诗名的作者469人,而一部《台宁击钵吟》,选入的台湾能诗者,竟达1200多人。"五四"以后,台湾文化界以与祖国大陆新文学运动的同一方向和步骤,推动了台湾文学的新生。而作为俗文学的传说、故事、歌谣和谚语,也在移民的带动下融合了原乡的母题、原型和语言,发展出新的异本,体现为文化传播和再生的成果。

第八是在戏曲歌舞方面。闽台先民本来都有歌舞怡神的遗风,明清以后,各种宗教信仰传入台湾,更使台湾祭祀活动极为频繁。据有关部门不完全的统计资料显示,台湾各寺庙供奉的249位主神,一年累计的祭祀时间达248天,再加上其他民俗节日,可谓年头到年尾,无日不酬神。《汉书》称闽人"好淫祀",传至台湾,更无以复加。酬神必演戏,娱神亦娱己,这是文化生活贫乏的早期移民的一种精神寄托。在这一背景的推动下,来自移民原乡的各种戏曲歌舞源源传入台湾。连横《台湾通史》中"演剧"一节云:"台湾之剧,一曰乱弹,传自江南,故曰正音,其所唱者,大都二黄西皮,间有昆腔。……二曰四平,来自潮州,语多粤调,降于乱弹一等。三曰七子班,则古梨园之制,唱词道白,皆用泉音。而所演者则男女之离欢悲合也。又有傀儡班、掌中班,削木为人,以手演之,事多稗史,与说书同。……又有采茶戏者,出自台北,一男一女,互相唱酬,淫靡之风,侔于郑、卫,有司禁之。"言及曲调,又称:"台湾之人,来自闽、粤,风俗既殊,歌谣亦异。闽曰南词,泉人尚之;粤曰粤讴,以其近山,亦曰山歌。南词之曲,文情相生,和以丝竹,其声悠扬,如泣如诉,听之使人意消。而粤讴则较悲越,坊市之中,竞为北管,与乱弹同。亦有集而演剧,登台奏技。勾阑所唱,始尚南词,间有小调。建省以来,京曲传入,台北校书,多习徽调,南词渐少。"其演出盛况,"多以赛神,坊里之间,醵资合奏,村桥野店,日夜喧阗,男女聚观,履舄交错,颇有欢虞之象"。① 今人研究台湾戏剧源流,将其分为北管和南管两大系统。北管指用"正音"演唱的昆腔、皮簧、梆子等北来的剧种,如乱弹、四平戏、京剧,以及后来传入的豫剧、湘剧、川剧、评剧;南管则指以"南音"为主要唱腔的闽南方言区的剧种,如梨园戏、潮州戏、高甲戏、白字戏等。北管传入台湾分为两路,一路经闽西的宁化、龙岩传至漳州地区,再随同移民进入台湾,称为"福路派";另一路由闽西的长汀转入粤东的梅县和潮汕地区,再随同客籍移民进入台湾,称为"西皮派"。两派仅在使用乐器和唱腔上略有差异,却因为台湾频繁的分类械斗而互相对抗。其他的如采茶戏,源于赣南的民间茶歌、灯舞和花鼓而形成的戏曲,随闽粤移民流入,早期只有一丑一旦的"对子戏",后发展为二旦一丑的"三角班"。花鼓戏源于安徽,乾隆、嘉庆年间经福建传入台湾。四平戏从四平腔发展而来,明万历间由安徽经江西传入福建,与当地民间歌舞结合,形成各具地方特色的四平戏。其在闽南,亦称正字戏,也随移民流入台湾。傀儡戏的形成,一开始就与宗教的除煞祈福相联系。有学者称是傩戏的木偶化。其在南宋时已流行福建,南宋西湖老人《繁胜录》中已有福建傀儡戏在临安(今杭州)演出的记载。明清两代,尤为兴盛,为婚丧喜庆和酬神祭祀的主要演出形式。木偶戏有提线木偶、杖头木偶和掌中木偶。泉州一带以南管为主要唱腔,漳州一带吸收乱弹班的皮簧为主要唱腔,二者都于清代传入台湾。

台湾民间戏曲中仅有的地方剧种歌仔戏,也是在闽南传入的民歌和表演形式基础上形成的。先是漳州一带的锦歌盛行于台湾,这种为移民所喜闻乐见的说唱形式,最初在街巷之间流动清唱,称"歌仔";后

---

① 连横:《台湾通史》卷二三,商务印书馆,1996年,第434-435页。

发展成为定场说唱，称"歌仔馆"；再吸收同安传入的车鼓阵、安溪传入的采茶歌舞，形成了可以在广场作简单化妆表演的"歌仔阵"。清末，歌仔阵吸收梨园戏、四平戏、乱弹的剧目和表演程式，以歌仔说唱为主要唱腔，加上漳厦一带方言道白，形成有生、旦、丑三个行当的"三小戏"，在乡间谷场、庙埕演出，称"落地扫"。后来在逢年过节、迎神赛会中临时搭台演出，歌仔戏便逐渐形成。从这一简略的发展历程中可以看出，作为台湾唯一的地方剧种，也是移民在原乡民间歌舞艺术的基础上吸收中原相关的艺术营养，从移民台湾的现实生活中培育出来的，是闽台文化共同哺育的艺术结晶。

中原文化经由福建东延台湾，形成了台湾社会以汉民族文化为主体的文化基础和发展的主导方向，把台湾融入与祖国大陆一体的中华社会之中，并以其在台湾特殊的文化经历和色彩，进一步丰富了中华文化。文化发展的这种根的再生与回馈，以及其所留下的文化足迹，是我们深入认识台湾文化的价值所在。

闽台文化的地域特征

闽台文化是中华文化的一种地域形态。中华文化是几千年来汉族与各兄弟民族共同创造的文化,因此,广义地说,闽台文化应当包括闽台地区各兄弟民族的文化。不过,由于闽台社会是以汉族为主体形成的社会,我们通常只是狭义地使用闽台文化这一概念。它一般是指来自汉族核心地区的中原文化,在播迁闽台的过程中,因地理环境的不同、历史发展的差异和与土著文化融合所产生的变异等诸种因素,而形成的一种地域性的亚文化。它既具有汉民族文化普遍的本质属性,又拥有闽台地区自己的特殊品格。对于闽台文化的研究,过去较多集中在对其历史形成和现状发展的探讨,较少对闽台文化由历史积淀而来的特殊属性进行整体性的考察。本文试图从地理的、历史的、经济的、文化的不同角度和层面,对闽台文化的区域性特征提出四点初步分析,以就教于前辈和同侪。

一、从大陆文化向海洋文化的过渡:
多元交汇的"海口型"文化

闽台文化是一种什么性质和类型的文化,史学界和文化界对此并无深入的讨论,只在各自的研究中有过一些不尽相同的论述。或者认为闽台基本上是同一种大陆型文化;或者认为闽台的海洋环境造就了闽台的海洋文化;或者干脆认为闽台不属于同一种性质的文化,福建是大陆文化,而台湾是海洋文化,等等。至于在何种意义上使用大陆文化和海洋文化这两个概念,研究者各有自己的解释。这就使得我们在讨论这一问题之前,必须在对大陆文化和海洋文化在内涵上有一个基本的界定。

所谓大陆文化和海洋文化,其提出源自于黑格尔的《历史哲学》对世界文化类型的划分。黑格尔在该书"历史的地理基础"一节中,把体现出"思想本质上的差别"的"地理上的差别"划分为三种类型:(1)干燥的高地、草原和平原;(2)巨川大江灌溉的平原流域;(3)与海相连的海岸地区。第一种类型以游牧民族为代表。他们过着漂泊、放牧的生活,不以土地为财富,每年越冬宰杀半数牲畜也无法使他们积累财富,除了显示出"好客与劫掠"的两个极端外,"在这些高地上的居民中,没有法律关系存在",因此他们常如洪水一般,泛滥到文明国土上,表现出一种野蛮的原始本性。第二种类型以农耕民族为代表。巨川大江的灌溉造就的肥沃土地,使"这里的居民生活有可依靠的农业,获得了四季有序的收获……土地所有权和各种法律关系便跟着发生——换句话说,国家的根据和基础,从这些法律关系开始有了成立的可能"。但他们以海作为陆地的天限,闭关自守使他们无法分享海洋所赋予的文明。第三种类型以海洋民族为代表。当他们"从大海的无限里感到自己的无限的时候",他们便以智慧和勇敢突破"把人类束缚在土壤上","卷入无穷的依赖性里边"的平凡的土地的传统,走向大海,进行征服、掠夺和追逐利润的商业。毫无疑问,黑格尔是以海洋文明作为人类文明的最高发展来否定游牧文明和农耕文明的。当他进一步以这三种地理类分来"观察和世界历史有关的三大洲"时,这一观点更暴露无遗。他认为:"阿非利加洲是以高地做它的主要的、古典的特色,亚细亚洲是和高地相对的大江流域,欧罗巴洲则是这几种区别的综合。"然而,非洲"还笼罩在夜的黑幕里,看不到自觉的历史的光明",因此"他不属于世界历史的部分,它没有动作和发现可以表现";而亚洲,虽然是世界历史的起点,"'精神文明'从亚细亚升起",但世界历史是从"东方"走向"西方",亚洲是绝对的"东方",而欧洲是绝对的"西方";"他们和世界历史其他部分的关系,完全只由于其他民族把它们寻找和研究出来"。唯有欧洲,才是"世界的中央和终极","绝对地是历史的终点"。①

黑格尔的世界体系明显带有欧洲中心主义的历史偏见。因此,建立在黑格尔历史哲学基础之上的以大陆文化(黄色文明)和海洋文化(蓝色文明)来区分东方和西方文化,便也无法走出黑格尔偏见的阴影。其所谓孕育自内陆地区的大陆文化是保守的、苟安的、封闭的、忍耐的,孕育自海岸地区的海洋文化是冒险的、扩张的、开放的、竞争的,等等,便是基于这种偏见的言说。尽管黑格尔的世界文化理论,在解释人类文明起源和揭示欧洲文明性质上,有着合理的内核,但其片面性和内在的悖论却常为学界所质疑。为了说明海洋文化对人类(无论是东方还是西方)文化发展的意义,许多学者倾向于从海洋与人类的关系,在本体论的意义上重新定义海洋文化。本文所讨论的闽台文化性质,也在这个意义上把大陆文化和海洋文化作为一种文化形态,而不作为价值判断来论析。

关于中华文化的性质,近年主持"海洋与中国"多种研究论著出版的杨国桢教授指出:"中华民族的形成,经历过农业部族争胜和海洋部族融合的过程,中华古文明中包含了向海洋发展的传统。在以传统农业文明为基础的王朝体系形成以后,沿海地区仍然继承了海洋发展的地方特色。在汉族中原移民开发南方的过程中,强盛的农业文明吸收涵化了当地海洋发展的传统,创造了与北方传统社会有所差异的文化形式。南中国的沿海地区,长期处于中央王朝权力控制的边缘区,民间社会以海为田、经商异域的小传统,孕育了海洋经济和海洋社会的基因。世界历史发展进程证明,古代西方和东方的海洋国家,都有依据自己的航海与贸易传统,发展海洋经济和海洋社会的可能。"②也就是说,从地理环境上看,横跨欧亚大陆板块和太平洋板块的中国,既有着江河横贯的辽阔的大陆疆土,也有着曲折漫长的海岸线和星罗棋布的海岛,不仅是一个大陆国家,还是一个海岸国家。而从历史来看,中

---

① 本段的论述和引文皆见黑格尔《历史哲学》,王造时译,生活·读书·新知三联书店,1956年,第132-147页。

② 杨国桢:《明清中国沿海社会与海外移民》,高等教育出版社,1997年,第1页。

华民族五千年的文明发展,自史前迄秦汉,经历了东西向的海洋民族和大陆民族(夷—夏)和南北向的海洋民族和大陆民族(越—汉)的两次抗争和融合,都以大陆民族获得最终胜利。在这一背景上形成的中华民族的发展核心和历史传统,既建立在高度发达的农业文明基础上,也涵化着沿海地区向海洋发展的传统。正是这两者的融合涵化,才构成了中华文化博大丰富的内涵。对中华文化这一既以大陆文化为主体、又涵纳海洋文化的性质界定,给了我们一个分析闽台文化的理论框架。

毫无疑问,闽台文化是中华文化的一个部分,它包含了中华文化的大陆文化传统和海洋文化基因。但必须指出,闽台的地理环境恰好正是中国大陆的濒海部分:福建是一个海岸地区,而台湾是与福建隔一道窄窄海峡相望的海中大岛。从历史上看,福建和台湾都是中华民族争胜融合之前的海洋部族活动的地方。在对新石器时期的考古发掘中,闽台多处出土的贝丘文化(如福建平潭的壳丘头文化、闽侯的昙石山文化,台湾的大坌坑文化、凤鼻头文化等),都证明闽台早期人类与海洋关系密切的生活方式。进入文明史以后,闽台先民的山行水处、善于舟楫,也为古文献所广泛记载。近年海外学者从 DNA 的研究中推认,远在 1000 年至 5000 年前的古越族,就曾经从福建或台湾出发,逐岛迁移,横越整个太平洋,先后南抵新西兰,西到马达加斯加,东达夏威夷和伊斯特岛。① 在中国古代历史"车辚辚、马萧萧"的陆上征战同时,也充满了蹈风踏浪的海上用兵的传奇。自公元 3 世纪的三国东吴开始,无论南下浮海求夷州和亶州,还是北上通辽金,其"弘舸连舳,巨舰接舻",所用篙工楫师,皆出自闽粤。逮至宋元,以福建泉州为起点的"海上丝绸之路","每岁造船通异域"的国际贸易与海上往来,已颇具规模。明代中叶,郑和七下西洋,多由福建祈风出航,所造舰船和所用水手也多自闽省,甚至连实际负责航行的副史(二下西洋后与郑和同为正史)的王景弘,也为闽人。明清之季,虽行海禁,但台湾海峡作为北上日本,南经东南亚诸国而通欧洲的黄金航道,从未沉寂。

---

① 史式,黄大受:《台湾先住民史》,九州图书出版社,1999 年,第 44 - 59 页。

以闽人为主的大规模海上商业武装集团,多以台湾为据点,将西挽福建、东携台湾的海峡打造成一个闽台共同的海上贸易区。这一切对于博大悠长的中华文化来说,可能只是一种向海洋发展的文化基因,但对于闽台文化而言,已不仅仅只是基因,而是占有重要地位的一种海洋文化的存在。

那么,闽台文化是否就是海洋文化了呢?

对这一结论,仍然必须慎重。诚然,海洋文化在闽台文化中占有重要地位,并成为闽台文化的一个特殊传统,但海洋文化并不因此就等于闽台文化的全部,甚至也不能以此就认为海洋文化是闽台社会的主体文化和主导文化。这是因为:

第一,闽台只是中国的一个部分,长期纳入在中华民族的统一国家之中。在漫长的封建社会中,中央对于地方的统辖,既是政治的、经济的,又是文化的。几千年来,推动中国社会发展的,是建立在农耕文明基础之上的大陆文化;在长期的封建社会中,形成了以儒家学说为代表的思想文化传统和价值体系。这一思想传统和价值体系不仅主导了中国封建社会的历史进程,也成为以中原移民为主体建构起来的闽台社会的文化基础和发展主导。闽台所以成为文治社会,并与中原地区取得同步发展,从根本上说,恰是大陆文化推动的结果。代表着农耕文明的儒家思想,是闽台文化的核心和支柱。尽管海洋文化深刻地影响了闽台人民的生活方式和闽台社会的存在形态,但它并没有成为闽台社会构成的基础和发展的主导。如果说传统的话,对闽台而言,海洋文化依然是中华文化大传统下的地方性文化发展的小传统。

第二,闽台虽都为中华民族版图中的一个省,但福建面积12万多平方公里,台湾面积3.6万平方公里,均不亚于欧洲的一个中等国家。其境内江河流贯,山岳纵横,陆海交错。地理环境的多样,使闽台境内的原生型文化,不仅有海岸地区一种类型,也存在着山区内地的其他文化形态。以福建为例,沿海的闽南地区、闽东地区和内地的闽北地区、闽西地区和闽中地区,其文化差异就悬殊。即使同为闽南地区,其内陆县份与沿海县份差异也很大。同样在台湾,生活于沿海平原的平埔族和生活于高山的部分高山族的文化形态,差别也极大。复杂的地理环境所造成的社会发展的不平衡性和文化形态的多元性,是闽台文化的另一个特色。不能把闽台文化仅仅看做只是一种海洋文化,这不仅因为闽台是以中原为核心的中国社会的一部分,还由闽台自身多样的地理环境和多元的文化存在所决定的。

第三,对文化形态进行分类,更多的是从发生学的意义上来说明文化的起源和历史的进程。随着社会的发展和科技的进步,今天,国际政治、经济、文化交往日益频密和便捷,已经超越地理阻遏的囿限。海洋作为地理要素在促进交通和贸易上所呈现的意义,已经大大缩小;昔日因海洋环境所带来的政治和经济辉煌的绝对性因素也已经不再。一个地区的发展,取决于包括海洋文化在内的更多方面的因素。在闽台,我们看到,一方面是海洋文化的日益发展,另一方面却是海洋的文化意义在日渐削弱。这一悖论式的历史发展提示我们,在今天经济全球化背景下的文化多元化,用单一的文化形态来界定复杂的文化存在,已经越来越显出它的尴尬和不宜了。

客观地来考察闽台文化发生和发展所形成的特殊形态,我以为或许可以用多元交汇的"海口型"文化来给予概括,更为合适。海口,是一个地理学的概念,它通常是用来说明内陆河流与大海交汇的地方。在海口周围,从内陆所带来的泥沙冲积而成的三角洲往往是土地最为肥沃、物种最为繁富,人口也最为稠密和经济最为发达的地方。用"海口"来说明闽台的文化类型,是对闽台的地域形态所进行的概括。福建从地理上说,当然是个陆海交汇的海口地区,而台湾虽为海岛,但如果把它放在太平洋板块的大陆架上来看,仍然是个"海口"地区。台湾的东部,亦即亚洲大陆板块的东缘,是深达 2000 米以上的太平洋;而其西部,隔一道百余千米宽的大陆架浅海——台湾海峡,与福建为邻,其深度一般不超过百米(南部较深,也不过 400 米),最浅处仅 40 米左右。台湾虽然四面环海,却很少从东部与世界发生联系,主要从西部接受由福建而来的文化影响。因此,文化意义上台湾也是一个"海口"。如果说,福建的"海口"以陆地为主,接受海浪的冲击;而台湾的"海口",却是以岛的形态站在海中,接受来自祖国大陆的河流的淘洗和积淀。闽台地域形态的海口导致了闽台文化形态的"海口性",说闽台是"海口型"文化,有两重涵义。其一,闽台是大陆文化向海洋文化的过渡。随同中原移民携带而来的大陆文化在建构了闽台社会之后,又一直纳入在中华民族的统一国家之中,使大陆文化成为闽台社会的主导文化;同时也使大陆文化在与闽台的海洋环境中生长并逐渐发展起来的海洋文化的交汇、融合和涵化中,呈现出新的特色。海洋文化是浸透在闽台民众日常的生活方式与生产方式之中的一种本土性的文化。大陆文化在进入闽台之后所出现的本土化改造,其十分重要的方面便是对于海洋文化的吸收,表现为大陆文化的一种特殊的"海洋性格"。其二,在宋元以后的中国历史发展上,闽台临海的地理位置使它也成为一个广泛接受各种外来文化的"海口"。无论是阿拉伯文化、东南亚文化、西方文化,也无论是以和平的贸易的方式,还是以战争的殖民的方式,或者两者兼具,通过坚船利炮的威逼实现殖民化的贸易,都是从闽台(还有广东)最先跨进,然后北上,进入中国政治、经济、文化的核心地带。闽台作为异质文化进入中国的"海口",同时也造就了闽台文化多元交汇的存在形态。它正负值俱存地赋予了闽台文化的开放性和兼容性特征。特别在近代的发展中,闽台得风气之先地出现了一批"开眼看世界"的先进知识分子,在引进西方先进文化、推动中国社会变革中发挥了重要作用。但往往由于历史的特殊遭遇,以及迫于外来殖民力量所造成的毫无设防的开放性,闽台文化也沾染了某种盲目的崇外色彩和不加分析地全盘吸收。"海口型"文化的多元化与丰富性,有时也难免显出芜杂与混乱,犹如泥沙俱下,龙虫并存的"海口"一样,本身就是一种特殊的文化现象。

二、从蛮荒之地到理学之乡的建构:
"远儒"与"崇儒"的文化辩证

相对于中原,闽台都是开发较晚的地区。在古代中原汉族的眼里,福建为蛮荒之地。它包含两方面意思:一曰"蛮",即福建系南方少数民族的地域,所谓"蛮"是对南方民族的统称。以居于中原的华夏系为中心,有所谓东夷、西戎、南蛮、北狄之称。依林惠祥《中国民族史》的分类,"南蛮"包括了古代活动于长江流域中游的荆楚系(亦称荆蛮)和活动于长江以南各省的百越系。闽越为百越系的一个支裔,故称闽为南蛮之地,并无不对;二曰"荒",指福建开化较晚,是谓"蛮荒",这也是事实。汉代中原地区已进入高度发展的封建社会,而地僻东南的福建还停留在比较原始的部族社会,或以武夷山汉城遗址出土的大量铁器而认为进入了由奴隶社会向封建社会过渡的时期,在社会发展阶段上迟于中原一大截。福建的开发主要在西晋以后才为南迁而来的中原汉族移民所带动。逮至隋唐,依然人口稀少,山野荒芜。隋代对闽中的人口统计仅为12420户,即使有所误差,估计也不满十万人口。《三山志》描述唐初的福建,称其"户籍衰少,耘锄所至,甫迩城邑,穷林巨洞,茂木深翳,少离人迹,皆虎豹猿猱之墟"。这是城邑附近的情况,偏远一些地方更是灵禽巨兽,所常盘踞。清《渊鉴类涵》引《汀州志》云:"大历中,有猴数百,集古田杉林中,里人欲伐木杀之,中一老猴,忽跃去近邻一家,纵火焚屋,里人惧,亟去救火,于是群猴脱去。"清杨澜《临汀汇考》说:"猱狙如是,几疑非人所居。"又《闽书》亦曾引《尔雅》所载,称漳浦县南30里有梁山,"自宋以来,象常患稼";而同书亦记武平县南一百里,有一象洞,环抱迂回,称九十九洞。昔未开拓时,群象止其中。由此可见,唐以前的福建,大片土地尚未开辟,人迹罕至,而兽迹出没,称之为"荒芜",实不为过。

台湾情况,尤为甚之。历史文献中对台湾情况描写较详者,以公元3世纪三国时期沈莹的《临海水土志》、公元7世纪隋代的《流求传》和公元12世纪元代汪大渊《岛夷志略》中的"琉球"条为著名。三篇文献时间虽相距千年,但所记述的台湾社会情况大同小异,可见历时千载而社会并无太大变化,直至元代,基本上还是由母系向父系过渡的氏族社会;虽已出现农耕,但还保留着狩猎与刀耕火种的原始经济状态。

闽台的"荒芜"或未臻开化,是在与同一时期中原的发展相比较显出差距的。汉唐以来,中原地区已进入封建社会的鼎盛时期,强大的政治、经济,不仅使其在不断开边拓土中疆域扩大,版图稳固,而且在文化上形成了以儒家学说为核心的一统封建社会两千年的主导地位。相形之下,地处边陲的福建和台湾在地理上远离中原的同时,也远离了儒家的政治和文化中心。其未经深度开发的"蛮荒"状态,赋予了它文化上的"远儒性"特征。这种"远儒性"——远离儒家中心的边缘性，使闽台较少或较晚受到儒家正统文化的教化规范和制约，从而表现出更多的非正统、非规范的文化特征和叛逆性格，也更易接受外来文化影响。

由"蛮荒"走向"开化"是文明发展的必然。福建的发展主要在中唐以后，历经五代十国，而至两宋，有一个飞跃的变化。台湾的开发，则更晚至明末，才出现大规模的移垦，虽几经周折，至清代中叶才完成了台湾与内地一致的社会建构，同样迟缓于中原的闽台社会的发展。闽台发展有三个共同的特点：第一，社会发展的动力主要依靠北方来的中原移民。在福建，自西晋末年至南宋初立，历时八百年的几度中原移民入闽形成了推动福建社会发展的人口主体；而在台湾，自明末至清代中叶，持续两百余年的闽粤移民入台，也成为推动台湾社会发展的人口主体。无论出于经济原因还是政治目的，由北向南或越海而来的规模性的移民，同时带动了文化的全面进入，即移出地的文化随同成为移入地人口主体的移民的携带，也成为移入地的文化主体。因此闽台共同源于中原的汉族文化，便也成为闽台社会的文化主体与基础。第二，由移民开发带动的社会建构并不止于经济活动，最终必将落实在文化上面。只有进入文治社会，移民不稳定的迁徙状态才能进入稳定的、持续发展的定居状态，这是移民社会普遍的规律。我们所以将福建进入移民定居社会的时限划在宋代，将台湾进入移民定居社会的时限划在清嘉庆时期，有诸多方面的原因，但其中一个重要的因素即这时闽台已经完成了社会的文化建构。第三，闽台社会文化建构的突出特征和目标是与内地的一体化、同步化，在福建是与中原汉族一体和同步，在台湾是与福建的一体和同步，因此也就是与整个大陆社会的一体和同步。这个一体和同步，在文化上即意味着认同和接受儒家文化对社会的教化、规范和制约。这就把尊孔崇儒的思想摆在了闽台社会文化建构的首位。

事实上，儒家文化南播东延，几乎与移民同步。在福建，西晋末年第一个移民浪潮的出现同时也意味着儒家文化南播的开始。南来者除豪门大族外，亦不乏文人秀士。史载晋末危京入闽，官建州16年，即辟庠讲经,以儒学为教化。所谓"建人尚知文字,有京洛遗风,实自京始"(民国《建瓯县志》),即记此之盛。此后南陈顾野王、南齐范缜、刘宋江淹、南梁刘溉等,都以儒家为经典,讲学著述。儒教风范,便于此时开始确立。至唐,高祖诏令各州县置学,又重视儒者治政,闽地虽辟,亦不能免。初虽简陋,但至大历年间李椅和建中初年常衮相续任福建观察使后,便大力整顿,使之重兴。其时已有福建学子能够进京与天下举子一较高低。神龙元年(705年)福建第一个进士长溪(今福建福安)薛令之,官至太子侍讲,建中初年晋江欧阳詹与韩愈同榜,这都可说明其儒学水平。经过五代王审知的倡扬,及至两宋,福建儒学之风已经遍及八闽。在师承有序的代代相沿中,不仅福建学子在科考中位列全国第一,而且出现了以朱熹为代表的集诸儒之大成,将儒学建成思想体系广大精微的闽中理学,使福建成为影响深远的理学之乡。在台湾,儒学的传播也从明末郑氏经营台湾开始。永历十九年(1665年),时局稍定后,郑氏部将陈永华即提出"建圣庙,立学校",引入学院、府学、州学的大陆儒学教育体系,并实施"两年三试"的科考制度,用以选取人才。清统一台湾之后,将台湾视同与祖国大陆一样的地方政权,推行大陆的儒学教育,并使其成为政府要务之一,也由主管台湾政务的台厦道兼理学政;在设置府学、县学同时,还倡导私学,使社学、义学、私塾和更高层次的书院如雨后春笋;在科举考试中,也给予额准优惠。凡此种种,都使儒教之风广入民间。有清一代,台湾虽无著名儒者出现,但儒家思想为社会所普遍尊崇,并成为规约台湾社会的主导思想,则与大陆无异。

从蛮荒之地到理学之乡的建构,使"远儒"与"崇儒"成为闽台文化构成的一种悖论式的辩证。一方面,吸收了先民某些文化要素和向海洋文化发展的文化基因,闽台文化的原生性成分迥异于奠立在农耕文明基础上以儒家为代表的中原文化。这种"远儒"的边缘性,非正统、非规范的异质性和叛逆性,形成了闽台文化性格自由、开放的一面;但同时,随同移民携带并成为闽台社会发展主导的儒家文化的正统性和规约性,也使闽台文化在接受儒家正统文化的规约中,具有"崇儒"与守成的另外一面。二者的互相对立、包容、融摄和涵化,构成矛盾统一的辩证关系。居于正统地位的儒家文化,对"远儒"的文化性格起着限制、规约和引导的作用,它使闽台文化在内涵上以儒家文化为主要成分,循着与内地社会一致的文治方向,日益同步地发展;而同时,闽台文化原生性成分的"远儒"性,也以其异质性的文化内涵,包容或涵化在儒家文化之中,使播入闽台的中原文化呈现出某些本土化的殊异色彩。"远儒"与"崇儒"的文化辩证,成为闽台文化在内涵和性格上的一个重要特征。

从本质上说,"儒学"是一种意识形态,是属于上层的文化,它更多地是以雅文化的形式出现,有着比较完整的系统和严密的逻辑,以理性的形态为统治阶级支配和服务,并成为一种官方文化,自上而下地获得行政力量的支持和推广。"崇儒"包含着儒家思想本身和对儒家思想的推崇两个层面,以本体论和功能论衍化为封建时代的思想体系和制度体系,包括政治制度、教育制度、科考制度、家族制度等,成为覆盖整个社会的一股巨大力量,以维护社会的既定秩序和推导社会的定向发展。而"远儒"则属于下层文化,更多地以俗文化的形式存在,渗透在民众的日常生活实践之中,成为一种直接的、自发的和由继承而来的经验传统、生活传统和信仰传统,在广大的民间生活中,也成为一股庞大的潜性力量。"崇儒"与"远儒"的制约和反制约,构成了闽台文化发展的一种张力。这种制约,不一定都以暴力的手段出现,更多地是以教化的方式予以劝谕和诱导,如《礼记·王制》所主张的:"修其教,不易其俗;齐其政,不易其宜。"但也并不完全排除带有暴力性质的强制取缔和禁止。比如儒佛的矛盾,常以灭佛的行为出现,是一种十分激烈的暴力手段。但如果不直接或严重危及统治阶级的政权和思想,则虽行取禁,但也会相对缓和一些。比如儒家文化从来主张"未知生,焉知死""未能事人,焉能事鬼",因而提倡"敬鬼神而远之"。但在闽台却一直存在着"信巫尚鬼、重淫祀"的先民遗风,不仅神明繁多、庙宇林立,且各种祭拜佛事成年不断。此一民风与儒家思想显然格格不入。因此闽台历代地方政府和儒学人士,在劝导之余更立法禁止。民国《同安县志》的"礼俗"卷中就载《福建省例》关于"禁示迎神赛会"的有关规定云:"不准聚众迎神,并捏造请相出海名目,或棹龙舟,从中渔利""不准迎神像赴家,藉词医病,骇人听闻""不准道旁添搭矮屋,供奉土神""不准非僧非尼,混号降童""不准青年妇女入庙烧香,如请花、求子等类,情尤可鄙"……不过此类禁例往往流于形式,民间并不遵从。又如闽台民间都流行的"拾骨葬",源于移民迁徙途中,常有灾病不测,为便于携带还葬祖籍而盛行,后衍化为另觅风水宝地拾骨迁葬。此习俗也遭到封建士大夫的反对,视其为"开掘之罪"而予严禁。道光《重纂福建通志》的"风俗"卷中,就载《福建省例》的"刑政例",规约"切勿焚化亲枢,开墓洗筋,自干斩绞重罪,并累地师亦干大辟","倘敢听藐不遵,一经查访,即以不孝论,立置之法"。再如闽台重丧葬,违背儒家丧祭之礼甚多,一为大宴宾客,二为丧事喜办,三为清僧道做法事,常遭儒学人士谴责,列为政府禁例。北宋蔡襄以"生则尽养,死不妄费"为"孝之本也",指责丧事糜费,"不在于亲",乃为"夸胜于世",斥之为"不孝""无礼"和"无耻"。台湾《诸罗县志》更载清唐赞衮针对丧事喜办、歌舞怡乐规定:"如有妓女胆敢装扮游街者,或经访闻,或各段签首指名禀送,立准将该妓女拿办;其妓馆查封,招妓之家并分别提究。""崇儒"的文化制约,虽不能完全改变"远儒"的文化存在,但在一定程度上抑制了异质于儒家的文化过度膨胀,把闽台社会和文化基本规范在儒家文化的发展轨迹之上。

闽台文化边缘化的"远儒"性,其最重要的意义在于它造成了闽台文化的开放性格。较为松弛的儒家规范,使闽台文化在和外来异质文化的交往中表现出更大的融摄力和兼容性。这一特质在近代闽台社会的发展中表现得尤为突出,使近代以来的福建和台湾一改过去步中原之后的旧貌,在推动社会的现代化鼎革中起了领风气之先的带头作用,闽台知识分子的在近代社会变革中的先锋作用,正是闽台文化这一开放性格所哺育的。

三、从边陲海禁到门户开放的反复: 商贸文化对农业文明的冲击

边陲海禁和门户开放,是中国漫长封建社会海洋政策的两面体现,也是以农立国的大陆性农耕文明涵化海洋性商贸文明这一争执的

焦点。在禁海和开海的历史争论与实践背后,交错着尖锐、复杂的文化冲突。无论开海或禁海,濒海地区的闽台都关涉其中,既受开海之利,也受禁海之累,闽台在开海与禁海的反复中突现出商业意识的最初觉醒和商贸文化的异常活跃。

中国的海洋文明肇始于距今 7000 年前的贝丘文化。在长江以北,以辽东半岛和山东半岛的大汶口——龙山文化为代表;在长江以南,则以浙江余姚发现的河姆渡文化为代表,在广泛分布于江苏、浙江、福建、台湾、广东、广西和海南的数十处贝丘文化遗存中,典型地表现了南方海洋部族——百越族的文化形态。7000 年前的河姆渡文化遗址,不仅出土了大量稻谷遗存和各种农业生产工具,还发现了大批海洋鱼类及软体动物的骨骸和渔猎工具,尤为引人注目的是六支由整块木料制成的柄叶连体木桨及一只夹炭黑陶独木舟模型。凡此都表明,距今 7000 年前的河姆渡人已有了代表南方"水的文化"的稻作经济和渔猎经济的发展,还有了与舟楫存在相应的航海活动。年代稍晚于河姆渡的福建平潭壳丘头文化遗存、闽侯县石山文化遗存、金门富国墩文化遗存等,以及台湾的长滨文化遗存、鹅銮鼻文化遗存、大坌坑文化遗存、圆山文化遗存等,在某种程度上都与河姆渡文化有一定的亲缘关系,表现了海洋文明在中华大地上初现的曙光。

福建先民作为南方海洋部族百越的一支:闽越族,承袭越人"以船为车,以楫为马,往若飘风,去则难从"的文化传统,很早便活跃在海上。根据海外学者对 DNA 的相关分析研究,人们推测大约在 5000 年到 10000 年前,就有越人从福建出发,进入台湾,成为台湾少数民族的族源之一,然后再越过菲律宾向东、向南逐岛迁移,漂过浩瀚的太平洋,经夏威夷群岛、库克群岛、波利尼西亚群岛,向南漂抵新西兰,向东到达复活节岛。[①] 闽台濒海先民从"兴渔盐之利"的近海渔猎,到"行舟楫之便"的逐岛播迁,典型地表现了早期海洋文明的特征,为闽台后来拓展海洋事业奠定了悠久的传统。

然而中国毕竟是一个以大陆文明为主导的农业国家。中国封建

----

① 史式,黄大受:《台湾先住民史》,九州图书出版社,1999 年,第 44－59 页。

社会的上层建筑,从政权结构到思想规范,都建立在农耕文明的经济基础之上,因此农业文明对于海洋文明的涵化,是以其不从根本上动摇和改变这种"国以民为本,民以衣食为本,衣食以农桑为本"的农业社会结构的基础为限度的。正如黄顺力在其《海洋迷思》的专著中讨论中国历代政权的海洋观时所指出的,中国古代封建统治者对于海洋的态度,一是有限开放性,二是边缘从属性(即"陆主海从"),三是守土防御性,①一切以维护农业社会的稳定性为准绳。既可以开放海上门户,也可以随时从海上退却,闭关锁国,禁绝一切海上交往与贸易。其规律大致是在封建社会处于上升的强大时期,对海洋文化基本采取比较开放的态度。而当封建社会处于衰落时期,或一旦面临来自内外的严重危机时,便立即实行门户关闭的严厉禁海政策。

自秦汉至宋元,封建统治者对濒海地区的海洋实践普遍持认可的开放态度。秦始皇统一六国之后四次东行巡海,登泰山、临碣石,野史以秦始皇寻求长生不老仙药为解释,实际上潜隐着"威服海内"的政治目的和追求海洋之利的经济动机。汉代在开通陆上丝绸之路的同时,又于汉武帝元鼎六年(公元前111年)设郡番禺(今广州),由日南和雷州半岛的徐闻、合浦出发,携"黄金杂缯(丝织品)",经今之越南、泰国、马来西亚、缅甸,远航印度洋东海岸,再从斯里兰卡经新加坡返航,以中国的丝绸织品换取异邦的珠宝异物,开辟了中国最早一条海上贸易航道。② 汉代以后,闽越族虽已融入汉族,由中原南来的汉族移民也逐渐成为福建的人口主体,但历代封建王朝对闽越族先人的海洋精神及海上实践活动,仍持肯定和弘扬的态度。三国东吴时期,在福建设典船校尉和温麻船屯,以闽越族先人的造船工艺和航海技术,成为东吴在三国对峙中海上作战的后方基地;不仅北航辽东,黄龙二年(230年),孙权还派卫温和诸葛直"远规夷州(台湾),以定大事",越海东取台湾,为见于史载的中国经略台湾的开始。三国后,隋统一了南北朝的混乱局面,又数度派羽骑尉朱宽和虎贲郎将陈棱等率兵抵达

---

① 黄顺力:《海洋迷思》,江西高校出版社,1999年,第51-57页。
② 陈炎:《略论海上丝绸之路》,《历史研究》,1982年第3期。

流求(今台湾),虽均未有收获,但显示隋朝封建统治者虽坐镇中原,却十分重视经略海洋的雄心。有唐一代,在政治经济强大繁盛的基础上,对海上贸易更采取积极开放的态度,特令岭南、福建、扬州等诸口对于远来贸易的外舶番客,"不得加重税率",① 在交付一定的货税和官市后,"任百姓贸易"。② 逮至两宋,由于北方游牧民族的南逼,战乱频仍,经济重心逐步南移,维持国家庞大的军事开支越来越需要海上贸易的厚利支持,所谓"经济困乏,一切倚办海舶"。③ 其时福建的泉州已成为集造船能力、航海技术和会聚蕃舶客商的东方第一大港。北宋诗人李邴诗云:"苍官影里三州路,涨海声中万国商",足见彼时泉州的海外贸易之盛。北宋元祐年间泉州市舶司的设立,表明朝廷既招徕番舶来华贸易,也鼓励国人出海经商,以海上贸易的税收、利润纳入国家财政管理的日益鲜明的商业意识。据赵汝适《诸蕃志》所记,其时与泉州发生贸易关系的,已包括东亚、南亚、西亚和东非的四十多个国家和地区。元代的统治者虽为驰骋马背的游牧民族,但其横跨欧亚大陆、分立三大藩的霸业雄心,使之对东南海事,招商引舶,秉持积极鼓励的开明态度。泉州仍保持宋代以来中国南方第一大商港的重要地位。在元世祖忽必烈"每岁招集舶商,于番邦博易珠、翠、香货等物,及次年回帆,依例抽解,然后听其货卖"的旨意下,来自波斯、印度、东南亚诸地的外舶麕集后渚港口,番商聚居泉州南城——俗称番坊,年长月久,许多还与当地女子通婚。而同时,中国商人出海经商,足迹遍及东南亚,也有少数定居当地,成为最早一批海外移民。据《岛夷志略》所载,元时与泉州发生贸易关系的国家和地区增至九十多个,贸易量也大为增加。在客观形势的推动下,宋元两朝是福建开海贸易最为兴盛的一个时期。

然而,明代开国甫尔,却一改前朝惯例,实行严厉的禁海政策。明太祖洪武四年(1372 年)岁末,首度诏示靖海侯吴祯,"仍禁濒海民不

---

① [北宋]王钦若:《册府元龟》卷一七〇。
② [清]顾炎武:《天下郡国利病书》卷一二〇。
③ 《唐史拾遗》卷一。

得私出海";稍后数日,又喻大都督,谓"朕以海道可以通外邦,故尝禁其往来。……有犯者论如律。"此后又于洪武十四年(1381 年)、洪武二十三年(1390 年)、洪武二十七年(1394 年),三令五申令严饬"濒海民私通海外诸国","敢有私下诸番互市者,必置之重法。"洪武三十年(1397 年)更颁布了禁海律法和惩罚标准。遂此,有明一代都循"祖宗旧制",将禁海作为基本国策。延续到清朝,仍仿明制,也将"禁海"奉为国策圭臬。禁海与开海,成为明清两朝海洋政策的争执焦点,且以禁海成为统治者思想的主导,使自汉唐而至宋元逐渐打开局面的海洋事业大大地退缩下去。

明代为什么开国禁海? 从直接原因分析,出于两方面的考虑,一是防止私商的过度崛起,实现封建政权对获利最丰的海上贸易的控制和垄断;二是防止倭寇作乱,侵扰沿海。这两点确实都威胁到明代封建政权的安危。首先,从私商方面看,开海贸易的繁盛使海上私商集团形成一股不可忽视的势力。自唐开始的海上贸易有"朝贡贸易"和"市舶贸易"两种方式。所谓"朝贡贸易"是外商以进贡的方式,由朝廷赏赐超过物值的礼品作为回报,在造成"四方来朝"的政治效应下实现外商与官方的直接交易。而"市舶贸易"则以民间的方式由外舶与私商进行交易,它培植了一批财大势雄的海上私商。以福建为例,五代离乱后,江北士大夫和豪富巨贾多逃难南来,使福建出现最早一批海上私商。至宋,政治、经济中心的南移使泉州雄起东南,同时市舶司的设立既吸引海外蕃商前来,更鼓励福建海商外出。民间海商的崛起,刺激了商品经济的活跃,使丝、瓷、茶、糖等以供应海外需要为目的的商品生产有很大发展;在一定程度上动摇了封建社会的经济基础和传统观念。特别是福建、广东、浙江的沿海官僚权贵,在利益驱动下,抛弃重农轻商的思想,违禁以各种方式参与海上贸易,甚至与市舶司勾结进行走私。民间海商集团在与权力的结合中,日益坐大。宋元时期,此问题变得更加严重,同时对民间海商在出海时间、贸易地区、经营范围给予一定限制;无奈其势力已经形成,难以扼制,只能以"归征其税"来调节政府与私商之间的矛盾。明朝开国伊始,问题日益尖锐,朝廷便采取断然措施,罢却"市舶贸易",独擅"朝贡贸易",企望以严禁私商下海达到削弱民间海商力量,实现对海上贸易的控制和垄断。其次,从倭乱方面看,明代的倭乱主要是日本九州、濑户等富于冒险的武士和名主邀集同伙,转徙中国沿海,他们以贸易为名,伺机为寇,劫掠沿岸居民。如《明史》就载洪武二年(1369 年),(日本)"复寇山东,转斥温、台、明州旁海民,遂寇福建沿海郡";洪武三年(1370 年)又记倭寇掠温州;洪武五年(1372 年)再记"寇海盐澉浦(在浙江海盐西南杭州湾北岸,古澉浦由此通海,今湮塞),又寇福建海上诸郡"。造成沿海不靖者,还有明朝建立初期的一部分沿海的异党势力如张士诚、方国珍等,在与明王朝抗争失利后,下海流窜、为患一方,构成对明朝统治者的威胁。从封建王朝海洋政策的"有限开放""陆主海从"和"守土防御"原则出发,明朝开国甫尔为维护封建体制和国家安全,而采取严厉禁海政策,便在必然之中。其背后,潜隐的是大陆性的农业文明和海洋性的商业文明的冲突。

因此,明朝禁海政策的实施,对于民间私商的海上贸易,虽一度起了抑制作用,但最终并无成效,反倒激发了海上私商武装集团的出现。这是因为:

第一,自 15 世纪末开始的西方地理大发现,打通了东西方之间的海上通道,冒险东来的西方殖民者开始构筑全球性的贸易环境,这也改变了自唐宋以来中国海上丝绸之路的传统贸易结构。过去中国的海上贸易,无论官商还是私商,主要的对象是东南亚、印度和波斯。西方社会所需的丝、瓷、茶、糖、大黄等中国商品,主要由中东商人转手,这给中东商人带来优厚的中间利润。欧洲商人的东来,既可为他们从美洲殖民所获得的大量白银在东方找到出路,也能使他们从与东方的直接贸易中赚取巨大利润。然而,明朝的海禁政策让他们贸易理想落空,西方的冒险者便露出海盗的面目,转向与民间海商的走私相勾结,企图利用武力进一步强开国门。

第二,从中国社会经济的角度分析,宋元以来,南方的商品经济已有较大的发展,丝、瓷、茶、糖等经济作物的生产突破了传统的自给自足经济限制,形成了外销的传统。禁海政策使商品生产因失去销售渠道而受到压制,引起社会的不满;同时,由禁海政策而倍增的海上商业利润的刺激，使受到抑制的海上私商重新活跃起来。他们因违禁下海，私通番市，而被官府视同"负海奸民""赤子无赖"，甚至被称为"中国叛逆""通番巨寇"，屡遭官府的征剿追杀。为与官府对抗周旋，便发展武装，形成集团。在危机加剧时，更啸聚亡命，入海为盗，甚至勾引东倭西寇，转徙劫掠，成为沿海一害。有明一代，亦商亦寇的海上私人商业武装集团的成分和作用都极复杂。他们既代表了应时而来的商业经济发展的力量，同时又是对商贸经济和社会安定的一种破坏力量。他们在明代的日益坐大，体现的正是商贸经济发展的要求，并非一个禁海政策所能抑制和剿灭的。

这类海上走私武装集团，明初以徽州海商最为著名，如王直、徐海等集团；明朝中叶以后，转以闽粤海商集团为代表，如漳州的洪迪珍、广东的何亚八等；到了明末崛起了福建的颜思齐、郑芝龙等海商集团，并达到高潮。他们以台湾为据点，专走明代严禁的对日贸易，并与先期而来的葡萄牙、西班牙、荷兰等殖民者相勾结，经营经东南亚至欧洲的远程贸易。他们经过数度火并融合，最后郑芝龙集团一枝独秀，控制了北通辽金而达日本，南下东南亚而远航欧洲这一黄金海道的制海权，所谓"船舶不得郑氏令旗，不得往来"。郑氏集团发展到鼎盛时，有船两千余艘，人员数万。在其家乡晋江安平镇，筑城开港，设官治兵，其港内船舶，可径通大海，俨然一独立王朝。明清交替之际，扶明抗清的郑成功正是依靠这支海上武装力量为核心，以高额的海上贸易利润为财政支持，从金厦挥师东渡，驱荷复台，在台湾建立了抗清复明的海上军事政权，使台湾不仅成为 17 世纪海上贸易的中转基地，也成为这一时期政治和军事斗争的中心。从明代开始，禁绝私商入海的统治集团与民间争利的经济矛盾与文化冲突，遂此转化为交错复杂民族关系的政治矛盾。

清朝统一台湾以后，海商势力受到了严重的打击和挫弱，但禁海政策并不能抵挡已成潮流的海上贸易。清初，意识到大势难违的封建统治者自北至南开放了云台山、宁波、厦门、广州四口岸。最初以厦门为最繁荣，清代中叶转向广州，但这一"有限开放"的对外贸易政策难以满足西方殖民者的胃口。1840 年，鸦片战争一役中帝国主义的坚船利炮,轰开了古老中国紧闭的国门。一纸《南京条约》,强开五口通商。以此发端,丧权辱国的不平等条约相继而来。第二次鸦片战争,又逼使清政府开放台湾的淡水、安平、鸡笼、打狗四口,遂此闽台便袒露在殖民者的弱肉强食之中。明清两代封建统治者禁海的结果,不仅延缓了中国社会的进程,而且把中国的航海权和海上贸易权拱手让给西方殖民者。直到侵略者强开国门的炮声震醒了天朝迷梦,惨痛的教训使一代有识之士提出"师夷长技以制夷""借法自强"的口号,并开始了重返海洋的努力。

自明朝开国禁海到清末重返海洋的意识重现,历时五百余年。几经反复的禁海与开海的曲折历程,都交错在闽台社会的发展之中,这使闽台较之其他地区更敏锐也更深刻地受其影响。一方面,禁海和开海的斗争,体现着中央封建王朝以农立国、重本轻末的大陆文明对海洋文明的区限化和边缘化,使闽台的海洋文化传统受到极大打击;但同时,禁海所激起的海上私商的反弹强化了闽台地区的商业意识和商品经济的生产,较早地催生了闽台的资本主义经济萌芽,动摇了传统的自然经济基础,使商业文化成为闽台文化的重要内容之一。另一方面,明清以来东西方殖民者对中国从经济到政治的骚扰、掠夺和强占,使本属于中国内部统治集团与民间集团利益冲突的开海与禁海的争执,转化为国家与民族的矛盾和民族文化与异质文化之间的冲突。首当其冲的闽台社会就在这一矛盾和冲突中,虽然受到殖民者恃强凌弱的屈辱,但从这一矛盾冲突中也较多地吸取了异质文化的某些积极成分,推动了闽台社会的现代化进程。开海与禁海的历史文化积淀,赋予了闽台社会开放的商业文化意识,延续了坚忍的海上移民与贸易的传统,也形成了闽台文化的开放性和多元化特征。

四、从殖民屈辱到民族精神的高扬:
历史印记的双重可能

近代以来,在中华民族屡受东西方帝国主义弱肉强食的历史屈辱中,福建和台湾首当其冲。福建和台湾所受的殖民压迫和表现出来的不屈抗争的民族精神,也就特别突出。

早在西方大航海时代到来的初期,最早一轮来自大西洋沿岸伊比利亚岛的葡萄牙和西班牙的殖民者,就把他们海外扩张的目标遥遥指向富饶和神秘的中国。1505 年,企图把整个东方都置于自己殖民统治之下的葡萄牙王国,委派了第一任"东方总督",以到东方寻找黄金和传播基督福音为借口,开始实施殖民计划。1508 年,葡萄牙王国责成葡国东方舰队司令探明中国情况,在占领果阿和马六甲之后,即于1513 年开始进入闽粤海域,以要求贸易为名,"劫夺财货,掠买子女";继而又于 1522 年骚掠福建的浯屿、月港和浙江的双屿,"所到之处,硝磺刃铁,子女玉帛,公然搬运"。① 稍后于 1553 年以晾晒贡物为借口强据澳门,非法取得西方列强进入中国的第一个立足点。在葡、西殖民者之后,荷、英、法、德、俄、美等国接踵而来。通过鸦片战争一役打开中国国门,实现西方列强瓜分中国的狼子野心。

在鸦片战争失败后签订的《南京条约》中,清政府被迫开放五口通商,福建以厦门、福州居其二,闽省广受西方殖民政治、经济、文化影响,由此而日益加剧。开口岸、辟租界,推洋教,办学校,不一而足,形成了福建的一个官僚买办阶层。较之福建,台湾受到的殖民屈辱尤为深重。著名清史学家戴逸曾指出:"自 16 世纪直到抗战胜利前的 400多年间,据专家研究,台湾岛共遭受外国势力 16 次之多的侵袭与占领。犯境者包括日、美、英、法、荷、西等国家。"② 尤其是荷兰和日本的两次对台湾的直接殖民占领,前者为时 38 载,后者长达半个世纪。如果说荷兰的占领尚在台湾汉人社会的形成之前,其殖民目的重在经济掠夺,所具影响很快就为后来的明郑政权和清政府所逐渐扫除;那么在日本从 1895 年到 1945 年对台湾的殖民统治,却正值台湾从传统社会向现代社会转型的重要时期。日本的殖民目的也不仅限于经济掠夺,而在于将整个台湾变成它永远的国土,其所推行的便是一整套从军事镇压到政治控制、从经济掠夺到文化改造的全盘同化政策。首先,在政治上实行"天皇至上"的殖民政治制度,以代表"天皇"的台湾

① [清]史澄:《广东府志》卷一二二。

② 戴逸:《一段不能忘却的历史》,《台湾同胞抗日 50 年纪实》,中国妇女出版社,1995 年。

总督府为最高的独裁权力机关,构筑严密的警察系统和保甲制度,以保证对台湾民众从思想到行为的完全控制;其次,在经济上将台湾作为日本本土的农业基地和扩大战争的后方补给地。以发展种植、生产能满足日本本土所需的米、糖为主,在农林、工矿、铁路、港湾、电力、水利、邮电等方面,适度予以现代化的改造和建设,在实现其疯狂的经济掠夺同时,使台湾初具工业化和现代化的规模;再次,在文化上推行殖民同化政策。1939 年,日本在《台湾总督府警察沿革志第二编》的"总序"中,坦白承认:"台湾人的民族意识之根本起源乃系于他们原是属于汉民族的系统。"因此他们特别注重从根本上灭绝汉民族文化传统,消灭台湾人民的民族意识,代之以日本的文化传统和归顺"天皇"的臣民意识。

一方面,在结束了武装镇压之后,转向文化怀柔,以所谓"飨老典"(慰劳有社会影响的 80 岁以上的老人,号曰"敬老")、"扬文会"(邀请前清取得进士、举人、秀才、贡生名分的社会名流吟诗作对,以示"扬文"),"绅章制度"(给中上层的知识分子颁佩绅章,奉为"士绅")等来笼络社会上层人士,瓦解民心;另一方面,随着日本对华战争的步步深入,强制推行一整套"皇民化"制度,包括取消中文教育,取缔汉文报刊,禁绝传统的宗教信仰和民俗活动,强制普及日语和日文教育,推广更服改姓,以"天照大神"取代中国神祇,把台湾民众编入各种"皇民奉公团体",等等。长达半个世纪的各种政治化和制度化的强制改造和灌输,从物质到精神的不同层面,不仅在台湾由传统社会向现代社会的转型中,烙下深深的日本殖民印痕,也在台湾民众的意识形态和精神心态上留下难以消除的殖民伤痕。

但是另一方面,异族殖民统治的严酷所激起的民众的强烈反弹,使异族统治时期同时也成为民族精神高扬的时期。自 16 世纪东西方殖民者接踵进入中国以来,闽台人民反抗异族侵扰的斗争从未停歇。其中尤以反抗荷兰殖民统治和反对乙未割台的一系列斗争,最能体现闽台人民同心抗敌的斗争精神。荷兰据台,虽只 38 年,但其间发生的较大规模的激烈反抗,不下二三十起,以发生于 1652 年的郭怀一起义为最著名。据清蒋毓英《台湾府志》所载,郭氏起义,事发仓促。因未及时取得大陆郑成功军事力量的支援,被"红毛"(荷兰人)残酷镇压。据《荷据台湾史》称,在参加起义的四五千人中,"大约有三千人被杀死或饿死,约占当时在台汉人总数的1/5"。数年之后,郑成功率其闽南家乡子弟兵,从金门料罗湾挥师出发,受到台湾人民的热烈欢迎,献图引路,内应外合,逼使荷兰殖民者签盟投降。驱荷复台一役,有其复杂的社会政治背景,但却是闽台人民共同抗击殖民者的伟大胜利。乙未割台,台湾与大陆人民共同抗争,斗争最为悲壮惨烈。割台消息传开,台湾举省恸哭。时值京都会试,广东举人康有为、梁启超,会同福建、江苏等18省举人召开1200人大会,接着又联名台湾举子汪春源、罗秀莲、黄宗鼎等,以及各地举子604人,"公车上书",痛斥投降派卖台自保的谬论。汪春源等在京的台湾举子和官员还上言都察院,慷慨陈词:"纵使倭人胁以兵力,而全台赤子誓不与倭人俱生,势必勉强支持,至矢亡援绝,数千百万生灵尽归糜烂而后已。"在无天可吁、无援可求的情况下,被迫自立"台湾民主国",以示"义不臣倭,愿为岛国,永载圣清"。在日本强大军事压力之下,"台湾民主国"不及半月,即以溃败。但台湾民众的抗日斗争从未停歇。据1947年出版的《台湾年鉴》称,"1895年刘永福离台后,至1915年的'西来庵'事件,20年间台湾军民同日军发生的血战计达百余次,主要抗日事件99件"。著名的如简大狮起义、柯铁起义、林少猫起义、蔡清琳领导的北埔起义、刘乾领导的林圯埔起义、罗隔星领导的苗栗起义、余清芳领导的噍吧年起义,以及山胞发动的雾社起义等。台湾革命同盟会在1945年4月发表的纪念《马关条约》50周年宣言中估计,台湾人民的抗日斗争,"50年间约牺牲65万人"。

在这些斗争中,获得了祖国大陆人民,尤其是福建人民的支持。陈孔立主编《台湾历史纲要》称:"在各次起义中,均有为数不少来自大陆(福建)的志士参加义军,如台北大起义就有来自厦门的有生力量加盟其中。同时,福建也成为台湾抗日武装集团武器弹药的主要来源地之一,如林李成在厦门期间即得到热烈支持和资助。台湾总督府民政局局长水野遵也说:'土匪骚动时,常有中国船只自厦门方向将火药等送来台湾。'此外,流亡福建的抗日武装集团首领与岛内义军保持着密切的联系,并伺机潜回台湾,继续指挥抗日斗争,其代表人物有简大狮、林少猫、林李成等。"①闽台人民以台湾回归祖国为目标,共同投入抗日斗争,表现了大无畏的英勇抗争精神。

在武装反抗的同时,台湾人民也掀起广泛深入的文化抗争运动。针对日本殖民当局以灭绝民族文化为目的的殖民同化政策,从割台伊始,台湾的有识者便掀起了一个以"读汉书、写汉字、作汉诗"为中心的汉学运动,由素称文化先进的台南发轫,逐渐扩展到台中、嘉义、高雄和北部的台北、新竹,乃至偏僻的澎湖、台东、花莲等地。其以"希延汉学于一线""维系斯文于不坠"为宗旨,各地诗社、文社竞立,一时间台湾能诗者,依人口比例,可能居神州前茅。仅《瀛海诗集》所载,当时稍负盛名的诗人就达 469 人,而《台宁击钵吟》前后两集所收诗人达 1200 余人。汉学运动的另一收获是私学兴起。据统计,1897 年台湾共有书房和义塾 1127 所,就学儿童 17066 人,到了第二年,又激增至 1707 所,就学儿童 29941 人,远远超过进入日本人设立的国语(日语)讲习所和公学校的学生数。② 书房和义塾修习时限三四年或七八年,以读汉书、识汉字为主,传播中华传统文化,对汉民族文化在台湾沦为异族殖民地后的保存和沿袭,起了重要作用。

闽台两地在近代历史上共同遭受的殖民屈辱和在殖民屈辱中高扬的民族精神,是闽台社会发展的一段难忘的特殊遭遇,也是闽台人民不屈斗争的一个感人至深的精神写照。它必将深刻地烙在闽台的社会生活和民众心理之中,甚至深远地影响了闽台社会后来的发展。这种历史印记主要表现为正负两个方面。就台湾而言,长达半个世纪日本殖民统治从政治到经济的强制体系和文化灌输,又在回归之后疏隔于祖国大陆半个世纪,在国民党政权腐败独裁的阴影之下,从某种方面说,一部分从殖民背景下成长的台湾民众,在历史体验上与祖国人民存在差异,祖国意识和民族意识也由此有所淡漠,此外日语教育的强制灌输,使其在文化认同上也产生某些隔阂。殖民地印记的伤

① 陈孔立主编:《台湾历史纲要》,九州图书出版社,1996 年,第 349 页。
② 以上数字均据陈碧笙《台湾地方史》,中国社会科学出版社,1982 年,第 289 – 290 页。

痕,是今天"台独"思潮的历史原因。许多"台独"论者正是在日本殖民政治的哺育下成长起来的。老死在日本的早期"台独"分子王育德,就在《苦闷的台湾》一书中公开声称:"台湾人由于日语和日本文化而从封建社会蜕变到现代社会,因此日语似乎可以说给台湾人带来了相当大的质变。"语言引起的质变,"规定思考方式和世界观",其"背后的文化体系的优劣对这一点发挥极大的作用"。曾为国民党政权的"总统",却抛出"两国论"和"七块论"以支持"台独"和分裂祖国的李登辉,也是在日本的体制和教育下长大的。他在《台湾的主张》中自称为自己的成长经历庆幸。出生在一个父亲毕业于日本警察学校的属于台湾"精英阶层"的刑警家庭,"自幼接受日本教育,受过日本文化的熏陶",从小学到大学"都读的是日本书",还当过"日本少校军官"。为此他宁肯说自己是日本人,也不承认是中国人。这种数典忘祖的"日本情结",正是日本殖民统治和教育所结恶果。正如一位富于良知的日本学者所指出的:"日本殖民当局在台湾所推行的是'企图使台湾人忘掉民族性的痴化教育',这是'比任何血腥的镇压,还要来得野蛮的''巨大的恶'。"所有这一切,正是负面的历史印记带给台湾社会发展的深重灾难。

然而,历史的另一面是在殖民者的残酷统治下,台湾人民为回归祖国进行了不屈不挠的斗争。它表现了中华民族最可贵的祖国意识、民族意识和抗争精神。正是依靠这点,在台湾人民和祖国大陆人民的共同努力下,台湾才在抗战胜利之后回归祖国怀抱。历史的这份积极的精神财富,直到今天仍深刻地影响着台湾社会的走向。尽管半个世纪以来,台湾与祖国大陆处于不同政权的对峙状态,国民党政权统治时期的反共宣传、民进党执政时期实质性的"台独"倾向,等等,却都未能将台湾从祖国大陆分离出去,其主要原因既来自祖国人民强大的力量,也来自大多数台湾人民反对"台独"、主张统一的斗争,其背后是中华民族五千年共同文化的维系和几个世纪来反对殖民者分裂祖国的历史斗争精神的昭示。凝聚在海峡两岸人民历史生活中的这份殖民屈辱和反抗殖民斗争的历史印记,正负两面地以其遗留的影响交错在今天的现实斗争,并将以维护国家、民族统一的胜利,写入明天的历史之中。

闽台社会心理的历史、文化分析

——以两岸闽南人为中心

　　社会心理是人们在社会生活中发生、并能互相影响的一种普遍的精神现象。人在本质上是一种社会动物;人的生活的社会性,使社会生活环境成为人的社会心理的物质基础。然而社会的形成是历史长期发展的结果,因此,社会环境既是一种现实的关系,同时又有潜在的、丰富的历史、文化信息。一般的社会心理,是现实社会环境对生活主体(人)的刺激所产生的反映;而某些具有地域特征的特殊社会心理和文化心态,则更多受到社会进程中地域历史文化因素的影响。本文所讨论的主要是由历史文化积淀而来的具有地域特征的特殊社会心理和文化心态。由于社会心理具有外现性的特点与功能,居于社会控制和社会行为的中介地位,是社会行为的心理基础。因此,研究和剖析社会心理和社会普遍的文化心态,不仅是深入研究社会的一个重要视角,而且具有重要的现实意义。

　　福建和台湾都是中原汉族南徙先后建构起来的移民社会。移民和移民社会,是闽台特殊社会心理和文化心态形成的重要历史背景。特别是台湾社会的形成,是以中原移民在闽南的族裔二度移民入台为主体建构起来的。两岸的闽南人有着共同的历史、文化背景。闽台移民社会建成的时间不同,后来的社会发展也存在差异,这使两岸闽南人渊源于共同历史、文化背景的特殊社会心理和文化心态,有些在福建保留得更多,有些在台湾表现得更突出,有些甚至在此岸或在彼岸已逐渐淡失,但其基本形态及存在的承递关系并未根本改变,仍是我们追溯闽台文化亲缘关系、分析当前社会心理和文化心态的一个学术价值与现实意义并重的研究视角。

　　以两岸闽南人为中心的闽台特殊的社会心理,突出地表现在以下几个方面。

一、祖根意识与本土认同：移民文化的心理投射
——兼论"中国意识"和"台湾意识"的形成与变化

福建与台湾，都是以中原汉族移民为人口主体而建构起来的移民社会。只不过福建移民社会的形成为时更早，是从公元4世纪到12世纪由中原的汉族移民直接进入的；而台湾是从公元17世纪中叶开始至19世纪初叶由中原定居闽粤的移民再度迁入。闽台社会历史上共同的移民经历，使闽台文化具有鲜明的移民文化特征。反射在民众的文化心理上，其重要的一个方面就表现为既不断追问"我从哪里来"，又十分关切"我是在哪里"。这种对于"前在"的追本溯源的祖根意识和对于"此在"的本土认同，构成了移民文化心态的一体两面。

尊祖敬宗，重视血脉传承，是中国传统文化的核心观念之一。这是因为中国是一个以中原汉族为核心、以农耕文明为基础建构起来的国家。农业生产对于土地的依赖性，土地开发需要较长时间的累积性，以及从播种到收获相对稳定的周期性，都要求把人固定在土地上，形成一种稳定的人地关系。它不同于北方游牧民族逐水草而居的流动性，也不同于南方海洋部族"水行而山处"的漂移性，无论在生产方式或生活方式上都与他们有很大的区别。土地的开发需要逐代延续进行（如中国古代寓言《愚公移山》所描写的那样），因此土地的继承是农耕民族最重要的财产继承。这种继承，既是对收获权的继承，也是对经营权和开发权的继承。因为土地是祖业，祖业是不能被轻易丢弃的，"安土重迁"便成为以农为本的中国人最重要的行为规范之一。中国的家族制度便建立在这种牢固的人地关系基础之上，并以血缘进一步巩固这种人地关系。在家族关系的金字塔式的结构之中，居于塔尖的祖宗，既是血缘延续的源头，也是家族基业的开创者，所谓"开基祖"是也。它形成了一种以血缘关系把人与土地联结在一起的网络结构，成为中国社会构成的一个基本的单元。家国同构，家是国的基础，国是家的扩大，国族是家族的延伸，家族与民族有着天然的关系。不过，在历史的发展中，相对说来，土地是一个常数，而人口却是一个不

断繁衍的变数。当相对固定的土地不再能够满足人口发展的需要时，必然会引发人口向土地更为富裕的地区迁徙(当然人口迁徙还有其他方面的原因，这里姑且不论)，这种迁徙必然引起家族的分化。为了维系家族关系的存在，人们便以族谱或其他如姓氏、郡望、堂号、字辈等形式，来表明家族血缘的承袭。于是千百年来，谱牒作为中国社会史的一个侧面——家族史，便成为防止家族失忆的一种有效的手段而流行起来。然而，并非所有的家族都能修谱，尤其是一些小姓弱族。而人口外徙的往往是这些小姓弱族，或以大家族中的弱房为主。于是，原乡记忆便作为家族记忆的补充和扩大，成为聚合散入异乡的"原乡人"的一种更为宽泛的联结方式。原乡的外延可大可小，同一村庄、同一区县，甚至包含几个区县的同一个方言区，都可以是原乡。它从另一个侧面表明了移民追问"我从哪里来"的强烈的祖根意识，这是中华民族从自己生存方式的本根上形成的一种区别于西方民族的传统文化观念。

闽台社会的移民经历，使闽台民众的文化心理都有强烈的祖根意识。北方南下入闽的中原移民，虽然早者已历千载以上，近者也七八百年，人口繁衍和变化太大，具体的宗祠族源已无从追溯，但福建人自称来自中原，在姓氏郡望上标明中原某某衍派，比比皆是，表明对自己根系的追索不敢忘却。台湾的移民大都发生在近两三百年间，在时间上距今较近，家族的记忆、原乡的记忆不易丧失。早期的移民禁带妻眷，往往单身而往，春去冬返，家族的分支形成略晚。后来的移民又大多在各种禁令下以私渡的方式渗透入台，都靠乡亲族人牵引，形成同乡同族聚合而居的村社群落，这使他们把家族观念扩大为原乡观念，与原乡原族保持紧密的联系，一有可能便组织回乡祭祖认宗。而且在清代频频发生的因利益冲突而酿成的分类械斗，也从另一个侧面强化了移民的原乡观念和原乡组织。乙未以后日本殖民者强制进行的以灭绝汉民族文化为目的的殖民同化政策，激起民众的反抗，更是将原乡意识发展成为包容更加广泛的民族意识和祖国意识。祖根已不仅是家族的、原乡的祖根，更是民族的、祖国的祖根。这一切都表明了清代以来形成的台湾移民社会中，祖根意识，以及由此进一步衍化的民族意识、祖国意识,是民众心理最重要的文化意识之一。

在移民社会向移民定居社会发展的进程中,有两个关键的因素,一是移民后裔人口的自然增长超过了新移民人口的增长;二是移民所携带的原乡文化受到移居地自然环境、生活方式和当地土著文化的影响,产生某种适应新的生存环境的"本土化"变异。文化的这种"本土化"发展,是移民社会普遍存在的一种文化现象;而所谓移民后裔,指的就是在父祖辈所开创的新的移民环境中出生和成长起来的那一代代人。他们与移居地同步成长的历程,使他们在承袭父祖辈的祖根意识的同时,对移居地又产生强烈的本土认同。祖根意识是来自父祖辈的一份历史记忆,虽然日渐久远,却是中华民族传统中根深蒂固的一份不可违逆的精神归依;而本土认同却是生存的现实,是每天必须面对的日益强化的一种生活环境。二者共同构成了移民社会精神生活和文化心态的两面。

祖根意识和本土认同并不互相矛盾。祖根意识是对遥远的原乡血亲和民族文化的追认和怀念;而本土认同则是对遥远的血亲在本土延续和原乡(民族)文化在本土延伸中出现的某些本土化特征的承认。两者是一致的,在某种意义上甚至可以说本土认同是以祖根意识为内涵的,而祖根意识也包容了本土认同。对祖根意识的追溯也意味着对本土认同的承认。因为这个"本土",无论在族源上还是文化上,都是祖根延伸而形成的,切断了"祖根",何来"本土"? 没有"祖根"的"本土",只是无源之水、无本之木。这一点在福建社会和福建文化中,表现得十分清楚。当我们说"我是福建人"时,这个"福建"是中国的具体化;而所谓的"福建文化",是中华文化的一种本土形态,既源于中华文化,也作为中华文化的一部分存在着。

然而在今日台湾社会的现实发展中,反映移民社会文化心态的这两面,却被作为不可调和的、对立的矛盾,成为某些政客煽动民众、进行政治斗法的工具。且以近年来为"台独"论者鼓吹最激烈的"台湾意识"及与其相对应的"中国意识"为例,做一些深入的分析。

所谓"台湾意识",有时也称为台湾情怀或台湾情结、台湾结,和"中国意识"一样,有时也称为中国情怀或中国情结、中国结,它们都是在不同层面上反映着对同一问题体验和思考的深度不同。从心理学上说,"情怀"是在对历史与现实的体验中形成的一种社会心绪;"情结"则是这种社会心绪在历史积累和现实压抑中造成的一种定向的、执着的(有时甚至是偏执的)社会心态;而"意识",是指这种心绪或心态由感性的体验经过反省升华为理性思考。因此,反映着认识阶段发展不同的中国情怀、情结和意识,以及台湾情怀、情结和意识,都不是偶然发生的,它们有着各自产生的历史背景和发展过程。

第一,它们是以移民社会普遍的祖根意识和本土认同的社会心态为基础而衍化出来的。在移民社会初期,祖根意识的文化内涵主要是一种祖籍认同、家族认同和对于祖根文化的认同,它当然也潜在地包含着国家认同和民族认同的内容。闽台移民的特点,是在同一个国家由经济发达、人口稠密地区向经济发展迟缓、人口较为稀少地区的移民,而且移民之后,成为移居地社会人口和民族构成的主体,不像西方的某些移民是由一个国家向另一个国家的移民,不同的文化,甚至不同的民族夹杂在其他民族和文化之中,因此国家认同和民族认同有着不同的背景。而本土认同,其实质是一种乡土情怀,是对于包括自己在内的几辈人共同开发,而且还将子子孙孙生死于斯的这块土地的感情和肯认。这种乡土情怀实际上和中国社会普遍存在的各个地区人民对自己故乡土地的感情,并无根本区别;它是祖根文化的一种本土体现,是和祖根意识并行不悖、互相包容的一种历史与现实的同构。

第二,"台湾意识"和"中国意识"问题最初是在日本据台时期提出的。日本殖民者在台湾推行的是旨在将台湾永远纳入它的国土之中的强制同化政策,这一企图从根本上灭绝中华文化的殖民同化政策,既指向中华民族文化,也指向台湾本土文化,唯此才能代之以日本的大和文化。这必然激起台湾民众普遍的反抗。从日据时期台湾民众持续不断的武装斗争到文化抗争,都十分明确所有的抗争都是以对祖国的国家认同、民族认同和文化认同为前提和归指的。只不过限于这一时期的政治压力,不能讲"民族",只好讲"乡土",而这个"乡土"是台湾,其背后的实质是中国。这也就是说,日本的殖民统治造就了与日本殖民者所鼓吹的"皇民意识"相抗衡的"台湾意识"的勃兴。而这时所谓的"台湾意识",是以民族文化为内涵、民族认同为指向、回归祖国为目标的与"皇民意识"相对立的"中国意识"的同义语。所以,在日本割据背景下,"中国意识"和"台湾意识"表现出很高的同质性。当时社会流传的一首殡歌:"我头不戴你天,脚不踩你地,三魂回唐山,七魄归故里",就表现出日据时期台湾人民与殖民者不共戴天的回归情绪。日据时期"乡土文学"口号的提出,以及一大批具有强烈民族意识的乡土作家和作品的出现,都表现出这一时期"台湾意识"与"中国意识"同质的特点。反映移民社会民众心态的祖根意识和本土认同,具有一致的国家认同和民族认同的内涵。

第三,第二次世界大战胜利以后,台湾回归祖国。随着国共战争爆发,迁台的国民党政权为了维持在台湾统治的合法性和实现"反攻大陆"的梦想,强调拥有整个中国主权的"法统"地位。因此,迁台的国民党政权坚持"一个中国"的理念,强调台湾同胞是中国人,海峡两岸有着共同的血缘和文化;台湾是中国的一部分,不容独立于中国之外。为此它运用政权掌握的各种资源和手段,用以推广中华文化,使"中国意识"成为主导台湾社会民众心理的重要因素。然而,国民党政权自身存在的重重矛盾难以掩饰它在台湾统治的危机。首先,"反攻大陆"神话的破产和国际地位的衰落,导致它维持"法统"地位的严重宪政危机;其次,在其独裁腐败的专权中,加剧了早期台湾移民与随国民党政权进入台湾的后期移民之间的省籍矛盾;再次,在强调"一个中国"的文化认同中,不恰当地忽视和歧视了其实应包括在中华文化认同之中的台湾本土文化;甚至错误地把某些台湾本土文化也当做日本文化的残余进行清除,严重伤害了台湾民众的感情。最后,长期的两岸对峙和疏隔,以及不完整的教育所造成的历史断裂,使年青一代缺乏对于国家、民族的完整理念。这是一个既强调"中国意识",却又潜伏着国家认同、民族认同和文化认同的种种危机的特殊时期。

第四,随着尘嚣甚上的"台独思潮"逐步从理论宣传走向政策实施,"台湾意识"的重新提出成为"台独"论者煽动民众情绪,鼓吹"独立建国"的一个理论支撑点。只不过"台独"论者的"台湾意识"论和日据时期不同,不是针对日本殖民者的"皇民意识",而是针对认同一个中国的"中国意识"提出的。日据时期,台湾民众提出的"台湾意识"具有反抗殖民统治的性质,在国家认同与民族认同上与"中国意识"同质,是以"中国意识"为内涵的。而"台独"论者所谓的"台湾意识"则是在"中国意识"的对立面,是拒绝一个中国的国家认同和民族认同,而主张把台湾作为一个"独立国家"来进行国家认同和文化认同的。"台湾意识"从日据时期的提出到当前的提出,有着不同的历史背景和政治内涵。"台独"论者对"台湾意识"的重新提出,违背了这一概念提出的初衷,正在走向它的历史反面。

"中国意识"与"台湾意识"这一对范畴,来源于移民社会的祖根意识和本土认同,在历史的发展中扩大了它的外延,丰富了它的内涵,是我们认识和分析移民社会普遍性和特殊性的一个关键。过分强调普遍性而忽略特殊性,可能造成对移民群体的情感伤害;而过分强调特殊性,甚至以特殊性来否定普遍性的存在,则又可能走向事物的反面。当前"台独"论者鼓吹的"台湾意识"就走在这样危险的边缘。普遍性与特殊性互为表里的并存与同构,是事物健康发展的正常规律。在祖根意识与本土认同,以及其所衍化的"中国意识"与"台湾意识"问题上,我们都应作如是观。

二、拼搏开拓与冒险犯难:移民拓殖性格的两面性

拼搏开拓与冒险犯难,是闽台移民拓殖性格形成互相联系的一体两面。拼搏开拓表现了移民拓展进取的积极创造精神,而冒险犯难则是移民在为实现自己目标时,有时不惜采取的非理性的过激手段。两者都来自于闽台移民自身的人生经历和生存经验。闽台移民在其迁徙和创业过程中所遭遇的特殊困难和曲折,为这一复杂性格的形成提供了客观的土壤。

第一,闽台的移民是充满艰辛的长距离的迁徙。福建的移民主要来自中原。在古代社会,从中原到福建是一条艰辛的路程。虽然其间曾经有过从江北先移入江南,再转徙南下的迁移方式;但几千里路的山重水复,无论是举族南移,还是单家独户的长途跋涉,都极为不易,瘴疠疾病、猛兽盗贼,随时都可能让许多移民瘐死途中。而台湾的移

民主要来自闽粤。从闽粤到台湾,虽只隔海相望,但水路不同于陆路,风波险恶,险象丛生。特别是清代移民长时间处于限制入台的政策之中,正常的移渡无法进行,大多以私渡的方式渗透。清吴士功《请准台民搬眷并严禁偷渡疏》述及当时的情况云:"内地穷民在台营生者数十万,其父母、妻子附仰之资,急欲赴台就养,格于禁例,群贿船承顶冒水手姓名,用小渔船夜载出口,私上大船;抵台复有渔船乘夜接载,名曰'灌水'。经汛口觉察,奸艄照例问遣,固刑当其罪;而杖逐回籍之民,室庐抛弃,器物一空矣。更有客头串通习水积匪,用湿漏之船载数百人,挤入舱中,将舱钉封,不使上下。乘黑夜出洋,偶值风涛,尽入鱼腹。比到岸,恐人知觉,遇有沙汕,辄赶骗离船,名曰'放生'。沙汕断头,距岸尚远;行止深处,全身陷入泥淖中,名曰'种竿'。或潮流适涨,随流漂溺,名曰'饵鱼'。穷民迫于饥寒,罔顾行险,相率陷阱,言之痛心。"①吴士功以乾隆二十三年(1758 年)12 月至二十四年(1759 年)为例,"一载之中,共盘获偷渡民二十五起,老幼男妇九百九十九名,内溺毙者男妇三十四名口"。这是有据可查的,未入载者尚不知多少。这样的冒死偷渡,较之长途跋涉,若非出于万不得已,当不采此下策,其所需的克难精神与坚忍意志,当也倍于陆途移民。闽台移民所历经的艰辛和付出的代价,恐非其他移民所能比拟。这对于闽台移民坚忍意志的砥砺有着特别的意义。

第二,闽台移民的性质,主要是从经济开发较早地区向经济开发迟缓地区迁徙的垦殖性移民。这就意味着,无论唐宋时期从中原来到福建,还是明清时期由福建徙入台湾,他们所面对的,基本上是一片较之自己的移出地虽然条件优越,但生存环境更为恶劣的蛮荒土地。他们无可选择所能进行的,只有"筚路蓝缕,以启山林"的农业垦殖工作。这种主要依靠体力劳作的对土地带有原始性质的开发,需要付出更多的艰辛。他们不像现代化进程中由农村向城市的移民,也不同于今日由国内向海外先进国家的移民,出于无奈的长途迁徙,不是去享受社会发展的现成,而是胼手胝足从头开始的生活创造。闽台移民的这种

---

① 《清奏疏选集》,《台湾文献丛刊》第 256 种。

原始状态的农业垦殖,对于闽台移民特殊性格的形成,有着重要的影响。

第三,闽台移民交错在战争移民与经济移民的复杂转换之中。战争是闽台移民的主要动力之一。一方面,战争引起的动乱造成北方移民的南徙,如西晋末年的衣冠南渡、中唐安史之乱,以及北宋末年的靖康之难所引起的北人南下。另一方面,直接的战争行动如唐初陈元光父子率军入闽平定"獠蛮啸乱",唐末五代王审知兄弟率中州士民入闽征战;明末郑成功率军入台驱荷,建立抗清复明的政治、军事基地,均属于这种情况。他们往往出于军事给养的需要,寓兵于农,从事屯垦,同时也在征战初定以后,落籍当地,由政治性的军事移民转变为经济性的开发移民。这种转换使闽台移民的成分杂有许多以单身青壮年为主的战争移民。他们的尚武精神和行武习气,养成了好勇斗狠之风,既敢于舍身克难,也不惜冒死逞强。这种习气对闽台移民这一冒险性格的形成,有着正面与负面兼具的影响。

第四,闽台地区的海洋文化传统,使闽台移民在以土地垦殖为主的农业活动同时,其一部分人也利用海洋优势进行商业活动。朝向大洋的辽阔海上航行,与面对土地的朝夕刻苦经营,赋予了二者不同的思维和视野。前者更富于浪漫想象力的开拓意识,后者更着重于脚踏实地的务实精神。它们都作为闽台移民的不同成分被整合在闽台社会之中。而明清时期闽台海域的商业活动,既在闽台之间互通有无,更与番舶外商进行带有国际性质的贸易。这种与官商的朝贡贸易同时崛起的民间私商的市舶贸易,在明代以来屡屡遭禁。但禁而不绝,反倒促使正常的民间贸易发展为私人武装商业集团的走私活动,以福建沿海岛屿和台湾西岸港口为据点,成为控制台湾海峡这一海上贸易黄金通道的巨大力量。海上贸易的厚利和违禁贸易的风险,形成了一个怪圈,推动闽台私商不惜冒险犯难去追逐最大利润。民间私商的兴起和繁荣,是闽台社会发展的重要经济力量,也是影响闽台社会文化心态的一个重要因素。

上述诸方面因素,从闽台移民的性质、类型、成分、习气,以及追逐商业利润的冒险性等,构成了闽台移民的特殊经历,赋予了闽台社会人文心态与文化性格的重要特征。其一个方面是拼搏开拓的创业精神。移民事业是一种开拓性的事业,是移民在相对恶劣的生存环境中寻找和创造发展的机遇。因此,对于移民来说,无论是农业垦殖,还是其他生产活动,都是一个从无到有、从初级到高级的创造过程。在这个过程中,移民所面对的不仅是迁徙途中遭遇的千辛万苦,还有创业过程必须应对的各种预想不到的困难,这就特别需要移民在吃苦求实的精神基础上,还要拥有勇于开拓的远见和智慧。拼搏与开拓,既是对移民精神品质的要求,也是移民从自己人生经历和生存经验中形成的性格特征。另一方面是移民的冒险犯难精神。移民本身就是一件冒险的事情,移民途中罕见的险阻,移垦过程所需的克难精神,以及移民组合之间复杂的矛盾与冲突,再加上移民构成的复杂成分,这一切都使他们养成了好勇斗狠、冒死逞强,为达目的不惜冒险犯难的精神和习气。这样,闽台移民在形成拼搏开拓的精神品格同时,也很容易使这一品格染上某种失却理性、好勇斗狠、冒险犯难的负面因素。这种带有某种流氓无产者习气的冒险精神带有双重性,既可能推进移民事业的拓展,也可能造成对社会的破坏。闽台海上商业的武装走私活动,以及有清一代移民长时间存在的分类械斗,从某种程度上就反映着这种逞勇好斗、冒险犯难的盲目性。

拼搏开拓与冒险犯难,是闽台移民从自身经历中形成的拓殖性格的两面性。它一直作为闽台移民的主要性格特征,影响着闽台社会的发展。从移民社会的初建直到今天,闽台都经历了近代化和现代化的社会转型,仍然潜藏着这一拼搏开拓性格与精神对历史进程的深刻影响。在福建,尤其是与台湾关系密切的闽南地区,民风的豪爽、尚义、重友、经武,以及敢为人先的开创精神,葆有着先辈移民拼搏开拓的精神传统。19世纪以来迫于战乱和灾祸而远走海外谋生创业的福建华侨,实际上也是这一先辈移民精神的海外发扬。他们经历着与开发台湾同样艰辛的创业历程,也收获着海外创业的丰硕成果。20世纪80年代以来,改革开放政策带来福建经济的腾飞,其最早体现这一业绩的也是来自沿海具有移民传统的地区,特别是民营企业的迅速发展,与历史形成的这一地区移民创业的拼搏开拓精神不无关系。

在台湾,这一精神既体现在最初的土地拓垦上,也表现在今日的经济发展中。由于国民党政权迁台初期对本省人士的政治歧视,以及把本省人排斥在情治系统之外的政策,促使从"土地改革"中把农业资本转换成工业资本的一批本省人士投资企业。而在 20 世纪 60 年代台湾的经济腾飞中,正是这批中小企业者(所谓"山寨企业")拎着一只皮包,走遍世界去开发市场,从而给台湾经济带来繁荣,这种精神无疑是对移民拓展性格与传统的发扬。两岸流行的一首闽南方言歌曲《爱拼才会赢》,准确地抓住了移民开拓精神的这个"拼"的典型性格特征,因此作为民众心声的概括与传递,这首歌曲才能长久流行。但是必须注意,"拼"只是一种精神的抽象概括,而所有"拼"的精神背后都有具体的行为内容。抽象地肯定"拼"的精神,也潜隐着移民拓展性格的另一面:冒险犯难。不问为什么而不惜冒险犯难地盲目去"拼",实际上正是这一移民性格的负面影响。它的盲目性和盲动性,是夹带着许多情绪化成分的这一移民性格的负面,很容易为某些别有用心的人士所利用。历史上的"分类械斗"存在这种情况,今天台湾政坛的某些斗争中也不乏这种形式利用和煽动,这确实应当为我们所十分警惕的。

三、族群观念与帮派意识:移民社会组合方式的心理影响
——兼论清代台湾的分类械斗及其影响

中国的传统社会,是以家庭作为社会形成的基本单位的。家族的形成和发展,是中国传统社会形成和发展的基础。因此,以家族为中心的社会组合方式,构成了中国村社聚落的基本形态。它的重要特征是围绕着血缘的传承与地缘互相涵化。由同姓同宗的家族血缘关系发展起来的村社聚落,极为普遍,查之各省各地的地名辞典,以姓氏冠名的村庄,如张家村、李家庄,等等,比比皆是。它反映了这种建立在地缘之上的家族血缘组合在中国社会聚落构成中占有的重要地位。

然而,这种情况,对于闽台移民社会(其实也包括其他移民社会),稍有不同。一般说来,闽台的移民,除个别特殊时期——如西晋末年豪门巨姓的举族南迁,大多是单门独户,甚而是单身独人,或者三五结

伴的辗转流徙。家族血缘聚落的形成,并非一开始就可能出现的。这种个别的持续不断的移民,往往需要同乡、同族之间的互相牵引和投靠,这就造成了初期移民的组合方式是以地缘性的原乡组合——即聚乡而居为主,比之血缘性的家族组合——即聚族而居,要更为普遍。尽管在地缘性的移民组合中,包括一定的家族关系,但地缘在这一聚落的形成中起着主导的作用。这个地缘性的原乡,可能是祖籍地的同一个村庄,也可能是同一县府,甚至是同一个方言区。只有到了移民社会后期,随着移民数量的增加和移民后裔的繁衍,新的家族发育起来,血缘性的家族组合才从地缘性的原乡组合中脱颖而出,逐渐起着主导的作用,成为移民社会向定居社会转化的标志之一。

在福建,由于移民社会出现较早,大抵到了宋代,家族发育已经成熟,社会的组合方式已和中原传统社会没有太大区别,其变化的脉迹已较难追寻。历史上地缘性的社会组合方式留给民众的心理影响虽渐削弱,但仍可寻。福建方志族谱中屡有族性械斗的记载。此风一直延至民国初年,尚未遏止。在外人眼里,闽人——尤其是闽南人的民性勇敢刚烈、尚武重义,其关爱乡土、重视亲谊,无论走到哪里,海内或是海外,各种形式的乡谊组织,蜂拥而出,把闽人分类地聚集在一起,一致对外;对内则时有矛盾冲突发生。凡此等等,都是这一社会组合方式遗存至今的心理影响。

在台湾,由于移民社会出现较晚,一般认为到清代中叶,移民家族新的血缘关系才逐渐发育成熟,距今不过一二百年。其由地缘性的原乡组合向血缘性的家族组合的发展痕迹,尚清晰可见。这一社会组合方式所造成的特殊社会心理影响,也愈加鲜明、强烈。我们可从下述三个方面来考察台湾移民社会组合方式的形成、变化及所产生的特殊社会心理与影响。

第一,明末由郑氏父子所带动的第一个移民浪潮,并没有造成移民长久的居住。崇祯年间,郑芝龙降明后组织福建灾民渡台垦殖救饥,这是一次救急性的移民活动。从当时的人口资料看,据荷兰东印度公司总督的报告:由于大陆战乱和饥馑,台湾的汉人增至两万人,但饥馑过后,约有八千人返回大陆。可见灾后返乡的移民所占比例很大,久居在台湾的移民数量不会太多。郑成功治台时期,台湾人口(包括军队和招抚沿海因"迁界"而流离失所的乡民)发展到最多时在 10 万以上(葛剑雄主编的《中国移民史》则称"可能达到 15 万人左右")。但清政府统一台湾后,强制郑氏官员、兵丁及沿海流民迁回原籍,台湾汉族人口一下子骤减过半。这一时期的移民,以战争移民和招抚流民为主,多为青壮男丁,少有家族关系;即使郑氏政权治台期间所形成的官僚家族:如郑氏家族、陈永华家族等,也在平台以后弥散消失。台湾血缘家族关系的形成,主要是在清代持续不断的移民浪潮中出现的。由于初期禁止携带家眷渡台,移民多为单身青壮男性,春去冬返。雍正十年(1732 年)开始诏许搬眷入台,此后又屡经反复,至光绪初年才完全开禁。其间民间虽有私渡载眷入台者,但数量不会很多;因此,台湾血缘家族的形成当在乾隆以后。以现今台湾所谓的"五大家族"看,雾峰林家的第一代传人林石是在乾隆十六年(1750 年)才从大陆迁台的;基隆颜家的第一代传人颜浩妥是乾隆四十年(1775 年)由闽入台的;板桥林家的第一代传人林应寅于乾隆四十三年(1778 年)才由漳州迁台;而高雄陈家的发迹者陈中和于咸丰三年(1853 年)才出生;鹿港辜家则更晚,是靠日据时期辜显荣的汉奸生涯发迹。家族社会的晚成,使移民地缘性的原乡组合在台湾延续了很长一段时间。这就对移民在原乡组合原则下形成的族群观念产生了重要影响。

第二,闽粤移民迁入台湾的时间有所前后,其在台湾享有的垦殖开发的权益,并不均等。就闽粤两省而言,明代的台湾移民,主要来自福建;不仅早期对澎湖的开发主要是泉州府人,明末郑氏父子引领的移民,也主要来自福建的泉漳。清政府统一台湾以后,将台湾作为一个府置于福建治下,其反复"禁""放"的渡台政策,也只开放福建一省,而以粤东之地"素为盗贼渊薮,而积习未忘"为由,"严禁粤中惠、潮之民渡台"。为此广东客家移民入台,不仅人数少、时间也晚。台湾学者林再复在《闽南人》一书中亦称:"清代台湾民间的三大势力是:漳州人、泉州人和客家人(或称粤民)。其中随郑成功来台者大多是泉州人;随施琅征台者大多为漳州人。客家人在台初入清朝版图时,曾被禁止入台,至康熙三十五年,施琅殁后,禁令渐驰,渡台者才渐增多。"① 文中涉及泉州人与漳州人的来台先后,亦可从泉州人与漳州人移民台湾后居住与垦殖地区的分布得到旁证。泉漳移民虽都比晚来的粤东移民占据条件较好的海滨和平原,但泉州人多在海口,而漳州人多靠近内山。正是这种环境差异所带来的权益不均,造成了各籍移民之间的矛盾。

第三,台湾的垦殖开发是随着移民的增加,逐步由中部向南北两端发展,由沿海向内山发展的,它同时也形成了移民沿垦殖路线分布的分类居住。台湾的垦殖,从明郑时代开始,首先在台南地区,一路由台南地区向北发展,另一路则从由中部鹿港登陆,开发彰化平原。康熙以后,才由彰化渡过大肚溪进入台中;雍正初年,以漳州移民为主,由漳化沿八卦台地南拓至南投、草屯、雾峰一带。乾隆年间解除携眷渡台之禁以后,大批移民涌入,由台中盆地向四方拓展,并有进入丘陵山地的趋势。在台湾北部地区,以清初同安人王世杰请垦竹堑埔(今新竹地区)开始,返乡邀集乡亲百余入台开发;与此同时,泉州移民也进入竹堑,至雍正初年,加入粤东移民。乾隆一朝,竹堑开发,包罗了闽之同安、泉州、惠安、晋江、南安和粤之陆丰、海丰、饶平、惠州诸地移民,达到全盛阶段。桃园的开发,也延及康雍乾三世,以闽之漳邑的诏安、漳浦、龙溪、南靖等各县和粤之饶平、五华、陆丰、梅县等各县移民为主,至嘉庆,才越过东北角山地,进入东部宜兰平原。由于台湾西部平原多为福建移民所据,晚来的粤东移民,便更多南下进入屏东平原。台湾由南向北、由西向东、由沿海向内山的开发路线,是和移民的迁徙路线,以及先后入台的移民分布地区相叠合的。② 由此亦可察见,台湾移民以原乡为聚合原则的地缘组合状况。大抵而言,"以南北论,则北淡水,南凤山多广民,诸彰二邑多闽户;以内外论,则近海属漳泉之

---

① 林再复:《闽南人》,台湾三民书局,1996年,第211页。

② 以上有关台湾垦殖的发展路线,可详细参阅林仁川:《大陆与台湾的历史渊源》,文汇出版社,1991年,第69-75页。

土著,近山多广东客庄。"①

台湾移民初期地缘性的原乡社会组合,主要是出于垦殖的需要。它具有三个方面的作用:一是作为移民入台的招引,是渡台初期移民的生活组合方式;二是作为移民拓垦的一种生产组合方式。台湾未经开发的恶劣自然环境,往往非移民个人力量所能战胜,因此需要大家共同协力,原乡组合便起了这样一种生产组织的作用。三是它还是一种移民自卫的组合。移民社会是一个竞争激烈的社会,为土地、水源等各种利益冲突,常引起火并,同样需要集合移民力量才能保障共同利益不受侵犯。在激烈的矛盾冲突中,这种自卫性的力量组合往往也可能转化为侵犯他人(他个移民组合)利益的恶性力量。

移民社会的这种地缘性的组合方式,是移民强烈的族群观念形成的社会基础。一方面,它基于移民初期个体生命对于群体依赖的生存原则。以原籍乡缘和共同利益为前提建立起来的族群观念,对移民社会的形成和发展具有积极的意义。但另一方面,狭隘的地域观念和利害关系,也可能使族群意识异化为一种小团体主义的帮派意识,从而走向社会良性发展的反面。清代台湾频频发生的分类械斗,便是这种狭隘的族群——帮派意识的反映。

关于"分类械斗",学术界一般有宽、严两种界定。比较宽泛的界定是把民间械斗,如一般的族姓械斗、职业团体械斗等,以其在台湾亦含有一定的地域背景都包括在内;比较严格的界定是专指移民以不同祖籍或方言区所形成的地缘性组合之间,因利益冲突而引发的不带政治色彩的民间私斗。这一界定,把"分类械斗"和一般械斗,以及带有政治色彩的被统治者反抗统治者的起义,被剥削者反抗剥削者的阶级斗争区分开来。② 严格的界定,对于阐明"分类械斗"的特殊性质,以及突现台湾移民社会的特征当更为有利。不过不可否认,作为"分类械斗"社会基础的台湾移民原乡性的"分类"组合方式,本身也夹杂着

① 《上福节相论台事书》,载《皇朝经世文编》卷八四。
② 陈孔立:《清代台湾移民社会研究》,厦门大学出版社,1990年,第251-252页、第261-262页。

一定的族姓关系,其所形成的"族群/帮派"的分类意识,也很容易渗透在一般的族姓械斗或带有一定政治色彩的抗争之中,或因分类械斗升级而扩大为抗官事件,或因官军介入,而转变为反清事件,二者常常互相纠缠和互相转化。而清政府对于移民的抗清斗争,也常常利用畛域矛盾进行分化,闽人倡乱,则以粤人制之,漳人倡乱,则以泉人制之,反之亦然。如康熙六十年(1721年)闽人朱一贵起义,清政府就利用凤山县下淡水流域的客家各庄,以"拥清"为名,组织粤庄"义民"抗衡;又如乾隆五十一年(1786年)林爽文起义,多以原乡的漳州府移民为部众,清政府又利用漳泉矛盾,组织泉籍"义民"参与镇压,以平定乱局,由此更进一步加深了漳泉两籍的矛盾。在台湾"分类械斗"中,这种带有"族群/帮派"分类意识的泛政治化现象,屡有发生,应当引起我们特别的注意。

有清一代,台湾的各类械斗,频频不断。据陈孔立统计,自乾隆三十三年(1768年)至光绪十三年(1887年)的120年间,台湾共发生械斗事件57起,平均两年一次,其中,属于分类械斗的35起,一般械斗22起。分类械斗中,闽粤16起,漳泉18起,顶下郊1起;一般械斗中,异姓12起,同姓6起,同业2起,兵丁1起,不明对象者1起。其发生时间基本都在咸丰十年(1860年)以前,闽粤械斗多在前期,至道光后逐渐减少,而漳泉械斗则在嘉庆、道光、咸丰年间达到高潮。其地点,闽粤械斗多发生在台湾北部或南部凤山一带,漳泉械斗多发生在中部的彰化、嘉义地区。[①]

台湾分类械斗的原因相当复杂,可从以下三个方面分析:

第一,政治原因:清政府平治台湾后,初期所采取的消极治台政策导致台湾的吏治败坏,官府无能,班兵制度日渐腐化,其对台湾社会的控制力,也更趋薄弱。民间一有纷争,官府无法秉公处断,在诉讼不清、走告无门的情况下,移民便只有率众合族,私相逞斗,以解决争端。若事关重大,官府则又利用双方矛盾,刻意分化,以致互相焚杀,形成

---

① 陈孔立:《清代台湾移民社会研究》,厦门大学出版社,1990年,第251-252页、第261-262页。

血仇,使本就尖锐的畛域歧见,更趋激烈。政治上的因素,虽不是分类械斗的直接原因,却是产生的背景和酿造的温床。

第二,经济原因:分类械斗的发生往往由于利益的直接冲突所引起,主要涉及土地和水利的争端为多。首先为争地。移民抵台,分类聚居,以农业垦殖为主业。清代初期,可垦之地尚多,因争地所诱发的械斗较少。乾隆中叶以后,彰化、南投、竹堑、淡水已先后开发,在可垦之地日益紧缺的情况下,为争夺土地的垦殖权,各籍移民便形若水火、互不相让。先是闽粤争斗,继有漳泉分类,或则漳人联粤攻泉,或则泉人联粤抗漳。嘉庆四年(1799年),漳、泉、粤移民先后共同参与开发噶玛兰地区,因分地不均而引起械斗,即为典型的例子。其次为争水。台湾地势是中部隆起,两岸临海,山海之间,缺少大片平原过渡,以致河流短促,一雨成灾。粤人靠山,闽人近海,形成利害两端。山洪来时,靠山的粤庄急盼速泄,减轻水患,却造成近海的闽村洪水侵入,而深苦其患;闽人为阻遏洪水,则必使之假道粤庄,亦为粤人所难接受。而当少雨枯水时节,上游粤庄阻水灌溉,却使下游闽村缺水无法耕作。《凤山县采访册》曾记:"凤山下淡水各溪,发源于傀儡山。瀑,万顷汪洋,倾泻而下,分为数十重,虽地势使然,亦粤民筑坝截围所致也。闻前辈不许截围,欲使山泉顺流而放诸海,不为害于闽庄。惜粤民不肯,几成械斗。因弗果行,遂至溪流浩大,泛滥无常。"[①]经济上的利益冲突是分类械斗产生的直接原因。

第三,社会原因:首先,台湾移民初期以地缘为分类原则的社会组合方式,强化了移民心理上的分类意识,成为台湾分类械斗的社会基础和思想基础。其次,台湾移民社会初成,文教未兴,整个社会的文治程度不高。移民中的豪强之士,以其逞勇好斗成为移民领袖而进入社会领导阶层;而移民所来自的原乡,皆是民间械斗多发的地区,如《清宣宗实录》中所指出的:"械斗之案,起于闽省漳泉二属,而粤东潮惠尤甚。"风气沿袭,使台湾移民每遇利益冲突时,动辄聚众,以图解决。其民风强悍,诚如刘传铭所云:"一言不合,拔刀相仇。"再次,早期台湾移

① 《凤山县采访册》,《台湾文献丛刊》第73种,1960年。

民由于禁止携眷渡台,多为单身青壮男性,入无天伦之乐,出无家室之累,心理、生理的失衡使之心浮气躁,常以嗜酒赌斗为乐。而移民之中,杂有许多无业游民(俗称"罗汉脚"),本就好事生非,树旗结党,每有冲突,则充当亡命徒,铤而走险。最后,受上述风气所染,台湾移民中拜盟结会之风十分兴盛。各种名目的同乡会、宗亲会、神明会、祖公会、父母会、兄弟会等,以共同利害关系为纽带,结成地域性、血缘性、行业性的各种帮派团体,其数量之多,常为统治者惊心和警惕。据1919年日本的调查,仅清代成立的带有宗亲性质的神明会和祖公会就有5159个,占台湾总户数的一半。为此清政府曾以"仁德衰而盟誓生,道德薄而诅咒兴",谴责"动辄焚香祭酒,称哥呼弟"的拜誓之风为社会"恶俗",严令取缔,并律例"为首者绞,为从者杖一百,流千里"。①其律不可谓不严,但禁者自禁,行者自行,拜盟结会之风未减,且常因利益争端"一言不合,即相仇杀",而酿成械斗。

清代台湾移民社会的分类械斗,不仅影响于当时,而且流弊于今天。就当时的社会发展而言,频繁的流血械斗造成民间巨大的损失,其焚街烧屋,杀掠破坏,致使田园荒芜,人口流徙,社会处于极度动荡之中,对经济发展所造成的滞碍和文治社会的建设所带来的祸害,延缓了台湾社会的发展步伐。对后世而言,分类械斗所形成的帮派意识,渗透在民众的心理之中,成为台湾社会潜在的一个顽症。今日台湾政坛的政党纷争,其性质和方式,都从某些方面让我们联想起昔日的分类械斗,可视作昔日分类械斗的流弊遗风在今天社会的一种反映。其突出地表现在以下三个方面:

第一,树帮立派的分类意识广泛地渗透在台湾政坛的斗争之中。台湾社会由历史上移民矛盾而遗留下来的族群对立本就十分尖锐,这种以移民原乡为分类的族群观念被泛政治化以后,使新老族群的矛盾都带上政治色彩。首先,所谓"本省人"和"外省人"的"省籍矛盾"已不再是先后入台的时间差异和地域差异,而是潜在着外来的国民党政权和本土化政权要求之间的冲突;在所谓"本省人"之中,又存在汉族

① 陈文达:《台湾县志》卷十,《台湾文献丛刊》第103种,1961年,第234-235页。

移民和台湾少数民族的矛盾,以及汉族移民中的福佬与客家的矛盾,还有福佬和客家内部不同派系的矛盾。这些在今天仍不断细化的多重分类,都寻求在政治上表达自己的诉求,这使今天台湾政坛上的各种人物都代表着某一部分人的利益和声音。即使在同一政党内,也是党内有派,派中有帮。政党意识中夹杂着小团体的,甚而是个人的利害关系,形成各种利益联盟,一会儿联甲伐乙、一会儿联乙伐丙……不一而足,造成了台湾政坛的各种乱象。被戴上政治光环的帮派意识,实际上常常变成政坛人物以政治为幌子谋取私利的一种手段。台湾政坛政治斗争的质量不高,与这一流弊不能没有关系。

第二,台湾政坛上过多的肢体冲突,可以看成昔日分类械斗的现代版。政治斗争本来是一种高级的意识形态的斗争,把政治斗争肢体化、低级化,变成政坛上口水和拳头纷飞的相骂和打架,是台湾政坛传扬于世的丑闻。这种不诉诸政治而诉之拳头的肢体冲突,在本质上和先辈移民以武力解决问题的分类械斗并无不同,是昔日遗风的再现。

第三,"黑金"或"白金"政治。以金钱驾驭政治,或者以金钱收买打手,然后通过政治或打手(械斗)来实现对利益的最大控制,这些由幕后财团操控的金钱政治和由豪绅大户公开支持的民间私斗,在本质上并无两样。国民党执政时期屡屡爆出的"黑金"丑闻,民进党执政以来并不乏见的买票贿选,以及利用政权资源公开进行营私操控,一"黑"一"白",或者"黑""白"兼具,都是昔日分类械斗幕后手段的政治再现。

当前台湾政坛的政治乱局,有着复杂的现实背景,也有着深刻的历史根源。分类械斗的现代流弊,是其历史根源的一部分。认识分类械斗,对我们辨析台湾的政治乱象或许有所助益。

四、边缘心态与"孤儿"意识:自卑与自尊的心理敏感

闽台在中国的地理版图上,都处于中原大陆的边缘。福建在东南濒海的一隅,北隔武夷山脉与中原断开。在交通不便的古代,素有"闽道更比蜀道难"之称,流配福建,被视为畏途;而台湾则在大陆东南的海中,以岛屿的形态依附在大陆边缘,比福建距中原更多隔一道海峡,

虽称一衣带水,却风波险恶。这种地理环境的边缘位置,也造成了闽台在中国政治版图和文化版图上处于边缘状态。在政治版图上,闽台都远离政治中心的中原,是较晚才纳入以中原为政治中枢的实际行政管辖之中的,福建大致在汉代封闽越王之后,而台湾则在明末郑氏经营台湾时期时。在文化版图上,远离儒教中心的闽台,在汉唐中原已进入春秋鼎盛时期,还以蛮夷的形象接受来自中原的儒家文化的教化。地理的、政治的、文化的这种边缘状态,使闽台社会无论在政治、经济还是文化,都以中原为中心,形成中心与边缘的相对关系。中原是天子脚下的中原,是文化先进、经济发达,可以号令天下的中原;而闽台只是天子在"普天之下,莫非王土"的大一统观念下,偶尔抬眼一望的国土的遥远一角,是听命中原和等待中原来开化的附臣之地。这种边缘心态形成了闽台长期以来对中原的一种仰望的姿势,一种既是先天而来,也是后天所成的自卑心理。

所谓"先天而来",主要指的是地理环境因素对人的心理影响。中原的平原辽阔,江河浩荡,四季分明,充满了帝王景象和英雄气概,常使居于丘陵山地者时感平原狭小,令所居之地河流短促的闽台人民叹为观止。虽然有海,在弄潮儿看来,是通往世界的坦途,但在惧海者面前,却是更为森严的一道壁障。其心胸视野,自然也因两地山川气候的不同而有所差别。这种因客观自然环境因素的影响所造成的性格差异,潜藏着闽台对于中原的某种景仰的心理因素。

而"后天所成",指的是闽台在中原政治版图和文化版图上的边缘位置,使闽台长期处于一种从属性的依附地位,由此而产生对于中原的自卑心理,这是影响闽台文化心态更为重要的因素。一方面,闽台的开发和社会的文治化进程,不仅迟缓于中原地区,而且主要是依靠中原移民和由中原移民所携带来的中原文化来实现的,它自然形成了闽台自卑于中原的文化心理;另一方面,边缘的从属性和依附性,对于中心而言,其重要性不可同日而语,有时候为了保住中心,边缘是可以牺牲的,从而给边缘带来深重的心灵伤害。乙未割台就是如此。当日军攻陷威海卫,整个北洋舰队覆灭,逼使清政府割地议和时,君臣朝仪,提出以"宗社为重,边徼为轻"的和谈原则,为保住中心而不惜牺牲边陲。在这里,"边缘"作为"中心"权衡利弊的一个筹码,在轻重取舍之间,常常被作为牺牲的对象。中英鸦片战争失败之后,清政府接受英国侵略者提出的开放五口通商的停战条件。这五口包括了福建的厦门和福州,且都是远离中心的南方沿海城市。闽台作为中原的边陲省份,近代以来面对蹈海而来的帝国主义列强的侵略和腐败政府"丢卒保帅"所造成的心灵伤害,是共同的,只不过相比起来台湾尤甚。台湾历史的挫折,首先来自日本帝国主义蓄谋已久的侵略,其次是无能的清政府"宗社为重,边徼为轻"的投降政策。对于台湾民众而言,这种无法主宰自己命运的边缘位置和被出卖的心灵伤害,在日本帝国主义的殖民统治下,形成了"孤儿"兼"弃儿"的悲情意识。台湾诗人巫永福在一首题为《祖国》的诗中,表达了在这一历史悲剧中台湾人民对于祖国既爱且怨的复杂感情。他写道:

> 战败了就送我们去寄养
>
> 要我们负起这一罪恶
>
> 有祖国不能唤祖国的罪恶
>
> 祖国不觉得羞耻吗
>
> 祖国在海那边
>
> 祖国在眼眸里

台湾著名小说家吴浊流在长篇小说《亚细亚的孤儿》中,通过主人公胡太明的人生经历,也很典型地表现了台湾人民这种"弃儿"兼"孤儿"的尴尬遭遇与复杂心态。从渊源家学中接受了浓厚中华文化和民族意识的胡太明,无法忍受在殖民地台湾的"二等国民"屈辱,毅然返回大陆;却又因为他的台湾身份,无端被疑为日本间谍而陷身囹圄。这种两面受困而无所归依的生命历程,是台湾人民普遍的一种生存尴尬。"孤儿"意识的一面是无可归依的漂泊感、飘零感,其另一面是寻找归依而终结漂泊的寻根意识与回归行为。在这里,漂泊是不甘屈服于异族统治的不安心态,而寻根回归却是漂泊的必然发展和最后的归宿。吴浊流《亚细亚的孤儿》中胡太明这一形象的典型价值,就在于他从自己亲身经历中体验了台湾人民这一普遍的尴尬处境,表现出他最

终的返回祖国投身抗日斗争的人生抉择,这也是台湾人民最后的
抉择。

　　台湾被殖民的特殊历史遭遇,把本来就处于边缘状态的民众的自
卑心理,转变为一种被遗弃的"孤儿"意识;这种"孤儿"意识在台湾光
复以后,本应消失,但国民党政权自身存在的独裁和贪腐弊端以及在
对待台湾民众和本土文化上的错误政策,使台湾人民普遍存在一种
"狗去肥猪来"的对于自己命运的悲情感慨,并期待有朝一日能够真正
当家做主的"出头天"的到来。这一针对日本殖民统治和国民党专制
政权而来的"出头天"思想和悲情心态,本来是在台湾特定历史背景下
发生的一种正常的情绪和心态,但它常常为某些别有用心的政客所利
用,把台湾民众的悲情心态和对"出头天"期待,从针对国民党迁台政
权转向针对整个中国,鼓噪只有从中国分离出去,才有台湾人的"出头
天"。这种"台独"挑唆的阴谋极其危险。事实上所有"台独"势力背
后都有帝国主义力量的支持,从中国分离出去的"出头天",将可能使
台湾重新陷入新的殖民控制之中,这是不能不充分警惕的。

　　自卑和自尊(自大)是一种心理的两面。由特定的地理环境和特
殊的历史遭遇所造成的闽台——特别是台湾民众充满悲情的自卑心
理,十分敏感而脆弱,很容易在某种刺激下走向反面,成为自大与自
尊。闽台的山川地理,缺乏中原的辽阔大气,使闽台民众感到自卑,但
闽台山水,虽大气不足,却秀丽繁富,在闽台人民的精心治理下,发扬
其亚热带气候的山海优势,变得精致繁丽。这种精致繁丽的文化品
位,从对环境的改造开始向文化的诸多领域扩展,形成了闽台共同的
一种文化品格。无论在饮食、信仰、工艺、表演的民俗文化层面,还是
近代以来领风气之先地接受西方文化影响,率先走向现代化的进程,
都渗透着这种融汇中西的精致的文化品格,常常是闽台夸耀于中原的
一种自尊和自大的心理资本。特别是20世纪60年代以来,台湾从出
口加工业转向以发展资讯工业为中心的经济起飞,在基本上没有多少
地下资源的弹丸之地创造的经济奇迹,让台湾人民拥有了空前未有的
自豪感。由自卑到自尊的这种心理转换在台湾还有着复杂的政治原
因,太过长久的不被尊重的历史屈辱,使台湾人民特别需要尊严,也特

别看重尊严,这种从自卑到自尊的心理敏感,有时甚至发展为一种偏执心态,为了尊严不惜冒险犯难和不分原则是非。尊严并不是抽象的"面子",而有其社会内涵,为什么要尊严,怎样建立自己的尊严,这是必须深入追问的。因此这种对尊严带有偏执成分的心理敏感,有时也很容易为某些别有用心的政治人物所挑动,盲目性地走向自己的反面。

台湾一个世纪来备受屈辱的悲情历史,是中华民族近代以来从悲情屈辱走向扬眉吐气历史的一个有机组成部分。站起来的中国人民是有尊严的,中国的经济发展和香港与澳门的相继回归,洗雪了中国人民数百年来压抑心头的耻辱,为中国人民在世界上赢得了尊严,这是包括台湾人民在内的尊严。台湾人民只有站在中国的立场上,才能获得屹立于世界各民族国家之林的扬眉吐气的尊严,这是一种强大的民族的尊严,无论在政治上、经济上还是文化上,都能获得巨大的自尊的力量。

五、步中原之后与领风气之先:近代社会的心态变化

中原是汉族的发祥之地,在中国历史的发展上一直处于中心的、领先的地位。自古以来,最早生存在这一地区的华夏系,东扩西突、南征北战,融合了周边的东夷系、荆蛮系、百越系,形成了族源多出的汉民族,并以黄河流域中下游为基地,发展了高度的农业文明,建构起一个庞大的帝国。中原汉族移民的南徙,带动了南方社会的发展。闽台社会就是在中原汉族移民南徙的背景下,以中原汉族移民为人口主体,按照中原社会的模式建构起来的。闽台社会所谓的传统化、内地化、文治化,实质上就是中原化,是以中原传统社会为模式,来推动闽台由移民社会向定居社会转型的。因此,步中原之后是历史形成的一个客观事实,也是闽台一种普遍而典型的社会心态。它并不意味着落后或自甘落后,相反的,在闽台特定的历史背景下,它还意味着从蛮荒向文治转化的一种社会进步,是由边缘向中心的看齐。对于后发展的闽台地区而言,这是一种自然正常,且带有几分自信自得的文化心态。

然而,近代以来,中国社会发生了极大的变化。一方面,清代中叶

以后,持续发展了两千余年的封建社会开始进入它的末期;强盛一时的清王朝也由盛入衰。在西方崛起的工业文明面前,封建王朝赖以鼎盛的以中原为发展基础的农耕文明,无论在经济实力、政治体制、还是文化意识上,都显出它难以应付局世骤变的软弱无能和陈腐,只能以闭关锁国来守住自己"天朝上国"的美梦。但西方的坚船利炮轰开了清朝的国门,一连串丧权辱国的不平等条约的签订,不仅暴露了清政府无能卖国的本质,也从根本上动摇了作为帝国象征的中原在民众心目中的地位。中原在现实发展中尊贵地位的丧失,是闽台社会心态发生变化的重要原因之一。另一方面,西方文明随着殖民者的炮火一同挤进中国,为中国社会的近代化发展提供了一个契机。由于西方殖民者最先是从中国南方打开缺口,西方文明也较早从这里登陆,"识夷""师夷"以"制夷"的观念,便最先在南方被提出。中国社会的现代化进程,也首先从南方起步。南方历来只是边缘,只有中原才是中心,步中原之后、向中原看齐一直被视为天经地义的事。但历史的变化却使中心和边缘的位置关系发生了颠覆性的置换,南方边陲诸省得风气之先,成为中国社会近代化变革的中心。南方的崛起,是闽台社会心态变化的另一个重要原因。

闽台在这一波社会变革中,领风气之先,对中国社会的现代化进程做出了特殊的贡献。

首先,在西方势力不断东来,民族危机日益加深的情况下,福建涌现了一批忧时爱国、主张变革的优秀知识分子,推动了中国社会的现代化转折。最突出的代表当首推林则徐。作为"亦官亦儒"的封疆大吏,林则徐是在鸦片战争前夕受命两广总督的。在查禁鸦片的斗争中,他清醒意识到,保守的中国所面临的不仅是西方"船坚炮利"的先进科技的威胁,还有西方文化的严峻挑战。因此他主张必先"识夷"才能"制夷",即通过对"夷情"的了解,来改变满朝文武"只知侈张中华,未睹寰瀛之大"的守旧思想。在他任上,延聘通晓外文的译员,编译汇纳世界各国基本情况的《四洲志》,主持译介西方政治、经济、军事情报的《澳门新闻报》,出版各国对华评论的《华事夷言》等,以求真务实的精神成为近代以来"睁眼看世界的第一人"。林则徐的思想深刻影响了与他同时代的魏源、徐继畲、姚莹等。魏源将林则徐的"师夷"和"制夷"思想进一步归纳发展为"师夷之长技以制夷",主张"尽转外国之长技为中国之长技""以富国强兵",并且断言"善师四夷者,能制四夷,不善师外夷者,外夷治之"。他继《四洲志》之后所著的《海国图志》,风行一时,甚至远对日本的明治维新发生了重要影响。《海国图志》与曾任福建巡抚的徐继畲所撰的《瀛环志略》、曾特擢台湾道的姚莹所撰的《康輶纪行》等,都为中国认识世界作出了重要贡献,成为中西文化交流的第一批成果。继林则徐之后,福建近代史上的另一个重要人物是严复。14岁就考入福建船政局附设的海军学堂,而后派往英国学习海军的严复,意识到西方的强大与他们的经济、政治、法律制度和人文思想密切相关,便悉心于西方社会科学著作的翻译。其著名译作包括宣传进化与竞存思想的赫胥黎的《天演论》,宣扬自由经济理论的亚当·斯密的《原富》,宣传平等观念的孟德斯鸠的《法意》,宣传自由思想的穆勒的《群己权界论》,介绍西方社会学理论的斯宾塞的《群学肆言》,以及宣传形式逻辑与科学方法的穆勒的《名学》、耶芳斯的《名学浅说》等,全面涉及了政治学、法学、经济学、社会学、逻辑学等各个领域。严复是第一个把林则徐所倡言的"师夷之技"从物质层面推进到精神层面的,为中国近代社会的历史转折提供了西方的理论和文化资源。与严复殊途,虽不懂外文却拥有"译界之王"桂冠的林纾,其一生共翻译西方小说183种,计1200万字,形象地向国人介绍了西方的生活,改变了国人对西方妖魔化的想象,并以西方的小说观念推动了中国传统小说模式的革新。

近代以来,福建涌现的影响于世的文化人之多,可能唯有广东可以比拟。其重要者还有:在英、德获得多个学位,精通六国语言,曾任上海南洋公学校长、担任洋务派张之洞幕府20余年的辜鸿铭,其最重要的贡献之一是将中国儒家经典《论语》《大学》《中庸》译成英文,并用英文写了《春秋大义》《尊王篇》等,向西方介绍中国文化;曾在林则徐家中教读,在鸦片战争爆发后写了《平夷十六策》《破逆志》的爱国诗人林昌彝;继左宗棠之后担任船政大臣达八年之久,并曾两度抵台指挥抗御日军侵扰并处理善后,对福建和台湾的"洋务"建设多有贡献的沈葆桢;以及在福建船政学堂期间,辅佐沈葆桢使之计划得以实现的梁鸣谦、吴仲翔、王元稚、黄维煊、王葆辰、叶文澜、张斯桂等;曾任宣统帝师,以讲臣身份在维护儒学伦理的同时又以了解西方人文历史、风土政情作为皇上必学内容,从而将"师夷制夷"的思想从一般士大夫的层面推向决策最高层的陈宝琛;创办商务印书馆,为推行新学做出重大贡献的高梦旦;毕生从事新闻工作,以犀利文笔介绍西方文化、评说时事、鼓吹革命的著名报人林白水,等等。福建在中国历史上唯有两个时期对中国社会的发展产生过全局性的影响,一在宋代,以朱熹为代表的闽中理学的创建,集儒学之大成,成为南宋以后封建社会发展的思想基础;一在近代,即鸦片战争以来福建文化人在引进西学、推广洋务、促进中国社会的近代化进程等方面,走在了时代前面。如果说以朱熹为代表的闽中理学的影响,主要是维护封建社会后期发展的延续,那么近世以来以林则徐、严复等为代表的一批人物的影响,则在于促进封建社会的解体,推动中国历史近代化的转折。时代赋予了地僻东南的闽台这一契机,使闽台在中国历史的大转折中扮演了重要角色。

其次,在"师夷长技以制夷"的民族感情与正义理性的认识基础上,闽台成为在引进西方科技文明的洋务运动中实践最有力也收获最大的重要省份。在福建,1865 年创办的福建船政局,是当时国内规模最大的一个洋务企业。依时任闽浙总督左宗棠的计划,福建船政局将从国外购买机器、聘请技师,"立限五年,成船一十六号",以改变国家防务长期落后的局面。此一计划在其后继者沈葆桢兢兢业业的 8 年努力中得到了落实。马尾造船厂成为当时远东第一流的造船工业,借鉴当时水平最高的法国的造船技术和英国的驾驶技术,成船 40 艘;并于船政局内设船政学堂,实行生产与教学相结合,为近代中国培养了一大批人才。如著名的工程师魏瀚、林庆升、池贞铨、林日章、郑清濂、詹天佑等,著名的海军将领邓世昌、刘步蟾等,著名的外交家罗丰禄、陈季同、吴德章等。在洋务运动的同时,福建还吸收西方经验,发展新式教育。福建的近代教育起步于教会学校的创办,如 1850 年英国伦敦传教士施亚力在厦门创办的英华中学,1853 年美国公理会在福州创办的格致中学,圣公会创办的三一书院等,都在全国开风气之先;尤其是 1918 年由教会创办的协和学院,更是福建最早的大学之一。在新学风气的带动下,私人创办的新式学校也纷纷涌现。以 1896 年创办的福州苍霞精舍为最早,继而有 1898 年的厦门同文书院,1902 年的全闽大学堂等。1905 年科举被废除之后,退隐在福州的陈宝琛等成立"闽省学会",后改名"福建教育总会",为促进新式学校创办和旧式书院的改造,起了重要作用。在中西文化交流的推动下,新闻事业也异军崛起。最初是教会创办的英文报,如 1858 年创刊的《福州府差报》《厦门钞报》等,以及中文的《郇山使者报》及后来易名的《闽省会报》等,虽多以宗教宣传为主,但兼及时事评议。甲午战争以后,闽人自办的报纸十分活跃。最早是黄乃裳于 1896 年 4 月 28 日创刊的《闽报》,其后相继出现了《福建白话报》《福建新闻报》,以及后来易名为《福建日报》的厦门《鹭江报》等。数十种报纸的出版给民众带来了新鲜空气,宣传了维新思想和革命思想,使福建无论在洋务实业还是文化教育,都走在了全国的前列。

在台湾,现代化的建设,作为全国洋务运动的一个组成部分,肇始于台湾建省前后。早在 1874 年,福建船政大臣沈葆桢抵台处理日本侵华事件的善后事宜时,就奏准在闽台之间架设水陆电线,在安平、旗后建设新式炮台,并引进国外机器开采基隆煤矿,这是对台湾现代化建设的奠基。1876 年新任台湾巡抚的丁日昌全面提出了包括购战舰、建炮台、开铁路、建电线、买机器、办公司、开矿、招垦等发展计划,并积极予以实施,为台湾的现代化建设奠定了良好基础。1884 年刘传铭以福建巡抚督办台湾防务,并于 1885 年建省任第一任台湾巡抚后,立即整军经武,大兴洋务,全面推开台湾近代化建设。在军务上增设炮台,设立军械所与火药局,整军练兵,改用洋枪洋炮;在交通上,修建铁路,设电报总局,发行邮票,自办邮局业务;在工业上,置煤务局,办硫磺厂、锯木厂,引进制糖设备,发展樟脑生产,出现了民族资本的近代工业;在商务上,设招商局,实行樟脑专卖,购轮船,发展对大陆和海外贸易;在市政上,开街筑路修桥,装设电灯,引自来水,把人口日渐繁密的台北建设成为政治、经济、文化中心的现代化城市;而在教育上,创立西学堂,聘任中外教习,培养通晓近代科学的人才。凡此等等,都使台湾在陷日之前,就已后来居上,发展成为中国的先进省份之一。

历史转折所提供给闽台的这份机遇,改变了闽台在中国历史发展上的边缘性和从属性地位,使闽台在此后百余年中国社会的现代化进程中,一直作为敏锐地感应时代风潮,吸收西方先进科技与文化而影响于全局的先发地区。历史地位的这种转变,自然带来闽台社会文化心态的不同。

首先,历史上一直以步中原之后为自我规约的追随心理,一跃而成为领风气之先的开创心理,它增加了闽台文化心态上的自信,激发了创造性的心理机制。如果说,以往闽台社会的主导意识集中在如何赶上中原步伐,如何使闽台社会内地化、传统化、文治化,知识分子的走向是朝着传统政治、文化中心的北方,以求取功名来福祉乡里,那么近世以来,闽台社会的主导意识更多地转向对于外来文化的吸收,以促进社会的现代化转变。知识分子的动向中,相当一部分走向海外,以学习西方科技和文化来改变中国社会的落后面貌。这种文化心态和文化意识的变化,打上了鲜明的时代烙印。

其次,闽台社会文化心态的变化,重新激活了本来就植根于闽台社会生活之中的海洋文化基因。闽台在更多地走向海洋,无论是向海外移民拓展,还是进行海上的商业贸易,都在广泛地接触与吸纳异质文化中,使闽台文化具有更多的开放性和兼容性的品格。它以灵动机变、善于吸收的文化性格特征,区别于中原建立在悠久博大文化传统基础上的沉隐厚重、执着坚守的文化性格。南北社会的这种文化性格差异,既有着深远的历史因素,也蕴涵着丰富的现实机缘。

再次,闽台文化性格的开放性与兼容性,在近代社会中西文化的交融与冲突中,既可能推动中华文化在吸取异质文化的积极成分中走向更新,也可能产生否定民族传统的消极媚外心态。这一文化性格的两重性,在闽台社会屡受外来欺侮的特殊历史遭遇中表现得十分复杂,应当引起我们深入细致的分析。

当然,无论历史怎样发展,中原地区一直是中国政治、经济、文化的中心和社会发展的重心。近世以来社会的变革,虽然由南方得风气之先,但要影响全局还必须进入"中原"这个"中心"和"重心"。这就是为什么从福建的林则徐、严复、林纾、辜鸿铭到广东的梁启超、康有为等灿耀一时的文化名人和革新派人物,都必须从南方走向中原,走向权力的核心——北京的原因。但中原文化的博大与厚重,往往销蚀和化解了来自南方的这些更多受到西方文化影响的知识人的革新意志,使他们消融在广大无边的文化传统之中。这也就是为什么一部分革新派人物,从严复、辜鸿铭到康有为、梁启超等,最后都投入保守阵营的深刻的文化原因。领风气之先并不能根本改变中原的传统核心地位,文化转化的复杂性和反复性也深深镌刻在闽台社会的心理感受之中。

台湾族群问题的历史背景

一

　　族群问题是观察、分析当下台湾政治必不可少的一个视角。一方面，在台湾由国民党的威权体制向政党政治的"民主转型"中，由于国民党政权治台以来对本省人所采取的防范、排拒等不当政策，这个所谓"民主转型"便包含了"民主化"和"本土化"两个向度。随着蒋经国的"解严"和"改革"，无论国民党自身还是其治下的"政府"，都有着朝向"本土化"发展的趋势。"本土化"实质上是他们在台湾生存的一个预期目标。而"本土化"不能不涉及台湾人口最多的本土族群。另一方面，与此同时，长期受到排拒的某些台湾本省人士，如政客和知识精英，也活跃起来，从海外到岛内，并利用了长期受到压抑的本省族群的政治悲情，这成为他们标榜代表"台湾人"利益的政治资本和组建本土政党的社会基础。在"解严"之后，在充满政治缠斗的所谓"政党政治"的二十多年里，统独意识的尖锐对立使本来较为单纯的族群问题蒙上浓厚的意识形态色彩，成为政党和政客手中泛政治化操弄的工具，并进一步扩大和加深了台湾族群间的矛盾和冲突，造成社会更大的撕裂。

　　因此，在这个意义上，解剖、认识台湾族群问题，是解剖、认识台湾社会和台湾政治的一个必要前提和基础。

　　族群，在西方的政治社会学里，被称作"社群"。通过族群，可以认识社会的构成;族群分析,也是解构社会的一种方法。我们可以依照不同指标对族群(社群)进行不同的划分,例如性别、年龄、居住地区、教育程度、宗教信仰、职业行业,等等。不同的族群(社群)都会有自己不同的历史形成背景和文化特征,也会有各自不同的认同结构、政治认知和社会诉求。不过,我们所将讨论的台湾族群,并不完全等同于一般所指称的"社群"。它是台湾特殊社会结构和历史进程的产物;台湾族群间的差异和矛盾,也是在台湾特殊的历史发展中产生和形成的,不仅仅只是一般的诸如性别或年龄等差异所带来的。因此,了解台湾的族群问题,便不能不深入到台湾社会的历史进程中去。

概略地划分,一般认为台湾有四大族群,即台湾少数民族、福佬(或"河洛",泛指早期来台的闽南籍移民)、客家人和外省人。若再细分,每个大的族群还可以有若干分支,如台湾少数民族中有十多个不同的民族;又如被称为"福佬"或"河洛"的闽南移民,还有泉州府和漳州府以及各府属下不同的县籍之别;客家亦有粤客和闽客的不同;外省人更是相对于早期移入的福佬和客家(所谓台湾"本省人")的战后来台的大陆各省籍人士的统称。四大族群包含着互有交错的四重差异和矛盾:第一重是台湾少数民族与汉族移民(包括闽粤移民和战后大陆的新移民)的差异和矛盾;第二重是汉族移民中的本省人(即早期的闽粤移民)和战后来台的"外省人"的差异和矛盾;第三重是本省人的福佬与客家人的差异和矛盾;第四重则是福佬和客家内部不同府、县之间的差异和矛盾。如果再深入分析,还有他们抵台以后因居住区域、教育程度、宗教信仰等问题所造成的差异和矛盾。这些差异和矛盾,虽有不同族群间"原生性"的文化差异的因素,但更多或更主要的则是在台湾移民社会的发展过程中,因移入的先后、移居地域的不同、所占权益的不均等因素所诱发和激化起来的。这些历史累积下来的"宿怨",本来应当在岁月的淘洗和社会的现代化进程中,逐渐消弭和淡化。事实上,在台湾数百年的历史发展中,不同族群之间也出现了某些互相包容和融合的现象。但近年来的发展恰恰相反,台湾的族群重新成为一个尖锐对立的问题,而且愈演愈烈,并且积淀成为一种社会心理和文化、一种民众的"集体无意识"。个中原因复杂,既根源于历史,又激化于现实。本文只侧重从历史的层面,对这一现实政治缠斗中恶性复发的历史"旧疾",做一些初步的分析,以作为分析、认识今日台湾族群问题的参考。

二

从历史上看,台湾是个移民社会。自晚明至清近三百年间,持续不断的移民浪潮,使来自祖国大陆的汉族移民人口超过被称为台湾各少数民族人口,迅速发展成为台湾社会的人口主体;同时,随大陆移民携带而来的汉族文化及其在闽粤的地域形态,也成为台湾社会的文化主体。它促成台湾社会在发展过程中呈现出两种转型。

第一,由以台湾少数民族为主体的社会向以汉人为主体的社会转型。

第二,由流徙不定的移民社会向移民及其后裔稳定居住的定居社会转型。

郑氏治台时期,其事业处于鼎盛时期,移入台湾的汉族人口超过十万,已与当时的台湾少数民族人口相近或略有超过。至清代中叶,据嘉庆十六年(1811 年)编查户口统计,道光《福建通志》载,此时台湾的汉族人口已达 190 万,而台湾少数民族各族人口乃不及 10 万;不仅人口比例小,且多被迫远离台湾社会中心,居于内地山区或边沿海岛。而据陈亦荣《清代汉人在台湾地区迁徙之研究》统计,在台湾的汉族人口中,原籍闽南者占 83%,原籍广东者占 15.6%,其余为其他各省人氏。这一数字表明,在台湾的汉族人口以闽南人和客家人为代表;同样,由移民携带入台的汉族文化,除了其上层以儒家思想为主导的士族文化外,大量的是以闽南和客家两种地域文化形态为代表的俗民文化。尽管台湾的移民社会经历着向定居社会的转型,然而,相对于社会的发展、变化,文化有自己更加稳定的、持久的特点。"移民文化"并不会由于"移民社会"的转型而立即消失。即使移民的原乡文化在漫长的定居过程中融吸新居地的自然环境与文化因素而发展出新的特征之后,它仍然保留着这一文化来自原乡的移植性特征,代代相承地影响着后来社会的发展。

这是台湾历史发展的大背景,也是台湾族群问题生成的文化大环境。一方面,不同的族群秉承着以汉文化为主导和核心的共同的中华文化传统;另一方面,不同的族群也固守着来自他们原乡的地域文化形态,在方言、习俗、信仰等方面形成了自己族群的认同结构。剖析台湾族群问题不能不从他们的移民经历和他们来自原乡的文化认同方式入手。

考察台湾的移民史,我们发现,有三个方面的因素对移民的生存方式和社会心理产生了重大影响。

第一,早期的大陆来台移民大多是单身独人,或三五结伴的流人,极少有举家合族的迁徙。这与历史上中原望族的向外扩散方式有很大不同。郑氏父子治台时期所带动的移民浪潮,属于战争性移民。除了领导集团中有少数家族,如郑氏家族、陈永华家族等之外,占移民人口最多的是军队及招抚入台的沿海流民,且多为单身青壮男丁。清康熙统一台湾之后,将郑氏官员、军队及沿海流民大多遣返大陆或送归原乡,使台湾汉族人口一时骤减过半。此后清朝政府一直严格掌控渡台人口,尤其严禁携眷入台。虽然私渡猖盛,但也多为单身男丁,春去冬返。直到雍正十年(1732年),才诏许搬眷入台。其间又多有反复,至光绪初年,才完全开放。因此,台湾家族的出现要迟至清代中叶以后,即开始移民一百多年以后才形成的。考察台湾的五大家族,雾峰林家的第一代传人林石,是乾隆十六年(1750年)入台的;基隆颜家的第一代传人颜浩妥,是乾隆四十年(1775年)入台的;板桥林家的第一代传人林应寅,是乾隆四十三年(1778年)入台的;而高雄陈家的发迹者陈中和,更迟至咸丰三年(1853年)才出生;鹿港辜家则更晚才靠辜显荣在日据时期的发迹形成庞大的家族势力。由此可以推见,台湾家族的形成,应在乾隆以后或者更晚。台湾宗族社会的晚成,对台湾移民社会的构成方式有着重要影响。

中国传统社会的构成,是以家庭/家族/宗族为基本单元的。家族的形成和发展,是中国传统社会形成和发展的基础。因此,以家族为中心的社会组合方式,构成了中国传统村落的基本形态。它的重要特征是围绕着血缘的传承与地缘互相涵化,由同姓同宗的血缘关系发展起来的村社聚落,考之中国的地名辞典,如张家村、李家庄等地名,比比皆是。它反映了这种建立在地缘之上的宗族血缘组合在中国传统社会的聚落构成中所占有的重要地位。

然而,台湾的情况恰恰相反。由于移民的单身独人徙入和渡台政策中的严禁携眷,宗族血缘聚落的形成并非一开始就能出现。这种个别的、持续不断的移民,往往需要同乡、同族之间的互相牵引和投靠,这就带来了初期移民的社会组合方式,不以血缘性的宗族聚合——即聚族而居为主,而是以地缘性的原乡组合——即聚乡而居为主。尽管这个地缘性的原乡组合中也包含着一定的宗亲关系,但起主导作用的还是乡缘关系。这种地缘性的原乡,可能是祖籍地的同一村庄,也可能是同一县府,甚至可能是同一方言区。地缘性的原乡组合,在早期移民中发挥着三个方面的作用。首先,这是移民的生活组合方式。初抵台湾的移民,举目无亲,唯有投靠乡亲熟友才能度过最初的生活难关。因此这种生活组合方式,也起着招引移民,为移民提供最初生活保障的作用。其次,它是移民拓垦的一种生产组合方式。台湾优越的自然条件和未经开发的恶劣生存环境,往往并非移民个人力量所能战胜的。特别是对成片原始土地的开发,水利的修建,无论财力、人力都需集合众人力量才能实现。原乡组合便起着这种生产组织的作用。最后,它还是移民的一种自卫的组合。移民社会是个竞争激烈的社会,时常为土地、水源等各种利益发生冲突、产生火并,这同样需要集合众人力量。在尖锐的矛盾冲突中,这种自卫性的力量组合既为保障自身利益不受侵犯,也可能转化为侵占他人利益的外侵性的恶性力量。

第二,移民的入台时间有所先后,其享有的开发权益并不均等。就闽粤两省而言,明代的台湾移民主要来自福建,不仅早期澎湖的开发,主要是泉州府人;明末郑氏引领的移民,也主要来自福建的泉漳两府。清政府统一台湾后,将台湾作为一个府置于福建省治下,其有所控制的渡台政策,也只开放福建一省,而以粤东"素为盗贼渊薮,而积习未忘"为由,"严禁粤中惠、潮之民,不许渡台"。① 至康熙后期,施琅

---

① 《续修台湾府志》卷一一。

殁后,禁令才渐为松弛。所以粤东客家移民来台,不仅人数少,时间也晚。早来的泉漳移民,占有自然条件较好的东部滨海地区和平原;迟来的客家人,只好向开发较晚的山区进发。台湾的垦殖路线,首由中部而后向南北两端发展。具体而言,在明郑时期,最先驻足的是台南地区,然后一路向北发展,另一路由中部的鹿港登陆,开发彰化平原;康熙以后才由彰化渡过大肚溪进入台中。雍正初年以后,以漳州移民为主,由彰化沿八卦台地南拓至南投、草屯、雾峰一带。乾隆年间解除携眷之禁以后,大批移民涌入,这才进一步由台中盆地向四面拓展,并开始进入丘陵山地。粤东移民的入台,大多在雍正初年以后。对竹堑、桃园、苗栗的开发,乃至对东部宜兰平原的开发,在泉漳两邑之外,大量出现了粤东陆丰、海丰、惠州、梅县等客籍移民的身影。它形成了移民沿着垦殖路线的分类居住形态。大抵而言,"以南北论,则北淡水,南凤山多广民,诸彰二邑多闽户;以内外论,则近海属漳泉之土著,近山多广东客庄"。①

这种因移民先后而依垦殖路线的分类居住,常常因利益冲突而引发尖锐的对立和抗争。有清一代频繁出现的"分类械斗",即是这种矛盾的激化。究其原因,有政治方面的,如吏治不兴,官府无能,民间一有争议诉讼不清,便率众合族,私相争斗,以求解决;有社会方面的,如单身游民众多,民风强悍,如刘铭传所说的,"一言不合,拔刀相仇";但从根本上讲,是经济上的利益争端,即往往因土地和水源的争执酿成血仇。尤其台湾地势是中部高山,两岸临海。山海之间缺乏大片平原过渡,以致河流短促,一雨成灾。粤人靠山,闽人靠海,形成利害两端。山洪来时,居住山区的粤庄急盼速泄,减轻水患,却造成位于滨海平原地区的闽村洪水浸入。而少雨枯水季节,上游粤庄蓄水灌溉,却使下游闽村缺水耕作。此类争执,酿成械斗,台湾史籍多有记载。《凤山县采访册》曾记:"凤山下淡水各溪,发源于傀儡山。瀑,万顷汪洋,倾泻而下,分为数十重,虽地势使然,亦粤民筑坝截围所致也。闻前辈不许截围,欲使山泉顺流而放诸海,不为害于闽庄。惜粤民不肯,几成械

---

① 《皇朝经世文编》卷一四。

斗,因弗果行,遂至溪流浩大,泛滥无常。"① 为一典型事例。这种依族群利益不同而产生的"分类械斗",可能是闽粤之间的"分类",也可能是泉漳之间的"分类",或者泉人联粤抗漳,或者漳人联粤抗泉;继而还进一步细化为闽客各县之间乃至行业之间的纷争,不一而足。

台湾移民社会这种地缘性的聚落组合和分类居住,是移民间族群划分和强烈的族群意识形成的社会基础。它基于移民初期个体生命对群体依赖的生存原则。早期移民"聚乡而居"的分类居住,虽然对于移民初抵台湾时的生存和发展有一定积极意义,但同时也滋长了台湾族群划分的狭隘地域观念和帮派意识。

第三,政治的介入使族群矛盾和对立升级、激化。台湾族群间的矛盾,本来就与彼时清政府消极的治台政策有关,导致台湾文治不兴、吏治腐化、社会控制力薄弱。政府在民间的纷争中扮演了并不光彩的角色。要么坐视不管,任其械斗;要么插入黑手,分化瓦解,制造新的对立。特别当一些民间私斗延及官府或带有反抗官府的政治色彩时,清政府在采取镇压的同时,还利用、挑拨族群间的矛盾,借助民间对立的力量参与镇压。所谓闽人倡乱,则以粤人制之;漳人倡乱,则以泉人制之,反之亦然,从而造成族群间更大的对立和社会的撕裂。康熙十六年(1721年),闽人朱一贵起义,清政府就利用凤山县下淡水流域的客家义庄,以"拥清"为名,组织"义民"抗衡。乾隆五十一年(1786年),以漳州移民为基础的林爽文起义,清政府又同样以"拥清"为名,组织泉籍"义民"参与镇压。此类事件在有清一代屡有发生。政治的介入,使本来较为单纯的族群间因利益不均所造成的经济矛盾改变了性质,使族群间的差异和矛盾转化成为政治矛盾,并且随着政治的操弄而扩大化和凝固化,"族群"渐渐蜕化成为政客谋取政治利益的工具。今日台湾政坛的族群操弄,在清代已经开了先河,只不过今日的政客,远胜于当年的清朝官员。

---

① 《凤山县采访册》,《台湾文献丛刊》第73种,1960年。

三

台湾的移民、移民人生和移民社会,从个人和群体的两个层面形成台湾社会一个恒久的历史记忆,族群分类和族群意识深深地烙印在台湾人的文化心理和社会性格之中,直到今日,仍在台湾的社会生活和政治生活中发酵。尤其以下四个方面值得我们观察和分析。

第一,祖国认同和原乡认同的割裂。台湾的移民是中原汉族南移闽南和粤东之后的二度移民。作为移民社会,台湾同样存在着移民社会普遍的双重认同:祖根认同和本土认同。前者包含着移民及其后裔对祖籍地的认同、血缘传承的认同和原乡文化的认同;在这一认同基础上形成了对中华民族和中华文化的大认同。后者则是移民自原乡(移出地)定居新土(移入地)之后,尤其是移民后裔,在与新土的共同成长中对新土的认同。其中也包括了对血缘传延中新的融合的认同和原乡文化在新土的自然文化环境中增长的新质的认同。这是移民社会和后移民社会普遍存在的规律。然而,在台湾特殊的社会发展和历史遭遇中,这两种认同都表现出它的特殊性,特别是原乡组合的聚居方式强化了移民依原乡分类的族群建构和移民与原乡的密切关系。移民的原乡文化和血缘认同,也得到了较好的传承和保护。然而,台湾历史上曾多次遭遇外来殖民者的入侵,尤其是日本长达半个世纪的殖民占领。殖民者虽然无法完全阻断台湾民众与原乡的联系和否认其血缘传承,却千方百计从意识上和文化上否定台湾人的民族归属和国家归属。把"原乡"和"中国"割裂开来,只承认"原乡",而不认同"原乡"所从属的中国,是殖民者瓦解被殖民者民族认同和国家认同的一个惯用的阴谋和伎俩。即使到了民进党执政之时,仍然如此。这就在一定程度上使台湾民众的祖根认同仅止于对原乡的血缘和文化的认同,而隔膜于民族认同和国家认同。

第二,强烈的分类意识。台湾历史发展中所形成的分类居住(首先是台湾少数民族和汉人的分类居住,其次是闽粤的分类居住,继之还有不同府、县和原乡村落的分类居住),强化了台湾民众的族群分类意识。尤其这类原乡组合的分类居住在利益保障上的一致性,使族群内部产生了强烈的认同感和"抱团性"。愚忠于族群的"小团体主义",往往使族群意识衍化为帮派意识,在族群或帮派的利益面前,一致对外,甚至不问是非,只唯帮派(族群)。

强烈的分类意识,流弊所及,使台湾的拜盟结社风气十分炽盛。各种名目的同乡会、宗亲会、神明会、祖公会、父母会、兄弟会等,以共同的利害关系为纽带,结成地域性、血缘性、行业性的各种帮派团体,其数量之多,常为统治者吃惊和警惕。据1919年日本在台湾的殖民当局调查,仅清代成立的带有宗亲性质的神明会和祖公会等,就达5159个,其所参与的成员占彼时台湾总户数的一半。为此清政府曾以"仁德衰而盟誓生,道德薄而诅咒兴",谴责"动辄焚香祭酒,称哥呼弟"的拜盟之风为社会"恶俗",而律令"为首者绞,为从者杖一百,流千里"。① 但抱团结社之风植根于台湾特殊的社会土壤之中,并非一纸律令就能禁止的。时至今日,陋习未变。结社拜盟之风,异化成今日名目繁多的各种帮派团体,渗入黑白两道。即使政党之中,这个派那个系成为政坛恶斗的标志和打手。而其部分帮派团体发展为黑道社会,卖淫设赌贩毒,甚而杀人越货,无所不为,成为社会的"毒瘤"。有些勾结政客、玩弄政治,成为某些政客或政党背后的桩脚和金主。

第三,敢于拼搏开拓和不惜冒险犯难,是台湾移民拓殖性格的两面。闽粤移民赴台,虽然隔海相望,却风波险恶。尤其在清政府的限制入台政策之下,多以私渡渗透。客头贪利,罔顾行险,每每酿成海难事故。侥幸抵台之后,多数移民缺乏资金、技术,只能选择原始的农业垦殖。台湾自然条件虽好,但未经开发的蛮荒土地仍需移民付出加倍的艰辛,才能有所收获。而在移民之间,形成了不同利益圈子,竞争激烈,往往为了一点资源,刀血相仇,在艰辛的垦殖生涯中,陡生变故。凡此种种正反两种境遇都培养了移民坚忍克难的不屈性格和拼搏开拓的冒险精神。移民所来自的原乡,无论闽南还是粤东,都是中原汉族南徙新拓的疆土,同样历经从蛮荒走向开化的艰辛途径,也同样需要通过拼搏才能有所开拓。移民原乡的这一地域文化性格,在他们二

① 陈文达:《台湾县志》卷十,《台湾文献丛刊》第103种,1961年,第234-235页。

度迁徙入台的艰辛人生中,有了更好的弘扬。台湾一首闽南语歌曲《爱拼才会赢》,准确地抓住了移民面对厄运勇于拼搏的精神特征,体现了包括客家的"硬颈"精神在内的这种移民的典型性格。

当然,抽象地肯定"拼搏"精神,也潜藏着另一种负面因素。清治初期,社会建制并不严密,各方面都留有许多政策漏洞。移民在面对重重困难而利益和诉求得不到保障和实现时,便往往利用政策漏洞和吏治疏失的空间,不惜冒险犯难,谋求不当利益。而在移民中,成分较为复杂,不仅单身男丁居多,且间杂不少游民;他们居无定所,常以嗜酒赌斗为乐。每遇争斗,则充当亡命徒。其所来自的原乡,无论闽南还是粤东,都是民间私斗极盛的地方。因此养成了移民的民风强悍、逞强好斗的习气。抽象地提倡"敢拼",客观上也造成对于不问是非、只唯利害而敢于铤而走险、冒险犯难的负面性格的肯定。

移民拓殖性格的积极拼搏进取和消极冒险犯难,从正反两面对台湾社会产生了深远的影响。从积极一面看,促进了台湾社会的发展进步;而从消极一面看,则在台湾社会的发展中埋下种种危机。今日台湾族群意识中的不问是非、只唯帮派,乃至黑金政治和黑道猖獗,都与此不无关系。而政坛的恶斗,无论早期的街头,还是当今的议会,不断演出大打出手的全武行,"相信暴力,拳头第一",种种与现代法律社会相悖的非理性行为,亦是当年所谓"冒险患难"精神的负面延伸。

第四,台湾是在甲午战争之后作为战败赔偿割让给日本的。为此带来的半个世纪的殖民屈辱,使台湾民众产生"孤儿"兼"弃儿"的悲情意识。战后台湾回归,台湾民众曾经热烈地欢迎"国军",期盼过上一种摆脱"二等国民"、重获主人公尊严的"出头天"的日子。然而,国民党政权的腐败以及为清除日据殖民影响而把台湾人视为一种"原罪"的错误政策,使台湾民众在对国民党政权失望之后,重新感受"孤儿"兼"弃儿"的悲郁困境。在台湾政党政治的恶性缠斗中,这种悲情意识最易被挑唆和利用,使其将历史上由于清政府的腐败而带给台湾人民灾难的旧账,算在中国大陆政府和大陆人民头上,并不断制造和深化大陆和台湾、外省人和本省人的社会对立和族群对立。更有甚者,利用台湾民众期盼"出头天"的心理期待,煽动"台独",将族群对立进一步转化为统独对立,使之成为某些政党和政客政治盘算中的一粒如意的棋子。

族群问题是台湾特殊历史造成的一个客观存在。然而,历史的发展和社会的变化已经使导致族群矛盾、对立的一些客观因素消失和淡化,社会的整体在现代化的走向中朝着族群和解的方向发展。然而必须承认,族群的界限虽已淡化,但族群意识、族群心理和族群文化并未消失;相反,在今日台湾有不断被重新炒作而扩大和深化的危机。把族群、族群意识、族群心理和族群文化不断地意识形态化和泛政治化,是今日台湾政治乱象的根源之一。溯本寻源,了解台湾族群问题产生的历史背景和社会原因,对于我们现实地处理台湾族群问题,应当有所助益。

论闽南文化

——关于性质、类型、形态、特征的几点辨识

一、关于闽南文化的性质
——作为讨论前提的几点认识

闽南文化是衍生于中原地区的汉民族文化,是经由移民的携带,南徙入闽后形成的闽文化在闽南地区发展的一种地域文化形态。闽南文化作为多元一体的中华文化大系统中的下位文化,可用下面的图示简略表明其在中华文化系统中的位置:

中华文化——汉民族文化——闽文化——闽南文化

因此,在进一步探讨闽南文化的类型、形态和特征之前,有必要就闽南文化的形成和性质提出几点认识,以作为讨论的前提和基础。鉴于这些认识大都已为学界所多次论述,有一些已成为共识,这里只略加说明而不作展开叙述。

第一,闽南文化是一种移民文化。它基于一个基本的历史事实:古代福建是南方百越族的一支——闽越的活动地区。秦汉之际,中原地区已进入以汉文化为核心建构起来的封建社会,而福建尚是以闽越文化为基础和表征的部族社会。自永嘉以后直至两宋,因北方战乱等原因而不断南徙入闽的中原汉族移民,在把闽越族及其文化融入其中的历史发展中,逐渐成为福建社会的人口主体;同时,随同移民携带而来的中原汉族文化也成为福建社会建构的文化基础。中原移民由闽北逐渐进入闽南,同时也把中原文化带入闽南。因此,在这个意义上,无论闽南社会和文化,还是包括闽南在内的福建社会和文化,在历史上都是来自中原地区的移民社会和文化。对闽南和包括闽南在内的福建社会和文化这一性质的认定,是我们认识和分析闽南文化的历史

出发点。

　　第二,闽南文化的形成,是漫长历史发展的结果。中原移民入闽是一个漫长的过程,一般以公元4世纪初的永嘉之乱开始,至12世纪的宋室南迁达到饱和。八百年间经历了西晋、东晋、南北朝、隋、唐和两宋,出现过西晋末年的衣冠南渡、唐代初期的陈元光入闽,唐末五代的王审知治闽和靖康之难的宋室南迁等几次大规模的移民高潮。不同朝代的中原移民带来了不同时期发展的中原文化,它们如年轮一般沉积在包括闽南在内的福建文化之中。这也就是说,闽文化(闽南文化)不是某一历史时期的中原文化的植入,而是在较长的历史发展中反映不同历史阶段的中原文化的历时性积累,如地质考古中的文化层一样,是一层层堆积起来的。这从闽方言及其各个次方言与中原古汉语关系的追溯中可以看得很清楚。一方面,中原移民在从晋末到南宋长达八个世纪的持续性迁徙,赋予了闽南文化贮存和传承中原文化的历史丰富性;另一方面,闽南文化又是闽南社会发展的结果。南宋以后,福建作为中原汉族的移民社会,已进入了成熟的定居社会阶段,迄今已有着一千多年的自身发展历史。特别在明清及近代以来,福建——尤其是闽南,处于外来殖民势力挟带的资本主义商业文明冲击和封建王朝为抗御外来侵扰而坚持文化守成的反复"开海"与"禁海"中。来自内外的两股压力,既唤醒了闽南社会的民族意识,也激活了闽南文化的海洋人文精神。因此可以说,闽南文化不仅是静态地接受中原文化的移入,而且也是动态地经历着自己的特殊发展。概而言之,闽南文化起源于汉晋,历经了隋唐,成熟于两宋,发展于明清,在近代社会的历史演变中,以中原文化为基础,涵化和发扬海洋人文精神,从而逐渐形成的区域性文化。

　　第三,闽南文化是一种本土性的文化。大凡移民社会都有两种同时发生的过程:一是移民社会向中心社会看齐的"文治化"进程,就闽南而言,这一"文治化"的进程即是中原化或内地化的过程。二是中心文化与移入地的自然环境与文化因素互相融合和涵化的"本土化"进程。所谓"文治化",是以移出地的中心文化作为移入地社会建构的基础,以使移民社会向中心社会看齐而与中心社会同质和同步发展;而所谓"本土化",是随着移民后裔的逐渐"土著化",移出地的中心文化受到移入地的地理和文化因素影响,而呈现出新的本土形态。在这里,影响中原文化移入闽南之后发生"本土化"变异的因素主要是:(1)闽南迥异于中原的海洋地理环境;(2)以海洋文化为特征的闽越土著文化的遗留和影响;(3)闽南地区涉海的历史发展与遭遇。三者共同指向了闽南的海洋文化精神。因此,一方面,以儒家文化为核心的中原文化在闽南社会的建构,使闽南文化纳入汉民族文化的中心体系之中,这是闽南文化与中原文化的共性;另一方面,融入来自中原汉文化之中的海洋文化精神,突出了闽南文化的本土性特征,形成了闽南文化的个性。

第四,闽南文化是以地理概念冠名的文化概念。所谓"闽南",在地理学的意义上,是指福建(闽)南部的厦门、泉州、漳州三市所辖的11个区,17个县(市),人口约一千三百万。而以"闽南"冠名的"闽南文化",一方面表明了这一文化的地域性:闽南文化是在闽南这一特定地域所形成和存在的文化,反映着闽南地区特定的历史发展和生存方式,赋予了闽南文化特殊的地域形态和特征。另一方面,作为文化概念,闽南文化并不完全受到"闽南"的地理圈限。传统的文化地理学把文化区分为"功能文化区"和"形式文化区"两种。前者就如省、市、县、区的建制,其行政功能明确,边界划分十分清晰,历史上虽会有所变更,但相对较稳定。而所谓"形式文化区"并不完全受到"功能文化区"的圈限,文化的本质是流动的、播迁的、发展的,常常随着人口的流动而越界延伸。因此,形式文化区的边界是模糊的、变动的、跨越的、扩展的。闽南在历史上是中原移民南徙的区域,这赋予了闽南文化作为移民文化的特质。移民"人在路上"的移民心态,使他们常常在新居地定居之后又重新走上"再移民"的道路。闽南人蹈海踏浪、迹遍五洲,便是这一文化的使然,这就使闽南文化随着移民的流动成为更广泛的存在。它的核心区虽在闽南(除厦、泉、漳外,还应包括由于历史上的区域建制变动而被划出厦、泉、漳的龙岩原市区和漳平县);而它的流播区域远越出闽南的疆界,包括与闽南交界的粤东潮汕地区,与闽南隔海相向的台湾地区,以及浙南的温州、海南的文昌等县;同时更远随闽南的海外移民,在东南亚和欧美的华人社区中,也扎下根柢。有学者统计,在祖国大陆约有 1500 万闽南人,而在台湾,祖籍闽南的人口,则达 1700 万人,加上海外,世界上闽南裔的人口总数,不下五千万。这样广泛的人口分布,使"闽南人"的概念不仅是指生活在"闽南"的人,而成为具有一定民系特征的更广大的族群;闽南文化也不仅是存在于"闽南"的文化,而是具有更广泛意义的民系文化。其中,最大也最值得探询的两个区域,一是潮汕,一是台湾。潮汕方言属于闽南方言语系,潮汕文化也是闽南文化的一部分。虽然潮汕与闽南地缘相邻,历史上两地有着十分频密的交往,但在行政建制上却隶属于广东,以广府文化为代表的南粤文化对潮汕有着不可避免的强大影响,致使作为闽南文化之一翼的潮汕文化,有着置身于闽粤两大文化之间的独特的色彩,有时也被视为一种独立形态的文化。台湾是中原移民定居闽南之后再度移民的最大集聚地,从明末至清中期,持续近三百年的移民浪潮使台湾成为闽南民系人口最多的聚集区。随同闽南移民携带入台的闽南文化,在移民后裔逐渐转化成为居民的"本土化"进程和社会不断的现代化进程中,既强化了闽南文化原初的质态,也发展了植入异地的新质。特别是台湾近百余年来不断遭受异族入侵的特殊际遇,使其文化也受到了来自东洋和西方的影响,这些都使台湾的闽南文化发展出新貌。所以特别关注闽南文化在这两个地区的发展,不仅因为这两个区域的闽南系人口众多,而且由于这两个区域特殊的地理历史和人文背景带给闽南文化新的发展。除此之外,随着闽南人漂洋过海移居东南亚和世界其他地区,闽南文化也随之远逸海外,形成了闽南文化在海外播迁、发展的特殊形态。它启示我们,研究闽南文化,当然要从"闽南"出发,但决不能驻足于"闽南"。

以上诸点,应当成为我们深入讨论闽南文化的认识前提。

二、关于闽南文化的类型

闽南文化是一种什么类型的文化? 论者纷纭,然却缺乏深入讨论。概而言之,大致可以归纳为两种意见:

第一,闽南社会是源自中原的移民社会,闽南文化在本质上是随同移民携带而南播的中原文化。中原移民不仅成为闽南社会的人口主体,中原文化还成为闽南社会建构的基础和发展的主导。因此,无论从文化的本体还是文化的功能上看,闽南文化应和中原文化一样,属于大陆性的文化。

第二,闽南为濒海地区,中原移民到来之前是海洋部族闽越族活动的区域。闽越族虽在汉武帝以后逐渐融入汉族,但其在固有区域上遗留下的海洋文化传统,仍深刻影响着闽南地区的发展。宋元以后闽南迅疾的经济发展,使其成为中国走向世界的贸易大港和海外移民的主要迁出地,这便是对这一海洋文化传统的继承和发扬。中原文化播入闽南后出现的本土化形态,主要也体现在对海洋文化的涵化中,其迥异于中原的海洋环境所形成的海洋文化精神,是闽南文化特有的品质。因此,闽南文化应当是海洋性的文化。

两种意见,针锋相对,各据其理,但是在辨析上述两种意见时,我认为,首先必须弄清大陆文化和海洋文化这两个概念从何而来? 所指为何? 论者是在何种意义上使用这两个概念?

我在《闽台文化的地域特征》①一文中曾经说过:所谓大陆文化和海洋文化,其提出源自黑格尔的《历史哲学》中对世界文化类型的划分。黑格尔在该书"历史的地理基础"一节中,把体现出"思想本质上的差别"的"地理上的差别"划分为三种类型:(1) 干燥的高地、草原和平原;(2) 巨川大江灌溉的平原流域;(3) 与海相连的海岸地区。第一种类型以游牧民族为代表。他们漂泊的放牧,不以土地为财富,每年越冬宰杀半数牲畜也使他们无法积累财富,除了"显示好客与劫掠的两个极端外","在这些高地上的居民中,没有法律关系存在"。因此他们常如洪水一般泛滥到文明国土上,表现出一种野蛮的本性。第二种类型以农耕民族为代表,巨川大江的灌溉培育出肥沃的土地,使"这里的居民生活有所依靠的农业,获得了四季有序的收获……土地所有权和各种法律关系便跟着发生——换句话说,国家的根据和基础,从这些法律关系开始有了成立的可能"。但他们以海作为陆地的

---

① 刘登翰:《闽南文化的地域特征》,《东南学术》,2002 年第 6 期。

天限,闭关自守使他们无法分享海洋所赋予的文明。第三种类型以海洋民族为代表。当他们"从大海的无限里感到自己的无限的时候",他们便以智慧和勇敢,超越"把人类束缚在土壤上","卷入无穷的依赖性里边"的平凡的土地,走向大海,进行征服、掠夺和追逐无限利润的商业。毫无疑问,黑格尔是以海洋文化作为人类文明的最高发展,来否定和贬低游牧文化和农耕文化的。当他进一步以这三种地理分类来"观察和世界历史有关的三大洲"时,这一倾向更暴露无遗。他认为:"阿非利加洲是以高地作为它的主要的、古典的特色,亚细亚洲是和高地相对的大江流域,欧罗巴洲则是这几种区别的综合。"然而,"非洲还笼罩在夜的黑幕里,看不到自觉的历史的光明",因此"它不属于世界历史的部分,它没有动作和发现可以表现";而亚洲,虽然是世界历史的起点,"精神文明从亚洲升起";但世界历史是从"东方"走向"西方",亚洲是绝对的"东方",而欧洲是绝对的"西方",亚洲"和世界历史其他部分的联系,完全只是由于其他民族把他们寻找和研究出来"。唯有欧洲,才是"世界的中央和终极","绝对地是历史的终点"。①

黑格尔的世界体系明显地带有欧洲中心主义的历史偏见。因此,以建立在黑格尔历史哲学基础之上的以大陆文化(黄色文明)和海洋文化(蓝色文明)来区分东方文化和西方文化,从而认为大陆文化是保守的、苟安的、封闭的、忍耐的,海洋文化是冒险的、扩张的、开放的、竞争的,便是基于这种偏见的言说。尽管黑格尔对世界文化类型的划分,在解释人类文明的起源和区别不同的文明类型上有着合理的内核,但其历史偏见的片面性和内在逻辑的悖论则常为学界所质疑。因此,当我们为了说明地理环境与文明发展的关系,而沿用黑格尔关于大陆文化与海洋文化的概念时,我们只走在人地关系的本体论意义上,把大陆文化和海洋文化作为区分文化类型的概念来使用,而不赋予这两种文化带有黑格尔偏见的价值判断。

讨论闽南文化所涉及的大陆文化与海洋文化的概念,亦应作如

---

① 黑格尔:《历史哲学》,王造时译,生活·读书·新知三联书店,1956年,第132—147页。

是观。

　　著名历史学者杨国桢在论及中华民族与中华文化时曾经指出："中华民族的形成经历过农业部族和海洋部族争胜融合的过程,中华古文明包含了向海洋发展的传统。在以传统农业文明为基础的王朝体系形成以后,沿海地区仍然继承了海洋发展的地方特色。在汉族中原移民开发南方的过程中,强盛的农业文明,吸收涵化了当地海洋发展的传统,创造了与北方传统社会有所差异的文化形式。中国南部的沿海地区,长期处于中央王朝权力控制的边缘区,民间社会以海为田、经商异域的小传统,孕育了海洋经济和海洋社会的基因。"①这一段论述恰好说明了闽南文化的丰富性、复杂性和特殊性。由移民携带而来的、来自中原的大陆文化,与闽南当地的海洋文化因素互相涵化的过程,也就是闽南社会与文化形成与发展的过程。闽南从中原移民南来之前的蛮荒之地,走向与内地一体的社会建构,其文治化的实质是中原化。因此,中原文化对闽南社会的形成和发展起着基础的和主导的作用。但同时,中原文化进入闽南之后必然出现本土化转变,其核心是对闽南海洋文化因素的吸收。这是一个双向互动、互相涵化的过程,在这里,闽南文化不仅包含了大陆文化和海洋文化两种因素,而且是大陆文化和海洋文化互相交融的产物。这种现象恰如内陆河流奔向大海而在大陆与海洋交界的出海口所形成的三角洲。因此,我们可以用闽南文化是从大陆文化向海洋文化过渡和发展的多元交汇的"海口型"文化来予以概括。

　　所谓"海口",本来是一个地理学的名词,它通常用来说明内陆河流与大海交汇的地方。在海口的周围,从内陆带来的泥沙冲积而成的三角洲,往往土地最为肥沃、物种最为繁富,也是人口最为稠密和经济最为发达的地方。以"海口"来说明闽南文化的类型,一方面是对闽南地理环境所作的概括。闽南位于福建东南部也即是亚洲大陆东南部的濒海地区,是晋江、九龙江的出海口,面对台湾海峡这一沟通北中国海和南中国海的黄金海道,北上可抵东北亚,南下直达东南亚诸国,以

————————
①　杨国桢:《明清中国沿海与海外移民》,高等教育出版社,1997年,第1页。

此与世界发生广泛联系,是典型的"海口型"的地理区位。另一方面,闽南地理环境的海口型,也带来了闽南文化的"海口性"。所谓闽南文化的"海口性",其含义有二:(1)从中华文化的内部看,闽南文化是中原文化南播之后接受闽南海洋地理环境和海洋人文精神的影响,出现的大陆文化与海洋文化互相吸收、融合与涵化的一种特殊形态的地域文化,是大陆文化向海洋文化的过渡和发展,也是中华文化内部的两种不同类型文化的交汇。(2)从世界文化多元化的关系看,闽南是中国文化与外来异质文化交会、碰撞、融摄和对峙的前沿地带和先发地区。外来的异质文化,在近400多年来,无论来自西方或来自东洋,也无论是以和平的传播方式,还是以血腥的殖民方式,都是最先在祖国东南海疆的闽粤两省(闽南是其最敏感的前沿地带)发生,而后才逐渐北上进入中国政治、经济、文化的中心地区。闽南地区这一特殊地理区位和遭遇的历史契机,使闽南文化包容了不同文化的多元交汇,它正负值具存地赋予了闽南文化特殊的形态。无论在中华文化的内部还是外部,闽南特殊的地理环境和文化区位,都犹如泥沙俱下、龙虫并存的海口,汇百水而成淤,临大海而奔泻,其本身就是一种形态独特而包蕴丰富的文化现象。

三、关于闽南文化的形态

文化的雅、俗之分,只是就文化的表现形态所作的一种大致的区别。闽南文化常常被视为一种俗民文化,这当然不是闽南文化的全部含义,而只是就其所呈现的独特地域色彩和个性而言。

所谓俗民文化(或称俗文化、常俗文化),是指以俗民(庶民)为主要载体和对象,建立在他们生活传统、信仰传统、社区组织传统和经验传统基础之上的,比较朴素、粗糙,因而带有一定自发性、原生性、非理性和传承性的那一部分文化现象。比如我们常说的方言、俗谚、民间习俗、民间信仰、饮食习惯、口传文学、民间谣曲、民间戏剧和歌舞等。这是一种带有很大民间性的常俗文化,是体现文化地域色彩和个性的最主要代表。它不尽相同于与之相对应的士人文化。所谓士人文化(或称雅文化、精英文化),一般是以士人(士和士大夫)为主要载体和对象所表现出来的一种文化形态。它是对前人实践和经验(包括俗民实践和经验)进行整理概括,扬弃提升,从而成为系统比较完整、逻辑比较严密,比较富于理性色彩的知识谱系和社会意识形态。比如我们常说的社会制度、法律规约、道德伦理、价值观念,以及各种自然科学和人文科学的知识体系,等等。它常常由文化的表层进入文化的深层,从社会的底层进入社会的上层,为统治阶级倡导和支配,并用来指导和推动社会发展的文化力量。因此,相对于俗民文化的下层性和民间性,士人文化带有浓厚的上层色彩和官方色彩。二者既互相依赖和渗透,又互相对立和排斥。一方面,士人文化是对俗民实践和经验的综合概括、扬弃提升,在这个意义上可以说,士人文化源于俗民文化;另一方面,士人文化作为官方的意识形态,又对俗民文化起着制约、规范和改造的作用,使俗民文化不致超越一定体制下的意识形态和道德规约。在中华民族多元一体、幅员广阔的各个不同区域中,士人文化更多地表现出整合统一的文化共性,而俗民文化则更多地体现出独特地域的文化个性。二者所形成的正是文化结构中官方文化与民间文化、上层文化与下层文化、共性与个性对立统一的辩证关系。

在这个认识基础上来考察闽南文化,毫无疑问,从文化的构成上看,闽南文化应当全面包括士人文化和俗民文化两个层面。尤其在闽南社会从边缘向中心靠拢的文治化进程中,士人文化的某些特殊表现,如朱熹一统儒学大成对闽南的过化,李贽富于叛逆性的文化思想,等等,都应受到研究者的重视。但闽南作为后发展于中原的移民社会,欲了解其文化独特的个性与魅力,则不能不深入闽南的俗民文化。这是因为:

第一,俗民文化作为一种生活方式,是以移民自身为载体,最先进入闽南,并与闽南的地理环境和文化因素发生融合而产生变异,形成源于中原又异于中原,具有闽南地域特色的本土文化形态。它奠基于民间,拥有最广泛的群众基础。相对而言,士人文化是后发展起来的,主要作为一种意识形态体现于上层,其对民间的影响要薄弱得多。因此,俗民文化是闽南文化与生俱来,且与闽南移民生存方式同时存在的,形成最早、也最基础性的文化因素。

　　第二，闽南社会的形成和发展，经历着中原化(即内地化、文治化)和本土化两个互相涵化的双重过程。如果说移民社会的本土化进程所带来的是对移民母体文化分殊化的地域形态，是以俗民文化为代表的同中之异；那么，与移民社会本土化进程同时发生的文治化(中原化、内地化)进程，则是地处边缘的移民社会对中心的母体社会与文化的认同与归属，是通过士人文化将分殊化的地域文化整合在中华文化统一体之中的一种异中之同。因此可以说，士人文化表现的是闽南文化与中华文化一体的共同本质，而俗民文化则更多地体现出中华文化在闽南地域自身独特的文化色彩与个性。

　　《大英百科全书》在解释"民俗"一词时认为："民俗，是普通民众始终保存的、未受当代知识和宗教影响的、以片断的、变动的或较为稳定的形式存在至今的传统信仰、迷信、生活方式、习俗及仪式的总称。民间故事、民间歌谣、谚语及起初被排斥在外的物质文化的某些方面也属其范围。"在这个解释中，作者强调了民俗的主体(普通民众)和未经当代知识影响的特征，以及作为生活方式的信仰、习俗和仪式等传统。这是文化的世俗形态，与本文所称的俗民文化可以互证、互通甚或互名。俗民文化作为闽南文化的一种特殊的地域文化景观，我们可以概略地把它划分为以下 14 个方面：

1. 闽南方言；
2. 闽南的家族文化；
3. 闽南的民间习俗；
4. 闽南的民间信仰；
5. 闽南的民间文学(谚语、歌谣、传说、故事等)；
6. 闽南的民间表演艺术(音乐、舞蹈、戏剧、曲艺等)；
7. 闽南的民间游艺(包括儿童和成人游艺)；
8. 闽南的民间工艺；
9. 闽南的民间医药；
10. 闽南的餐饮习俗和礼仪；
11. 闽南的衣饰习俗；
12. 闽南的民间器物(包括礼器、祭器、冥器等)；

13. 闽南风格的建筑物；

14. 闽南特殊的商贸制度(如郊商、侨批等)。

当然还可以列出一些，但仅上述诸端，就足以展示闽南文化的特殊风貌。一个初抵闽南的外乡人，往往首先是从保存着中原古音的闽南方言，涵化大陆与海洋文化的风俗礼仪，秉承闽越族信鬼重祀的众多地方神信仰，以及庄谐相生的民歌、戏曲、歌舞中，走近和认识闽南的。俗民文化成为闽南文化最具代表性的表现形态，便是不言而喻的。

四、关于闽南文化的特征

文化特征是文化发展中受地理、社会和人文等诸种因素影响而形成的具有独特色彩与个性的表征。它既呈现为一种外在的地域形态，也内化为一种潜隐的文化性格和社会心理。文化作为社会内在的构成因素和外化的存在形态，社会的多元化和复杂性渗透在文化之中，使其特征也呈现出多重色调的对立统一关系。

闽南社会本质上的移民性质，在它同时实现的中原化和本土化的双重进程中给闽南文化打下深刻烙印。我们在考察闽南文化特征时，无论其海口性、边缘性、开放性和多元性等，常会发现这些特征都存在着悖论式的两重性。这些体现着闽南文化内在矛盾的两重性，恰是闽南文化既源于中原又植根于闽南社会的重要表征。解读闽南文化特征这种既互相对立又互相依存的辩证关系，是我们深入认识闽南文化的关键。

笔者试从文化性格和社会心理方面，就闽南文化特征再做一点简略分析：

第一，"远儒"与"崇儒"的文化辩证，这是闽南文化的边缘性特征所带来的。两宋以前的古代福建，相对于汉唐以来就进入封建社会鼎盛发展的中原地区，是未臻开化的蛮荒之地。而在福建内部，闽南的开发更后于闽北。包括闽南在内的福建社会这种迟缓发展的边缘状态，不仅在地理区位上远离中原的政治中心，而且在文化区位上也远离中原的儒家教化。这种文化上的"远儒性"使福建(尤其是闽南)文化较少或较晚受到儒家文化的浸润、规范和制约，也比较充分地发展了古代闽越文化遗留的海洋人文精神,从而表现出更多非儒家正统和规范的叛逆精神和自由性格,也更易接受外来异质文化的影响。两宋以来福建社会的发展,既是经济的,也是文化的。在尽其地利发挥海洋经济优势的同时,努力进行儒家文化建构。积数代的传衍,直至南宋朱熹的出现,把福建从"远儒"的蛮荒之地变成"崇儒"的理学之乡。朱熹过化闽南,以泉州收获最丰。据傅金星《泉贤著作述评》统计,唐代泉人著作仅 20 余种,至宋朝则达 412 集 2200 多卷,明朝有 1100 多部,清朝有 800 余部。朱熹盛誉泉州为"满街都是圣人",由此可见一斑。从"远儒"到"崇儒",构成了闽南文化悖论式的两面。"远儒"的边缘性,非正统、非规范的叛逆性和异质性,形成了闽南文化性格自由、开放的一面;而"崇儒"的文化守成,又把"远儒"的游离和叛逆规约在一定体制可以容忍的限度之内,使闽南文化原生成分的异质性内涵包容在与中原一体的儒家文化之中。二者的对立、涵化,制约和反制约,互相激发,展示了闽南文化丰沛的活力。闽南文化特征色调丰富的复杂性格,几乎都可从这一文化辩证中找到它的某些根源。

第二,"安土重迁"与"走向大海"的精神涵化。闽南文化是中原农耕文化南播入闽之后发生变异的一种地域形态。农耕文化十分重视人与土地的关系,这是因为土地开发的长期性和从播种到收获的周期性,使人不敢轻易离开土地。中国封建社会便是在这种人地关系的基础之上建立血缘的家族制,以稳固自己的统治。它形成了中国农业社会"安土重迁"的文化观念。然而,当有限的土地无法满足日益增多的人口的生存需求时,人们便走上寻求新的生存空间的移民道路。移民文化是一种"人在路上"的文化,它同时也形成了移民相对于定居居民更习惯和适应的"动迁"的文化性格。从"安土重迁"到"人在路上",这是一次极大的文化变革,它意味着对固有人地关系和文化观念的解构。尽管移民的最初目标是通过垦殖建立新的人地关系,最初进入闽南的中原移民也的确如此,中原的农耕文化才能够经由移民的携带而成为闽南社会建构的基础。然而,闽南濒海的自然环境与早有承传的海洋人文,其更大的生存空间和发展前景,对困于土地的移民,尤其是逐渐适应了海洋环境的移民后裔,具有更大的诱惑力。于是一部分移民便再度打破这种新建的人地关系,毅然走向海洋。从陆地到海洋有两种方式:一是以海为田,发展近海养殖和捕捞,它基本上没有摆脱农业经营的范式;二是经商异域,进行海上贸易,这就相对彻底地抛却了传统以农为本的土地经营,走上被农耕文化视为舍本逐末的商业化道路。闽南文化便在重新建立人地关系和再度打破这种关系的反复与流动中,涵化了大陆和海洋两种人文精神。在"安土重迁"与"走向海洋",重农抑商与弃农从商的互动与互补中,实现了对祖根文化与本土文化的双重认同。闽南人在淡化了土地情结之后,远逸海外,经商贸易。"安土重迁"的对于祖根的物质性依赖,很大程度上转化为远离故土的闽南人对敬祖认宗的精神性寄托。它既是对文化本根的中原故土和血脉衍派的追思溯源,又是对闽南开基祖及其本土文化的眷顾认同。尤其是离开土地远走他邦的海商,以及他们在海外的遗裔,表现出特别强烈的故园情结和念祖情怀。闽南堪称全国之冠的各种宗族活动,以祭祖认宗和修谱续世为核心,聚合了流散世界各地的同族共姓,把对祖根与本土的双重文化认同融而为一,便是典型的例子。

第三,拼搏开拓与冒险犯难的拓殖性格。中原移民南入福建而抵闽南,除了政治原因的战争移民外,大多是以拓展生存空间为目的而从事土地垦殖的经济性移民。其移民类型是从国内开发较早的先进地区向开发迟缓的后进地区的迁徙。比起移出地,移入地的自然条件虽好但未臻开发的蛮荒状态,迫使在恶劣环境中从事拓垦的移民,必须具有加倍坚忍、勇毅的勤俭拼搏精神才能立足。久而久之,环境改变了,而世代相承的这一精神却更凝定。这是闽南文化性格中最值得肯定和弘扬的一面。但同时,未臻开化的环境还意味着社会教化和规范的不足,它导致本来就具有叛逆性格的闽南人,养成了蔑视中心与权威而好逞一己之勇的行为习惯;尤其在行政力量难以充分到达的领域,社会问题的解决往往不靠官方(因为不可靠),而只好依赖民间力量的争勇斗胜,从而进一步养成了闽南人的强悍民风,从而造成社会的失范。而规范不足的行政法规,也常留有疏忽和漏洞,可供逐利谋私者钻营。闽南社会环境的这些特殊性,使移民面对土地拓殖的拼搏精神,在转向社会后则往往转化为冒险好斗,甚至不惜违法犯难。移民拓殖性格的这正负两面,在社会现代化未臻成熟的进程中,迄今仍常常顽强地表露出来,成为我们今天分析闽南人文精神的一个重要侧面。

第四,重名尚义与务实逐利的商儒之道。尊儒重教,是闽南文化的重要传统。儒学教化,广被各业,成为闽南的一种社会风气。朱子称泉州"满街都是圣人",当然并非说泉州全城都是堪以称圣的儒学大师,而是广指儒学教化的广泛普及。闽南人的性格向以肝胆尚义、待人以信、慷慨乐施、好打不平为特征。这是由移民到定居的社会历练,和从远儒到崇儒的儒家君子之风与侠义精神的衍化。此风也延及向为农耕文化视为舍本逐末、无商不奸、无奸不富的商贸文化。然而与此有别,闽南商风也深受儒学教化的影响。南宋诗人刘克庄曾云:"闽人务本亦知书,若不耕樵便读书。唯有刺桐南廓外,朝为原宪暮陶朱。"(原宪为孔子学生,陶朱即商人始祖范蠡的别称),生动描绘了闽南亦儒亦商的风气。宋元时期,为了商教结合有利贸易,甚至"请建蕃学",即申请为外国商人子弟和中国商人举办专门的语言文化学校。闽南的商儒之道,以诚信为本,重道尊义;在商业经营中,务实求利,一洗所谓"君子言于义,小人言于利"的伪道学之分,而是寻求"以义化利",在获取利润之后通过乐善好施、回报乡梓来使义利一致。这一传统延续至今,是闽南商儒文化积极的一面。然而,不可忽视的是闽南商儒文化也存在的负面局限,如庄国土在《闽南人文精神的特质和局限》一文中一针见血指出的,其缺乏坚定政治理念和大团队精神,这使闽南商人"勇于冒险开拓而拙于精明策划,注重眼前利益而疏于长期和群体战略";虽然"泉州人个个猛",但只愿当"头家"而不肯做"伙计","都想占山为王而缺乏整合意识";"惯于在利用中央政策漏洞或疏于防范中求发展,从而养成对自上而下的法规法令不甚遵从的民俗"。这种"极端功利主义"和"极端冒险主义"的短期意识,使闽南商人在竞争中"注重实用性,缺少创造性","更疏于社会的法制建构和高层次的人文教育"。①　这些痛彻的针砭加深了我们对闽南商儒文化

① 庄国土为中国民系(闽南)文化节暨第二届中国泉州海上丝绸之路文化节闽南文化论坛提交的论文《闽南人文精神的特质和局限》,内部印刷,未出版。

更深刻的辩证思考。

第五，文化守成与开放多元的兼容统一。闽南文化的濒海环境，使其处于与外来异质文化不断交会和碰撞之中。从宋元开始，迄及近代，这种外来文化的不断渗透主要来自三个方面：一是外来商贾的携入，以宋元时期最为典型。彼时泉州已成为与埃及亚历山大港齐名的东方第一大港，世界各国商人的不断东来，并入住定居，带来了他们的语言、习俗和信仰，延留至今。以宗教为例，彼时泉州不仅有本土佛寺和道观，还有外来的伊斯兰清真寺、天主教堂，以及印度教寺，这使小小泉州成为世界的宗教博物馆，迄今仍传为美谈；二是闽南人"过番"，不仅蹈海踏浪远播了中华文化，在回望故园的不断往来中，也带回了色彩缤纷的南洋文化；三是自明清以降，东西方殖民者不断侵扰，并挟持其政治、军事、经济的强势，进行文化的强行输入。三者无论是用和平传播的方式还是以战争强制的手段，在导致闽南走向开放的过程，也促使闽南文化在保持民族文化的纯洁性、完整性的文化守成中走向兼容。尽管各呈特色的外来异质文化，无论是阿拉伯的、东南亚的、日本的还是西方的，曾长时期大举进入闽南，但都未曾动摇闽南社会的中华文化基础和主导，而只是将外来异质文化涵化在中华文化的闽南区域形态之中，成为闽南文化的一种特色。宋元时期，多种宗教进入泉州后就为儒家传统的"法无内外，万善同归；教有深浅，殊途共致"所化解和涵纳；而定居泉州的阿拉伯商人后裔，在漫长的历史传衍中，也被全部汉化。漂洋过海的东南亚华侨在往返故园和新地的过程中形成的一些新民俗，如"脱草鞋""送顺风"等，也都体现着闽南民俗的特色。文化守成和文化兼容是闽南文化在面临多元异质文化交会、碰撞中的两面，表现了中华文化强大的生命力、凝聚力和融摄力，是闽南文化开放多元的基础。

闽南文化与闽南文化生态保护

闽南文化生态保护实验区作为《国家"十一五"期间文化发展纲要》拟建设的全国十大生态保护区,首先挂牌成立。此举对我们进一步认识闽南文化的价值及其在当前的意义,促进闽南文化研究的深入展开具有重要作用。虽然,文化生态保护是个实践问题,但任何实践问题的正确处理,其背后都离不开理性的认识和理论的指导;更何况,文化生态及其保护,本身就是一个有待于我们从理论上更深入去认识和把握的新领域。笔者对此既无实践经验,也无深入研究,仅谈一点粗浅的认识,供大家参考。

一、闽南文化研究和闽南文化生态保护的关系

闽南是个地理概念,指的是福建南部,更准确地说是指泉州、漳州、厦门三市所辖的 11 个区和 17 个县(市)。地理概念有明确的行政划分的疆域界线,市界就是市界,县界就是县界,不可随意跨越。闽南文化是以地理概念来冠名文化概念。一方面,它表明了文化的地域性。闽南文化是在闽南这一特定地域所形成和存在的文化,反映着闽南地区特定的历史发展和生存方式,形成了闽南文化特殊的地域形态和特征。另一方面,尽管作为地理概念的区域范畴是相对稳定的,界线分明,较少变动,但文化却不完全受地域的囿限,它是流动的、延播的、发展的。以地理概念来冠名文化概念,只表明了这一文化发生和形成的地域性,却不能限制文化越出地区的延播和发展。因此,传统的文化地理学将文化区划分为功能文化区和形式文化区两类。功能

文化区相似于省、市、县的政治建置(在西方还有选区、教区的划分),不同功能文化区之间的边界是清晰的,不可轻易逾越的。而形式文化区则以文化的存在形态作为划分的根据,它虽生成于功能文化区之内,却又常常越出功能文化区的边界而向外流播,不同形式文化区之间没有清晰的界线,常常呈现为互相"传染"的毛边状态,甚至可能随同移民迁徙的携带,跳跃性地跨区传播,成为某种异文化环境中的一块"飞地"。闽南文化也是这种情况。一方面,它的核心文化区在闽南;另一方面,它又远远越出闽南,向四面延播,成为一种更广泛的文化存在。在福建省内,由于历史上区域建置的变动,它在厦、泉、漳之外还应当包括龙岩市的原市区和漳平县;而在福建之外,随着历史的交往和移民的迁徙,闽南文化东入台湾、西延潮汕、北临浙江的温州,南抵海南的文昌等县;同时更远随闽南的海外移民,在东南亚和欧美的一些华人社区中也扎下根柢。就其文化人口而言,有学者统计,在祖国大陆,有1500万闽南人,在台湾,则有1700万祖籍闽南的人口,而在海外,更高达两三千万人以上。这样广泛的人口流动和分布,使闽南人不仅仅只是生活在"闽南"的人,而成为一种带有某些民系特征的更广泛的族群;闽南文化在秉承其生成于闽南的原初形态和特征的同时,也不能不随着人口的流动而接受在新土成长和不同文化所带来的影响。

这个情况告诉我们,研究闽南文化,闽南是我们的立足点和出发点,但绝不是我们的终结点。我们的目光必须越出闽南这个地域,将闽南人看成一个走遍世界的族群,将闽南文化视作一个有更广泛蕴涵和影响的世界性存在。只有这样,我们才能深入闽南文化更丰富的真谛。

闽南文化研究和闽南文化生态保护,是一对互相关联却不能等同的概念。它们都以"闽南文化"为主题,这是它们的共同点;但闽南文化研究,是一个更广泛的领域。大致说来,它包括以下五个方面:一是闽南文化生成和发展的历史追索;二是闽南文化的物质的和非物质的文化景观;三是闽南人(族群)深层的文化心理和行为特征;四是闽南文化的流播及其在新土所产生某些新质;五是闽南文化与其他文化的关系。这是一种多元的开放的研究。相对而言,闽南文化生态保护不能包括所有这些方面,它所侧重的是有形的物质文化遗产(如古建筑、历史街区、传统民居、历史古迹和文物等),以及无形的非物质文化遗产(如口头文学、民间表演艺术、民俗活动、礼仪节庆、传统手工艺等)的生态保护,这是文化地理学上所称的文化景观:物质的文化景观和非物质的文化景观。闽南文化研究是一个更大的概念,而闽南文化生态保护属于较小的范畴。无疑的,闽南文化生态保护,为闽南文化研究提出新的课题,而闽南文化研究将对闽南文化生态保护提供理论背景和基础。

从学理上讲,闽南文化研究是一种学术行为,学术行为是不受地域限制的;而闽南文化生态保护区是经政府批准设立的特定区域,它的建立是一种政府行为。闽南文化生态保护区重新回到闽南文化生成的地域原点,这对于重点在于保护闽南文化的历史遗产是必须的、合理的。但它也存在两个问题,首先,闽南文化不仅是历史遗产,还是现实中具有生命力的活的存在。其次,闽南文化不仅在闽南,行政区划的限制以及其他政治原因的限制,使作为政府行为的保护区无法越界。比如,我们知道金门历来隶属于晋江,旧属同安,是典型的闽南文化的衍生地。半个多世纪来处于两岸对峙的战争状态,现代化的建设较为迟缓,客观上使金门有形的物质文化遗产(如传统的民居建筑)和无形的非物质文化遗产(如典型的风狮爷信仰)都得到较好的保存。政治的和行政的原因,使闽南文化生态保护无法进入这个地区,这当然是一种遗憾。不仅金门如此,潮汕也是如此,更遑论今日的台湾。台湾所谓的本土文化,其主体应是闽南文化以及客家文化。台湾所谓的本省人中70%以上也是闽南人的后裔。在台湾拥有最大族群优势的闽南人和闽南文化,本来也应该列入闽南文化生态保护区的范围之内,然而目前两岸的政治分割,使本来统合的文化还只能处于暂时的分裂状态。对包括台湾在内的闽南文化的生态保护,也只能暂时付诸阙如,由台湾的闽南籍同胞来进行。这无论对于闽南文化的建构还是保护,都是令人遗憾的。

二、闽南文化生态保护和闽南文化的现代发展

闽南文化生态保护区的建立,是希望通过对文化生态环境的优化来实现对闽南文化的保护。这里所说的"闽南文化",如前所说,主要是指有形的物质文化遗产和无形的非物质文化遗产。总之,是指闽南文化在漫长的岁月发展中所保留下来的历史遗存。

然而,闽南文化不仅是化石,更是活体,是还在今天现实生活中发展着的有着十分活跃生命力的文化活体。这里就有一个历史和现实的问题:在闽南文化历史遗产的生态保护中,要不要关注闽南文化现代发展中的生态环境的优化问题。

文化不仅是历史积累的结果,还是现实发展的产物。文化作为一定地理环境和历史背景下人们生存方式的反映,随着人们生存方式的改变,有一部分文化要逐渐退出人们的生活,也有一部分文化会随着新的生存方式的改变被创造出来。只有这样的文化才是活的、有生命力的文化。如果把文化的生态环境比作一道能够养鱼的水,那么这道能够使"鱼"(文化)继续生存和发展的水,一定不是止水、死水,而是一道有源、有流的水,奔腾向前的活水。保护文化遗产的生态环境和优化文化创新的生态环境,这是一个问题的两面。目前我们所作的研究和所采取的保护措施,并未充分意识到这一问题的重要性,往往侧重于前者,而忽略了后者,这是必须提醒的。

文化遗产的生态保护,并不是使所有文化遗产都恢复到它的历史状态,历史就是历史,逝去了就永远逝去,要在今天回复历史原貌,这是不可能的。今天所谓的文化生态,只能是当下的文化生态。今天所谓的原生态,也不是历史上的那个原生态,更多的是指在民间生活中保存的那个未经太多文人加工的原始状态。对于那一部分已经完全退出人们生活中的文化遗产,人们的保护只能是把它像博物馆里的遗物那样,妥善地保存起来,把古人的智慧与创造完整地记录下来。比如对于殷墟文化中的甲骨文,今天人们除了在书法艺术中作为一种艺术符号来书写之外,已经没有了当下现实生活中的实用价值。然而,甲骨文仍然有着十分重要的历史价值,它体现着我们祖先的智慧,潜

存着大量的历史信息,是我们民族思维发展和文字发展的原初阶段,保存它是为了研究它。又如闽南葬俗中十分特殊的"拾骨葬",它或源于早期土著民族的葬俗,或是汉人南迁,转徙不定,瘐死途中者,先行葬之,待居住稳定之后,再行拾骨重葬,由此传延成俗。不论出于何因,这种葬俗在今日的现实生活中已经消失,不可能恢复它的文化生态,关注这一葬俗,更重要的是关注这一葬俗所保存的历史信息。还有一类文化在当下生活中处于濒危状态。这可能因为生态环境不好,但生态环境不好也可能是因为它正逐渐地被现代生活所淘汰,所以濒危。比如人们津津乐道的"蚵壳厝"这类历史民居,它典型地体现了人们早期海洋生活的文化特征,很有历史价值。但你不能因此而要求现代人继续生活其中。现代人追求现代的物质生活和文化生活,这是时代的进步,是应当肯定的。"蚵壳厝"这类历史民居,不能拖后腿。在福州鼎鼎有名的三坊七巷中——据说这是全国少见的最具规模的明清时期的街区格局和历史建筑群。我曾目睹过这样的情景:一个七十多岁的老人拿着一把大锯,在锯那高达一尺多的门槛。这是一幢清代遗留下来的著名建筑。为什么呢?我回头一看,原来旁边停着一辆崭新的摩托车,进不了门。彰显着官绅威仪的高高门槛,挡住了居住其中的人们追求现代生活的现实愿望。历史和现实的矛盾,在这里尖锐地对峙着。把高门槛砍了,在文化人看来,很痛心;但对生活其中的人,却是必然。历史遗产应当保护,但遗产的保护不能成为人们追求现代生活的障碍。这类问题的妥善解决,有待政府拿出财力、物力进行分流,以满足双方不同的要求。

其实,所有的文化生态都是当下的生态。即使如历史街区和传统民居这样的文化遗产,无论你如何恢复它的历史原貌,它还是当下的文化形态,而不能回到历史生态中去。所有的文化遗产,只要它在当下生活中还有生存的活力,它便不能不受到当下的生存方式的影响,或者发生变异,伴随着新的生存方式而存在。典型的如厦门中秋节俗中的"博饼",它已退去了原来的文化意涵,只保存它的形式,成为今日现实生活中群众性的一种嘉年华般的博彩活动。如修复完好的历史街区或传统民居也成为现代人的一种历史展示或旅游景点,是现代生活的一部分,历史资源已经被转换成一种现代资产。

　　写到这里我不能不想起文化部原副部长周和平在闽南文化生态保护工作研讨会闭幕式上讲过的一段话,他在谈及文化生态保护区建设中应重点把握的几个原则时要求:"一是将文化生态保护区建设与当地的经济建设和社会发展统一规划,通盘考虑。要在城市建设规划和社会主义新农村建设中,将文化生态保护工作放到与经济工作同等重要位置,作为建设和谐社会及和谐文化的重要内容,列入重要议事日程,纳入经济社会发展规划以及城市建设规划。二是要与群众的生产生活紧密联系。群众的社会生活是非物质文化遗产存在的土壤,也是其继续传承发展的源泉。因此,在文化生态保护工作中,要尊重历史延续下来的群众的生产生活方式和风俗习惯,也要关注经济和社会发展给群众生产生活带来的新变化。文化生态保护区建设,要为区域内的人民群众带来实实在在的利益。"

　　这段讲话不仅强调了文化生态保护区建设中应注意把握的原则,它还潜藏着一种保护和发展的辩证思想,值得我们深深体味。文化遗产的生态保护,必须同时为文化创新的发展创造同样重要的生态环境,这也是文化生态保护的题中应有之义,不能不予以足够的重视。

关于文化生态保护的几个问题

——以闽南文化为例

文化生态保护是个实践问题,然而,所有实践的背后,都有某种观念或理论在主导。因此,作为实践问题的文化生态保护,同时也会是一个理论问题。目前,国家文化部在全国正式挂牌的 12 个文化生态保护区,都叫"试验区"。这显然是因为我们对于文化生态保护区的建设还缺乏经验,希望通过不同的和不断的试点,丰富实践,深化认识,从而建构与我们多民族的文化相洽的、中国的文化生态保护理论。在这个意义上,文化生态保护区的试验性,都带有某种探索性。我想,这对于每个从事文化生态保护的实际工作者和理论工作者来说,都是一份责任。在此,我愿意就自己在与闽南文化生态保护试验区的若干接触中产生的一些不成熟的思考,提出来供大家参考。

一、文化遗产保护和文化生态保护

文化生态保护概念的提出和文化生态保护试验区的设立,无论对于世界,还是对于我国越来越受到热切关注的文化遗产保护,都具有特殊的意义。

经济全球化的发展趋势导致西方经济强势国家的文化全球化,即文化西方化带给世界文化多样化的危机也日益尖锐。正是认识到这一危及人类的文化情势,联合国教科文组织才在新世纪的曙光照临之际(2000 年 1 月 1 日)发出《世界文化多样化宣言》,重申"文化多样化是人类共同的遗产",尊重文化多样化是人类应当享有的基本人权和基本自由;并在这个认识的高度上,对"越来越受到破坏威胁"的世界各民族文化和自然遗产、物质文化遗产、非物质文化遗产,制定了一系列保护公约。文化遗产保护的目的,是为了确保文化的多样化,从而确立人的多元选择和全面发展。21 世纪以来,文化多样化和文化遗产保护是和经济全球化同时而来的一个受到最多关注的世界性公共议题。许多国家都对自己的文化和文化遗产(物质的、非物质的)的保护,进行了各自不同的探索和试验。这一切都为中国悠久的文化和浩大的文化遗产保护,提供了背景和借鉴。

文化生态保护和文化生态保护试验区的建立,是中国对这一世界性公共议题作出的一个具有中国特色的回答。不仅对于维护世界文化的多样化,而且对于维护中国 56 个民族的文化多样性,都有着重要意义。这是中国多民族社会和谐共生、协调发展的动力与保障。

文化生态是文化在自然和社会环境中的生存状态。良好的文化生态,是文化与自然、社会能够和谐共生、协调发展的文化生存状态。文化生态保护便旨在通过文化生态环境的改善和优化,使我们历史悠久、博大丰富的文化和文化遗产获得积极的、更富于建设性的保护和发展。文化遗产保护和文化生态保护都是为了维护文化的多样化,二者的关系正如福建省文化厅在制定《闽南文化生态保护区建设规划》(2008 年 4 月)中所认定的:"文化生态保护是文化遗产的系统性、整体性的保护。既要保护文化遗产本身,同时也要注意环境对文化的作用,采取措施复建或营造一个文化遗产生存的良好环境,使文化遗产与环境处于和谐状态。"

这段话的解释强调了文化生态环境对于文化遗产保护的意义和作用,这是正确的。文化遗产保护和文化生态保护有其共同的文化对象和文化保护的目的,但文化生态保护的视野和内涵,以及保护的方式、路径,较之单纯的文化遗产保护还要开阔和丰富一些。这是应当有所区别的。首先,文化遗产保护是指对历史遗留下来的具体的文化遗产项目的保护,是有针对性地对这些一个一个的文化遗产项目,实施从文物保全、文化遗址修复到文化传承人保护的不同措施;而文化生态保护,是通过文化存在的自然与社会环境的改善和优化,营造出一个有利于文化传承和发展的空间,也是整体地实现对文化和文化遗产的保护。其次,文化遗产保护的关注重心是具体文化遗产项目的保全、修复和传承;而文化生态保护由于其侧重的是文化的"生态环境",关注的重心就不仅仅只是文化遗产的保全和传承,而是通过文化生态环境的改善和优化,促进文化遗产在当下社会的保存和传承中得到弘扬和发展。这也是联合国教科文组织在多个相关文件中一再强调的,通过人类文化遗产的保护实现文化的多样化,从而使之成为促进社会经济增长和尊重人的尊严的"发展的源泉之一"。我们可以把文化保护分为两个层级:文化遗产保护和文化生态保护。前者是对单个的文化遗产项目的保护,后者是通过文化生存空间的保护,实现其对文化遗产项目的保护和对文化整体延续和发展的保护。二者在对象和实现保护的路径上不尽相同。

从文化遗产保护到文化生态保护,是我们认识的一次深化,是对实现文化多样性的一个更具战略意义的根本之道。站在这个高度上重新来检视我们对于文化和文化遗产保护的种种提法和做法,应当会有新的认识。比如我们在制定《文化生态保护试验区的规划纲要》中,把主要针对濒危文化遗产的"抢救第一"的方针,作为文化生态保护试验区的建设方针,就有把文化遗产保护和文化生态保护二者混淆的嫌疑。濒危的文化遗产可以"抢救",但对文化生态——即使是恶劣的文化生态,也不是用"抢救"二字能够正确表述的。表述逻辑上的混乱,实质是表述背后的观念的混乱。

二、文化的历史性和文化保护的当下性

文化及文化遗产的"历史性",和文化遗产保护与文化生态保护的"当下性",是一个有意味的悖论。

文化是历史的创造和延续,有源,有流,文化的传承是历史的一种延伸;同样,文化遗产是历史遗存下来的,凝聚着历代人民的创造智慧和大量的历史信息。因此,文化或文化遗产都有它的历史性。然而,文化和文化遗产并不因此就成为历史的"化石"。从整体来看,文化不仅是历史积累的结果,还是现实发展的产物。除了少部分由于社会变迁、人们生存方式改变,或因外力压迫而消失或退出人们社会生活的文化"物种"之外,文化随着历史的延续而延续,也随着现实社会的发展而发展,而不会伴随历史的消逝而消亡或在现实社会的发展中停顿。当由历史延伸而来的文化或文化遗产进入

当下生活,或被当下生活所重新"激活",文化的"历史性"便转化为"当下性",成为活跃在现实生活之中,并随着现实的发展而发展的"活体"。在这个意义上,文化的传承既是一种历史的延伸,也是一种当下的接续。文化兼有的"历史"与"当下"的两重性,提升了我们对文化本质的认识。

　　然而,文化遗产保护和文化生态保护则不然。所谓"保护",都是一种当下的文化行为。文化遗产保护是当代人对历史文化遗产的一份尊重与珍惜,通过不同的方式使性质不同的文化得以保全、传承和弘扬;而文化生态保护则是当代人通过文化生态环境的改善和优化,使包括文化遗产在内的文化整体,得以良好地延续和发展。在这里,文化遗产保护和文化生态保护的历史性,主要表现在对文化或文化遗产自身历史的认识和尊重上面。只有把文化保护建立在这种对于文化与文化遗产历史背景与内涵的深刻认识与把握基础之上,我们的文化保护才不致荒腔走板,甚至走向反面,变保护为破坏;文化遗产与文化生态保护的当下性,便也有了它的历史蕴涵,并成为如何进行保护的依据。但是,这种对历史的珍惜和尊重,并不意味着要把我们的文化保护完全回复到历史的状态中去。历史就是历史,逝去了就永远逝去了。文化遗产保护和文化生态保护,不可能完全回复到"历史的原貌"或"历史的生态"中去。我们常常挂在嘴边的所谓"原生态",也不是文化在历史上的原来生存状态,在很大程度上是指尚未经过太多文人加工(或曰"现代化"污染),还保留着较多草根性、乡土性和民间性的原始状态。因此,必须明确,无论文化遗产保护,还是文化生态保护,都是当代人的保护,是当代人的一种文化作为;而所有的文化生态,也都是一种当下的生态,是优化当代的文化生存环境,以利于文化的传承和发展。按照这一认识,诸如要求"复建"一种符合历史的文化生态,便也未必恰当和未必可能做到。

　　举一些例子说明。福州修复具有明清时代典型街区格局和建筑风格的三坊七巷,是近年来福建省文化遗产保护的一次大手笔。修复后的古建筑,在外观上可以做到修旧如旧、惟妙惟肖;但在内部却不尽然。首先,今天的"修复"已经很难找到历史当年的建筑材料和施工手段,即使找到了,也是今天的工艺。其次,今天现代人的生活中不能没有通风设备、采光设备、卫生设备,等等,否则便无法入住。这种"修复"从外观上看只是一个"仿古",而从内部看却已现代化了。即使仅仅作为展示而不为住人,在复建中可以完全遵循古制,从建筑材料、建筑工艺到建筑风格等里里外外都依循明清旧制,但所复建出来的仍然只是一个仅供观览的"躯壳",离开了明清时代的那种生动鲜活的人文生态环境,仿得再真的建筑也只是一个外在的形式,人文氛围才是内在的灵魂。我们不该抱着完全回到历史中去的心态来要求古建筑、古街区的修复。这是在历史的身上做现代的文章。它能够唤起和保留我们对一段历史沧桑和文化精神的记忆,其实有了这一点,也就够了。

又如在海峡两岸和世界各地拥有过亿信众的妈祖信仰,已成功以妈祖祭典仪式和妈祖信仰文化申请为"世界文化遗产"。妈祖祭典仪式流传数百年,是从哪个朝代制定下来的,难于考证;今天的祭典仪式与当年的祭典有何不同,也难以考辨。它承自传统,却表达着当代人对妈祖的敬重之情,这是主要的;祭典仪式是否完全依循古制,倒变得次要了。妈祖文化被提升为一种大爱的文化、普救世难的文化,虽说是从大量流传的妈祖传说、故事中概括出来的,但它更多体现出当代人对妈祖的认识和精神赋予,实际上也是当代人借妈祖的化身寄托自己的情感和愿景。无论妈祖的祭典仪式还是妈祖的文化精神,都是当代人在尊重历史和传统前提下所做的一种当下的文化选择、寄托和弘扬。它的当下性是毋庸置疑的。

如果说文化和文化遗产兼有"历史"与"当下"的两重性,是文化的本质;那么,在尊重历史和传统的前提下,文化遗产保护和文化生态保护的当下性,便是文化保护的特质。肯定这一认识,深化这一认识,无疑对于我们的文化保护工程具有重要意义。它不仅关系到我们要缔造一种怎样的文化生态,还涉及文化生态保护中另一个重要的问题:传承与发展的关系。

三、文化的传承与文化的创新、发展

文化的传承与文化的发展,是文化生态保护必须同时面对的两个

方面。

在联合国教科文组织关于"文化多样性"和"文化遗产保护公约"的多个文件中,始终十分注意文化传承与文化创新、发展之间的关系。2003 年 10 月通过的《保护非物质文化遗产公约》中,在严格定义非物质文化遗产的概念之后提出:"……多个群体和团体随着其所处环境、与自然界的自然关系和历史条件中的变化,不断地被创造,使这种代代相传的非物质文化遗产得到创新,同时使他们自己具有一种认同感,从而促进了文化多样性和人类的创造力。"这段略感艰涩的译文,强调了随着自然和社会的条件变化代代相传的非物质遗产,为求得与时代的相适应,在创新中不断被创造出来,从而促进了文化的多样化和证明人类的创造力。

由此我们可以推测,文化生态保护面临着的两重任务:其一,通过改善生态环境,使文化遗产得以世代相传,让传统文化得到较好的保全;其二,通过优化生态环境,代代相传的文化遗产在客观环境和历史条件变化之后,仍然能够通过创新获得新生命,同时促进文化的多样性,使整体的文化获得更新的发展。传承和创新,这是一体两面的问题。文化从传承来,没有传承,我们的文化便成为无源之水、无根之木。但传承不是我们文化发展的终结,否则这"水"就变成了止水,这"树"因无法承接新的阳光雨露,而停止茁壮成长,传统也将枯萎。我们的文化是活的文化、流动的文化,上承千古,下接万世,只有这样的文化,才广博、浩大。传承和创新,是文化生态保护的题中之议,也是文化发展的双翼。

这些本来都是常识,之所以需要强调的原因是,我们的文化遗产面临着太多的威胁,受到了太多的破坏。"抢救第一"便成为文化遗产保护的第一要义,甚至是全部使命,把"抢救第一"变成"抢救唯一",甚至连"文化生态"也文不对题地被列为"抢救"的目标。抢救之后我们该如何保存、保护、利用,则较茫然,更忌讳谈及创新。好像一谈"创新",就原罪似的成为重新破坏的代名。这种论述的失范和状态的失常,妨碍了我们对文化遗产保护和文化生态保护的正确认识。归根结底,对文化遗产保护和文化生态保护,目的都是为了文化的发展。忌谈创新,何来发展?

当然"创新"必须慎重。借"创新"之名牟利从而造成对文化和文化遗产的重新破坏,所谓"建设性的破坏",常有所见,这是应当警惕和避免的。然而创新并非"原罪",也不是决不可为和毫无作为的。笔者的实践和经验虽然不多,但笔者在闽南文化生态保护试验区中看到过一些通过创新而赋予某种几欲消失的文化遗产以新的生命的案例,就颇为令人鼓舞,也值得借鉴。

例如,厦门的漆线雕是一种传统的工艺,过去它主要是为寺庙塑修菩萨作装饰的,典雅、高贵、华丽。但 20 世纪 50 年代以后,塑修菩萨的机会已经很少,"文革"中,更被视为为封建余孽"涂脂涂粉",使这项工艺也就濒于灭绝。改革开放以后,这一传统工艺先在历史名人的雕塑上获得新生,在取得了新的审美意识和更成熟的工艺水平之后,进一步移植在具有福建特色的瓷器中,在瓶、盘、碗等各种器形上,铺金着彩、描龙绘凤,使漆线雕成为既洋溢着浓郁的民族风格又展现出现代精神的高档艺术器,以及赠送外宾的尊贵礼品而风靡一时。几欲沉沦的传统工艺,审时度势地融入现代的意识和技巧,通过转型,不仅拯救了一门绝活,同时也成为厦门最有特色也不断壮大的一大文化产业。

又如惠安的石雕工艺,也有着数百年的历史。惠安石雕工人走遍全国,几乎凡有石头的建筑,都会有惠安石工。古老的石件造型,诸如石狮、墓碑、观音造像等,虽还拥有一定的国内和国外市场,但更大宗崛起的是各种现代石建筑构件和现代大型的室外雕塑。20 世纪后半叶,在惠安石雕工艺基础上创新的"影雕",无论在复制人像、中外艺术名作,还是描绘山水花卉、翎禽猛兽,无不惟妙惟肖、栩栩如生,成为以惠安女为创作主体的惠安石艺的一朵奇葩,受到海内外的欢迎。如今遍布在从惠安县城到崇武镇数十里公路两边有数百家石雕厂,不少经过专业美术训练的艺术人才或参与创办,或被邀来主持设计。一种传统的工艺,通过现代艺术观念和技艺介入,并经过大胆创新,现在已经成为惠安县的特色经济和财政支柱。文化产业的发展对于经济的促进,留给我们许多启迪。

相似的情况还有安溪铁观音和武夷岩茶的制作工艺、德化的瓷工艺,等等。

文化是发展的。从文化的传承走向文化的创新,不仅是对永远处在变迁之中的客观环境的回应,也是文化生命力和创造力的体现。如何正确认识与处理传承和创新的关系,受上述几个事例的启发,笔者认为应当注意以下几点:第一,传承是前提,是基础,是第一性的;而创新是在传承基础上的创新,是传统的现代发展,应当摆正二者的关系。第二,必须把文化传统转换成为一种文化资源和文化资产,创新才有可能在传承的基础上出现。第三,现代文化的元素——从现代意识到现代科技的进入,是由传承走向创新的关键。传统的文化资源由于现代精神和现代科技的介入才引起激变,成就与时代相适应的富于现代精神的创新。第四,从传承走向创新,是在民族文化逻辑上的现代性发展,这是我们民族文化的开放与创新之路。传承和创新,是一篇从实践到理论的大文章,限于篇幅和个人的认识水平,上述寥寥数言,未能展开论述,希望今后能有机会作更深入的探讨。

当我们把以上的种种认识转化成为我们文化生态保护试验区实践,相信我们对于的文化生态保护,不仅在文化的传承上,而且在文化的创新和发展上,都能提供一个更好的生态空间。

四、理论的普适性和理论对象的特殊性

文化生态保护的理论建设,有它普遍的指导意义,这是理论的普适性。然而,每个文化生态保护区都是特殊的,这是因为,不同民族、不同地域文化的发生、传承和文化生态的形成,受到地理环境、社会发展和人文交往等诸多因素的影响,都有自己独特的背景和历史。正因为不同民族、地区拥有的这种文化的独特性,文化的多样性和多元化才得以实现。作为理论对象的这种文化的独特性,对理论自身的普适性,是个严峻的挑战。它要求理论不能停留在抽象的言说层面,必须深入到作为理论对象的"这一个"的实践中去,面对具体问题,进行具体分析。

目前,国家文化部已经挂牌成立的12个文化生态保护试验区,各

有自己的特色；作为第一个挂牌成立的闽南文化生态保护试验区，它的特殊性在哪里呢？我以为以下两点值得特别注意。

首先，闽南是一个地理概念，指的是福建南部的厦门、泉州、漳州三市所辖的 11 个区，17 个县（市），人口约一千三百万。然而，闽南文化是以地理概念来冠名的文化概念。一方面，它表明了文化的地域性。闽南文化是在闽南这一特定地域所形成和存在的文化，反映着闽南地区特定的历史发展和生存方式，形成了闽南文化特殊的地域形态和特征；另一方面，作为地理概念的"闽南"，其统辖的区域范畴是相对稳定的；而作为文化概念的"闽南文化"，则是流动的、播迁的、发展的，并不完全受地域的囿限。传统的文化地理学将文化区划分为"功能文化区"和"形式文化区"两类。功能文化区如省、市、县等，所辖范围是相对固定的；而形式文化区的范围常常越出功能文化区的区域限定，而随着文化的流播而越界延伸。以闽南文化为例，一方面，它的核心文化区在闽南；另一方面，随着闽南人口的迁徙带来了文化流播，闽南文化成为越出闽南地区的一种更广泛的存在。在福建省内，由于历史上区域建置的变动，它在厦、泉、漳之外，还应当包括龙岩市的原市区和漳平县；而在福建之外，闽南文化还东入台湾，西延潮汕，北临浙江的温州，南抵海南的文昌等县，同时更随闽南的海外移民，在东南亚和欧美的一些华人社区中也扎下根柢。就其文化人口而言，有学者统计，在祖国大陆有 1500 万闽南人，在台湾，祖籍闽南的人口则达 1700 万人；而在海外，更高达两三千万人以上。这样广泛的人口流动和分布，使闽南人不仅仅只是生活在"闽南"的人，而是具有一定民系特征的更为庞大的族群；同时也使闽南文化在秉承其生成于闽南的原初形态和特征，也接受、涵纳其他地域文化和海外异质文化的影响，形成了闽南文化在不同地域传承和发展中的不同特点。对于国家文化部设立的闽南文化生态保护试验区，可以有两种解读方法，一是"闽南"的文化生态保护区，二是"闽南文化"的生态保护区。如果我们的解读不仅是前者，还包括后者，那么我们便不能不考虑闽南文化广泛流播与存在的这个特殊性，从而使文化生态保护区涵括更广泛的地域。这可能是目前国家文化部挂牌的 12 个文化生态保护区中唯一遇到的一个特殊问题。作为政府行政行为的文化保护区的界限设立，和作为客观存在的文化的越界传播，这一特殊的矛盾可能不止闽南文化有，在别的文化中也同样存在，是文化生态保护理论探讨必须面对的问题。特别是对于闽南文化，这一问题的解决更有特殊的现实意义。台湾作为闽南文化在本土以外最大的流播区，拥有一千多万闽南籍人口和四百多年的传播历史。多年来，台湾在对闽南文化遗产及闽南文化生态的保护上做了许多工作，取得了许多宝贵的经验。如何在两岸政治尚处于疏离的状态下，整合两岸共同的闽南文化资源和闽南文化生态保护经验，共同推进闽南文化的传承和发展对两岸的和平发展，有重要的现实意义。政治使人分隔，文化促人和合，文化如何突破政治藩篱，闽南文化生态保护的两岸整合，是一个重要契机，也是福建利用特殊的文化优势，值得先试先行的一个课题。

其次，从根源上追溯，闽南文化是自公元4世纪以来伴随中原移民不断南徙而携带入闽的中原文化，是在定居闽南之后，受到闽南滨海的地理环境和土著民族的海洋文化影响，涵纳融吸而形成的一种兼具内陆与海洋两种文化因素的地域文化。考察闽南文化，我觉得有三个方面值得注意：

第一，闽南文化的移民性。闽南文化是中原文化的移入与衍化，它将闽南文化纳入在以中原文化为核心的汉民族文化传统之中。中原移民入闽一般认为自永嘉之乱始，至宋室南迁达到饱和，是一个长达八百年的漫长历史过程。不同时期的中原移民，带来了不同时期发展的中原文化，如年轮般沉淀在包括闽南的福建文化之中。也就是说，闽南文化不是某一时期中原文化的植入，而是在漫长历史发展中如地质考古中的文化层那样，一层层堆积起来的。它赋予了闽南文化贮存和传承中原文化的移民文化色彩。

第二，闽南文化的"本土性"。移民社会在定居化的进程中，一般同时存在两种指向，一是向移出地看齐，即实现"中原化"或"文治化"；二是融入本土的地理和人文，即"土著化"或"本土化"。闽南文化在向中原文化看齐的同时，移民后裔的土著化使中原文化呈现出与滨海地理、人文相结合的新的本土形态。因此，闽南文化不仅是静态地接受从中原文化的移入,还是动态的闽南社会自身发展的结果。特别在明清以后,尤其近代以来,在外来殖民势力和商业文明的冲击下,在封建王朝为抵御外来侵扰而坚持文化守成的反复"开海"与"禁海"中,形成了闽南文化本土的特殊形态和精神。

第三,闽南文化的开放性。闽南作为中国海外移民的主要移出地之一,是中国与海外交往的前沿,最早受到西方文明的冲击,也最早接受来自东方(特别是闽南移民最多的东南亚诸国)和西方的文化影响,显示出闽南文化与各种外来文化互相影响和涵化的进程,呈现出闽南文化的开放性和丰富性的特征。

以上三者共同形成了中原文化移入闽南之后的海洋性特征,我在《闽台文化的地域特征》一文中曾经提出一个的"海口型"的文化概念。我以为闽南文化既不是传统的内陆文化,也不是典型的海洋文化,就其性质和类型而言,是中原内陆文化逐渐走向海洋文化的一个"海口型"的多元交汇的文化。这里所谓的"海口",本是一个地理学的名词,它通常用来指内陆河流与海洋交汇的地方,是土地最为肥沃、物种最为繁富、人口最为密集、经济最为发达的地区。闽南地理区位的海口性,同时带来它文化区位的"海口"性质。从中华文化内部看,闽南文化是中原文化南播之后,接受海洋地理环境和海洋人文精神影响,从而形成内陆文化与海洋文化互相交会、涵化、吸收的一种特殊形态的地域文化;而从世界文化的多元关系看,闽南是中国文化与外来异质文化交会、碰撞、对峙和融摄的前沿地带和先发地区。这一正负值兼具的文化契机,赋予了闽南文化的"海口型"特征。

当然,对于闽南文化还可以做出更多的分析,但我以为上述两点是我们认识闽南文化的关键,对我们闽南文化生态保护试验区的建设,具有重要意义。前者由闽南文化的传播而涉及闽南文化生态保护的区域范围和资源、经验整合,后者从对闽南文化的性质的认识关联到闽南文化生态保护应当突出的重点。闽南文化生态保护试验区必须从认识自己开始,抓住特点,进行有效的工作。

从实践出发的文化生态保护理论建设,不能只解释个别对象的特殊性,它必须具有指导一般的普世价值;同样,理论的普适性不能停留在一般的泛泛而谈,必须对理论对象的特殊性提出周圆的诠释。这是一个两难的问题,也是对于我们文化生态理论建设最基本的要求。当前关于文化生态和文化生态保护的理论建设,还处于起步的阶段。但从起步开始,我们就必须树立这样的目标。

追寻中国海外移民的民间记忆

——关于"过番歌"的研究

一、一段因缘:荷兰汉学家的收藏和家族记忆

1989 年夏天,法国远东学院院长龙巴尔教授及其夫人、法国社会科学研究中心苏尔梦教授来福建社会科学院访问。龙巴尔和苏尔梦在 20 世纪 60 年代中期曾就读于我的母校北京大学历史系,惜因"文革"中辍学,但并未停止对中国的研究,只不过更多转向对中国与东南亚关系的关注。此时龙巴尔已是国际知名的东南亚研究专家,我曾听过他在福州的一次讲座,即从政治地理学的角度论析环南中国海诸岛屿和半岛国家的政治、经济、文化及其与中国的关系,其视野之开阔和新颖给我留下很深印象。而苏尔梦似乎更执着于东南亚华侨与华人的历史和文化研究,在法国有关部门的支持下,多年长居印尼进行田野调查,做了大量极为细致和有效的工作。举凡华人在印尼的庙宇与墓葬,她都有十分详尽的图文述录,并由此切入华人移民史和移民文化的研究,出版了多本专著。此前她曾多次来闽,并带来了一本厦门会文堂刻本的长篇说唱《新刻过番歌》,因其系用闽南方言写成,让我帮忙翻译和注释。据苏尔梦称,这是她的同事、荷兰籍著名汉学家施博尔教授从台湾搜购而得。后来我查阅了台湾陈建明《闽台歌仔册纵谈》一文,文中亦曾提及此事。该书称:"原籍荷兰,现任法国巴黎大学高级研究院的施博尔先生,曾于 1963—1965 年间,利用到台湾研究道教经签科仪之便,到各地以高价搜购福建及台湾的俗曲唱本,并于1965 年 10 月发表一篇《五百旧本歌仔册目录》在《台湾风物》15 卷 4期。施氏后来又在高雄县弥陀乡向金莲兴皮戏班及阿莲乡皮戏班搜

集到台湾皮影戏抄本多达 198 种。"① 我曾数度访问台湾,也多次听到前佛光大学校长、台湾道教学院教务长龚鹏程教授谈及施博尔先生对道藏典籍的研究,称其对中国文化的研究与贡献为当今国际汉学界所罕有。2001 年,听说福州大学邀请到荷兰皇家科学院院士施舟人先生及其中国籍夫人袁冰凌博士来闽定居和任教,并为其建了西观藏书楼,收藏施舟人多年收集的大量中西图书文献。始料未及的是此施舟人正是当年在台湾发表《五百旧本歌仔册目录》的施博尔。想到这些资料应都藏于西观楼中,同居一城,请益有时,欣喜之余,不免感到世界实在太小,犹如闽南俗语所说:"船头不见船尾见"——虽然至今我与施舟人先生仍然缘悭一面。

1989 年 8 月,我陪龙巴尔、苏尔梦夫妇到《过番歌》的诞生地闽南地区作为时 20 天的调查,访问了泉州、漳州、厦门的一些市、县、镇、村,搜集到不少关于"过番歌"的相关材料。在泉州听说安溪的善坛乡有一批五六十岁的老人能演唱长篇说唱《过番歌》,便急急驱车赶了几十公里山路,来到安溪的善坛,果然亲耳聆听到这批老人一板一眼互相提示地演唱《过番歌》,此盛况长达一个多小时。只不过这不是施博尔先生从台湾搜购到的那篇题为"南安江湖客辑"的《新刻过番歌》,而是流传在安溪的另一种版本。老人们演唱的唱词中最后有两句称:"若问此歌谁人编,就是善坛钟鑫仙。"据老人们回忆,写有这两句唱词的抄本,保存在善坛乡土塘村的林泰山手里。可惜林泰山老人已经作古。陪同我们到善坛访问的这部《过番歌》的校注者之一杨世膺先生曾到土塘查寻过,传说中林泰山的这个抄本经过"文革"的波折也已渺无下落了。

此事使我感慨良深。"过番歌"在闽南的广泛流传并非偶然。闽南是著名的侨乡,自 19 世纪中叶以来,便有大批人口迫于生计漂洋过海下南洋,或被作为"猪仔"贩卖到了美洲。"过番歌"以闽南歌仔的通俗演唱形式,使这段酸辛的记忆被保留在民间。我的家庭也是"过番"的一族,祖家本在南安。犹如那篇"南安江湖客辑"的《过番歌》所

---

① 陈建明:《野台锣鼓》,台湾稻乡出版社,1989 年,第 71 页。

唱,从我曾祖父那辈人起(或许更早),也是三步一回头地沿着"过番歌"所唱的出洋路线,由南安到厦门候船出洋的。经过几代人的迁徙,我们家族也从南安的码头乡移居到厦门。当时厦门是出洋的主要港口。我童年记忆中的厦门鹭江道集中了与此相关的许多行业:码头、海关、客栈、批馆……鹭江道的热闹泰半由麇集在此候船的"番客"(或准"番客")而来。尤其每当夜色垂临,鹭江道上灯火辉煌,点着"臭土灯"(电石灯)的各种小食摊、水果摊、打拳卖膏药的场子、拉大广弦卖歌仔册的地摊,挤挤拥拥,使整条濒海而建的鹭江道人声鼎沸、踵接肩摩。童年的我就曾蹲在拉大广弦的地摊前,听民间艺人演唱"过番歌"。当时由厦门起锚前往东南亚的海轮,在沿途各个港口停留接客、卸货,因此俗称"十三港",航行的时间长达十天半月。寂寞旅途无以消愁,便常有人以俚曲小调演唱从鹭江道地摊上买来的各种歌仔册以解烦闷。这也是闽南刻书坊乐于印行歌仔册并能流传到台湾与南洋的原因之一。中国的海外移民虽可远溯至唐宋,但彼时中国的大国政治、经济和文化,使因宣扬王朝国威或经商贸易而滞留海外的华侨,享有较高的地位。只有到了清末民初,迫于生计而外走异邦的小民才真正体验到国贫民弱的屈辱和谋生的不易。产生于这一海外移民高潮中的大量"过番歌",便成为对这一时期社会的情状和心理的记录。研究"过番歌",实际上是从另一个民间记忆的侧面研究中国的海外移民史和侨乡社会史。

这是一段缘分,《过番歌》唤起了我的童年经验和家族记忆,并由此引发我对"过番歌"研究的浓烈兴趣与期待。

二、发现和存疑:关于《过番歌》的几种刊本

1991年,我曾于《福建学刊》第1期上发表了《〈过番歌〉及其异本》一文,就《过番歌》的初步考察结果做了一些分析,现据此再做一点介绍和补充。

施博尔先生搜购自台湾的《过番歌》,全称为《新刻过番歌》,小32开本,为竖排木板刻印。封面三行文字,中间为书名,右上角署有"南安江湖客辑",左下角署有"厦门会文堂发行",没有出版年月。内文

第一页首行则为"新刊手抄过番欧",下面注明"厦门会文堂藏版"。全部唱词共 344 行,每行七字,用闽南方言撰写。它讲述清末南安县境一个穷困农民,为生计所迫漂洋过海到实叻(今新加坡)①谋生的艰难过程,是一部用闽南俚曲小调演唱的、带有劝世意味的通俗唱本。

初读这部《过番歌》引起我注意的是:

第一,刊本称"新刻"或"新刊",想必还可能有"旧刻"或"旧刊"的刊本或抄本,只是目前我们尚未收集到。但它说明,这部《过番歌》的产生和流传应当在此刊本发行之前。

第二,该书没有作者,只署"南安江湖客辑"。不曰"著""编",只称"辑",显然并非作者的原创,应该是从民间流传的口头说唱或手抄传本上辑录、整理。辑录者"南安江湖客"的真实姓名已无从查考,但其为南安人氏,与唱本中主人公的籍贯一致应无疑问。由此可以推论这一唱本可能是辑录者从自己家乡过番的乡亲那儿收集而来加以整理的。在会文堂刊行的歌仔册中,就我所见,"南安江湖客"编撰的唱本还有《新刻梁土奇新歌》《新刻金姑看羊刘永新歌》《新刻詹典嫂告御状新歌》等多种。显然,这位"南安江湖客"很可能是会文堂专门聘请来编写通俗唱本的落魄文人。由于此类唱本被视为不登大雅之堂,便隐匿真实姓名而以落魄江湖的化名自嘲。

第三,虽然这部《过番歌》未署发行年月,但考察会文堂的存在年代,亦可大致推断它的出版年限。会文堂是厦门一家历史悠久的刻书坊,现存英国伦敦牛津图书馆中的歌仔册《绣像荔镜奇逢传奇》系会文堂在道光丁未年(1847 年)的刻本。在施博尔先生的《五百旧本歌仔册目录》中,尚可看到会文堂最晚于 1914 年发行的《新样手抄打尪歌》《新样手抄打某歌》《新样手抄死某歌》(三种合订一册)和《最新张秀英林无宜相褒歌》《最新摇古歌》等,不过均为石印。那么,木板印刷的《新刻过番歌》当在这些石印出版物之前,也即当在 1914 年之前发行应无疑问。因为石印的推广远在木刻印刷之后,有了石印技术,除非是旧的藏版重印,一般不会再用木板刻印。另一个可资证的材料是

---

① 本书中的实叻均指今新加坡。

《新刻过番歌》开篇第一句就说"现今清朝定太平",点明了故事主人公和演唱者的年代背景,其最后唱词中又说:"唱出此歌乎恁听,万古千秋永传名。诸君此歌看一备,尚有新歌梁士奇,又要典嫂告御状。"末二句预告《新歌梁士奇》和《典嫂告御状》两部新书,可见《新刻过番歌》的发行早于这两部歌仔册。如果会文堂的印本最晚在1914年(即民国三年),那么这部《过番歌》应早于这个时间,即在清末当可确定。

1990年初,我在搜寻中发现了与厦门会文堂本不同的另外四种《过番歌》刊本手抄本。它们是:

1. 厦门博文斋于民国十一年(1922年)发行的石印本《特别最新过番歌》。

2. 署名"周学辉先生搜集、校注,吴圭章编",由安溪县民间文学集成编辑委员会于1987年9月印刷的内部铅印本《过番歌》。

3. 署名"安溪善坛钟鑫著,吴圭章、杨世膺校正、注释",作为"善坛风物"资料之四的铅印本"征求意见稿"《过番歌》。

4. 由新加坡一林姓华侨于1983年带回安溪,由安溪县侨联陈克振先生保存的钢板刻写油印本《福建最新过番歌》。

在这四种刊本和抄本中,厦门博文斋的《特别最新过番歌》与厦门会文堂《新刻过番歌》为同一个刊本,只不过会文堂本344行,而博文斋本342行,系在第63行下脱落3行,而在第89行后增添一行。所有增删的这4行都不碍全书内容。另外博文斋本比起会文堂本有许多错字,明显是在抄版制作过程中书工的疏误。此类讹误不胜枚举,仅在第一页52行中就有8处错字,大多是字形相近的误抄,如"番平好趁咱无望"错成"番下好趣咱无望"等。从会文堂和博文斋的刻书历史看,会文堂全盛于19世纪中叶的清代晚期,至民国以后已渐式微,而博文斋的繁盛则在民国以后。从现存博文斋印行的大量唱本看,大都出在20世纪20年代,还有迟至民国二十四年(1935年)的。罗时芳在《近百年厦门"歌仔"的发展情况》一文中称,在光绪年间开业的博文斋书局,早期还向会文堂购到藏版来印售。由此可见,出版于1922年的博文斋本《特别最新过番歌》,很可能是向会文堂购取此前印行的《新刻过番歌》的藏版,重新抄写石印发行的。

安溪本的另外三种刊本和抄本为另一类型。它的故事框架虽然也是讲述一位贫苦农民迫于生计漂洋过海到番平艰难谋生的历程，但故事主人公由原籍南安移到了安溪，其一路触景生情地倾诉怀乡思亲和过番艰辛的出洋路线，也随着主人公籍贯的改变而有很大不同。全书受戏曲的影响较深，叙事细腻，重于抒情，因此篇幅上也比会文堂本《新刻过番歌》多出一倍，达760行。如果将以南安籍为主人公的会文堂本与博文斋本，称为"南安本"，那么，这三个同为安溪籍主人公的刊本和抄本，则可称为"安溪本"。

安溪本的这三种刊本和抄本，实为同一个本子。其中，周学辉搜集校注本和署名"安溪善坛钟鑫著"的吴圭章、杨世膺校注本，无论从故事情节、唱词、方言用字、注释和印刷版式，几乎完全一样，应是在同一次排版印刷中加以不同装帧、署名和附加其他内容。周学辉本在正文之外有"前言""后语"和20位侨界人士有关《过番歌》的赋诗。吴圭章、杨世膺校注本则有杨世膺在正文之前所撰的《〈过番歌〉作者小考》一文。略有差异的是新加坡林姓华侨1983年带回安溪的钢板刻写油印本，主要表现在以下三个方面：（1）新加坡本比周学辉本多出四行无碍大局的唱词；（2）新加坡本一贯到底，周学辉本和吴圭章本则将七百多行唱词依内容划分为"禀过父母""告别贤妻""别家出门""渡海漂洋""到达实叻""往别州府""返回唐山"七个段落，这显然是搜集整理者后来所加；（3）新加坡本在方言记录的用字上与周学辉本有较大不同。如新加坡本遇到某些与普通话义同音不同而又无通用的方言字可用时，一般以普通话的同义字来记录，如"失志无面可见人"的"可"字，闽南方言读如"tang"（与"窗"的闽南音同）。新加坡本仍取其义作"可"，周学辉本则取其音作"窗"。类似的例子很多。

这里有几个问题至今我仍存疑问，值得提出来讨论。

第一，关于新加坡流传的版本。周学辉在他搜集校注本的"前言"中称："这首歌曲在五十多年前就流传于闽南侨乡"，以它出版这部《过番歌》的1987年倒推，"五十多年前"应在1930年。作者又称："这首《过番歌》在数年前，经我搜集整理校正，寄给新加坡乡亲陈裁衣老先生后，他在新加坡安溪会馆文艺活动时演唱，备受华裔欢迎。

于是这首歌便不胫而走,广为流传。新加坡口述历史馆已将其收编,报纸做过专题介绍,电台还聘请陈裁衣老先生前去演播。"1987 年的"数年前"当在 20 世纪 80 年代初。这里所说的事,当都发生在 20 世纪 80 年代。根据这段叙述,新加坡安溪会馆演唱的《过番歌》和新加坡口述历史馆收藏以及报刊介绍、电台播演的《过番歌》,应是周学辉的搜集整理本。但新加坡林姓华侨带回的钢板刻写油印本,显然不同于周学辉的搜集整理本。从钢板刻写风行于 20 世纪五六十年代,而这个油印本又于 1983 年被带回,及其未经分段一贯到底的记录形态,显然要比周学辉的搜集整理本更为原始。因此可以推测,新加坡可能有不止一个版本的《过番歌》流传。它有两种可能,其一,或许周学辉就是根据这一抄本重新整理的;其二,周学辉是根据别的传唱或抄本整理的,与这一油印本无关,二者都独立存在。

2003 年 11 月,厦门大学出版社出版了周长楫、周清海编著的《新加坡闽南话俗语歌谣选》。其中收有安溪本的《过番歌》和作为附录的南安本《过番歌》。① 编著者在正文前的"说明"中称:"这首长篇歌谣,是我们在新加坡安溪会馆向郑文松(76 岁)、柯长源(65 岁)两位老先生采访时收集记录的。""除第七段'槟城险厄'是柯长源先生说唱的外,其余段落都是郑文松先生说唱的。"其中有些遗漏的唱词,是根据新加坡口述历史中心由林其楠先生演唱的录音补充进去的。这段记述加深了我们对周学辉搜集本"前言"中所说的《过番歌》在新加坡安溪会馆和口述历史馆播唱的印象。只不过我们无法分清周学辉将他的搜集本寄给新加坡乡亲陈裁衣老先生并在安溪会馆和电台演播,和为周长楫说唱《过番歌》的郑文松、柯长源两先生,以及为新加坡口述历史中心录音的林其楠先生是什么关系。比较周学辉本和周长楫本,由于周长楫先生是研究闽南方言的专家,在方言用字的记录上更为规范、准确;但在内容上,除了增加了"开篇"的四句唱词和"返回唐山"中多出的四句唱词外,与周学辉的搜集整理本没有什么不同。

---

① 周长楫,周清海编:《新加坡闽南话俗语歌谣选》,厦门大学出版社,2003 年,第 403 – 455 页。

包括整理的分段,基本上和周长楫教授赴新加坡之前提供的吴圭章、杨世膂校注的《过番歌》相似,只在分段的标题上有所改动。吴圭章本和周学辉本均分为七段,周长楫本分为九段,新增"开篇"四句为第一段,将全文的最后12句单独折出作为第九段"尾声",其核心部分仍为七段。每段标题与周学辉、呈圭章本文字略有不同,对照如下:

周长楫本		周学辉本	
	禀告双亲		禀过父母
	夫妻惜别		告别贤妻
	踏上征途		别家出门
	涉洋过番		渡海漂洋
	实叻遭遇		到达实叻
	槟城险厄		往别州府
	返回唐山		返回唐山

两相比较,周长楫本的标题更文人化,周学辉本的标题更口语化,这是整理者的风格不同。如果这些分段和标题不是周长楫先生所作,而是原来的演唱就有,那么就更加说明了周长楫根据郑文松等演唱的记录本,很可能与周学辉寄给新加坡乡亲陈裁衣而后会馆演唱、电台播送的本子和口述历史馆录音收藏的《过番歌》有一定关系。它进一步证明了《过番歌》在新加坡广泛流传的事实。

第二,关于作者问题。吴圭章、杨世膂的校注本曾提出《过番歌》的作者为安溪善坛钟鑫,并为此写了《〈过番歌〉作者小考》,其最主要的根据是"土塘林泰山保存的几十年前的《过番歌》的传抄手稿,歌词的末两句是'若问此歌谁人编,就是善坛钟鑫仙'。"遗憾的是这部传抄手搞已经遗失,连杨世膂也未曾亲见,只能是"事出有因,查无实据"。但从杨世膂调查得来的钟鑫生平的介绍,与这部《过番歌》主人公经历十分相似。据云:钟鑫字文玉,1879年生,读过六年私塾(因此能作歌编诗),22岁(即1901年)迫于生计到实叻、槟榔屿(今槟城)谋生。历尽艰辛,两三年后空手归来。此后在家务农,常思过番时的艰辛,便编歌劝世,谓"番平好趁是无影,劝您只路勿窗行"。每写成一段,必向乡亲好友反复吟唱,不断修正。因此有抄本流传,至今善坛六十岁以上的老人,还都能唱。这段记述虽不能完全确认钟鑫就是《过番歌》的原创作者,但至少说明《过番歌》在流传过程中,尤其是在安溪善坛的流传中,钟鑫是发挥过作用的。因为《过番歌》作为一种民间说唱,是在流传过程中经过无数传唱者根据个人的生活体验不断补充、修改而后完成的。钟鑫如果不是此歌的原创作者,但至少也是《过番歌》的传播者或补充修改者。

第三,南安本和安溪本究竟是两部各自独立的作品,还是同一部作品在流传过程中出现的异本?虽然两部作品有许多差异,主要是:(1)在篇幅上南安本 344 行(以会文堂本计);安溪本 760 行(以周学辉本计),多出的篇幅不是故事情节的不同,而是主要用于细腻的叙述。(2)南安本的主人公是南安籍人士,其离乡过番途中触景生情的唱词便是从南安到厦门候船沿途的地名和景物;而安溪本主人公原籍安溪,其出洋途中触景生情所唱自然改为安溪境内的地名和景物。(3)在经历上,南安本主人公在番平的谋生虽然艰辛,最终还是小有积蓄才返回故乡;而安溪本主人公虽多了遭遇槟城的困厄,最后仍两手空空回到故里。(4)在叙述风格上,南安本行文简洁紧凑,但也略显粗疏;而安溪本较为细致,重视内心抒发和氛围渲染。但两个本子无论故事情节、人物命运、叙事逻辑还是作品的劝世主题,都是一样的,一些重要唱词也大同小异。因此,我倾向于认为这不是两部各自独立的作品,而是一个本子在传唱过程中出现的异本。那么,究竟是南安本脱胎自安溪本,还是安溪本脱胎自南安本呢?这只有再从两部作品的比较中来辨识。首先,从传唱的时间上看,南安本应先于安溪本。如我们前面所分析,南安本中的博文斋本发行于 1922 年,而早于博文斋本的会文堂本,虽没有标明出版年月,但其刻书历史先于博文斋,而且唱词中有"现今清朝定太平",点明了故事产生和演唱者所处的年代和背景,至晚也应是清代末期。安溪本最早的刊本(周学辉本)是在 1987 年,而新加坡林姓华侨带回安溪的油印本没有注明年月,但钢板刻写盛行于 20 世纪 60 年代前后,大大晚于南安本的印行年月。即使"善坛风物"本称其为钟鑫所著,考钟鑫生于 1879 年,死于 1933 年,22 岁即 1901 年过番,两三年后空手返回故里,感念番平谋生艰难,发愿编歌劝世,每一成段就唱与乡亲修改,这"耗尽了他后半生心血"的七百多行长歌,并非短时可成,而是整个"后半生"的心血。因此,它的完成也应在钟鑫晚年,至少已入民国。所以从时间上看,南安本应早于安溪本。其次,民间口头流传的说唱文学,不同于文人创作,没有专属个人的著作权,往往在流传过程中,演唱者和听众都可以根据自身的生活体验或以听众的需要,进行补充、修改或重写,从而出现异本。而且一般说来,异本比起原本,会变得由简到繁、由粗疏到细密,篇幅也会变得更大。我们可以做这样的推想,当南安本流传到安溪之后,触发同样有着辛酸过番经历的安溪乡众的心事,为了更贴近自身经历和安溪乡众的经验,便会有某个具有同样经历的番客(如钟鑫)或说唱艺人将其改编,这是口头传唱的民间文学创作的一般规律,安溪本《过番歌》的产生也具有这种可能。当然这只是一种推想,有待于我们进一步去搜寻证据。

第四,在分析会文堂本和博文斋本孰先孰后时,我曾提出会文堂本为木板刻印,而博文斋本为手抄石印,以木板印刷先于石板印刷作为判断先后的佐证之一。但近读一些相关文章,有的认为会文堂本的《过番歌》也是石印。因我手上只有一个复印件,而无清晰的原件可辨认,而且在会文堂本的封面上,印的是《新刻过番歌》,但在正文的首页引题上,又写着"新刊手抄过番歌",这一"手抄"如果不是指民间的"手抄本",而是指石印中的手抄写,那么这部《新刻过番歌》也可能是石印的。但由于封面的"新刻"与首页的"手抄"存在矛盾,又使我想到,会文堂是否还曾有过一个更早的"刻本",而我所依据的施博尔得自台湾的本子,如果是石印的话,会不会是"刻本"废了之后的"新刊手抄"?这一问题希望能够得到行家的指点。

三、从《过番歌》到"过番歌":潜藏民间的历史记忆

在搜集长篇说唱《过番歌》的各种刊本中,我注意到民间有大量反映"过番"的歌谣存在,长篇《过番歌》只是其中的一个代表。在某种意义上可以说,正是这些反映了侨乡社会各种情况和侨客、侨眷复杂心理的大量"过番"歌谣存在,才为长篇《过番歌》的产生奠立了基础。

从我最初接触《过番歌》以来,十余年有心的关注和无意的发现,在各方面朋友的帮助之下,陆续收集到百余首"过番"歌谣,有长有短,有叙事有抒情、有喜悦有怨叹,更有一些近乎契约文书的记载可作文献的参证。最初主要来自闽南,继之延及福建全省乃至广东潮汕地区和嘉应客属地区,最后拓展到海外。其中十分珍贵的一批材料是晋江县(今晋江市)文化馆的曾阅先生所提供的。曾阅兄一生坎坷,但即使在运遭厄星而流落民间时,仍孜孜以写诗和记录民间歌谣为乐。在他提供的二十多首"过番歌"中,最早的搜集于1956年,稍晚的则在20世纪80年代,其中亦有收集于60年代和70年代的,说明这30年来他始终坚持这项工作。而且每首都有详细的演唱者姓名、身份、采集时间、地点,以及搜集者的姓名、身份等,并对方言做了详尽的注释,工作十分规范,让人很为感佩。当然,如曾阅这样长期的有心人并不多见,但1980年关于民间文学"三套集成"(故事、歌谣、谚语)的出版工程开始以来,借助行政力量的推动,民间文学的搜集工作掀起一个高潮。各省、市、县都成立了相应的"三套集成"领导班子和编辑委员会,广泛发动搜集并最后结集成书,其面之广为前所未有。我后来读到的"过番歌",大都来自于这一时期的搜集。

原先我以为"过番歌"主要产生在闽南,其实不然。就我搜集到的资料看,闽南显然最多,包括泉州地区的晋江、石狮、惠安、南安、永春、安溪,以及漳州地区的龙海、长泰、诏安、云霄等。但同为侨乡的福州五区八县及宁德的寿宁、屏南、古田等和闽西的龙岩、永定等、三明的永安等、闽北的光泽等,都有"过番歌"的流传。各个地区的"过番歌"所反映的"过番"情况以及演唱的艺术风格也有明显的差异。

这里尤为引人注意的是流传于寿宁的一首长达576行的长篇说唱《下西番》①。与闽南"过番"大都指的是下南洋不同,这首长篇歌谣演唱的是清末年间(光绪辛丑年)闽人被骗卖"猪仔"到美洲作劳工的事件。闽东是天主教势力侵入最早也最深的地区之一,教堂、牧师和

① 《下西番》又名《过番歌》,1997年采录于寿宁斜滩、南阳,钟增贵、范世武演唱,郑锦明记录。

教友是这起"骗工"事件的牵线人,其开出的经济诱惑很迷人。歌谣中唱道:

> 不论谁人就肯去,
> 起身就发十元钱。
> 若还哪个去番边,
> 约定总要做五年。
> 逢年月月会清楚,
> 每月六元做工钱。
> 恐有死在我番界,
> 二十四两身价钱。
> 此去住行食我的,
> 船价盘费不要钱。
> 等你快来落姓名,
> 每月再偿二元钱。

这里开出的"卖身价"和阿英编入《反美华工禁约文学集》①中的《苦社会》②等小说所描写的在广州"骗工"的伎俩完全一样,说明当时骗招华工的"猪仔"行不仅在广州,而且在福建的厦门与福州都有,这都是劳工的重要出口地。然而,从"五月时节雨纷纷,齐人都到福州中",由"马尾坐条落洋船"出发,灾难便接连而来,先是"各人都入船肚里,仓面钉钉又加封""半食半饿真彻苦""屎尿急来无处通"。这种"好比牛猪入栏中"的海上航行,长达四五个月,途中饿死的、寒瘀病死的,其至"病势见危未断气""身尸通盘抄海中"。从福州马尾港出发时"中国开来人千个",到"九月时节是重阳,车船驶到大西洋"后,"算来末剩一半人"。这个千人过番,半死途中的噩耗传回原乡,激起极大民愤:"一条老命与你搏,何怕番仔有威风""恨杀白驴不过意""青肉咬来不要炖"。其咬牙切齿的痛切情状,穿透纸背,沥沥可见。这首长

---

① 阿英编:《反美华工禁约文学集》,中华书局,1960 年。
② 收于《反美华工禁约文学集》中的"小说"卷,无作者姓名,漱石生在"叙"中称"是书作于旅美华工,以旅美之人,叙旅美之事"。

歌与阿英编选的《反美华工禁约文学集》所反映的事件与主题一致。不过,阿英收集的作品侧重于文人创作,分为诗歌、小说、戏曲、事略、散文五卷。来自民间的作品仅有"诗歌"卷中《抵制美货》(佚名作)长歌一首,直到后来由广东省中山图书馆参考研究部编选而列于其后的"补编"中,才在"讲唱"的栏目下选入木鱼书《金山客叹五更》、南音《华工诉恨》、粤讴《拒约会》《好孩儿》等,不过多为广东的民间之作。此篇《下西番》,无论所提供的历史事实,还是表现的社会情绪,以及作品的艺术特色,都不在上述诸篇之下,应当成为反映这一事件的一个可供互证的重要民间文学文本。

2002 年,我在出席美国柏克莱大学举行的第二届世界华人文学研讨会时,有幸在旧金山参访了以拘禁华人移民闻名的"天使岛"小木屋,并购得了由麦理谦、林小琴、杨碧芳编选翻译的《埃仑诗集》。① 所谓"天使岛"(Angel Island),即华人移民口中的"烟治埃仑",是旧金山湾内的一座小岛。1910 年在这里设立移民拘留营,对欲进入美国的亚裔移民(主要是华裔)进行身份甄别审查。从 1910 年 1 月启用至 1940 年 11 月焚于大火废弃,历时 30 年,先后约有 17 万 5 千名华人移民被拘押在这里。有的长达数年,少数幸运者获准入境,多数都遭遭返。怀着梦想而来却无端被羁押和遣返的华人,愤而在拘留营的板壁上题诗,用刀刻、用墨写,表达了内心愤恨、悲郁、无奈、抗诉的复杂心情。这些拘留营里的题诗,很快就被传出,引起美国华人社会的极大震动。这是延自 19 世纪后期以来对华人"禁约"的歧视性移民政策导致的事件,在史实的链接上紧扣着"反美华工禁约文学"所反映的历史。1980 年,三位"天使岛"华人移民后裔深入遗址发掘调查,配以当年美籍德裔摄影家简德留下的移民营照片和移民营幸存者及其后裔的访谈,连同附录,共收诗 135 首,以中英双语的方式,正式出版了《埃仑诗集》,使"天使岛"移民营成为美国华人移民史上一页充满屈辱与抗争的重要记忆场域。

从"反美华工禁约文学"到《埃仑诗集》,这些资料的获得使我对

---

① 麦礼谦,林小艺,杨碧芳:《埃仑诗集》,华盛顿大学出版社,1991 年。

于"过番歌"所折射的华人移民史的考察，从主要是"下南洋"扩展到充满血泪的美洲。视野的扩展不仅是量的增加，重要的是它给我们提供了一份从 19 世纪中叶到 20 世纪中叶的一百年来的中国人的世界性生存经验。如果说，1840 年的鸦片战争，是新崛起的西方帝国主义以现代科技所带动的"坚船利炮"打开一向以"天朝大国"自居的封建帝国紧闭的国门，以外来的强力逼迫中国的封建统治者睁开睡眼张望一下已经变样了的世界，开始感受到处于西方列强包围和瓜分中的生存危机和屈辱。这是一份被迫接受的前所未有的中国的世界生存经验；那么，在被迫打开国门之后，大量受到诱惑或迫于生计流向国外的移民则以亲身的经历，从民间的角度，提供了同样一份中国人在全球各地的屈辱生存经验。这些经验既唤醒了中国封建统治者沉迷千年的"天朝之梦"，也催生了中国人世界性生存的危机意识，从而激发了晚清以来企望与世界列强比肩的现代性追求与变革。包括"反美华工禁约文学"和"天使岛"诗抄在内的所有"过番歌"，正是在这个意义上为中国现代性的萌生提供了一份具有文献价值的史料。

至此，"过番歌"研究在我已不仅是面对几册薄薄的民间唱本，而是面对一份充满血泪的 19 世纪中期以来中国人的世界性生存经验。我企望将之与相关历史文献对照，作为中国海外移民的一份民间记忆来追索和建构。通过"过番歌"所折射的海外的移民经历，探寻移民者和移民眷属的艰难历程和复杂心态，探讨其劝世主题的价值和局限，以及从海外生存经验所激发的国家意识、民族意识、自强意识和乌托邦理想，并且在比较相关"过番"题材的文人文本和民间文本的特征和差异中，确认这些来自民间的文学记忆的历史价值和文化意义。这或许是一份奢望过大的计划，不过，自童年时代便开始积累起来的那点情缘，激励我努力去接近它。

长篇说唱《过番歌》及其异本

一、会文堂本《过番歌》

《过番歌》是 19 世纪末 20 世纪初流传于闽南、台湾及东南亚华侨社区的一首长篇方言说唱诗。原籍荷兰、后在法国从事东方文化研究的施博尔教授,曾利用到台湾考察道教经签科仪的机会,广泛搜购流存于民间的福建及台湾的俗曲唱本。1965 年 10 月,他在《台湾风物》第 15 卷第 4 期上发表了《五百旧本歌仔册目录》一文,记载他所收集到的部分俗曲唱本,引起了台湾文化界的极大关注。《过番歌》即为其目录所开列的一种。

这本搜集自台湾的《过番歌》唱本,全称是《新刻过番歌》,为木版刻印,封面右上角署有作者名字,曰"南安江湖客辑",左下角是出版者:厦门会文堂发行,没注明出版年月。内文第一页标题为"新刊手抄过番歌",下面注明"厦门会文堂藏版"。全文 344 行,每行七字,用闽南方言撰写。它讲述了清末南安县境内一个穷困农民,为环境所迫,漂洋过海到"番平"(新加坡)谋生的艰难过程。这是一部用方言俚曲小调演唱的、带有劝世意味的通俗唱本。

初读这部《过番歌》,有以下几点值得我们注意并可作出进一步推断:

第一,这部《过番歌》的故事背景和产生年代都在清代。《过番歌》开宗明义就唱道:"现今清朝定太平,一重山岭一重洋,前朝后代唱不尽,说出番邦只事情。"由演唱者开篇的这四句定场诗,既说明了故事发生的时间背景,又交代了演唱者(或是它最初的创作者)所处的年代,这是很明确的。从历史上看,新加坡的开发当在 19 世纪初叶,此后新加坡才逐渐有大量华人移入,并由于其重要的地理位置和优越的自然条件,迅速发展起来。到《过番歌》所描述的主人公登岸时,已是相当繁荣的港口城市了:"实吻景致真正好,也有牛车共马驼,也有番仔对番婆,也有火车相似雷。"唱词中还多次提到"唐人虽多难方便""平平唐人免受气"等,说明此时移居实吻的华侨已为数不少。由此可以推断,《过番歌》所称的"现今清朝"当在 19 世纪中叶以后的清朝后期。

第二,这部唱本的全称是《新刻过番歌》和《新刊手抄过番歌》。既曰"新刻"或"新刊",便可能还有"旧刻"或"旧刊"的刊本或抄本,只是我们尚未发现,但至少说明它的产生和流传当在这部《过番歌》的刊印之前。

第三,由于这部唱本未署刊行年月,无法确定其具体出版时间,但发行这部《过番歌》的厦门会文堂,是一家历史悠久的刻书坊。现存英国伦敦牛津图书馆的《绣像荔镜奇逢传奇》,即为会文堂道光丁未年(1847 年)的刻本。那么,会文堂的历史当还在此之前。从施博尔发表的他所收存的五百唱本的目录中,还可看到会文堂于民国三年(1914 年)刊行的《新样手抄打尪歌》《新样手抄打某歌》《新样手抄死某歌》(三种合一册),以及《最新张秀英林无宜相褒歌》《最新摇古歌》等,不过均为石印。《过番歌》的刊刻,当在这两个年限之间。

第四,《过番歌》署名"南安江湖客辑",不曰"著""编",而称"辑",说明它不是作者自己的原创,而是从民间流传的口头说唱或抄本中辑录整理的。"江湖客"的真实姓名已无从查考,其籍贯南安则没有疑问。《过番歌》所述的主人公亦为南安人氏,他从南安到厦门搭船过番所经的地名如溪尾(今南安县城所在地)、尾岭、官桥、安平等,都准确无误,均系闽南著名侨乡。此歌可能是辑者从自己家乡,或者是自己过番的乡亲那儿搜录而来的。"江湖客"在会文堂刊行的唱本中还有《新刻梁士奇新歌》《新刻詹典嫂告御状新歌》《新刻金姑看羊刘永新歌》等。由此推想,他很可能是当时会文堂专门聘来编写通俗唱本的文人。由于此类唱本被视为不登大雅之堂,作者或整理者往往隐匿自己的真实姓名,而以身陷"江湖"自嘲。

二、博文斋本《过番歌》

1989 年秋天,我到"过番歌"产生和流传的祖地厦门、泉州一带调查,寻访中发现与会文堂本《过番歌》不同的另外几种刊本和抄本。其中较有代表性的有以下四种:

1. 厦门博文斋于民国十一年(1922 年)发行的石印本《特别最新过番歌》。

2. 署名"周学辉先生搜集、校注,吴圭章编",由安溪县民间文学集成编辑委员会于 1987 年 9 月印刷的内部铅印本《过番歌》。

3. 安溪吴圭章、杨世膺校正、注释,署名"安溪善坛钟鑫著",作为"善坛风物"材料之四的内部铅印"征求意见稿"《过番歌》。

4. 由新加坡—林姓华侨于 1983 年带回安溪,现由安溪县侨联陈克振先生收藏的蜡纸刻写油印本《福建最新过番歌》。

以上四种刊本和抄本中,厦门博文斋本的《特别最新过番歌》与会文堂的《过番歌》几乎完全相同,属于同一类型;另外三种则与会文堂本有很大差异,为另一种类型。这里予以分开介绍。

说博文斋本与会文堂本"几乎完全相同",是因为两种刊本虽一为木刻版,一为石印,但两个本子的内容和唱词几乎一样。只有以下两点差异。一是会文堂本共 344 行,博文斋本只有 342 行。所少的两行系在第 63 行下脱落三行,第 89 行后增加一行。所增删的这几行都不影响全文内容;二是博文斋本比起会文堂本有许多错字,明显是在抄版制作过程中的笔误。此类讹误数不胜数,仅第一页 52 行中就有八处错字。如把"厝边亲堂劝不通",写成"厝乎亲堂劝不通",把"番平好趁咱无望",写成"番下好趣咱无望"等。

会文堂本和博文斋本都为当年正式刊行而在坊间流传的唱本,其孰早孰晚为我们所特别注意。博文斋本在封面有"民国十一年石印"的字样,而会文堂本未署明刻印年月,似难确定。但从下面几点分析则不难推断。

第一，会文堂本系木刻本，而博文斋本为石印本。木版印刷是中国传统的刻书技术，福建很早就有刻书的历史。据谢水顺先生在其《清代闽南刻书史述略》一文中考述，闽南的刻书业始于唐而盛于宋。至明弘治十二年(1499 年)，称誉一时的闽北刻书中心麻沙一场大火，所藏典籍尽付一炬，自此一蹶不振，而闽南刻书仍长盛不衰。而石印技术是 19 世纪以后才从西方传入，普遍推广则在民初以后。在石印技术普及之后再用雕版印刷，显然没有必要，尤其是这类发行量相当大，也无须讲究版本价值的通俗唱本。若说会文堂的木刻本在博文斋的石印本之后，显然是不可能的。

第二，会文堂印书的历史早于博文斋。从现存资料分析，会文堂的繁盛时期在 19 世纪中叶的清代后期，民初以后便逐渐式微了。我们看到的会文堂最晚的刻本是民国三年(1914 年)，而博文斋的繁盛时代在民初以后。从现存博文斋印行的大量唱本看，大都出在 20 世纪 20 年代，还有迟至民国二十四年(1935 年)的。罗时芳先生所著《近百年厦门"歌仔"的发展情况》一文称，在光绪年间开业的博文斋书局，早期还向会文堂购买版本来印售，则更明确指出了博文斋本是来自于会文堂本的。

第三，较之会文堂本，博文斋本存在着大量讹误。这些讹误是属于对会文堂刻本某一些字迹辨认不清，或抄写者的粗心所致。如博文斋本常把"趁"误写成"趣"，把"边"误写成"远"，把"全"误写成"生"等。

据此，我们可以作出这样的判定：会文堂本出现在前，博文斋本是在会文堂式微之后，将其《过番歌》的刻本拿来重新石印发行。因此会文堂本封面称"新刻过番歌"，博文斋本则称"特别最新过番歌"。"最新"是相对于实际上已经不新了的"新刻"而言，而内文的标题仍然保留"新刊手抄过番歌"的相同字样。

三、安溪的三种刊本和抄本

寻访中获得的另外三种刊本，与会文堂本在内容上有很大差异。虽然在故事的基本框架上也是叙述一个贫苦农民漂洋过海到番邦谋

生的艰难历程,但故事主人公却由南安移到安溪,其一路倾诉艰辛和
思乡之情,以及其出洋路线,便也随着主人公籍贯的改变而有很大的
不同,在规模上也比会文堂本更长,达 760 行。这是和会文堂本不同
的一种异本。如果依照主人公籍贯把会文堂和博文斋本称作"南安
本"的话,那么这三个刊本和抄本,则可称作"安溪本"。

在这三个刊本和抄本中,周学辉先生搜集、校注本和吴圭章先生、
杨世膺先生校注本完全一样,连方言用字、注释和印刷的版式都相同。
它们实际上就是一个本子,同一次印刷,只是封面署名不同。周学辉
本标有"搜集校注",并有"吴圭章编"字样。而吴圭章、杨世膺本只标
明"校注",未有"搜集"两字。可能他们所用的即是周学辉搜集的原
稿,而共同参与了校释工作,因不同的需要在同一次印刷中分别附加
别的材料和用上不同的署名。当然这只是推测,关于谁是这个刊本的
搜集整理者,不是本文讨论的内容。略有差异的是来自新加坡的蜡纸
刻写油印本,但这差异也只在某些方言的用字上,而并无内容的不同。
这三个本子实际上是一个本子,或来自同一本母本。

值得注意的是周学辉先生在他的搜集、校注本的"前言"中,介绍
了该本的整理和流传情况。他还提到,曾将这首《过番歌》寄给新加坡
乡亲,使其成为新加坡安溪会馆经常演唱的曲目,此后不胫而走,又为
新加坡口述历史馆所收编,并在电台演播。根据这段介绍,新加坡安
溪会馆演唱的《过番歌》,和新加坡口述历史馆收录的《过番歌》,就是
周学辉先生提供的这个搜集整理本。

但是,新加坡蜡纸刻写油印本的出现,又使我们对这一推断有所
疑虑。据提供这一抄本的陈克振先生说,这一抄本是 1983 年一位年
逾花甲的新加坡林姓华侨回安溪探亲时带来的。比较这一抄本和周
学辉搜集、校注本,内容一样,只有少许差异:第一,新加坡抄本比周学
辉搜集、校注本多出四行无碍大局的唱词。第二,新加坡抄本一贯到
底,不加分节,周学辉搜集本则按内容分为"禀过父母""告别贤妻"
"别家出门""渡海漂洋""到达实叻""往别州府""返回唐山"七节,这
显然是搜集整理者后来所加。第三,新加坡抄本与周学辉搜集本的方
言记录方式有所不同。新加坡本遇到某些与普通话义同音不同,且又

无通用的方言字可以记录时,一般就用普通话的同义字来记录。如第14行"失志无面可见人"的"可"字,在此处闽南方言读作 tang(窗的闽南话读音),新加坡抄本仍取其意记作"可";而周学辉搜集本则记作"窗",用的是借用汉字方言读音法。类似的例子还有新加坡本的"不"字,周学辉本记成"呣";新加坡本的"识"字,周学辉本记作"捌"字,等等。其整理和记录方式的不同显然可见,这一新加坡抄本不是周学辉先生提供给新加坡乡亲和口述历史馆的那个搜集整理本,在时间上怕还要更早一些。这有两种可能:首先,新加坡本来就有一个或多个《过番歌》的抄本流传,或许周学辉先生就是根据这一抄本并参照其他人的抄本或传唱整理的,整理中把他认为不合适的某些用字改过来并按内容加以分节。因为周先生在《过番歌》的"后语"中还说明,这首《过番歌》,"经本人校正二百三十余处,注释一百四十七处,经校注的《过番歌》比原来的《过番歌》音调更接近闽南方言。"其次,周学辉的搜集本与此抄本无关。他是根据别的抄本或传唱整理的,这也证明这一抄本的独立存在。

吴圭章、杨世膺的校注本提出一个重要的线索,即《过番歌》的作者为"安溪善坛钟鑫"。杨世膺先生在附于唱本前面的《〈过番歌〉作者小考》一文中,对此作了专门考述。他的最重要而且直接的证据是"土塘林泰山保存的几十年前的《过番歌》的转抄手稿,歌词的末两句是:'若问此歌谁人编,就是善堂钟鑫仙'。"据此,他深入调查了善堂钟鑫的后裔乡亲,得知钟鑫字文玉,1879 年生,读过六年私塾,22 岁时迫于生计到实叻与槟榔屿谋生,历尽艰辛,两三年后空手归来,此后在家务农,常思过番时的辛酸,便编歌劝世。"每吟成一段,必向乡亲好友反复吟唱,不断修改。"至今善坛乡能唱《过番歌》的老人还很多。对照《过番歌》,其主人公的经历及出洋时沿途所经的路线、地名都与钟鑫的经历十分相似,由此进一步作出这一结论。遗憾的是,我在杨世膺先生的陪同下,曾到善坛寻访,虽亲耳聆听了善坛十数位老人吟唱的《过番歌》,却未能看到土塘林泰山保留下来的那份写有"若问此歌谁人编,就是善坛钟鑫仙"的传抄本。口碑中钟鑫创作的另外一些山歌抄本,也均被岁月淹没而不得寻见。杨世膺先生也只是从群众流传中得知土塘林泰山抄本中有这两句的。因此，吴圭章、杨世膺的校注本也非根据林泰山的抄本而来，所以也无这两句唱词。钟鑫是不是《过番歌》的最初创作者，目前尚缺乏更有力的证据。但如果从《过番歌》作为一种民间口口相传的集体创作这一特点去认识，钟鑫在《过番歌》流传过程中，至少在它于安溪善坛一带的流传中，曾发挥过某种作用，这一点是可以肯定的。

四、南安本和安溪本的比较

南安本《过番歌》（即会文堂本和博文斋本）与安溪本《过番歌》（即另外三种刊本和抄本），二者之间存在什么关系，这是我们所关心的。

把南安本和安溪本看做《过番歌》流传过程中的异本，而不作为两部独立的作品，是因为这两部《过番歌》无论从内容、主题、结构到其劝世的创作和演唱的目的，都基本上是一样的。它们都叙说了一个贫苦农民离家别亲、远涉重洋，到番平谋生而后返回故乡的辛酸历程。在结构上都从辞家别亲写起，再写离家后路途的艰难与思念，接着写番平谋生的无着和失望，最后写不堪乡思的折磨而重返故里。其目的都在于用"亲身经见过"的事实，告诉人们："番平好趁是无影"，"劝恁只厝若可度，番平千万不通行。"两种本子的唱词，有不少是相同的。

但是，南安本和安溪本也有较大的差异，主要是：

第一，在篇幅上，南安本344行（以会文堂本计），安溪本760行（以周学辉本计）。如果我们按照情节内容的发展把全本分成"辞乡别亲""过番途中""异邦谋生""返归唐山"四大段落，每个段落所占行数如下：

	南安本（344行）	安溪本（760行）
辞乡别亲	44行	276行
过番途中	78行	140行
异邦谋生	158行	188行
返归唐山	64行	156行

可以看出,南安本描写的重点在第三段"异邦谋生"上(158 行);而安溪本描写的重点在第一段"辞乡别亲"(276 行)。

第二,南安本的主人公是南安县人氏,因此唱词中提到过番途中的地名,是从南安离乡出洋途中的地名。演唱者就是借助所经过的每一个地方来表现主人公的情感。途中所经过的每处地方便成为初离家门的漂泊者一步一回头、三步一感叹的抒发情感的媒介。南安本和安溪本的差别,主要不在于他们所表现的主人公感情和命运的不同,而是由于主人公籍贯的不同,使沿途即景抒情的唱词有了很大的变动。

第三,在异域谋生的经历上,南安本和安溪本主人公的遭遇有一些不一样,这是两种异本最重要的一处差别。南安本的主人公在初抵异邦后,曾过了一小段漂泊无着的日子,而后去做了苦力,受尽工头的欺压和老板的盘剥。在小有积累后受不住诱惑去看戏、嫖妓,甚至染上性病,几尽破产才有所收敛,将辛苦粒积的一点钱用来开店做生意,三年后积有数百元,便把生意承盘回到唐山。他不算发迹的番客,但比起出洋搭船时的穷酸汉形象,已是今非昔比了。相形之下,安溪本的主人公谋生异邦的境遇似乎更为不好。虽然他初出洋时多少还有一点盘缠。但抵达实叻后却一直漂泊无着,先是去做"龟里"(苦力),扛炭背米,沉重辛苦,生活不惯。继而转移到槟榔屿,不幸又染上"船毒"(可能是疥疮一类的皮肤病)。他是被失望和乡思所深深折磨而毅然决定返归唐山的。归来时两手空空,充满怨叹。两种本子所反映的主人公的经历都是现实的,具有不同的代表性。相比起来,南安本主人公在番平的生活经历更长、更多样,其所反映的彼时新加坡的社会生活和经济情况,要更丰富一些。而安溪本的唱词大都在抒发个人孤独和乡思,其对彼时番平社会生活状况的反映,就显得较为单薄,但他从自己命运遭遇所流露的对过番的失望情绪,则更加浓烈。

第四,在艺术上,南安本基本是演唱者的叙述,行文比较简洁紧凑,但也略显粗疏。安溪本则较为细腻,注意进行内心情感的抒写和氛围的渲染。

在南安本和安溪本之间,有无承续的关系,目前尚无直接的材料可以证明。不过,从下面几个方面分析,还是可以作出某些推断的。

第一,如果本文第一、二节关于会文堂本先于博文斋本的论断可以成立的话,博文斋本发行于1922年,会文堂本则在较此年份更早的清末或民初。而会文堂本曰"新刻",又称"新刊手抄过番歌",那么应当还会有"旧刻",或在刻行之前就已存在手抄本流传。"旧刻"或手抄本应在更早无疑。而安溪本的正式刊行本在1987年,前此仅以手抄本流传。周学辉先生在其搜集、校注本的"前言"中说:"这首歌曲在五十多年前就流传于闽南侨乡。"依此推算,约在20世纪30年代,显然比南安本要晚许多。又如杨世膺先生所提出的,假设安溪本《过番歌》诚为钟鑫所作,钟鑫生于1879年,22岁出洋为1901年,两三年后归来之1903年或1904年。钟鑫死于1933年。这首"耗尽了他后半生心血的"长达七百余行的长篇说唱,当也不可能是归来之后很短时间就可以完成的。它的出现时间最早在民国前后,仍只可能在南安本之后。

第二,民间流传的口头创作与文人创作有一个重要的区别,即民间创作不像文人创作那样属于个人的,有明确的著作权。在其流传过程中,群众和演唱者往往可以根据需要进行修改或补充,使其成为群众性的集体创作。南安本的《过番歌》在其以手抄本和刊印本流传,或民间艺人的演唱过程中,为安溪侨乡人民根据自己的经历、体验加以改造、补充或重新编写,而成为目前流传的安溪本,是完全可能的。杨世膺先生认定的作者钟鑫,可能也是在这一阶段中发挥过作用。

第三,民间创作在其流变过程中,一般是由简到繁、由粗疏到精细。安溪本较之南安本,在规模上和艺术表现上都要繁富细腻,这是进一步加工的结果。

第四,南安本开篇第一句就点明"现今清朝定太平",规定了故事产生和演唱者所处的年代背景,安溪本没有这样的唱词,很可能是在异本出现和流传时,改编者或演唱者所处的年代变了,不便再这样唱了。

由是,我以为可以确认南安本早于安溪本;安溪本是南安本在流传过程中出现的异本,或者仿本。

　　异本或仿本的存在,说明此作品流传的地区之广、时间之长、影响之深。它使《过番歌》变得复杂,也变得丰富起来。相信在民间中还可能有其他的抄本存在,希望新的发现能对本文上述大多仍属推断的结论,提供新的佐证、补充或修正。

长篇说唱《过番歌》的产生和流播

一

一部能广泛在地区流传的长篇民间创作,必然有它从产生、流播到定形和变异的繁复过程。像《过番歌》这样一部长达数百行并有着不同异本流传的长篇说唱,也不可能仅是某个作者个人才智的表现,而是群众集体智慧的结晶。弄清《过番歌》的产生和流播,对于我们理解这部作品出现的时代及其影响和意义,是极为重要的一环。

中国自唐以来就有不少人出于政治的或经济的各种原因,漂洋过海进入东南亚一带居住。南宋以后,由于商品经济的发展和航海技术的进步,以及沿海土地的大量开发带来人口的激增,华人出国定居已成为比较常见的现象。此时中国的经济、文化发展,在亚洲处于领先地位,最早出国的华人大多是随着宣扬王朝威仪和海上贸易的船队,在途经地区留居下来的使臣、商人和水手,他们依凭国家的政治、经济影响,在留居国的社会地位一般相对的要优于当地的土著居民。鸦片战争以后,东、西方殖民者的侵扰,加之国内战乱不断,政治腐败,农村水旱灾害频仍,导致了国内经济破产。与此同时,西方殖民宗主国对东南亚资源的掠夺性开发,使东南亚的殖民垄断经济得到一定的发展,而开发所需的大批劳动力,对中国沿海因农村破产所造成的失业大军具有很大吸引力。大批华侨便是在这一时期出国的。他们到侨居国之后的政治、经济地位,也就显而易见地与宋明时期由经商而侨居国外的华侨有着天壤之别。

在这一时期出国的华侨,主要来自广东、福建两省。据 1935 年的

统计,闽粤两省的人口合计 4400 万人,华侨达就 780 万人,约占两省
总人口的 1/6,若再以两省(广东、福建)的侨乡人口对照,出国的人数
则要占 1/3 左右。

再从新加坡的资料统计看,新加坡从 19 世纪 40 年代到 20 世纪
40 年代的一百年间,华侨人口的增长在一百倍左右,具体列表如下:

表1 19 世纪 40 年代—20 世纪 40 年代华侨在新加坡总人口中的占比

年份	新加坡总人口	华侨人口	华侨在总人口中所占百分比(%)
1830	16634	6555	39.4
1840	35389	17704	50.0
1860	81734	50043	61.2
1871	97111	54572	56.2
1881	139208	86766	62.3
1891	184554	121908	66.1
1901	228555	164041	71.8
1911	305439	222655	72.9
1921	420004	315877	75.2
1931	559946	419564	74.9
1939	725564	565182	77.9
1947	940824	730133	77.6

(注:以上资料转引自陈碧笙主编的《南洋华侨史》)

从上表可以看出,新加坡华侨增加最快的时期,一是在鸦片战争
之后的二十年间,翻了三番;再是在辛亥革命以后的二三十年间,每十
年都以十万左右的绝对数增加。这两个时期,恰是中国战乱频仍、灾
祸丛生、农村破产的年代。据 1947 年马来亚各帮的人口调查,在新加
坡 73 万华侨中,广东籍 40 万,约占 54.8%,福建籍 31 万,约占
42.5%。而 31 万福建华侨中,28.9 万是闽南人(厦、泉、漳),占闽侨
的 93%,闽粤华侨总数的 39.6%。闽南华侨大量出国的原因,除了地

理环境靠海,历史上与海外联系较为密切等客观原因外,从根本上看
则是因为帝国主义殖民经济的入侵,以及对原料和市场的掠夺,造成
传统农业和手工业经济的衰退;加之军阀混战、匪患不断、社会秩序不
安定,给生产力带来严重破坏,致使大量破产了的农民被迫远离家园、
过番谋生。1938 年,著名社会学家陈达在侨乡的一份社会调查中,分
析了 905 户华侨家庭的出国原因。其中,由于经济压迫和天灾而出国
的,达 664 户,占73.37%;因为原有的南洋关系而出国的 176 户,占
19.45%;试图发展事业的 26 户,占2.87%;而由于行为不端流亡海外
的 17 户,占1.88%。新加坡华人学者杨松年在《战前新马文学作品所
反映的华工生活》一文中,借助文学作品描述的主人公经历,对华侨南
徙的原因作了七种归纳,其中占首位的也是"家乡兵匪骚乱,民不聊
生,因此南来"。出于这些原因被迫远走南洋的华侨,其经济基础单
薄,文化水平不高,谋生条件并不好。过番之后遭遇之坎坷,社会地位
之低下,便也可想而知。据 1947 年马来亚的人口调查,260 余万华侨按
其谋生手段划分,90% 以上是受薪者(工人)和个体劳动者,其所从事的
职业大都是在林场、橡胶种植园和矿山从事沉重的体力劳动,一部分为
走乡串户的小商贩及商店小伙计。他们常常因为生活无着、谋生不易而
失望返归原乡。这也是造成这一时期华侨人口流动较大的原因之一。

　　这就是《过番歌》产生的那个迫使许多破产农民漂洋过海的彼时中
国的社会现实,以及大多数华侨漂落异邦之后困顿的人生境况。产生在
这样背景下的《过番歌》,便不能不含有太多的艰辛、酸苦和失望的人生
慨叹,以至要奉劝世人:"劝恁只厝(这里)若可度,番平千万不通行。"

二

　　当然,并不是一开始就有像《过番歌》这样长达数百行的长篇说唱
出现。民歌作为人民群众的情感寄托,往往是一种即兴的、抒情的,因
而也往往是比较短小的篇章。但由于浸透着人生的爱恨忧惧,便也成
为时代和生命的记录。而叙事性较强的长篇说唱,往往需要经过较长
时间积累和加工。一些与华侨生活有关的民间歌谣,它们都从不同侧
面抒写了漂洋过海谋生域外的这一族群的遭遇、感慨,和他们留居家

乡的眷属的悠长思念。例如这首流传于晋江的《过番》：

> 在厝无路,想卜离祖,
> 欠缺船费,典田卖租;
> 静静出门,心头艰苦;
> 一到海墩,从省搭渡;
> 不怕船小,生死有数;
> 自带乾粮,番薯菜脯;
> 到达番邦,无依无靠。

　　这首反映了"在厝无路"的穷困农民"典田买租"过番谋生的艰难境况。另一首同样流传在晋江的《相邀到番邦》则进一步描绘了过番后人生的艰辛和压抑：

> 相邀到番邦,
> 目滓流归(全)港;
> 出外无好赚,
> 无去不知空(不知道)。
> 一日过一日,
> 婵仔(小孩)变大人;
> 批信不敢寄,
> 心头挂石枋(石板)。

　　还有一首《客头招咱做华工》,则描写了被骗华工的绝望和痛苦:

> 客头(蛇头)招咱做华工,
> 落船才知不是人;
> 猪仔营中受刑罚,
> 某(妻)子不知一半项;
> 十八地狱有人过,
> 也无像咱障(这般)苦痛;
> 叫天天不应,
> 叫地地不动。

更大量的民歌则表现在家亲人的思念,也从另一个侧面反映出番客的艰难。如《六月思君》:

> 松柏开花心长长,
> 想着我君心头酸;
> 可怜家内无米煮,
> 才给我君去化(这么)远;
> 算君一去成十年,
> 批信一张也无瞄(望);
> 早知番邦这般样,
> 就是三天吃两顿,
> 也不让君过水门(南洋)。

这些民歌以其抒情的特征打动人心,但所有的抒情主人公同时也是叙事的主人公,因为在这些情感的抒发背后,都有一个基本的事件做背景。因此,这些只从某个局部和侧面反映华侨及其眷属生活的抒情短章综合起来,也可以看做一首叙事的长歌,它们几乎触及了《过番歌》所有的生活内容和主题。大量反映过番题材的民歌的存在,是长篇《过番歌》产生的准备和基础。因此也可以说,《过番歌》的最初作者,是众多亲历异邦生活并深知其苦的"番客"及其眷属,是侨乡下层的民众。

三

从抒情的民歌短章到叙事的长篇说唱,其间的发展,民间方言说唱的流行是一个重要的推动因素。

讲唱文学自宋元以来在华南地区就有着悠久的历史传统。发展到清时,闽南的民间方言说唱有两种性质,一是艺人的说唱,包括盲艺人的走唱,打拳卖药的说唱和沿街卖艺乞讨的乞唱;二是群众自娱性的演唱。由于艺人的演唱难于登上文人士子的大雅之堂,只能在下层民众中进行,而他们说唱的曲调大都来自民间的山歌、茶歌,因此他们对群众自娱性的演唱,就有着直接的影响。这种影响主要体现在形式和内容两方面。从形式上看,民间说唱的曲调是由闽南歌谣发展而来的,主要的基调是锦歌,如七字为一句、四句为一苞的"四空仔调",或称"七字仔调";字句不拘的"杂碎仔",或称"杂念仔调";七言两句互相对答盘唱的"褒歌"等。这些民间谣曲经过不同艺人的演唱,又发展成为他们有各自特色的"乞食调"(包括打响鼓、抽签仔、摇钱树、跳宝等)、卖药仔说唱等,有时还糅合外来的民歌、曲牌如"苏武牧羊调""孟姜女调""花鼓调"等。这种说唱的曲调为群众所接受,并转而成为群众自娱性演唱的方式。在内容上,由于专业演唱的需要,把四句一苞的民歌连缀成为便于叙说故事的长篇说唱。演唱的内容大致有四大类:

第一,根据小说、戏曲或民间故事改编的长篇说唱,如《昭君和番》《陈三五娘》《詹典嫂告御状》等,数量最多。

第二,针对现实发生的事件编写的说唱曲目,有针对时事的,如《十九路军抗日大战歌》,有针对某个命案或灾祸的,也有针对某些具有普遍性的人生际遇的(《过番歌》当属于这一类型)。

第三,表现世俗风情,带有劝世、讽喻或调侃的特征,如《戒烟歌》《赌博歌》《览烂歌》《打某歌》《打尪歌》等;

第四,表现男女情爱的说唱,有些比较健康,有些则带有色情的成分。

这些内容通过专业艺人的演唱,以及抄本、刊本在民间中流传,便也成为民间自娱性演唱的内容。它自然也就会影响群众性的民歌创作,即逐渐由抒情短章过渡到长篇叙事说唱的创作。

至于《过番歌》如何由抒情短篇发展到长篇叙事说唱,在尚未找到确切的证据确认《过番歌》的具体作者之前,我们只能做这样两种可能的假定:它或者是由某个熟悉侨乡下层生活的民间说唱艺人,根据侨乡有关的民歌和具体人的经历整理编写的;或者是由有着切身过番体验的异邦归来人,在有关民歌、民间说唱和唱本的影响和启发下,依据自身经历和周围人的体验编写的。

四

但这只是《过番歌》的雏形。厦门会文堂本《新刻过番歌》署名为"南安江湖客辑",这个化名为"江湖客"的南安人,显然是从民间或说唱艺人中流传的《过番歌》辑录而来,并加以整理定型,使这个仅具雏形的《过番歌》得以用刻本的形式,更广泛地流传开来。在《过番歌》产生、流播和异变的过程中,刻本的出现是重要的一环。

闽南的雕版刻书业源自宋代。明弘治以后,蜚声海内的建阳麻沙刻书,由于一场大火将所有典籍付之一炬,自此一蹶不振;而闽南的刻书业却在此时异军突起。彼时,刻书多与仕途科举结合在一起,除刻印文人墨客的专集、别集之外,大量刊行的是经、史、子、集、时务、策对,乃至三字经、识字贤文等,以应读书人仕途之需。但因为闽南自南宋以来,经贸发达,鸦片战争之后,厦门又辟为五口通商城市,市井繁荣,居民众多。书坛便同时刊印各种居家必备的医书、历书、风水、命相及话本小说、戏曲说唱等通俗小册子,这些很受一般市井小民的欢迎。清末科举废除,供应仕途之需的经史子集销量骤减,书坛便转向大量刊印各种话本小说、戏曲说唱和居家必备的通俗小册子。目前坊间较易搜集到的通俗唱本,便大多是清末至民初的这一类印本。

刻书业的这一转向,为民间方言说唱的创作和流行提供了一个机会。彼时,书坊大都聘有一些文人为他们捉刀编写。这些埋名隐姓的落魄文人,或者根据传统的小说、戏曲编写唱本,或者从民间搜集已经流行的抄本整理加工,或按照现实的需要自己创作。用今天的话说,他们是这些书坊的专业编辑和作者。《过番歌》的搜集整理者"南安江湖客",可能就是由会文堂聘用的这样的文人。从我所接触到的书目看,他在会文堂辑编的尚有《新刻金姑看羊刘永新歌》《新刻梁士奇新歌》《新刻詹典嫂告御状新歌》等。如前所说,"南安江湖客"在《过番歌》产生和流变过程中的头一个功绩,是使流传民间的口头传唱本或手抄本,经过必要的文字加工和整理,以刊印本的形式定型下来。

当然,刊印本更主要的意义在于促进了作品的流播。一曲《过番歌》,过去只能依靠口口相传在有限的地区流播;刊印本的发行,则使它可以越出本地区,随着刊印本所到之处流传开来。同是闽南方言区的台湾,自早就有这些书坊的发行处;而据厦门博文斋的后裔说,在博文斋的全盛时期,在马尼拉、新加坡都设有博文斋分店,专售他们刊印的各种通俗小说和唱本等。因此,今天我们能在我国台湾地区和新加坡找到《过番歌》的最早印本和抄本,便不奇怪了。

<h2 style="text-align:center">五</h2>

在《过番歌》的流播过程中,还有一个现象颇值得注意。清末民初,从厦门到南洋一般要在海上航行七八天。沉闷的海上生活没有什么娱乐活动,因而穷困的过番客便每每在厦门上船之前,就从街头地摊买一些通俗小说、唱本带到船上阅读、演唱,以消磨时间。这些过番客不仅把《过番歌》这样一些通俗唱本带到异邦,而且还从《过番歌》中体验了他们未来的人生。后来,当他们经历了《过番歌》所描写的那样辛酸的异域人生之后,他们不仅感慨于《过番歌》真实地表达了自己的不幸,还在不断的演唱过程中,以自己的经历、体验,来补充、修正原本的《过番歌》,使之产生新的异本。这种情况在民间文学的流传和异变中,是常见的。安溪本的《过番歌》可能就是这样一次再创作的产物。

据安溪吴圭章、杨世膺《过番歌》校注本关于作者钟鑫的考证,钟鑫字文玉,1879年生于安溪善坛,小时候读过六年私塾。22岁时迫于生计,辞别父母、兄弟、妻室,到马来亚的实叻和槟榔屿等地谋生,扛木炭、背米包,历尽艰辛。两三年后不堪失望和思乡之苦,空手返回故里。此后据说他常常忆起这段辛酸历程,便常在深夜灯前噙泪吟哦。每成一段,便向乡亲好友反复吟唱。善坛过番的人多,许多人都可以从唱词中听到自己的心声,便竞相转抄传唱。我们曾到善坛访问,耳聆一群五六十岁的老人演唱《过番歌》的盛况。杨世膺先生将钟鑫的经历与安溪本《过番歌》的内容进行对照,认为歌词内容是作者钟鑫生平的真实写照。其与南安本不同的过番路线,恰正是从安溪善坛到厦门的路线;而读过六年私塾,平时爱唱民谣并编过一些歌谣的钟鑫,也具有一定的文字能力,能进行这样长篇说唱的创作。尤其是杨世膺先生从调查中听说土塘村林泰山的转抄本中末尾有"若问此歌谁人编,便是善坛钟鑫仙"两句,便确认安溪本《过番歌》为钟鑫所作。虽然,在吴圭章、杨世膺的校注本中,没有传说中土塘林泰山抄本中关于作者的两句唱词,致使这最直接有力的佐证未能在唱本上体现出来,但其所作的分析并非没有说服力。我们假定安溪本《过番歌》的作者为钟鑫这个论断可以成立,但安溪本较之南安本《过番歌》晚出,是我们在《〈过番歌〉及其异本》①一文中对这两本刊本进行比较就已得出的结论。那么,钟鑫在《过番歌》产生、流播和异变的过程中,并不是最初的作者,而是在其流播过程中,根据自己经历、体验,对原本《过番歌》进行补充和修改,使之成为另一种异本流传的作者。钟鑫对原本《过番歌》的补充和修改,主要是:(1)出洋的路线由南安经厦门搭船,改为由安溪经厦门搭船;(2)增加了在槟榔屿的一段经历;(3)在唱词上加强了辞家别亲的亲情描写,使整个唱本在规模上超出原本一倍以上。这显然有钟鑫个人的经历和感受在起作用。但就其整体看,无论从整部说唱的主题、结构、基本内容和劝世的意蕴,都没有脱离原本《过番歌》的范畴。

刻本的刊行,扩大了原来依靠传唱和手抄的说唱流传的范围。不同地区的演唱者和听众对明显有着地区内容局限的不够满足,便会激起他们将自身经历、体验,加入到原唱本中去的创作冲动。异本便是在这种扩大流传的过程中,由不同身份、经历的演唱者、听众加入到创作中来的结果。即使前面假定的钟鑫作为安溪本作者的论断不能成立,那么,仍然会有另一个作者——或者是如钟鑫那样的有着异邦经历的番客,或者是民间说唱艺人,在这一异本的产生中发挥过作用。《过番歌》除了安溪这一个异本之外,是否尚有别的异本,目前虽无材料证明,但不能排除这种可能。

我们在漳州长泰县访到一首《过番邦歌》,据说是由一位79岁的老人卢富仔口述而整理出来的。卢富仔在年轻时候曾为生活所迫,漂洋过海到缅甸等地谋生,但终因走投无路,最后求乞返乡。他的经历也相似于《过番歌》所描述的经历。由他口述的这首《过番邦歌》计64

---

① 刘登翰:《〈过番歌〉及其异本》,《福建学刊》,1991年第6期。

行。为便于分析比较,全歌抄录如下:

厦门水螺响三声,轮船开动起锚行,
离乡万里番邦去,想赚番银来养家。

一对时久到香港,看见街道闹葱葱,
男女老少满街走,大半都是中国人。

香港四面全是海,水中石壁浮起来,
岛上洋楼几十层,还有楼阁和亭台。

香港自古属中华,南海一朵牡丹花,
可恨割给英国管,腐败清朝大傻瓜。

香港过了大海洋,想着家中亲爹娘,
茫茫大海无边际,未知何时再回乡。

轮船走驶到安南,看见港口一片忙,
安南自古好厝边,现时属于法国人。

安南过去实叻坡,实叻过去槟榔屿,
番话全然不会讲,不懂番话着认输。

轮船一时到仰光,看见番人心茫茫,
没有一人是相识,好像哑吧话不通。

离开仰光去红营,出世头次坐火车,
车内的人归大阵,说话半句不晓听。

一时烦恼饭难吞,倒在车内人昏昏,

想念双亲如刀刈,眼泪流下做饭吞。

下了火车到红营,小心问路找叔爷,
找到叔爷心欢喜,介绍饼店做伙计。

饭店做工很无闲,日供三餐养本人,
工钱一分没领到,竹篮提水一场空。

红营失意回仰光,去到布店做杂工,
布店做工很无闲,想着父母真凄惨。

一时想要过番邦,赚钱回家救亲人,
没想番邦钱难赚,决心离开回中原。

过番吃苦一年外,双手空空无半项,
船上帮工抵船票,一路乞食受拖磨。

我去番邦吃苦头,编这番歌劝世人,
出外历尽千般苦,试过咸水才知难。

在这首《过番邦歌》里,虽然主人公的经历略有不同,是到缅甸谋生,但我们仍然可以看到《过番歌》的影子。那种从头到尾的叙述顺序,沿途见闻的描写与感慨,谋生无着的失望,以及编歌劝世的目的,都与南安本和安溪本的《过番歌》相似。虽然不能如安溪本那样,肯定是《过番歌》的又一异本(因两本的篇幅相差太大),但却不能排除受到《过番歌》影响的可能。或许是年轻时听过《过番歌》的演唱,或读过唱本,这些都为其留下深刻印象,以至一结合自己的身世创作,便不能自已地要纳入《过番歌》的模式。这种现象的存在并不奇怪。对于一首来自生活底层深处的民间说唱,众多异本或仿本的出现,恰恰证明它的真实基础和生命活力。

长篇说唱《过番歌》的文化冲突和劝世主题

一

19世纪后半叶至20世纪上半叶,是中国向东南亚移民最集中的时期。

以新加坡的人口发展为例:1819年,英国殖民者占领新加坡时,其人口尚不满5000人。1821年的人口统计资料表明:彼时,新加坡人口仅4727人,其中华侨1159人,占总人口的24.5%。此后,新加坡人口开始激增,到1840年,新加坡人口达35389人,其中华侨17704人,已占总人口的50%。随后更急剧发展,至1947年,新加坡人口达940824人,其中华侨(含侨生)人口730133人,已占总人口的77.6%(以上资料转引自江西人民出版社1989年出版的由陈碧笙主编的《南洋华侨史》)。可见,新加坡增加的人口绝大部分来自华人。从1819年到1947年,不足130年时间,新加坡的华侨人口增长近700倍,以平均每年6000人以上的绝对数字递增。特别是鸦片战争后和辛亥革命后的两个时段,为华侨人口移入最快的时期。究其原因,一方面是列强在这一时期瓜分中国,使曾经辉煌的封建王朝分崩离析,在清末民初政权更迭转换中,战乱频仍,灾祸不断,致使沿海诸省大量困顿、破产的农民和城镇贫民,为谋生计而选择离乡别亲、远走海外,形成了中国海外移民的巨大"推力";另一方面,西方殖民者占领南洋以后,出于开发的需要,急需大批劳动力,而刻苦、勤俭和聪慧的华人是他们认为的最理想的劳动力资源,这形成了海外移民市场的巨大"拉力"。"推力"

与"拉力"的合力作用,使清末民初成为中国向东南亚移民最重要的时期。

在19世纪—20世纪之交,华侨来到东南亚,这意味着资金、技术和劳力资源的进入。对一个亟待开发的地区,这些理所应当受到欢迎。1819年代表英国占领新加坡的莱佛士认为,在所有的外国侨民中,最具有重要性的"无疑是华侨"。然而出于其统治的需要,他将华侨分为三个等级:一为商人,二为有手艺的工匠,三为出卖劳力的农民。西方殖民者首先重视的是被视为第一等级的商人,他们赋予少数有钱的华侨商人以管理华侨的权力,使其成为华侨的首领;其次才是有手艺的工匠;而那些只靠出卖劳力谋生的贫困华侨,则被视为第三等级。然而华侨中的商人毕竟是少数,因农村破产而离乡漂洋的农民和城市贫民数量最多,这是华侨中的最大群体。1938年,著名社会学家陈达在汕头调查了905户华侨家庭后所得资料表明,因经济困顿(无业、失业或收入少、人口多无法维持生活者)以及因天灾导致破产而出国的达667户,占出国家庭的73.38%;而追求事业发展前往海外经商者,仅26户,占2.87%。这些被西方殖民者归为第三等级的贫困农民或城市贫民的出国者,在海外谋生中大多只能依靠廉价出卖自身劳力。在1947年马来亚的人口调查中,260余万华侨按其谋生方式划分,90%以上的华侨皆为受薪者和个体劳动者。他们之中除部分是怀有手艺的工匠外,大多仍为生活在社会底层的廉价体力出卖者,所从事的职业大多也是在林场、矿山或种植园做沉重的体力劳动。他们从国内地主经济的剥削中转移到海外的另一轮资本主义殖民经济的剥削之下,生存境遇并没有太多改变;加之异域生存的文化陌生,离乡别亲的孤单寂寞,和出国之前怀揣的淘金梦相去天渊,致使其产生怨叹。许多人归乡无望,只能老死他邦;而侥幸得以还乡者,面对持续不断的出国潮,便以切身经历,编歌劝世,留下了他们在异域的一段噩梦般的人生记忆。

这一时期中国的海外移民,存在三种类型:第一种是所谓知识移民,即20世纪初期出现的留学浪潮。这些在当时背景下怀揣"救国"目的而留学海外的一代学子,无论走向欧美还是驻足亚洲其他国家,也无论学成归国还是滞留不返,知识(求知)是他们出国的目的,也是他们滞留异邦的谋生手段。他们不同于另外两种主要以出卖劳力为谋生手段的移民,他们大都来自大中城市的中等以上家庭,都有较好的经济基础和文化背景,留学海外的语言交际能力和学识专长形成了他们在异邦较好的生存条件和谋生环境。不过,这一类型的移民在东南亚数量很少。第二种是契约劳工,即俗称的"卖猪仔"。他们在出国前即已签订的形同卖身的契约,致使他们在海外的生存中丧失了部分的人身自由且遭受了更加沉重的经济剥削与政治压迫,即使在契约期满之后也难以摆脱生活在底层的厄运。第三种为自由移民,这是一个内涵十分广泛的概念,从投资创业的商人、小贩、手工业者到出卖劳力的"龟里"。其中以出卖劳力者为多数,他们大多出生于农村或小城镇,因生活困难而无奈选择出国谋生。他们虽也号称"自由"移民,但对于缺乏资本和技艺的他们来说,这种"自由"是相对有限的。正是他们在域外艰辛的谋生环境中,在最初的淘金梦破灭之后,或者抱恨终老异邦,或者无奈返回故土。中国的东南亚移民大都属于这一类型,而尤以出卖劳力者为最多。

产生和流传于清末民初的长篇说唱《过番歌》,所反映的便是这一时期中国东南亚移民中这一类型移民的海外生存经历,是经济困顿而无奈出国的穷困华侨流落异邦的一段底层人生的经历和感受,是他们归乡之后对于噩梦般的异国人生的一份民间记忆和评说。

二

对于辞乡别亲、远走异邦的贫困华侨来说,从他们过番的那一天起就注定要面对两道人生难题:一是离乡背井的亲情疏隔和骨肉离散;二是立足异邦的文化陌生和谋生艰难。随之还必须面临出国之前怀揣的淘金梦破灭带来的巨大心理落差和压力。这一切背后都潜藏着深刻的文化冲突。

彼时中国,是一个以儒学为道统的宗法社会。自给自足的农耕经济,强调了人对土地的依赖,这是因为土地开发的长期性和从播种到收获的周期性,使人不敢轻易离开土地;而建立在这种人地关系基础上的血缘宗族制度,又强调了个人对于家族的归附。它们共同形成了中国人安土重迁的文化心理和以纲常伦理为核心的儒教文化传统。中国的许多格言、俗谚,如"父母在,不远游""在家千日好,出门时时难""金窝银窝,不如自家草窝",等等,都从各个侧面强化了这种固守家园的文化心理,甚至成为一种约定俗成的行为准则和规范。然而,当生存压力超过了这种固守家园的可能限度,即在原有的土地(所谓"家园")因种种原因,例如战争、灾祸或有限的土地无法满足过多人口的生存需求时,人们便不得不走上离乡别井的道路,以寻求新的生存空间,这就是移民。从安土重迁到离乡别井,生存方式的改变潜隐着文化心理上的巨大落差和激烈冲突;而"离乡"就意味着"别亲",因为这种迁徙很少是整个家族(家庭)的行为,而大多是个人的飘离。"别亲"必然造成对传统孝悌观念的背离,更加深了"离乡"所诱发的心理矛盾和文化冲突。

如果把"安土重迁"视为传统农耕文明背景下的一种精神守成,那么,移民海外则是现代工业文明背景下带有海洋文化精神的一种对外突围,蕴涵着更大范围的文化冲突。虽然不能说《过番歌》就充分表现了这样的主题,因为它的主人公只是位迫于经济困境而选择海外谋生的普通农民,而非19世纪锐意海外发展的革新派人物。但《过番歌》主角所伴随着的这股海外移民浪潮的兴起,则是在传统与现代、大陆与海洋这两种文化的冲突背景下出现的。主人公的身份虽然普通,但所面对着同样陌生的异邦文化和难测的现代文明。置于这样背景下的移民,漂洋过海来到异邦,潜藏着前途未卜和文化陌生的恐惧。其所引起的周围人际关系的阻挠,当然会更大。过番者便也不得不在这一连串尖锐、对立的矛盾之中犹豫、挣扎和选择。

长篇说唱《过番歌》所表现的,首先便是这种离乡别亲的人生漂移所诱发的外在矛盾和内心冲突。这也是《过番歌》开篇便一再强调的主题。我们依照作品的叙述内容将《过番歌》划分为四个大段落,南安本和安溪本各段落所占的行数如下:

	南安本(344 行)	安溪本(760 行)
辞乡别亲	44 行	276 行

过番途中	78 行		140 行
异邦谋生	158 行		188 行
返归唐山	64 行		156 行

其中第一段描写过番前的犹豫、挣扎和艰难决定,第二段表现过番途中对家园和亲情三步一回首的留恋与怀想。两段合计,南安本共122 行,占全篇 344 行的 35.5%,安溪本共 416 行,占全篇 760 行的 54.7%。可见,表现移民复杂的内心矛盾与思想冲突——其背后潜隐的是文化观念的矛盾和冲突,是《过番歌》——尤其是安溪本最重要的内容,也为过番者后来返归唐山埋下伏笔。

噩梦般的过番首先是巨大的生存压力所招致的。"在咱唐山真无空(贫穷),朋友相招过番邦",这两句看似平淡的唱词,开宗明义点出了过番的动机和过番者穷困的身份。安溪本对过番者生活困境有较详细的描述:

> 侵欠人债满满是,被人辱骂无了时;
> 年年侵欠人钱米,咱无家伙受人欺;
> 那是不敢出处趁,欠债何时窗还人?

(安溪本)

物质上的"侵欠人债满满是"带来精神上的"失志无面窗见人",二者所构成的物质与精神的双重压力,使过番成为拼死一搏,改变家庭境遇和挽回精神面子的唯一选择。

然而,离乡别亲的过番并不只是过番者个人所能决定的行为。中国家族社会的构成使每个人都生存在家族和社会的复杂网络之中,牵一发而动全身,触及的是与覆盖于这个纲络之上的传统观念的激烈冲突。首先是父母,在儒家礼教里,侍奉双亲是子女天经地义的责任,"父母在,不远游"是孝道,辞亲远行则为不孝。

> 父母听说想无步,说汝大汉心肝粗,
> 如今二人年又老,汝要出外是如何?

(安溪本)

其次是妻子,不孝有三,无后为大,不能生儿育女延续香火,也被视为不孝。

> 夫君汝说都也是,但碍未有男女儿,
> 伏望夫君汝主意,想着日后接宗支。
>
> (安溪本)

浓浓的亲情和沉沉的传统观念的压力,以及社会普遍对漂洋过海谋生异邦存在的怀疑和恐惧,形成了巨大的舆论包围。

> 厝边亲堂劝不通,亦着在家想作田。
> 番平好趁是无影,田螺含水罔过冬;
> 亲戚朋友来相劝,此去番平水路长;
> 做人若肯勤苦去,在咱家乡亦可安……
>
> (南安本)

> 番平虽然恰好趁,一条水路十外工。
> 过番牙人有块讲,比咱唐山恰重难。
> 番平好趁亦好开,是你无去恰不知。
>
> (安溪本)

这一切强大和庞大的传统观念和人际网络,动摇着、牵绊着过番者在犹豫、挣扎中做出艰难选择的决心和信心。然而,现实中巨大的生存压力又迫使穷困、破产农民无可奈何地选择出走的道路。传统观念的"拉力"和现实困境的"推力",使大多数过番者处于这种两难的矛盾和选择之中。19世纪末20世纪初中国海外移民中的相当一部分人,便是在这种文化矛盾和思想冲突中勉强踏上异邦谋生的道路,也把这种矛盾和冲突渗透在自己跌宕起伏、怨悔参半的全部异域人生中。

三

移民是一种生存方式的改变。

近代以来,具有一千多年历史的中国海外移民出现了一些深刻变化。自唐至明的海外移民，主要是随着宣扬天朝威仪和进行海上贸易的庞大船队而出现的。那时客居异邦的使臣、商人、水手，可以凭借中国高度发达的封建政治、经济和文化，相对于东南亚各地尚处于部族社会和经济的发展阶段，居于强势地位。那时的文化冲突，虽然也存在着移民自身所携带的中华文化与侨居国文化的差异和认同问题，但更多地还是表现为建立在先进生产力基础之上的中华文化对相对发展较为迟缓的东南亚侨居国文化的影响和融入。18世纪以后，随着西方殖民势力的东扩，东南亚地区陆续沦为西方殖民国家的殖民地和贸易中继地，这使这种文化对抗的强弱态势发生了逆转。在社会经济发展上出现了两种差距，一是继续着原先存在的中国封建地主经济与东南亚各地封建领主经济之间的差距；二是中国封建地主经济与西方殖民者所带来的资本主义殖民经济的差距。这两种差距逐渐以后者成为主要矛盾。特别在鸦片战争之后，中国也陷入西方殖民者虎视眈眈的弱肉强食之中，战乱频仍，灾祸不断，使这一时期为穷困所逼而无奈出国的华侨成为移民主体。在殖民经济面前，他们已不代表先进生产力。因此，这些大多来自下层社会以出卖劳力谋生的贫困华侨，在受到西方殖民经济主导的侨居国，已非昔日可比，相对而言，都处于弱势地位。为了谋生和减少异族势力的排挤，他们往往聚居一处，互相依靠，慢慢形成了以祖籍、方言、信仰为核心的华人聚居区，继而发展成为带有宗亲、乡缘性质乃至行业性、商贸性的华人社团；而华人聚居区滚雪球般的逐渐扩大，又形成了孤岛般存在于异域社会的"唐人街"或"中国城"。

在那些渐成规模的华侨聚居区中，保存着浓厚的中华文化传统和生活习俗，传统文化在一定程度上把部分华侨与异邦文化区隔开来，减缓了与异质文化冲突和融合的速度与力度。但从另一方面来说，华人社区的存在也延伸着国内固有的经济矛盾与文化冲突，使谋生异域的华侨实际上处于更为复杂的两种文化冲突的交错之中。既无可避免地要面对异域环境的文化包围，又要面对来自华人社会传统文化固有的矛盾。第二次世界大战以后，摆脱了殖民势力统治的东南亚诸国相继独立，随之兴起的文化本土化运动进一步加剧了这一文化冲突和文化融合的进程。海外华侨面临双重国籍的难题,因而必须重新选择自己的国籍归宿。而国籍归宿的确定并不完全等同于文化归宿的确定。从华侨到华人再到华裔和华族的身份变化,其背后的一系列文化差异、冲突和融合,成为 20 世纪华人社会一个普遍性的问题,并被尖锐地提出来。

当然,《过番歌》作为表现这个特定时期的一个特定的作品,不可能全面地反映这一时期华侨社会的全部矛盾和冲突,特别是它又是一部分贫困华侨过番数年不忍受遭遇之后返回故乡编歌劝世的民间作品,题材的特殊性和作品的限定性,使它在表现华人在海外生存的文化矛盾和冲突上有一定的限定。但字里行间的文化蕴涵仍然清晰而深刻。

首先是作品对于过番途中心理矛盾的细致刻绘:

> 忽听水螺啸三声,一时起碇就来行;
> 船今行去紧如箭,有人眩船叫苦天;
> 也有眩船兼呕吐,也有眩船倒在铺;
> 想起过海拙干难,咱厝小可周去趁;
> 一日若是吃两顿,也不来此受干难;
> 船今走来到汕头,冥日眩船目滓流;
> 汕头停脚一两工,入货却客过番邦;
> 客今再却几百名,随时起碇再开行;
> 水路行程有几时,一日来到七洲洋;
> 看见海水大似山,日来刈肠冥刈肝;
> 看见海水到拙乌,心头想起哀哀苦……

（南安本）

这是夹杂在怨悔声中对漫长、艰辛海途的描绘,仍延续过番之前和过番途中犹豫与懊悔的矛盾。一方面,所有海上的经验,对于一个刚从封闭的传统农村走出来的农民来说,都是新鲜的:海是那样黑,船是那样大、那样快,入货却客是那样多,途经的港口是那样陌生……另一方面,所有这些新鲜感受给他带来的是对未来无可预测的异邦人生的茫然和惊惧,以及对于故园的怀恋和过番的怨悔。过番的命运便交错在这五味杂陈的惊异与惊惧中忧心重重地展开了。

其次,异邦生活的文化陌生与孤独无助,给了过番者巨大的精神压力。

初踏上岸,面前展开的是另一番陌生的文化景致:

> 看见搭客争上波,□我心内主意无;
> 实叻景致真正好,也有牛车共马驼,
> 也有番仔对番婆,也有火车相似雷;
> 番邦生成恰如鬼。
>
> （南安本）

同样的景致在安溪本的描绘中,有了较多的细节:

> 实叻景致真是好,亦有番人共番婆;
> 身穿花衫戴白帽,口吃槟榔甲荖蒉;
> 脚下穿裙无穿裤,上街买卖赖赖梭。
>
> （安溪本）

这是惊鸿一瞥的最初印象,后来有更细致的描写:

> 番平景致难说起,千万物件真齐备:
> 埠头算是日日市,店中烛火吊玻璃;
> 也有查某会盘戏,比咱唐山有拾奇;
> 车子马车满尽是,胜过仙景一般年;
> 凡是番平讲情理,红毛只是得天时。
> 游到埠头看景致,唐人看见退一边;
> 或是做人欠情理,马踏重鞭就打伊。
>
> （安溪本）

19世纪中叶以后的实叻在西方殖民者的经营下,正处于发展上升时期。现代的生活方式和生产关系开始进入东方的传统社会。这里所描写的情景,保留了18世纪—19世纪新加坡社会的某些形态,既有物质性的工业社会初建的情形,也有精神性的洋人、土人、华人的文化共存与融合,更有资本主义殖民经济关系带来的新的经济剥削与压迫。对一个刚从传统农村走出来的、处于孤独和无助之中的过番者,是为必然:

> 伊有亲人□因兜,□去吃饭共剃头;
> 咱无亲人无处投,行到日□变无猴;
> 伊有亲人真正好,□伊勒挑吃西力;
> 咱无亲人满街梭,要去浪邦也是无,
> 要去山头不识路,实呐路途真生疏;
> 坡中连带四五工,看无一个咱亲人;
> 心中想起哀哀苦,无个亲人引头路。
>
> （南安本）

中国家族社会的聚居传统,使中国人把社会网络中亲人朋友的存在关系视为头等重要的生存环境。即使面临再大的经济困境与压迫,也能从亲朋的抚慰中获得精神的体贴和力量。而来到异邦四顾陌生的国度,举目无亲和求职无门便是最为可怕的两件事。那种完全失去生存保障的孤独和无助,既是精神的,也是物质的,几乎可以使刚踏上异邦的过番者完全崩溃。殖民统治下的东南亚,是带有资本主义性质的殖民经济。刚从对封建地主经济关系的依附中出走的贫困、破产农民,重新陷入对新型资本主义经济关系的依附之中。名为"自由"的移民,在没有资金和技术的情况下,只能"自由"地成为资本的雇佣,依靠出卖自身廉价劳力"自由"地被再剥削。这是甚于"要作不作由在咱"的农耕生活更加不如的境遇:

> 灵圭报晓天未光,四点翻身就起床;
> 想起檬肉真干苦,无灯无火暗暗摸;
> 早饭吃了天未光,工头就来叫出门;
> 头前先到通吃烟,尾后即到宿无困;
> 能个龟里锯柴科,袂用龟里拙草铺;
> 有个升苦不肯拙,工头就骂无吧突……
>
> （南安本）

而工资待遇更是受尽克扣：

> 别人一月发四摆，汝今不发说我知；
> 汝请去问大头家，我今存银有若干？
> 头家听说就应伊：汝今无银在公司。
> 龟里再问大头家：有做无银是若何？
> 头家就共财富讲：做人忠直即有银。

（南安本）

梦想与现实的巨大落差，唤起过番者无尽的怨悔：

> 实叻居了无几时，冥肘眠梦返乡里。
> 看见父母及兄弟，亦有叔侄及厝边，
> 一厅牙人满满是，声声说咱（勿会）趁钱；
> 悃去着惊搭领醒，醒来想着泪淋啼；
> 哪知命歹会变款，前日呣窗来过番；
> 山川河水都隔断，何时回归咱中原？

这份短暂的异域人生，交错在精神寂寞的文化陌生和谋生艰难的生存压力之中。从过番前的期待到过番后的失落，现实给了过番者一个无情的回答。如安溪本所唱的："独自青山看世景，看了世景就烦心""外乡虽是好景致，不及在家当初时"。反复出现在过番者谋生不顺的经历中不断涌起的思乡怀亲，使他做出一个违反自己初衷的决定：返回唐山。

四

劝世是《过番歌》创作和演唱的动机和主题。

一个贫困农民，为生活所迫，选择了过番谋生的道路。没有资金，没有技艺，也没有可以投靠的亲戚朋友和背景，孤身一人如没头苍蝇般地在异邦陌生的生存环境和文化环境中闯荡，这注定了他生活道路的艰难。在忍受不了异域生活的艰辛和怀乡思亲之苦这来自物质和精神的双重折磨之后，去国三五年就毅决定返乡，并以亲历的现身说法,编歌劝世,告诫世人:"劝恁只厝那可度,番平千万不通行。"

《过番歌》创作和演唱的这一动机和主题,值得深入分析。

首先,这是一个贫困农民负面的海外生存经验,当然不是所有过番者拓展海外的全部生存经验。《过番歌》的叙事主人公身份和经历的特殊性,代表了相当一部分与他有着共同经历——甚至更惨的过番者的生命体验,作品的典型意义不容置疑。在他们孤独无助地挣扎于谋生线上而又彻底失望的时候,重新选择返回故乡,有其值得同情的必然性,由此唱出"番平千万不通行",就"这一个"而言,也有其合理性。然而,特殊性的遭遇不能等同于普遍的结论。"番平千万不通行"所表达的只是部分的海外生存者的负面经验。对于另外一些海外移民者,"番平"恰恰给他们提供了他们由谋生到创业的一个新契机,是他们打破农耕文明对土地仰赖的束缚,走向现代文明的一片新天地。其实,作品主人公在说出这一结论时,其观察和叙说尚属客观。南安本唱道:

> 我今说话乎恁听,番平好趁有影代,
> 也有难苦无头路,也有趁钱无到开;
> 有的钱银入手内,荒花留连数十代;
> 有的办单不肯去,终日□马拔纸牌;
> 番平那是于好趁,许多人去几个来?

（南安本）

辩证地看待"番平千万不通行"的主题,是超越《过番歌》的思想局限所必需的。

其次,《过番歌》虽然从经济逼迫的现实角度提出了安于穷困与改变命运的文化冲突命题,但综观整部作品,却是站在维护传统消极苟安的生存观念来编写和演唱的。过番之前所有的劝阻和言说,都从维护传统的角度来预设;不幸的是却又都为过番者后来的遭遇所证实。从千百年封建阴影下走来的小生产者脆弱的文化心理和惰性的生存惯性,无力抗衡新的来自物质和精神的挫折和压力,于是只有返回原乡,回到千百年来一贯固守的生活原点上来。作品以一个过番者亲历的现身说法作注解，以底层农民这种消极应世、忍困苟安的生存观念，来消解过番前好不容易有的一点改变命运的突破，强调了"劝你只厝那可度，番平千万不通行"的主题。在《过番歌》这部作品所表现的安土重迁与拓展海外的文化冲突中，显然是以后者的失败告终。

第三，《过番歌》描写的是一个过番者经历奋斗和挫折，而后空手而归的不堪人生，这是相当一部分华侨用自己生命写就的一段血泪史。但《过番歌》在诠释这段历史时，往往把它归于命运，使宿命论成为这部作品的思想基调。它渗透在过番前后的几乎所有叙述之中，尤以安溪本为突出。家境不堪而选择过番，皆因"是咱字运未到时"；而对于过番充满期待："只去那卜字运是，望卜双手遮着天，黄河也有澄清日，做人岂无得运时"；初尝过番的艰难险途，只能埋怨"想来想去自恨命，今日只路才着行"；到达异邦的举目无亲，都是"生咱歹命唔长进，无亲无戚窗牵成"，所有这一切，都怪自己"就是命底无登带，今日才会只路来"。然而命运似乎总不关照，失望归来的过番者最后的结论如南安本所唱的："富贵贪溅总由天，我今死心不欣羡。"宿命是农耕社会无力抗争自然力的一种诠释和自我宽慰，同样在面对社会现实压力和激烈抗争时，也是弱势者的归咎于天（命）的一种消极诠释和心理安慰。以突破宿命观的拓展海外的积极人生，最后又回到安于困顿的消极宿命之中，《过番歌》劝世主题的复杂文化意蕴及其可能的消极影响，值得我们深入分析。

南少林之谜

一、难解之谜:闽中何处南少林

(一)

天下武功出少林。

20 世纪 80 年代初期,李连杰和当时一批在全国武术大赛中荣膺奖牌的武林精英联袂演出了电影《少林寺》,该片超群的技击表演、逼真的声光效果、寓庄于谐的抒情风格,以及交错着民族大义与爱情的传奇故事,风靡了中国大陆,并延播到香港、台湾,以及海外的华人社会。一时间,一批以少林武术为题材的影视作品,如《少林小子》《少林俗家弟子》《南北少林》《南拳王》等,相继蜂拥而来。出现在 20 世纪 80 年代的这股以少林武术(其后还延伸至"武当""崆峒""峨嵋"等其他武术门派)为背景的影视浪潮的形成,有其多方面的原因。它不仅满足了那一时期大陆观众以愉悦为主要审美目的的文化消费需要,以及以正义抗击强暴与邪恶的心理要求;同时还在更深层的复兴民族文化的思潮背景上,唤醒了久蕴于我们民族心中几乎被淡忘了的武术意识。

人们不能不对在世界上享有盛誉的少林功夫——中国功夫另眼相看。

武以寺名,寺以武显。正是在这样背景下,河南嵩山少林寺在沉寂数十个世纪之后,重新为世人所瞩目。

几乎全国各地所有如雨后春笋般涌冒出来的武馆、武校,都冠以"少林"的头衔。几乎所有来到中州的全国乃至世界的旅游观光客,都怀着朝圣一般的心情,希望能到这片武林圣地一游。

"少林"已不只是一种武术门派的称呼,而几乎就是"中国功夫"的代名,而且还是一种精神——以正义抗击邪恶暴力的精神象征。

于是,人们便重新寻找在中国曲折历史中坎坷成长起来的少林故事。

(二)

河南嵩山少林寺,始建于北魏太和十九年(495 年)。史载,时自天竺国北来的圣僧佛陀,游历了南部中国诸朝,来到北魏的首都平城(今山西大同),适孝文帝(471—499 年)在位。北魏原来是游牧于燕赵一带的北方少数民族。在三国争霸之后司马氏得天下,建立西晋王朝。朝纲失治引起社会混乱,各派势力纷纷崛起,形成了五胡十六国的错综局面。北方的拓跋氏一支统一了长江北岸,建立起北魏王朝。北魏开国皇帝道武帝(386—408 年)登基之后,为了安定民心,特别推崇佛教。他普建寺院、广度僧尼,邀请商僧讲经说法,开导民俗,使北魏称雄于乱世。然而三传到太武帝(424—452 年),却听信中州道士寇谦之和大司徒崔浩的谗言,改佛信道,以为凭借武力便可征服天下,于是就在国中传旨毁寺灭佛,驱杀僧尼,"诸有佛图形象及胡经,尽皆击破焚烧,沙门无少长悉坑之"。但适得其反,民心离散,惶惶不安,朝内又出现盖吴之叛,几欲危倾江山。因此,四传到文成帝(452—465 年),五传到献文帝(465—471 年),都吸取前朝教训,重兴佛教,恢复寺塔经像,开凿云冈石窟,允许州县建寺。六传到孝文帝(471—499 年),更秉承其先帝遗风,事佛至诚,对佛教倡扬有嘉。太和十六年(492 年),孝文帝下诏广度僧尼,规定凡大州度 100 人,中州度 50 人,小州度 20 人。当时北魏共有 113 州,按中州平均推算,一次就度僧尼 5650 人;每年两次,则为 11300 人。这是"常准",除此之外,还有名目繁多的"额外恩准"。据《魏书·释老志》的记载,北魏之世,约略记之,有僧尼两百万人,佛教寺院两万多座。杨衒在《洛阳伽蓝记》中描绘当时的寺院之盛云:"招提栉比,宝塔骈罗,争写天上之姿,竞摸山中之影。金塔与灵台比高,广殿共阿房等壮……"北魏简直成了佛国。因此,当天竺圣僧佛陀抵达北魏时,便受到孝文帝十分隆重的礼敬。不仅在平城附近"别设禅林,凿石为龛,结徒念完",而且还由"国家资供,倍加余部"(见《续僧传·佛陀传》)。

胸怀大略的孝文帝一心指望一统华夏。他接受佛陀的建议——"欲王天下,不能只王鲜族",力排众议,决心汉化。孝文帝不仅带头学习汉族典籍,尊重汉人的礼仪,还率先改拓跋为汉姓"元",并决定将国都由偏于一隅的平城迁至更便于掌握全局的"国之中心"——洛阳。

太和十八年(493年),孝文帝迁都洛阳,佛陀随行。考虑到佛陀"性爱幽栖,林谷是托",特为他"复设静院,敕以处之",并慎重地选择地点。传说孝文帝在移都东京(洛阳)时,曾征询佛陀建寺的意见,佛陀口占一偈,作为他择址的标准:

> 龙虎相视地,如来身下边;
> 睡莲花心内,轩辕古道前。

这天,孝文帝来到嵩山玉柱峰下的法王寺礼佛,并拜谒方丈道登和尚,言为佛陀择址建寺的事。道登和尚说:"轩辕古道就在我寺西边,圣上有心,贫僧可以陪同前往一看。"第二天孝文帝回驾,由道登和尚陪同,特意绕道从西边走。这一带原是崇伯鲧的领地,东西两山对望,古称崇地。传到鲧的儿子禹,让其妻住东山,妾住西山,故把东山称作"太室",西山唤作"少室"。太室山蜿蜒起伏,犹如一条腾云巨龙;少室山峻峭峥嵘,好似一头咆哮猛虎。一龙一虎,各有精妙。龙虎两山相抱之处,便是轩辕关。孝文帝听着道登和尚的指点讲说,一边放眼望去,果然在少室山周围有十余座山峰簇拥:南面五座山峰,如旗、如鼓、如剑、如印、如钟,真是形态毕肖;北面亦有五座山峰,峰峰相连,如一朵睡莲,称为五乳峰,而少室山拥坐其间,犹似立在睡莲花心。回头再朝对面的山峦望去,那蜿蜒起伏的山势形如一尊仰面而卧的大佛,这一切都和佛陀留下的偈语吻合。下得山来见轩辕关前有一株三人合抱的大槐树,便敕令在这里为佛陀建寺。因寺在少室山的密林之中,便敕旨称为"少林寺"。

少林寺始建于太和十九年(495 年),数载后落成,佛陀便由他暂时居住的永宁寺移入新寺,成为少林寺的开山祖师。少林寺的历史便从佛陀开始。一千多年来,风波跌宕,坎坷起伏,演出了许多亦忧亦喜、亦悲亦壮的神奇故事。

(三)

对少林寺后来的发展带来深远影响的,是另一位也是来自天竺国的西方圣僧——达摩祖师(?—536 年)。

传说达摩原是南天竺香主国的三太子。他在 17 岁时为释迦佛祖座前大弟子摩诃迦叶尊者的第 27 代徒裔般若多罗尊者,化度成为释迦佛祖的第 28 代法孙。在本国修行多年,待师尊圆寂之后,便按师尊生前留下的偈语,东来震旦(中国)弘法。

当达摩卷发宽袍、跣足蓬头,漂洋过海来到广州时,南朝梁武帝肖衍得讯,立即将他迎入首都金陵。梁武帝好佛,但过度奢靡,功利心又重,金陵城里寺院,一座座都修得雕梁画栋、金碧辉煌;围绕在武帝周围的僧尼,也一个个都会阿谀奉承。对着这不远千里而来的西方圣僧,梁武帝自想表功一番。他问达摩:"如何是圣谛第一义?"达摩答:"廓然无圣。"又问:"对朕者谁"?答曰:"不识。"这回答使梁武帝感到没趣。从禅理上说,真谛以明非有,俗谛以明非无,真俗不二,即是佛谛第一义。这一玄妙佛理,锦衣玉食的梁武帝如何能理解。梁武帝尚不甘心,便又问:"朕即位以来,造寺写经,度僧不可胜记,有何功德?"想不到达摩竟回答:"并无功德。"梁武帝不满,仍问:"何以无功德?"达摩曰:"此但人天小果,有漏之因,如影随形,虽有非实。"梁武帝复问:"如何是真功德?"达摩答:"净智妙圆,体自容寂,如是功德,不以世求。"两人相处,实在话不投机,因此达摩在金陵虽然仍受礼待,实际上并不被看重。他来东方弘扬佛法的心愿,也就无从实现。

时嵩山少林寺佛陀的大弟子神光也在江南弘法。一次达摩闲极无事,便蹓到横岗山上的法善寺,见人头挤挤都在听神光讲经。达摩驻足听了一会,神光当时讲的正是"三法印",虽语言诙谐,娓娓动听,却夹杂着儒道之说,达摩不禁感叹道:"佛门至理,叫这些儒生道徒讲得天花乱坠,可叹大梁国内无真佛啊!"说罢便转身而去。

这句话却让神光听在心里,受到很大的震撼。

感到金陵无佛,达摩便决定北上。梁武帝和神光和尚获知达摩已经不辞而别,都心有不甘。梁武帝是不愿达摩北上后为北魏所用,反过来耻笑大梁有眼无珠;而神光却是震撼于达摩对自己讲经的那句评语,反复冥思,心想必有道理,一心一意想向达摩问个明白,以求得真佛。于是两人都追到江边,想阻止达摩北上。梁武帝骑着毛骡,甩开队伍,却陷进了夹骡峰,耽误了拦阻达摩北上的时机,待他挣扎出狭窄的山隙来到江边时,已是江水汹涌澎湃东泄,杳无达摩祖师的影子了。

早一个时辰来到江边的达摩祖师见江水浩漫,却无一艘渡船,正茫然无计时,却见江岸边有一老奶奶坐地休息,面前放着一捆芦苇,便走上前去双手合十施礼道:"老施主,请施舍给我一枝芦苇,好让弟子以它代船渡过江去。"那老奶奶点点头,顺手抽出一管芦苇,递给达摩。达摩双手接过,俯首称谢。他走近江边将那管芦苇扔入江中,双脚往那芦苇秆上轻轻一踩,只见那芦苇秆半浸在江水之中,一花五叶仍翘首水上,顺着汹涌江涛,载着达摩祖师飘然北去了。

随后气喘吁吁赶来的神光和尚,见达摩已经脚踩芦苇隐隐北去,情急之下便抱起那老奶奶面前的整捆芦苇,也投入江中,想学达摩的样子踩上去。谁知那捆芦苇已经被汹涌的江涛吞没了,急得他只能望江兴叹。只听岸上那老奶奶说:"圣僧是化我芦苇,我自当相助;而你却是夺我芦苇,我何能助你? 物各有缘,不能强求。"说罢,便从岸上消失了。这就是著名的"达摩一苇渡江"的故事。

达摩过江以后,来到洛阳。他避开东都的繁华,径投嵩山而来。只见这里龙盘虎踞,南有卧佛山,北有五乳峰,东有迎客佛,西有钵盂坪,环境清幽,确是一处难得的佛门净土,便选定在这里修行。

达摩从江南的南梁来到江北的北魏,一路所见的隆盛佛事都夹杂着儒道之理,以解脱一己之苦的小乘教义为主。而他此行东来,意在弘传在佛祖出生的天竺已广为崇信的"大乘禅法"。这"大乘禅法"以破"我法两执",证"无上大道",而达到"自度度人"。因此,他并不进入少林寺，而在西北面草深林密的五乳峰中找到一处洞穴，作为自己的修行之地。这个洞内壁光地平，洞外一坪绿茵，渴了有山泉，饥了有野果，他每天便面朝对面的卧佛山，在这里恒心禅坐。传说这就是达摩面壁九年的达摩洞。

达摩的到来，很快为少林僧众悉知。经过赶回江北来的神光和尚的介绍，少林寺僧对圣僧达摩更是充满敬重之心。于是便不时邀请达摩在面禅之余来少林寺讲经。后来还特意在少林寺方丈室和毗卢阁之间的山坡上，筑了一平台，分别从东岳泰山、西岳华山、北岳恒山、南岳衡山采巨木为柱，以中岳之木做梁盖起一座五岳木拱起的讲经亭。其亭门四开，以寓广纳四众之意。达摩在少林寺广弘大乘教义，《达摩传》上说："志存大乘，冥心虚寂，通微彻数，定学为高。"他主张"入道多途，要唯二种，谓理、行也"。所谓"理入"，一要藉教悟宗，二要舍伪归真，三要凝注壁观，也就是要把心思专注于一种境相之上，秉承教义，悟入真性，而达到舍伪归真。而所谓"行入"，则强调"报怨行""随缘行""无所求行"，和与性净之理相默契的"法行"。他以面壁九年身体力行的凝注、壁观，其心要为四卷《楞伽经》，追求悟入真性，宣扬佛与众生本为一体，区别只在一迷一悟。佛是觉悟的众生，众生是没有觉悟的诸佛，把禅境大大提高了一步。中土之佛教，以他为禅宗始祖，六传到慧能，禅学便南北分派。南派以慧能为首，讲求"顿悟"；北派以慧能的同门师兄神秀为首，推崇"渐修"，代代衍播，形成了蔚为大观的中华禅学之风。

据《续僧传·菩提达摩传》说，达摩收有两名沙门弟子，一名是随他自江南大梁追赶而来的原少林第一代主持佛陀的得意弟子神光，赐名慧可；另一名是佛陀圆寂后受师命主持少林寺的道房禅师，赐名道育。传说中达摩尚有无数弟子，但不见经传，此为别说。慧可聪颖，道育敦厚，受达摩衣钵者则是慧可。《续僧传·慧可传》中说："达摩禅师为四卷（楞伽）授可，曰：'我观汉地，唯有此经，仁者依行，自得度也。'"因此，世以达摩为禅宗初祖，慧可为"二祖"。

在武林的传说中，达摩面壁，不仅修禅，而且习武。他把山中的龙、虎、蛇、猴、鹤的五禽之戏，演化成为罗汉十八手，后来又发展成为罗汉三十六功。因此,达摩不仅被尊为禅宗初祖,还被奉为武林的一代宗师;少林寺也就不仅以禅传人,而且也以武名世了。

传说达摩圆寂以后,在他静修九载的达摩洞石壁之上,留下了他跌坐蒲团之上,闭眼合掌、面壁静修的身影,为后世永远参拜。而他的法身舍利,则在圆寂三载之后,从地宫的棺椁中飞升而去。传说有人在西域的路上遇到达摩祖师,他一手提着一只黄色的双脸象鼻僧鞋,另一手扛着禅杖,朝西方天竺归去。此事传回东土,亲自将达摩圣僧厚殓入棺的孝静皇帝不信,开了地宫验棺,果然只剩下一只黄色双脸象鼻僧鞋,留给弘法的东土。

这两则传说,更增加了少林和达摩祖师的传奇魅力。

(四)

少林寺发展成为全国的寺院之首和武功的发祥之地,是在唐朝以后,这与"十三棍僧救秦王"的历史传说密不可分。

这故事发生在隋末唐初,离达摩祖师圆寂已近百年。此时隋炀帝昏庸无道,横征暴敛,奢侈无度,闹得民不聊生、国无宁日。随着各地农民起义不断,一些官僚势力也乘机起兵割据,自封为王。大业十四年(618 年),隋炀帝崩。曾为太原留守的李渊,出兵关中,建都长安(今陕西西安),自立为帝,称唐高祖,封世子李世民为秦王。隋炀帝死后各路反王进入了激烈的兼并时期,秦王李世民在削平了建都金城的秦政权蔡举,建都武威的凉政权李轨和占据晋北的天兴政权刘武周之后,乘胜兵出潼关,进迫洛阳,欲除去在洛京自称郑王的王世充。王世充遣使向在河朔自封夏王的窦建德求救,企望联合夏王抵御李世民。据说,在武德四年(621 年)围击洛阳的激战中,李世民被王世充的侄子、大将王仁则追杀,在危急之中恰为少林寺 13 名武僧所救。少林武僧因救秦王祸及全寺。郑王兵围少林寺,欲焚寺抓人,少林武僧奋起抗击,并加入唐军,帮助李世民杀王仁则、擒单雄信、败窦建德、破王世充,为唐朝一统天下立下了汗马功劳。李世民即位为唐太宗后,为了感激少林寺对唐开国大业的帮助,特地在少林寺内立碑旌表,同时敕封少林十三棍僧为开国大将军和护驾将军(除昙宗一人在此之前已受封外,其余皆辞谢),赐紫罗袈裟、九环锡杖,并增地40顷,水辗一具。同时允许少林寺招僧兵、参政事,战时带兵上阵为将,平时回寺参佛为僧。

此外,"少林十三棍僧救秦王"的故事被绘入少林寺壁画之中,为后世留下了一段佳话。后来许多小说、电影、电视,都据这一史迹,衍化成许多有声有色的故事。自此,少林寺便和历代朝廷建立了非同一般的政治关系,得到崇高的政治地位和优厚的奉养,参与了许多靖边止乱的战事;同时也使少林寺被尊为禅院之首和武林宗师。僧尼寺院的习武传统,便也由此日益发扬光大。

（五）

嵩山少林寺在宋末元初,曾遭一大劫难。在元太祖成吉思汗东征西讨的风云年代,少林寺曾因与金主宣宗的关系密切而诏令火焚。元世祖忽必烈一统中原后,想要优抚民心,便重兴佛教,拜雪岩满公的法孙雪庭福裕为国师。福裕和尚在获得元朝当局的宠信后,便提出重修少林寺院,召回离散僧人,使一度焚毁的少林寺得到恢复。福裕在任少林寺方丈时,还提出七十字诀作为寺僧辈分的排行。这七十字诀以自己的法号"福"字为开端,又以自己的法号"雪庭"为结束,详列如下:

> 福慧智子觉,了本圆可悟,周洪普广宗,道庆同玄祖,清净真如海,谌寂淳贞素,德行永延恒,妙体常坚固,心朗照幽深,性明监崇祚,衷正善喜祥,谨悫原济度,雪庭为导师,引汝归铉路。

同时还将少林寺的十方僧院改成子孙僧院。他又奏请元世祖同意,在嵩山之外,又建了多座少林寺,使少林寺在元初得到蓬勃的中兴。建在河南登封嵩山之外的少林寺,史说不一,有称六个,有称九个。如内蒙古的和林、河北的蓟州、陕西的长安、山西的太原、河南的洛阳、福建的福州、莆田、泉州,以及山东、台湾,都说存有少林寺。其中尤以建于闽中的少林寺,争论最多。这座因在江南而被称为南少林的少林禅院,由于传言它在明末清初因参与反清复明的秘密活动,而被清廷召令焚毁,衍生出许多传奇故事,因而更加显得扑朔迷离。它与嵩山的少林祖庭,一北一南,一存一毁,一显一潜而强烈对照,遥相呼应。

关于闽中南少林建于何地的争论,并不从今日始。早在半个世纪以前,著名的武术史家唐豪在他于 1941 年出版的《少林拳术秘诀考证》中就说:"真少林共有七个,一个在登封,一个在和林,一个在蓟州,一个在长安,一个在太原,一个在洛阳,一个在泉州。"他对闽中南少林取泉州之说,而否定了莆田之说,是根据他曾派自己的莆田籍学生利用假期回家探亲时,顺道查访莆田少林寺的有无。当他并未能从莆田史志和实地考察中找到这一寺院时,便认为"天地会秘籍中所称的南少林寺在福州莆田县九莲山"这一说法是子虚乌有的伪托。但这一观点并未具有充分说服力而被武术界和宗教界所认同。因为唐豪仅仅委托自己学生顺道查访,并非是一种有着严格学术态度的调查。因此在不少史著上仍沿用天地会的秘籍资料,认为闽中少林寺仍在秘籍上传言为盘龙、浦龙、浦田的莆田县。

这是引发自 20 世纪 80 年代以来关于闽中少林之争的根源。

从有关史料和传说上看,闽中少林寺早在福裕中兴少林寺之前就已存在了。关于这一部分的史据,我们在后面将有更详细的引述。

嵩山少林寺何以南来在闽中建寺,正史上并无详确记载,传说和杂著上也各说不一。较为普遍为后来论者所征引的,有两种观点,且都认为闽中少林寺建于唐初。

一说少林武僧南来建寺,系为靖边。相传隋炀帝末年,群雄割据,江南反出了杜伏威。唐高祖武德五年(622 年),杜伏威降唐,有部将不从,以路得才为首的 20 人逃入闽中,沦为海盗,并时常登陆,骚扰为害。其凭借熟识地理,夜聚明散,神出鬼没,朝廷屡次派兵征剿,始终未果,因而被朝廷视为心腹之患。唐太宗想起刚刚受到封赏的少林武僧,便令其派出一支僧兵,屯驻闽中,对下海为盗者,可度化者度化之,不可度化且罪大恶极者,则擒拿官办。于是便从十三棍僧中选出祖籍在闽的和尚道广,令其招领五百僧兵来闽。道广在闽数年,擒得了首恶路得才,度化了盲从匪众,使闽海复归宁静。海患靖绥之后,少林僧人本应北还,但当地父老乡亲百般的挽留,道广和尚回京奏请,获得恩准,在闽中寻找一处与少室九顶莲花山相似的地形建寺,亦称少林寺。这就是天地会秘籍中所谓浦龙(盘龙、莆田)九莲山少林寺的由来。主张南少林寺在莆田者多依此说。

另一说未道明少林武僧入闽的详细原因,但突出了他们的除害作用。近年发现的清代学者蔡永兼所著《西山杂志》"少林寺"条云:十三僧助唐之后,"唐王感少林寺之恩赐以袈裟褒其习武也。十三空之智空入闽中,建少林寺于清源山麓,凡十三落,闽僧武派之始焉。"此事当在唐太宗贞观年间。稍后数十年《西山杂志》引唐许稷之《闽中记》的资料云:唐高宗龙朔元年元月之春,闽州之东有异物如大蟒,双角八足,而巨鳞闪光,盘栖清源少林寺之西岭峰顶,风雨大至,平地洪水三尺焉。闽太守王肇率州绅祷于天坛,未果。少林武僧智空率十二徒,向太守请愿,除害于天坛上。发千斤之弩,果中一目,以铜链扣颈,札八脚,拔百鳞,縋入巨井,盖以大石,后建菩萨宫以镇之。主张南少林寺在泉州者,多引此说。

然而南少林寺在闽中存在1300多年,如此一件隆盛的大事,除了口碑流传外,竟然在正史和方志中没有留下明确的文字记载,致使后来论者各执一端,争讼迭起,甚至有人因此对南少林寺是否真切存在也疑虑百出。

此种情况当非偶然。有一种解释或许可作参考。

原来明朝覆亡以后,不少抗清义士多削发为僧,隐入山林,以图复起。少林寺历来与皇室保持密切的关系,民族意识强烈,况且地处深山,寺院广大,自古又有习武传统,自然就成为这些义士的削发隐匿之地。据说崇祯皇帝的三太子朱慈炯在法场被人劫走,隐入民间,化名朱复,一路南来,也避入少林寺中。这样少林寺便成为反清复明的义士聚集的大本营。此事当然瞒不过耳目众多的清廷,清廷以"整军经武,图谋不轨"的罪名,对少林寺进行围困剿灭,于是便出现康熙(或乾隆)诏令火烧少林寺的惨剧。少林寺被毁后,清朝统治者仍心有余悸,严格限制民间习武,并将所有记载少林寺的碑碣、文字,尽皆销毁删除。如此一来,在以"文字狱"著称的清朝,对所有文字档案进行了细如密梳的清理之后,后人想要在公开的史籍、志书和碑碣上再找到有关少林寺的记载,就难如登天了。

毕竟还会有一些野史杂志为有心人冒死留下来。特别是民间的口耳相传,越传越多,也越传越神,还有一些保留在民间反清复明团体,如天地会的会簿秘籍中。由于中国民间多用隐语、谐音和假托,以免将事物真相暴露在统治者面前,这样就更增添了少林寺的神秘色彩,也给后来的研究者徒添了一道道障碍。本来就史载不多的闽中少林寺,就显得更加扑朔迷离,像一个解不开的谜了。

尽管是谜,但闽中少林寺是一个确实的存在。

寻找南少林,是一段历史情结,也是一种现实的需要。它所体现出来的文化精神,哺育了过去时代的古人,还将激励面对明天的今人。

闽中何处南少林? 人们就这样掀起了一波又一波的寻找、发掘、取证的浪潮,展开了一次又一次的争论、辩驳、核实……

二、林翠泉清藏寺院,云深雾浓隐如来
——来自莆田林泉院的发掘

(一) 五口石槽说遗迹

1986 年,莆田在进行全市的文物普查中,有人报告,在离县城17.5公里的西天尾镇林山村发现了五口大型的花岗岩石槽。石槽沿面和外侧都刻有文字,虽年代久远,有些字迹已风化漶漫,但大致尚可辨认,可以确定是北宋年代的遗物。

随之又有人发现,在林山村山垅中有一些古代建筑的石柱基础和石墩,还有一些残断的碑刻、练功石锁,以及古代的陶瓷碎片。仿佛在这里曾经存在过一座规模不小的丛林建筑。

一石激起千层浪,林山村的相关发现开始引起了有关部门的注意。

彼时"少林热"方兴未艾。人们不能不联想起,电影《少林寺》和《南拳王》拍摄时,导演坚持要到莆田来取景,因为港台和海外华人社

会中流传很广的金庸、梁羽生写的新武侠小说,都一再认定南少林寺就在莆田。几年前,两个年轻人从莆田到嵩山少林寺学艺归来,向体育管理部门申请开办少林武馆。因为他们师父曾明确说:"南少林寺就在莆田,这是少林弟子口耳相传的。"少林寺僧人释永寿还曾两度前来莆田寻找南少林寺遗址。甚至在世界上许多和少林禅院、少林武功有关系的宗教、武术团体中,也有不少持有此种看法的。日本冲绳空手道协会的仲本盛康和嘉边敷维贤等就这样认为,并率团来莆田寻根。美国美洲佛教会永远顾问兼副会长、洛杉矶普陀观音菩萨寺住持释宽静法师,新加坡雪梅精舍住持,印尼廖内大乘佛教会会长释宗法师等,都先后来过莆田了解少林寺的情况。还有,在莆田当地曾流传有不少关于南少林的传说,如《五百和尚造反》《打字桥》《一指禅》等。被誉为古代戏剧"活化石"的莆仙戏,在 20 世纪二三十年代还曾有几个戏班联袂演出《火烧少林寺》,分为上、中、下三集。剧中的人物、事件、地点、时间,都以莆田为背景,与广为流传的民间传说相仿。此演出本已经被收藏在福建省戏曲研究所的剧目资料室里。凡此种种,不能不使人联想到那个被林山老百姓称为"林泉院"的湮毁了的寺院遗址,会不会与同样湮没了两个多世纪,因而众说纷纭的"南少林寺"有关呢?

莆田市体育、文化部门的一些有心人士,便开始了对这一遗址最初的踏勘和研究。原来林山又叫泉山,在县城北面,居九华山中段,海拔五百多米。这里东北隔荻芦河与福清县(今福清市)相邻。历史上曾经辖归福清,属清远里。宋太平兴国四年(979 年)清远里划归新设立的兴化县;明正统十三年(1448 年)废兴化县并入莆田县,清远里也随之归属莆田。其位于莆田、永泰、福清、仙游县交界处,地势十分险要。历史上曾经是莆田到福州的要道,繁华过一时。今虽官道已废,却仍有一两条陡峭的羊肠小道与外界保持交通。

现今的林山村辖 18 个自然村,有两千四百多口人,散落在一条南北走向的椭圆形盆地里。人们自称其先祖大都是清康雍年间从山上迁移下来的。环目四顾,周围山坡上足有六七千亩古时候留下来的石垒梯级茶园,可见当年这里曾经有过一段繁盛时光。

人们首先对报道的五口石槽感兴趣,因为这可能是这座尚还神秘不可测知的湮毁古刹最直接的物证。

村民们说,19世纪50年代初,村中尚有此类石槽30余口,后来陆续散失,现在就剩这五口了。有的用来堆盛杂物,有的就随便弃置露天。仔细察看这五口石槽,皆灰白花岗岩凿就。平面呈长方形或圆角长方形,断面呈倒梯形,内为弧底;底部有出水圆孔。石槽外侧和沿面皆有文字。置于露天的那口石槽,长131厘米。左边槽沿刻有"当院僧兵永其津其合共造石槽一口"15个大字,右边槽沿则刻有"以嘉祐癸卯九月造住持比僧口茂立"等字样。另一口在碾米厂盛放杂物的石槽,长192厘米,宽71.5厘米,高49厘米。四周槽沿分别刻着"诸罗汉浴煎茶散""治平二年乙巳岁二月日造""劝首僧继言元尽昭训住持沙门躲茂造""匠人施盛作子口书"四行大字。最大的一口石槽长226厘米,宽119厘米,高100厘米。五口石槽分别造于嘉祐癸卯(1063年)、治平元年(1064年)、治平二年(1065年),两件为绍圣元年(1094年)。

还有两块残断石碑,虽已不能通读,但从残留的字迹中可以发现这样句子:"当院僧师询刊""李唐贞观中法师""藏四大部帙而已""助营缮夏屋二十余间"等。

从这些最直接的文字资料中,人们可以推想,在九百多年前的北宋年间,这里已是一个规模巨大的丛林禅院了,不仅有"四大部帙"的丰富藏经,还建有助营缮夏屋20余间;而且已出现僧兵,和僧兵练武后舒筋活血的"诸罗汉浴煎茶散"。正是这些捉迷藏一般躲在历史缝隙之中的散落字句,成为后来关于南少林争论中被引用的焦点。肯定者以此作为自己立论的根据,否定者则千方百计找出个中的破绽。

在踏勘中,村民们还提出许多颇为重要的佐证和线索。首先是林山村的地名,村民们指着村后一段杂有各种瓦砾和础石的山垄说,听老辈人讲,那里就是当年的林泉院,后来被康熙皇帝一把火烧得精光。垄前东南方的那一块稍高的坡地,我们从小就叫它练功埕;中间的那块菜地,就叫钟鼓楼;下面最低的那丘水稻田,就叫鳌池。记得小时候在鳌池里,曾经挖出几根大木柱,很像《南少林》里的水上梅花桩。我们村里,还有叫院前、院后、院口、塔里、塔西的地名。林山村最初也叫林泉村,20 世纪 40 年代末与东泉村合并,才改叫林山村。总之,我们村和林泉院分不开……

这当然不无道理。地名是历史的积淀,地名文化是历史文化的一个侧面,在缺乏文字记载的情况下,地名往往会从某个侧面映射出当时历史的存在。

在林山村,还可以找到一座传说是当年反清复明秘密组织天地会的义士们,歃血盟誓的红花亭遗址。史称天地会又叫三合会、三点会。因其誓词中有"如天之长,如地之久,历千万年,必复之仇……",故称。关于天地会的起源,论说不一。其中一说则与南少林密切相关。传说明末清初抗清义士多削发为僧,隐入南少林。康熙得知,一火焚之,只逃出蔡忠德、方大洪、马超兴、胡德帝,李式开五人。他们歃血为盟,结会复仇,被称为"前五祖"。后有湖广义士吴天成、洪大岁、姚必达、李式地、林永超相继加入天地会,称为"后五祖"。林山红花亭在林泉院附近。相传亭柱上有一楹联:"万物总归三尺剑,五云时现七星旗",题头暗示天地会的另一名将万云龙和南少林的五祖和尚。据说亭柱原还有一副对联"柏酒倾杯绿,篱花带雨红",系郑郏所撰,也是对天地会的影射。林山村现今还有万云龙的将军庙及其神像,而且洪姓家中均设其神位,尊为始祖。村民们说,20 世纪 60 年代在掏厕所时,还挖出过一段地道,离红花亭只 20 几米,而另一端则通向莲花峰。在林泉院遗址左边的一片枇杷林中,也曾挖出过一段地道。在离林泉院不远的半山腰的一块龟形石上,刻有"吉星侍卫"四个二尺见方的榜书。传说就是万云龙带着明室遗裔朱三太子隐入附近的福山小寺时,为劝导朱三太子蓄志复明而特意刻下的。当时朱三太子随万云龙来到林山村,登高一望,万里云山,尽收眼底,一时高兴,便感慨万千道:"原来天下如此壮观。"继而想起山河破碎,不禁潸然泪下,他怀疑自己恢复明室的能力。万云龙指着朱三太子脚下的这块大石,让他试着用力摇晃,大石却仍稳如泰山,万云龙说:"陛下看这块大石下面,有许多小石支垫着,所以岿然不动。如今陛下也有文武百官跟随,何愁大业不成?这就叫吉星侍卫啊!"于是便命石匠将这四个大字勒于石上,以资激励。刻成之后,并未落款,原来只想让太子登基,再来补叙。不想后来事迹败露,只留下一段佳话。

凡此种种,更把人们对这座湮毁了的林泉古刹的联想推向与天地会有千丝万缕关系的南少林。

从地理环境看,林泉院坐落在九华山中段的一个小小盆地里,四面高山拱持,奇峦怪山,悬崖峭壁,地势十分险峻。其北面最高峰为朱山,海拔642米,据说因朱三太子而得名。北部有樟江寨(597米)、苏岐寨(570米)、黎笔寨(439米)、梧桐山(420米);南部有斜仓山(595米),紧连着紫霄峰(559米)、寨头峰(500米);东部有山头尾(576米)、大尖寨(596米)、洪度寨(472米);西部有大舞寨(600米)、石面桶(俗称弥勒献图山,576米)。山头尾和梧桐山上还有高达三四十米的鬼潭瀑布和无底坑瀑布。这四面高山把林泉院围拱在九瓣莲花山的盆地中心,而林泉院后面,恰也有一组岩石亭亭玉立,酷似一朵石莲。明洪武年间,莆田人方朴的《同壶山真率会二十二人游莲峰紫云岩记》就将此山称为"九叶莲花峰"。据说在清末于林泉院遗址附近兴建的资福寺,其内壁有一首诗生动地描绘了此地的形貌:

> 山峰起伏接天台,形似莲花九瓣开;
> 林翠泉清藏寺院,云深雾浓隐如来。

林泉院周围有十几座寺院环绕,不乏名山古刹。林山南麓十余里的西天尾镇上,有霞梧院,系嵩山少林寺禅宗三祖僧灿的高足佛光禅师于贞观年间始建;半山有莆田二十四名胜之一的紫霄岩和紫云岩;在西侧四五里处,则有苦竹寺,系禅宗六祖慧能的弟子千灵祖师于会昌年间始建,今尚存北宋石槽两口;龟山上的福清寺,也存有天祐四年(907年)所造的石槽一口;在东侧,九莲岩为本寂大师所创建;东南麓的浮山,原有四座寺院,今尚存继善寺。此外,还有一些较小的寺院,它们形成了以林泉院为中心的一个寺院群落。

清初以来,林泉院又以其在丛林中的地位、险峻的地形和习武的传统,成了明末义士削发隐匿之地。四周高山上便同时也建起多座营寨,控制着要道隘口。朱山上的樟江寨,尚存有四处石刻,证明该寨系黄次波于南明隆武元年(1645年,即顺治二年)为抗御清兵所建。它既应合了民间关于"五百僧人造反"的传说,也为后来康熙火烧少林寺提供了一则佐证。林山村的寺院遗址是个谜。现在从那五口石槽开始,已逐渐向世人撩开它的迷蒙神秘的面纱。

(二)在史著和口述资料之中

尽管林山村的寺院遗址是个确切的事实,但要证明它就是当地村民口中的林泉院,进而证明林泉院就是盛名广传的南少林寺,仅仅依靠那一些口传材料和残缺不全的石刻碑铭,是远远不够的。人们必须有更丰富的史籍材料和考古信物,才能做出准确的分析和判断。

当人们由那五口石槽出发而企望发现湮没一两个多世纪的南少林寺时,对它进一步考察的思路似乎也可以倒过来:首先是究竟有没有南少林寺存在? 如果回答是肯定的,那么这座南少林寺会不会在莆田? 最后才是,设若在莆田,是否就是这座林泉院——当然还必须同时论证,林山村的寺院遗址就是林泉院。

这是一个犹如连环扣一样环环相套的难题。

关于南少林寺,从史籍载存到当代学人的研究,一般都持肯定的观点。普遍认为,除河南登封嵩山少林寺外,国内还建有多座少林寺。闽中少林寺始建于唐,出现最早。元代初年,嵩山少林寺住持福裕禅师中兴少林,在内蒙古的和林、河北蓟县的盘山、陕西的长安、山西的太原、河南的洛阳,又建了五座少林寺。此外还有称在山东九顶莲花山,四川峨嵋山和台湾的八番社,也建了少林寺。连同嵩山少林寺和闽中少林寺,共10座寺院。目前除祖庭嵩山少林寺外,均已不存,对其真伪,也时有争论。唯闽中少林寺——俗称南少林,在肯定其存在的同时,对建于何处,却见仁见智,常有不同看法见诸报端。一般存有三说,一曰莆田,一曰泉州,一曰福州。民国年间,著名的武术史学家唐豪先生在其1941年出版的《少林拳术秘诀考证》中,曾得出"查无此一少林""可见其伪"的结论否定了南少林寺在莆田的说法。这是因为在福建省地图上查不到他从某些天地会资料上看到的南少林寺在圃龙、盘龙、福田、浦田的地名,又在与这些地名谐音的莆田县志上,也查无少林寺的记述。此外,在当时条件下,他无法亲来莆田考察,拜托了一位在中央国术馆任馆员的莆田籍学生徐树椿,趁回乡探亲之机,做了一些调查,当然也无果而回。

然而,并非所有学者都同意这一观点。几乎在与唐豪撰写《少林拳术秘诀考证》的同时,著名历史学家范文澜在延安出版的《中国通史简编》(1940 年版)中就对南少林寺在莆田持肯定的看法。他写道:"康熙十三年(甲寅)三合会成立。三合会或称天地会,或称三点会。支派有清水会、匕首(小刀)会、双刀会等名目。相传创始人是福建莆田九莲山少林寺和尚(明末义士多削发为僧)蔡宗德、方大洪、马超兴、胡德帝、李式开五人,称为'前五祖',湖广义士吴天成、洪太岁、姚必达、李式地、李永超继续入会,称为'后五祖'……"文中不仅确认南少林存在,而且明确指出它在"福建莆田九莲山"。

莆田的有心人士又查阅了一些史书资料,发现有关莆田南少林的记载还不少。这里摘引几例:

周谷城在《中国通史》第 324 页"东南汉族的反抗"一节中写道:"天地会的组成,实含一段近乎迷信的故事。据说康熙时,福建福州府莆田县九莲山少林寺中有勇武绝伦的寺僧百余人,为满人建了打击藏人之功,其势甚盛;满清疑忌,将寺焚毁、将僧杀戮。这么一来,寺僧中之幸存者,仍互相团结,秘密扩大势力,誓复遭受焚烧杀戮之仇……"

李万晨在《中国近代史》的第五章"反清复明组织的地下活动"中写道:"吴三桂起兵反清期间,明末抗清义士多削发为僧,入福建莆田九莲山少林寺出家。有蔡忠德、方大洪、马超兴、胡德帝、李式开组织天地会,称为'前五祖'。湖广义士吴天成、洪太岁、姚必达、李式地、李永超,后参加天地会称为'后五祖'。"

邓子琴在《中国风俗史》的"清代特殊风气"一节中写道:"天地会始于福建福州莆田县九莲山之少林寺,寺中有郑君达者,随康熙征西藏有功,不受职。陈文耀、陈近秋等,潜回火焚寺。生存者五僧,是'前五祖'。五僧斩张近秋,近秋士兵反追,有五人救之,号'后五祖'。是时,有陈近南者,因而创教,其宗旨不外'反清复明'。相传彼等与军官作战多次,其后失败,逐散党传于四方,暗图恢复……"

还有其他一些著作,如《天地会研究》《洪文历史》《洪文志》《近代秘密社会史》《中国帮会三百年革命史》《少林寺资料集》《少林拳术秘诀》等,以及清末流传的小说《万年青》等,都对莆田少林寺有所记载。

另外在一些口碑的传述中,也常提及莆田的南少林寺。其中,最重要的来自嵩山少林寺。

中国佛教协会理事、少林寺第29代方丈德禅大师在1990年4月会同首座僧素喜大师等,对来访的客人说:"我的师爷贞俊和尚对我说,继我禅宗祖庭之后,最早出现的就是莆田九莲山少林寺了。"那是李唐贞观年间的事。少林十三棍僧之一的道广和尚,奉旨率领五百僧兵入闽剿灭海盗,为了在沿海一带广度有情、弘扬大乘禅宗,便在莆田九莲山选择了一块地形酷似嵩山的地方建院。因此,《洪门历史》上说南少林寺在莆田,并用明确的文字写道:"少林寺本在河南登封少室山,福建少林寺是河南少林寺之支寺。"只是到了康熙年间,害怕少林寺参加反清复明的活动,在火烧了南少林之后,对禅宗祖庭也发出了解散僧兵,不准练武,不准同南少林往来的敕令。对与南少林有关的资料、碑碣也是能烧的烧,能毁的毁,致使今人要从嵩山少林寺找到与南少林有关的记载,已经很难了。但是在代代僧人的口述资料中,却一辈辈地传了下来。

"少林内劲一指禅功法"的第18代传人、著名气功大师阙阿水,生前告诉他的弟子,本功法是福建莆田少林寺秘传的一种看家功法,不立文字不著书,不讲道只求悟,单线继承,秘不外传,只有经过当家和尚的慎重选择才能授给弟子。曾得到阙阿水真传的上海少林内劲一指禅功法研究会秘书长胡永显,为了却师傅生前未能亲自来莆田寻根的心愿,从20世纪80年代末就连续三次来到莆田;阙阿水的另一名弟子,现为美国气功大师的蔡秋白也来信叙说本功法源自莆田少林寺的缘由。阙阿水的儿子阙巧生编著的《罗汉神功》"前言"中,也明言:"本气功是福建莆田少林寺秘传的看家功法。"

在海外的一些宗教和武术团体中也有不少确认了他们与莆田南少林寺的关系。如日本冲绳的空手道协会、美国的美洲佛教会、新加坡的雪梅精舍、印尼的大乘佛教会等,并特意前来莆田寻宗访问。

凡此种种,都证明南少林在莆田之说并非虚妄的杜撰。

然而在研究莆田少林寺的资料时,有两点确实让人不免产生疑窦。

其一,既然这么一个历史久远、影响深广的禅宗寺院,为什么在福建的各种志书,如《福建通志》《兴化府志》《莆田县志》,均无只字记载。史家确认莆田少林寺的存在,大都不引征正史,而通过来自民间流传和清廷秘档中的天地会资料。

其二,在提及莆田少林寺时,往往前面冠以"福州府"或"泉州府",而且有"蒲田""甫田""圃龙""盘龙"等别称,给研究者徒增许多障碍。

前一个疑问大致可以清朝严酷的文字狱来解释。既然南少林是因为反清复明而被镇压焚毁,那么在近乎白色恐怖的压力下,焚书、删史、毁碑便是必然的。它的史志不存,同时又为少林寺与清廷的尖锐对抗提供了有力的反证。

后一个问题则与莆田在历史沿革上的辖属变迁有关。原来莆田置县于南朝陈光大二年(568年)。隋开皇九年(589年),置泉州,治所在今之福州,辖福建全省。唐景云二年(711年),改泉州置闽州,治所仍在今之福州,同时改武荣州为泉州,即为今之泉州。唐开元十三年(725年),改闽州为福州,莆田仍属福州管辖。五代至宋初,莆田划归武荣州(即泉州)。宋太平兴国四年(979年),割福清、永福(今永泰)、仙游、兴化三县,设兴化军。此时清远里的林泉院也由福州划归兴化。太平兴国八年(983年),兴化军迁莆田县。明洪武二年(1369年),改为兴化府。民国二年(1913年),废兴化府,归晋江,治所在今之泉州。因为莆田在历史上既曾属福州,又曾属泉州,因而在一些学者著述中,于莆田县上冠以"福州府"或"泉州府"也就事出有因了。至于"甫田""浦田""圃龙""盘龙",等等的别写,一是莆田在历史上也曾叫做蒲田,而"甫"与"莆"同音;用莆田方言读,"圃龙""盘龙"与"莆田"二字读音也十分相近。除由于谐音可能产生的误写之外,还应当考虑到天地会本是一个来自底层社会的群众性秘密组织,为了避开清朝当局的查找搜捕,出现在天地会文件上的地名往往故意采用形音相近的字眼,从而造成了误写或异名。它同时也从反面证明了天地会与清朝政府尖锐对立的倾向,和清政府可能对它们采取的严厉镇压。

(三) 禅学与武风

参佛经武,是少林寺迥异于一般禅院的传统。河南嵩山少林寺之所以深广影响于后世者,也因为其一,它是中国佛教大乘禅宗的祖庭;其二,它乃少林功夫的发源之地。考察南少林在莆田的存在与否,还应当更广泛地从禅宗与武风对这两方面的社会文化环境加以分析。

莆田的宗佛风气,自唐代以来就十分隆盛。其佛教寺院之多,香火信众之广,早为人所共目。尤其大乘禅宗一脉,出过不少高僧,在中国佛教史上,颇具影响。

中国的大乘禅宗,自达摩东来,奠立基础,被尊为初祖。六传到慧能,便分南顿北渐两大法系。慧能到江南弘扬顿悟说,神秀留北方讲授渐悟说。慧能在岭南时,门下有一弟子叫千灵,得法后入闽布化。清乾隆《兴化莆田县志》载:唐会昌中,沙门千灵辞六祖入闽。祖曰:"逢苦即住。"行至莆田九华山,有苦竹寺。千灵便于此住锡,并于山西建立新寺。这说明,南禅宗早在唐代中后期已传入福建。这苦竹寺就与林泉寺为近邻,屡遭兵火。康熙初年,由僧吼庵重建,现尚存。南禅宗传至十一世洞山良价时,在筠州洞山(今江西宜丰)弘法,有弟子本寂,莆田人,俗姓黄,少为儒生,后剃度从良价学禅。学成往抚州曹山(今江西宜黄县)弘法,因而被称为曹山本寂。因继承并完善先师洞山良价的学说,而被尊为曹洞宗,他是莆田籍很有影响和地位的一位高僧。传至十三祖太阳警玄时,适逢周世宗"平南灭法",年迈已高的警玄法师避入福建,寄居莆田浮山法远和尚处,继续修经立说,临终委托法远和尚代其寻觅法嗣。法远和尚找到比丘义青,并将其引至警玄塔前拜师,改名投子义青。数年后义青北上,在汴京芙蓉湖畔结庵而居,接化学人,传法于道楷等弟子。后又建立禅宗天宁寺,回祖寺少林寺,叙说南传顿悟禅宗的"一枝开五花",接继祖庭传统,使得南禅宗尤其是曹洞宗一脉,在北方又兴旺起来。曹洞宗五传至如净,于金哀宗正大年间(1224—1233 年)在宁波天童山发迹,有法嗣三人,其中永平道

远是日本和尚,20 年后回日本,开创曹洞宗,也兴盛不衰。后来,鹿门
自觉一脉五传至万松行秀,有弟子林泉从伦、千松明得、华严至温、雪
庭福裕四人。福裕后来当了元世祖忽必烈的国师,重返嵩山,中兴少
林,排下"七十字辈号",从此曹洞宗风日益兴盛,至今不衰。

　　这一功德当与继承并完善师尊洞山良价学说的莆田高僧曹山本
寂不可分。而本寂大师在莆田,曾与其同胞兄弟,在唐时同样享有盛
誉的高僧妙应大师一道,在父母谢世之后,"献其宅为国欢寺"。到了
明代,曾为国欢寺住持的元道者禅师,于明永历四年(1647 年)东渡日
本,任长崎崇福寺住持,创"盘珪禅",至今尚盛行于长崎、东京一带。

　　曾经出过这么多高僧,且佛教风气如此兴盛的莆田,吸引少林寺
僧来此住锡或建立支寺,当不必奇怪。

　　自唐以来,莆田的习武风气,也是十分浓厚的。有人做过统计,自
武则天开科举起,在历届武举会试中,莆田有七人中武状元;从明正德
八年(1513 年)至清道光十七年(1837 年),在有史料可查的 107 科武
举中,莆田中举者达 307 人,其中有七人居省榜首。在明清两代,莆田
出了 16 名武进士。明成化、嘉靖、崇祯三朝的兵部尚书都是莆田人。
宋熙宁九年(1076 年)举行的全国文武大会试中,莆田人徐铎、谢奕双
双摘桂,轰动京城。为此宋神宗题诗赞曰:"一方文武魁天下,四海英
雄入彀中。"在清朝,担任武职的莆田人,计有总兵 12 名、副总兵一名、
副将三名、参将五名,而游击之类的小军官更不计其数。在区区莆田
一个小小的县,历史上能出这么多的英武才杰,必与民间兴盛的习武
之风密切相关。若无群众习武的广泛基础,就很难冒出那么多拔尖
武将。

　　历史上莆田的习武之风与南少林寺有何关系,还可做进一步的考
证。民间传说中有一则故事很让人深思。传说莆田西天尾林山村有
一姓黄的农民,名可甲,自幼家贫体弱,便到九莲山少林寺给寺里僧人
放牛。每天,他把牛放到山上,便悄悄跑到练功埕看少林寺僧人练武。
久而久之,也学会了几路拳脚,有僧人见他伶俐聪慧,也教了他几个套
路。到了十八九岁时,可甲已是一个武艺高强的小后生了。寺里的住
持见他做了不少好事,便收他为俗家弟子,并传给他一副双铜。自此,

可甲的武功就大为长进。恰好这年,省里举行武举会试,他的朋友便鼓励说:"你这一身的武艺,何不去省里考个武举人回来,也可替咱乡里人争口气。"可甲听从朋友的话,借了一点路费,便动身到省城福州赴考。走到乌龙江畔的峡南渡口,身上的一点盘缠早已用完,无钱过江,只好求船主:"我家住莆田,到省城赴试,现在盘缠已尽,只好求船主开恩,渡我过江,待我中举回来一定加倍奉还。"船主一听,见他长得又瘦又小,一副病弱身体,便轻蔑地说:"看你这病怏怏的样子,还想考上武举。再学三辈子吧。等我孙子来收你的双倍船钱吧。好,看在你是外地人,今天我渡你过江,你要是真能考上武举人,我不仅不要你的船钱,今后凡你莆田人来过江,我都不收船费,还要放鞭炮请你们坐船肚。"可甲来到考场,监考官一见他瘦弱细小,便笑着问:"你是借考举人来逛福州城的吧?"可甲说:"我是来夺榜首的。"主考官见他口气很大,便一脚踩在椅子上,使了个落地生根法,说:"你若是能把这张椅子搬走,我就准你入场应试。"只见可甲一言不发,运足内劲,一把就将那椅子从监考官脚下抽出来,甩到一丈开外。监考官也一个趔趄,跌在地上。这一手让周围围观的应考生看呆了,纷纷拍手叫好。进入试场,可甲果然得了武举第一名。他又来到江边,要将双倍船钱奉还船主,船主坚决不收,而且不食言,此后凡莆田人过江,都要鸣炮请他们坐中肚。这也就是莆田至今还流传的那句"没钱坐船坐中肚"俗语的由来。这则民间故事揭示了莆田民间武术之风与南少林的关系。

清末民初以来,莆田民间习武的风气略有衰减。这当与康熙火烧南少林寺和禁止民间练武的敕令有关,武林高手也因此被迫外流。民初以后,这条敕令已不起作用了,但此时现代竞技体育已传入国中。莆田人以其健硕的体质,踊跃投入,涌现过许多著名的运动员,因而被誉为"全国田径之乡"。相比之下,武术活动因缺乏有组织的倡导,仍未有大的起色,但在民间仍有相当深的基础。"少林热"掀起后,为了调查搜集流传在莆田的少林拳种,由莆田南少林研究会发起,举办过两次南少林拳术大汇赛,发现了潜藏民间的十分丰厚的武术资源。据这两次大汇赛搜集的资料,目前流行于莆田的拳种有罗汉拳、梅花拳、武技三宝、南少林一指禅、安海拳、五祖拳、少林五雷拳、佛祖拳、龙尊拳、少林三战、三十六宝等十余种；沿海一带还盛行犀牛照角、六步超、梅刀、四门；山区民众又独钟于驹马拳、达摩杖等。这些拳法套路，既继承了北少林武术的精髓，又综合吸收了兴化府莆田、仙游两地民间和古代行伍中流传的名家拳法之长，同时还借鉴了阴阳五行学说、经络学说和气功导引理论，形成了具有莆田地方特色的南拳流派。这些拳种套路，均以劲力突出为特点，多用拳而少用脚；基本功以臂、腰、椿功为主；劲力可分寸劲、长劲和黏劲等；在技击方面，则讲究短打、擒拿、点穴等手法。

负有盛名的"武技三宝"，原系西天尾镇与林山村相邻的林美村杨少奇所传。杨少奇，人称"五八"，被莆田武术界尊为祖师。他的"武术三宝"包括技手、撩手和鹤拳。著名武术家杨澄甫早年到莆田时，赞其武技为全国数一数二。其中技手即推手中的单推，撩手分半撩和全撩，均属南派外家硬功拳；鹤拳则属南派亦刚亦柔、刚柔兼济的内家拳。除此之外，杨少奇尚练有点穴法、分筋错骨法等少林独门功夫，只是为防止徒弟惹祸，坚决不外传。据云，自清末至今，莆田练习"武技三宝"者，人数极多。榜上有名的嫡传弟子，除林一梅、郑子明、陈子宏等十余名高手外，还有原国民政府陆军少将温起凡和曾获全省南拳第二名的高某。其中郑子明（1892—1971）一家，包括其弟郑子寿、郑大越，其子郑道生（现居马来西亚）、郑清生，侄郑滨生等，均精此法，堪称武林世家。传说郑子明习武较晚，16岁才由父亲及叔父启蒙。后聘杨少奇、高足、陈子宏到家授课，由于子明天份极高，几年功夫已与其师并驾齐驱。陈子宏便请杨子奇亲自出马，杨子奇见子明乃可造之才，同意亲到郑家设馆纳徒，并倾囊相授。子明尽得师传"武林三宝"精要，但他仍觉得天外有天，学无止境，于36岁时毅然到上海拜名师学习八卦拳，终成一代武术名家。据说1929年农历三月二十三日是妈祖圣诞，莆田同乡在上海兴安会馆举行庆祝活动，有人故意在会馆门口耍武卖药，寻隙挑衅。会馆人员苦口相劝，仍无济于事。迫得郑子明等施出"武技三宝"，才将寻衅者逐去。

少林武功在本地落地生根、衍化发展的同时，也随着遭难的武僧避居外乡，并向四处传播。1990年2月，莆田举办了首届少林拳种大汇赛,邻县永泰县派来了几位拳师,表演了鸡法、安海拳、虎尊拳等。据熟悉八闽武术源流的永泰县武术专家郑武说,在发源于福建的现存30个拳种中,有八个来自永泰与莆田交界的山区,如虎拳、牛法、鸡法、安海拳、狮法、地犬法、罗汉撞钟拳、二郎拳。其中,鸡法、安海拳与虎拳,都与莆田少林拳有密切关系。传说南少林遭清迁焚毁后,有一个叫铁珠的武僧逃到永泰埔岭的白云岩隐居。这里离九华山林泉寺只有六个小时的山路,在历史上曾一度归兴化县管辖,语言和莆仙话也相通。铁珠隐居下来后,将少林一指禅的功夫,也叫一枝香,传给当地的乡民郑可七,郑可七再传给谢友生。谢观公鸡相斗有感,便在拳套里加上鸡斗的形象动作,演变成为鸡拳。后又传入福州,经历代传人的加工发挥,就更加形象化了。铁珠在埔岭的时候,听说濑下有个名叫安海的和尚在授拳,不知这安海是何许人,便特意前去走访。不料半路遇到一只吊眼白额猛虎。铁珠奋勇打杀,一时名扬全县。安海也就知道了铁珠要来探访的事。一日,铁珠来到安海居住的地方,安海故意躲在门外,待铁珠推门,飞起一脚,由这一脚,铁珠判定是少林功夫。两人相见,原来安海是少林寺伙夫李春,为避寺难,化名安海,在永泰与莆田交界的濑下村隐藏起来。两人便联袂到福州北山、古田一带教授武术,共谋大业。后李春不幸于福州北山被捕,在刑场上踢死总兵蔡国寿而后被杀。后人为纪念李春,将他所授的拳术称为安海拳,他的脚法也称为安海脚。

也在那次少林拳种大汇赛上,一位表演二郎拳的仙游老拳师说,莆田少林寺遭劫后,一位自称为二郎和尚的武僧避难来到仙游县盖尾乡横兜村,藏在一个名叫横兜容的人家里。主人很同情少林寺的不幸,二人关系极好,二郎和尚便把自己的一套拳法传给横兜容。后此拳法经历了几代相传,便被称为"二郎拳"。还有一位表演少林带锁拳的老拳师提供了一份书面资料,称少林寺被焚后,不少僧徒被官兵抓获,用铁链锁住双手。押解途中,一些武僧和官兵展开搏斗。脱逃后,他们便把带着锁链与官兵格斗的过程,创编成套路演练。此拳法先是传给仙游的普善道师,后由金石山寺的钟峰和尚继承并逐代相传,于是就有了这套带锁拳。这些功法的溯源,虽带有某些传说色彩,但它说明了少林武功隐入民间的来龙去脉,形成了莆仙及其邻县一带的民间武术以南少林拳术为主要流派的特点。

南少林武功的流传,还随着这些避难僧人及传人的四处流散而远播外省和海外。被称为少林内劲一指禅功法第 18 代传人的阙阿水,年轻时曾作为苦行僧云游福建,在莆田学得此功法。还俗后,将此少林单线秘传功法公之于世,并设馆授徒。苏州郑其福在 1989 年编写《少林内劲一指禅气功套路口诀词》的"引言"中说:"少林内劲一指禅是少林寺秘传的护山功法。"同年 9 月由阙阿水儿子阙巧生等编著,长春出版社正式出版的《罗汉神功》一书的"简介"中,也说:"罗汉神功,通称少林内劲一指禅气功,是福建莆田南少林寺的看家功法。……经 18 代传人阙阿水大师,将这一秘传宝藏公之于世,招收弟子,广为传播,并由此繁衍出许多新的功法,如林厚省的《内劲气功》、黄仁忠的《空劲气功》、姜立中的《手印一指禅》等。"现已移民美国的阙阿水嫡传弟子、原上海少林内劲一指禅气功研究会理事长蔡秋白,积极倡导成立了"中国少林内劲一指禅国际联合科学研究会",并从美国来信莆田,为少林寺内劲一指禅气功寻宗认祖。

还有一个典型的例子是广西的南少林佛家拳。据此拳法第六代传人梁志光来信说,康熙年间火烧少林寺之后,有一自称"道陇"的禅师避难躲到梁家村,将少林的佛家武功传给梁氏家族。后来梁氏家族为避清乱,由福建莆田迁至广东南雄、罗定。继而又由广东入广西,一支居岑溪,另一支继续往桂北迁徙。梁志光的叔公,20 世纪 30 年代曾在南京夺得全国擂台赛第三名的南少林佛家拳掌门人梁芳任,曾不断告诉后人,本门派武功源于福建莆田南少林寺。当年传授佛家拳的"道陇禅师",应是后来被尊为天地会前五祖的方大洪,因避祸才改用谐音。因此至今广西南少林佛家拳的弟子都尊"道陇"为开派祖师。这一拳法或称南少林佛家拳,或称南少林俗家梁门武功、南少林梁家拳、蛇形拉手等,随着门人的四散,已在广西、广东、香港、澳门等省及东南亚诸国流传,影响甚大。

莆田历史上武杰辈出的民间习武之风,与南少林武功存在的关系,应是相辅相成的。一方面,久负盛誉的少林寺武功,必然带动当地的民间习武风气和提高民间武功水准;另一方面,民间武术也必然为少林寺所吸收,甚而成为少林武功的一部分,再经历代武僧的研究提高,发展出新的套路、拳种。而这些拳种必然也会再度传入民间,特别是少林寺蒙难武僧避祸四处流散,也将少林武功带出寺外,从而形成了南少林拳种在中国南方及东南亚一带广为流传的巨大影响。

(四) 活在传说故事中的南少林

在林山村一带还流传着不少有关南少林寺的民间传说。民间的口传文学,难免会有所虚构和加工,但在其所反映的基本史实,往往是被汰洗出正史之外的一部分历史的折射。作为一部拥有广泛群众基础的口述历史,这部分内容也应当引起我们的注意。

这里简述几则。

1. 南少林寺的由来

据说,在少林十三棍僧帮助秦王李世民统一隋末纷乱的天下,建立李唐王朝之后,李世民在金銮殿中大摆素宴,封赏众僧。李世民要封十三棍僧为官,十三棍僧除昙崇宗受封大将军外,皆辞谢要求回寺院礼佛念经。李世民应允,为报答他们的开国之功,便提起御笔在圣旨上写道:"天下名山建少林。"这一圣旨让工部大臣十分为难,圣上的意思是要在天下所有名山都建少林寺,还是选一处名山再建一座少林寺?于是便去请教少林寺的方丈。老方丈也拿不定主意。一日,老方丈正在打坐,浑浑噩噩中见满天霞光四射,一朵九瓣莲花拔地而起,上面端坐着如来,老方丈立即跪下叩首礼拜。再抬起头时,只见那九瓣莲花化作九座山头,中间一座寺院,林翠泉清,宛若仙境。佛祖如来已升上半天,纤手一指,那九座山峰一合,便又化作九瓣莲花向佛祖座下飘去。老方丈醒来细悟,知是佛祖指点迷津,要在这形似九瓣莲花的地方建寺。于是便依梦中胜境,信口占了一偈:"山峰起伏接天台,形似莲花九瓣开;林翠泉清藏寺院,云深雾浓隐如来。"然后让弟子们去寻找。话说有一个法号询刊的和尚,奉命南行寻到莆田西天尾的林山村,见这里山峦起伏,状如九莲,林翠泉清,确是一处佛门宝地,便回少林寺禀报老方丈。老方丈上奏,唐太宗派人下来察看,见果真如询刊法师所言,于是便择此建寺,并派了询刊下来主持,这就是林山村的林泉寺。在林山村发现的一块残碑上,还刻有询刊禅师的法号。

2. 少林寺为何又叫林泉寺

传说询刊受命来莆田林山村修建少林寺。他从嵩山出发,长途跋涉,翻山越岭,渡河跨涧,有一日来到莆田林山村地界,突然听见一阵凄戚的哭声,心中诧异,便寻声而去。见是一位白发老人,咽泣不已。询刊连忙合十打问,原来老人名叫林泉,膝下只生一子。这天父子俩上山采药,遇到一只吊眼白额老虎。老人虽懂几招拳法,无奈难敌老虎的凶猛,眼睁睁看着自己的爱子被虎叼走。询刊听罢,只道:"你且等着。"说完,便运起轻功,沿着老虎消失的方向追去。寻到一处茅草密集的地方,拨开草丛,只见一只斑斓"大虫"正张开血盆大口,扑在一位弱冠少年身上,正准备饱餐一顿。这询刊法师也是一位武艺高强的武僧,只见他禅指一弹,指端发出的光毫便把这只"白额大虫"震翻在地,接着三拳两脚就将老虎打死,救了少年。那老者感激不尽,便将询刊法师邀至家中小坐。老者知道询刊法师此来是奉皇命择址建寺后,便说:"这林山地盘,全是我家产业。师父要建寺院,我就全部捐赠出来,以答谢佛祖救我小儿的宏恩。"几年之后,询刊果然在林山建起一座规模宏大的禅院,本来也叫少林寺,但为了和嵩山少林寺有所区别,以免混淆,便向祖庭方丈建议,叫林泉院。一则是应合了老方丈"林翠泉清藏寺院"的偈语,再则是纪念捐地建寺的老人林泉。这一建议获得祖庭的同意,自此在大庙门楣上便悬起了一块"林泉院"的匾额。但在僧众口中依然叫它少林寺,为与嵩山少林寺区分,俗称"南少林"。

3. 一指禅石传秘法

传说莆田少林寺有一年轻的和尚,法名继言,日夜苦修,练就了一身少林功夫,能诵百部经书,深得禅法要领。一日,他向禅院住持问法:"如何才能百尺竿头更进一步?"住持沉默不语,只用手指朝对面山上一块石头一指。那块石头也犹如人的食指,峥峥指向西天,被称为指天石。继言拜辞而出,苦思不解其中奥妙,只不时在禅坐中伸出一只食指模仿那块指向西天的石头。又一日,继言又向当院住持问道:"如何才能进一步修好禅法?"当院住持依然不语,还是伸出一只手指,指指对面山上的那块指天石。继言回房，又是苦思不解，只是更加认真地在禅坐中伸出食指模仿那块石头。久而久之，继言在禅坐中伸出的食指会微微放出毫光，还夹带着强大的气流。在练武时，他也会不自觉地做出那块石头禅指的动作，而每当做出这个动作时，就有一股强大气流随着指风涌起，所指之处，遇木木折，逢石石崩。他突然悟出，师傅伸出一个指头指向山上的一指禅石，是要徒弟也像指向西天的禅石一样专心致志，一心向佛。在禅坐中唯有一心才能彻悟；在练武中也唯有一心，将全身功力凝于一端，才能生出排山倒海的气势与力量。这也就是少林秘传的一指禅功夫，想不到就在师傅无言的启发中，被自己学到了。自此，他便成为少林一指禅的传人，并将这一功夫用来驱恶、救世，一代代地秘传下去。

4. 继言指刻驱盗贼

据说在莆田少林寺中，藏有一部《少林秘传剑谱》，谁要能取得这部剑谱，精通它，便能威震群雄。因此，许多武林魁雄都千方百计想得到这部剑谱，以便称霸武林。话说这天，劝首僧继言法师正在禅房打坐，忽然一阵心血涌上心口，便匆匆离开禅房，走出寺院。他来到院外一条溪边，见一个云游僧，背着包袱，正要涉水而去。继言立即合十招呼道："这位法师且慢，待老衲为你架一石板桥，以免沾湿法师的僧袍。"说着便双手扛起山道上一块一丈长的大石板，轻轻架在溪上，且脸不红，气不喘。接着又说："法师大概还不知贫僧的名字吧，待老衲为你写在这石板上。"他将起袖子，伸出一只食指在石板上书写起来。只见指峰到处，毫光四射，石板像软泥遇上快刀一样，顿时石屑四溅，蚀凹下去。很快石板边缘显出四个大字："僧继言造。"刻罢，合十对那云游僧道："桥架好了，法师何去何从，请自便吧！"那云游僧顿时脸上失色，赶紧解下背上的包袱，伏身在地请罪道："贫僧有眼不识泰山，罪该万死，请菩萨宽宏大量。"说着叩首不已。原来这云游僧是一名武林高手，化装前来盗窃剑谱。那包袱里正是少林寺秘藏的剑谱。为了免动干戈，继言以自己一指禅的上乘功夫，震退盗贼，也震慑了对这部剑谱虎视眈眈的武林群英。至今这块刻有"僧继言造"的石板桥还留在林山村，当地老百姓把这座继言和尚手刻石桥称为"打字桥"。

还有一些民间故事,是关于邻近禅院的,也摘述两则。

1. 千灵祖师斗山魈

传说禅宗六祖慧能大师有位徒弟叫千灵。一日,千灵想去云游天下,前来辞别师父。慧能问他欲去何方,千灵答曰:"想去闽中。"慧能默思片刻,说:"我赠你八字偈语吧,你谨记住。"这八个字是:"逢苦而居,遇竹即住。"千灵带着师父的嘱咐,跋山涉水来到福建。一日他走到一处深山,只见山高岭陡翠竹成荫,有一樵夫正在砍柴,便上山问道:"施主,请问此何地界?"樵夫见是一位苦行僧,袈裟破,僧鞋烂,便说:"这是一个苦地方,本无地名,只因满山翠竹,我们砍柴人都叫它苦竹山。"千灵一听便记起师父的偈语,便一声"阿弥陀佛",合十道:"贫僧寻的就是这苦竹山。"当即决定在这里挂锡。樵夫一听,心中不忍,便说:"师父还是跟我下山吧,这苦竹山上并无人家,附近林子里还有山魈精,时常出来作弄人。"千灵道:"感谢施主。出家人一心事佛,还怕什么山魈精。"当即找个山洞住了下来。到了半夜,果然有只山魈变成一个人前来闹事,山魈见千灵一心闭目打坐,毫不为所动,便诧异地问:"你是何人,敢来这里居住?"千灵说:"出家人一心向佛,四海为家,何处不能居住?"山魈说:"这是我的地盘,你不怕我把你吃了去?"千灵说:"我能来这里,也是佛祖缘分。还怕你把我吃了?这样吧,我们来赌一赌,这里有一把铁针,谁敢把它全吞到肚里去,谁就长在这里居住;谁若不敢,只好请他退走。"说着拿出一把平时练功用的铁针,两头尖削,铮铮闪闪,锐利无比。山魈一看,脸有难色,千灵却一把吞进肚里,仿佛是一道香甜的点心。山魈自知功力不及和尚,就化作一只蝙蝠隐入黑暗之中。第二天一早,樵夫担心千灵受害,领着几位村民上山寻找。见千灵依然盘腿禅坐,便问道:"昨夜是否遇到山魈?"千灵如实一告,又说:"你们速到对面山头,那里有一个蝙蝠洞,你们将洞口堵严,再将这张佛祖图像贴在洞口,山魈就永远出不来了。"村民照办,果然除了山魈这一大害。为了感谢佛祖的恩惠,村民帮助千灵在他住的洞前盖起一座寺院,就叫苦竹寺。千灵在这里住锡,弘扬佛法,广度众生,使福建成为南禅宗最早的传播地之一。如今这苦竹寺还在莆田林山村,就与林泉院紧邻。

2. 佛光创建霞梧院

相传嵩山少林寺禅宗三祖僧灿有个弟子名叫佛光,奉命南下云游弘法。他进入福建之后,常常苦南方地界、沿海一带多为沼泽,潮湿多雨,为北人所不惯。一日,他从福清县跨过萩芦溪,越过枫树岭,进入西天尾地界。只见古木参天,果林相连,奇花异草,芳香四溢,精神不禁为之一震。他继续前行,见山坡一棵梧桐树,枝繁叶茂,巍峨挺拔,遮阳蔽日,极为壮观。树上鹰飞鸢息,鸦呱鹊噪,猿攀鼠跳,仿佛是飞禽走兽的极乐世界。而远处云蒸霞蔚,群峰耸立,山泉叮咚,溪水潺潺,一派钟灵毓秀、洞天福地的景象。于是放下褡裢,就地坐禅念佛。神情恍惚之间,不禁灵光飞动,运起内劲,伸出食指,对着前面的梧桐树指指画画起来。佛光禅坐过之后,回到他挂锡的寺院,说起这样一个洞天福地优美去处。翌日,一些僧众便按着他说的路线前来寻找,发现那株巍峨的梧桐树干上刻有"霞梧胜境,西天福地"八个苍劲有力的大字,想必是佛光法师在禅坐时运起少林内劲一指禅的功夫留下的。于是便在这里建起一座寺院,寺名就叫霞梧院。清康熙十三年(1674年)武进士郑开(君达)曾撰有《霞梧院谱叙》,对始建于李唐贞观年间的这座古刹做了详细的记载。

(五)揭开林泉院之谜

虽然对于莆田南少林来说,有不少史料证明它的存在,但其寺址何在,是否就是传言中的林山寺院遗址,则还必须经过更科学精细的发掘考证,取得更多考古信物,才能予以确定。

1990年4月,莆田市南少林研究会向福建省文化厅文博处提出报告,希望对林山村寺院遗址进行考古发掘。文博处立即转报国家文物局。1990年9月18日,由国家文物局颁发了《考古发掘证照》,委托福建省文管会考古队进行考古发掘。

考古队一行七人,于1990年12月1日进场。发掘工作分两期进行:第一期自1990年12月开始,至1991年5月告一段落;第二期自1991年11月开始,至1992年1月底结束,两次历时九个月。在对遗址进行全面测量绘图的基础上,以遗址西部鳌池边缘为南北向坐标,以五米乘五米为一个探方单位,对遗址进行全面的网络布方。选择遗址中部开方 70 个,并对遗址南约一公里已被毁坏的"舍利"塔基,和遗址北山后辕门口传说的一段地下隧道,进行了局部解剖清理。这次发掘,总面积达 1954 平方米,挖掘深度为 50～190 厘米。初步了解了该遗址各个不同历史时期的文化堆积情况,发现并清理了几组不同历史时期的建筑遗存,获得了一大批可供断定各个不同建筑遗存年代的陶瓷器标本,以及砖瓦等建筑构件和饰件,同时还发现了少量石刻和墨书文字资料。所有这些连同调查发现的石槽、题刻等,证实了林山遗址确实是传说的林泉院遗址。其寺院范围广达三万多平方米,仅一处大殿的基础,就有 595 平方米,确实是建于唐朝年间、毁于清初的一座规模宏大的丛林禅院。

1991 年 9 月,由中国武术学会、福建省体委和福建省武术学会联合主持,召开了莆田南少林遗址认证会议,邀请了来自中国社会科学院、中国人民大学、中国武术院、成都体育学院、甘肃体育科研所、福建师范大学、福建体育学院、福建文物鉴定委员会,以及《中华武术》《武林》等杂志的 16 位历史、宗教和武术专家、学者,组成专家评审委员会,予以鉴定。在论证会上,考古队领队林公务代表福建省文管会考古队和福建省博物馆考古部,写了长达四万字的《莆田林泉院遗址发掘报告》,并附有近百张图片。在具体描述了遗址的地层堆积情况,遗址上发现的建筑遗存的文化遗物情况以及调查发现的石槽、残碑情况之后,在"结语"部分慎重地提出了他们发掘结论。主要包括两个方面:

1. 关于遗址的文化内涵及其性质

发掘报告说,"从两次发掘所获得的大量文化遗物中,不难看出,无论是石槽、石井圈,还有那些大量的陶瓷日用器,应当都是僧家遗物"。在划分为四个时期的建筑遗存中,除了第四期为小规模小范围的民间小筑外,前三期(即第一、二、三期建筑遗存)均与寺院建筑有关。虽然第一期建筑遗存破坏较甚,且未大部分被揭露,整个建筑状况尚不明了,但排列有序的石砾墩和"真觉大师"塔铭的发现,已经表明它们显然属于古代寺院建筑遗存。第二、三期遗存中都发现有较大面积的砖石构成的台基、铺方砖建筑面、较大的石柱础,反映了当时存在着较大型的木构建筑,这些也应属于寺院殿堂一类遗存。从这两期的发掘资料中还可以看出,寺院建筑群的大体布局基本均以鳌池以东和鳌池以北两条中轴线分布,两条中轴线构成了整个寺院群落。总之,大量僧家用物和众多建筑遗迹现象所反映出的文化内涵是清楚的,已经可以表明林山遗址的性质是古代寺院遗存。碗的座底部的"常住"墨书,说明了该寺院又属于十方丛林,任何外来的游方和尚均可在此挂单、常住,以至于可升任住持。塔铭中的"林泉院"、残碑中的"口泉院藏",以及碗的底座部的"林泉"墨书,则进一步毋庸置疑地肯定了这个寺院的名称就叫"林泉院"。

"发掘中出土的唐末天祐年间(904—907 年)的'真觉大师'塔铭,说明林泉院知名度相当高。'真觉'一般为皇帝所赐尊号,这表明自唐末以降,林泉院就是一个有高僧主持的具有一定规格和影响的重要禅寺。'当院僧兵……'和'罗汉浴煎茶散'石刻,则说明至迟在北宋中叶,林泉院已拥有僧兵,武风极盛,应是武术活动的重要之地。"

2. 关于遗存年代和寺院沿袭经过

在两次发掘所清理的四期建筑遗存中,根据其所处层位中出土物的年代,可以判断每期建筑遗存兴废的相对时间。从第四期的遗迹可以看出,它们最早的年代都不可能早于清初,下限则可为近代。因此判断第四期的遗存应属于晚清以后的民间小筑,与前三期的寺院建筑遗存无关。

与寺院建筑有关的前三期遗存,其所处层位中有明确记年,而且年代较早的主要是出土于五层下 SIC 段盖板的"天祐"墟铭(唐末昭宗、哀帝年号,904—907 年),和出土于四 B 层的"长兴四年"瓦饰(五代后唐明宗年号,933 年),年代最晚的是出土于三 A 层中的'康熙通宝'铜钱,再参照各层位中出土的陶瓷器标本,则第三期建筑遗存所处的层位中,以元明时期为多,因而推断本期遗存所处的年代约在元明时期,最后毁弃的年代约在明末清初。第二期建筑遗存的始建年代,据"天祐"塔铭,应不早于公元 10 世纪初,在其层位中尚发现有元代陶瓷器,因而推断其所处的年代约在宋元时期。第一期建筑遗存的揭露面积有限,在其层位所获的有限的陶瓷器标本中,没有晚于宋代的,因而其上限年代有可能早在唐代。

这样,目前所揭露的第一、二、三期建筑遗存资料已经表明:林泉院至迟在唐代或唐末即已存在,并一直延续到明末清初。在这期间,寺院内部建筑曾经历过重修以至改建过程。

至此,由"五口石槽"引起的关于林山遗址的讨论已经有了初步的结论。

(六)林泉院就是南少林寺吗?

不过,发掘报告所做的结论还只集中在肯定林山寺院遗址就是传说中的林泉院;林泉院是建于唐代或唐朝末年,毁于明末清初的一处规模宏大,规格较高,拥有僧兵的禅院这两点上。至于人们关心和争论的焦点:林泉院是否就是传说中的闽中少林寺,则从这次发掘中并未找到可信的出土物证。因此,发掘报告"结语"的第三部分,对"关于林泉院与南少林问题",则采取了相当慎重的态度,只结合近年来莆田南少林研究会所搜集的有关文献记载、碑刻资料,以及民间口传,提出几点进行讨论。

考古队所开列的几点讨论内容,实际上也是近年论争中持肯定一方所反复阐述论析过的。综合其他研究者的有关论述,主要有以下几个方面的论点:

第一,关于九莲山和九华山问题。在一些历史学家如范文澜、周谷城、李万晨、邓子琴等的著作中,都提到莆田九莲山有一座南少林寺。莆田境内并无九莲山,但林泉院的所在地在九华山中段的林山,宋时亦称泉山。周围山峰并列作莲花状,寺院左边也有几组花岗岩兀立如莲花盛开。而其整体地形地貌,又酷似少室山的九顶莲花寨。因而,史学家著述中提及的"九莲山"可能就是九华山,或是酷似少室山九顶莲花寨的林山。如果史学家述及的这个"九莲山"之出处来自天地会的文件,那么,作为民间秘密反清团体的天地会,为使自己的大本营不致暴露,常用假托、影射、谐指等做法,故意将九华山以其形状写成九莲山,也并非不可能。

第二,关于"僧兵"问题。经调查发现,林泉院尚存北宋嘉祐癸卯年(1063年)造的一口石槽上,刻有"当院僧兵……"等字眼,另一口造于治平二年间(1065年)的石槽上刻有"诸罗汉浴煎茶散"等字眼,这表明林泉院至迟在宋时就拥有"僧兵"这一特殊武装组织,并懂得利用茶叶煎煮沐浴而来锻炼筋骨、解除疲劳、治疗疼痛、增长功力。僧兵的存在,传说始自唐代。明代程宗猷的《棍法阐宗》说:"少林寺自唐太宗为秦王时,赐寺僧敕,可证少林僧兵所由起。"明傅梅《过少林寺》诗云:"地从梁魏标灵异,僧自隋唐也武名。"明程绍题《少林观武》碑云:"暂憩招试武僧、金戈铁棒技层层,"所指都是少林僧兵练武一事。少林僧兵这特殊的武僧建制,在历代一直保留,并且屡为朝廷所用。《少林拳谱本手抄本》云:"宋太祖也曾来寺,还调遣诸州名将轮驻少林寺,一为授艺于僧,二为取僧之长。如名将高怀德、高怀亮等都几次会武少室。"《少林武僧志》亦说:"宋代开国皇帝赵匡胤,本身就是武林高手,支持少林方丈福居大和尚,一连三次召集全国十八家武师和当朝名将交流武技,使僧兵技盛不衰。"《宋史》还载:"范致虚以僧赵宗印充宣抚司参议官兼节度军马,宗印以僧为军,号尊胜队。"《少林武僧志》还提到宋徽宗政和四年(1114年)时,金兀术、粘罕为前锋带兵侵犯中原,知府下书少林寺,请派僧兵赴边征战。方丈道整大和尚令惠威带僧兵五百,赴驻黄河两岸,截击金兵。直至明末,僧兵出战乃屡见于记载。明末清初学者顾炎武在其《日知录》中云:"崇祯中,史记言知陈州以流军充斥,乃募士聘少室僧训练之,此皆僧兵故事也。"然而并非所有寺院都可以拥有武装的僧人。明程宗猷《少林棍法阐宗》上说:"尝考海内无武僧,唯少林称者,重护教也。"清代杨藻在《蠡勺编》中说:"若夫僧兵,向推少林。"《少林武僧志》也称:"全国上百座寺院,唯有少林寺才有僧兵,其他概无此说。"由此可见,在林泉院发现有关"僧兵"的石刻记载,不仅表明了它是座习佛练武的禅院,而且和少林寺相似甚或就是南少林寺。

第三,林泉院和少林寺的关系。据宋绍兴三十年(1160年)状元、晋江人梁克家任福州大都督府时所撰的《三山志》卷三六载,林泉院建于南北朝的陈永定元年(557年),旧属福清县清远里,后划入莆田。此次发掘,曾于林山村发现一块"清远里"刻碑可以作证。建寺年代比莆田置县早12年,比莆田最负盛名的广化寺还早一年。由于地处莆田通往福州的古驿道上,且为四周禅宗寺院的中心,因而香火佛事一直十分兴盛。此次调查发现的两块残碑,说明在李唐贞观年间,已有询刊等法师在此活动,并有四大部帙的比较丰富的藏经,这表明寺院已具有相当规模。在地下发掘出土的寺僧用瓷的底座,和写有"常住"的墨书表明,林泉院是座十方丛林,任何游方和尚均可前来挂单或常住,这就具备了接纳北少林僧人南来挂单、常住的条件。加之林泉院周围有不少大小寺院,多与少林弟子有关。如霞梧院为少林寺禅宗三祖僧灿的弟子佛光禅师于唐贞观年间创建;苦竹寺为少林寺之六祖慧能的弟子千灵和尚于唐会昌年间创建;九莲岩寺为少林寺曹洞宗创始人之一的莆田籍高僧本寂禅师所建;林泉院东南四公里处的浮山,曾有四座寺院,今存继善寺。南禅临济宗的法远禅师曾在这里住持,并接引曹洞宗良价大弟子的法孙太阳警玄来浮山避难,代寻了投子义青接其法嗣。而义青后来回归嵩山祖庭,推动了福裕禅师中兴少林寺。这一些寺院与少林寺都有如此密切的关系,少林僧人南来云游、挂锡便十分必然了。根据嵩山少林寺当今住持德禅大师提供的口传资料,李唐贞观年间,太宗曾派十三棍僧之一的道广和尚率五百武僧入闽平息海盗。那么这些僧人抵闽之后最初将歇脚何处呢?最简便的是住锡沿海已有的规模较大的寺院之中。作为莆田寺院群落中心的林泉院,最有条件接待北来的少林武僧。在此次调查发现的一块残碑上,有"……李唐贞观中……助营缮夏屋二十余间……"等文字记载,全文虽已残缺而不能通读,但从中可以推测与德禅大师口传的历史可能会有某种关系。而少林武僧平伏海匪之后,应百姓要求留驻福建,择址修建南少林寺,就在与少室山九顶莲花峰地貌相仿的林山林泉寺增建或改建,也是可能的。因此,林泉院既保留初建寺时的林泉旧名,也作为少林寺的支寺而被叫做南少林寺,便也十分自然了。

第四,林泉院与天地会的关系。南少林与天地会的关系,已为一些史学家所肯定。南少林因接纳明末抗清义士落发为僧,参与反清复明的活动,被清廷发觉而遭焚毁,这也多为民间传说。在此次调查发掘中,于林泉院寺址北面约五百米处,有一亭,建于南明隆武二年(1646年),群众称其为"红花亭",而史籍年载,红花亭为反清复明义士歃血为盟的地方。就林山红花亭的建筑年代考察,恰与清军大举入闽的年代——清顺治三年(1646年),同处于一年。林泉院周围,崇山峻岭,林密路隘,有许多天然屏障,难攻易守,为秘密聚义的理想场所。而林泉院的毁弃年代,与南少林焚于清康熙年间的传说相同。此之数点,纯属巧合还是反映了某些历史事实,当可作为研究林泉院是否就是南少林的一份参考。

上述对林泉院即南少林寺的分析,与对林山寺院遗址即林泉院的论证不同,主要不是依靠发掘报告,而大都根据旧有文献和民间相关传说,予以推想分析。在这一部分的用语上,就较少使用确定语而多含有讨论的意味。专家最后的鉴定意见也采用了比较慎重的措词,即:"基本判定,林泉院即武术界通称的闽中少林寺,也就是南少林寺。"因为所有参与者心里都明白,在这"基本"后面包含着一定的保留。如果不能从考古调查和发掘中找到更直接可靠的有关南少林寺的信证,那么这项研究就还不能划下最后的句号。

如此说来,蒙上层层雾纱的南少林寺之谜,其谜底最后并没有揭晓。

三、遗迹清源兴国建,泉南到处少林风
—— 来自泉州东禅寺的研究

(一) 争论从质疑开始

当莆田南少林研究会采取"边查证、边考古、边宣传"的公开化形式,认为林泉院就是南少林寺,并且掀起了一波又一波"南少林热"时,最先对此说法提出质疑的是来自泉州的史学界、武术界和宗教界的南

少林研究者。

此一争论由来已久。

早在 20 世纪三四十年代，著名武术史家唐豪在 1941 年由上海武术协进会出版的《少林秘诀考证》一书中，一方面，以"查无此一少林寺""可见其伪"，否定了南少林寺在莆田的说法；另一方面，又从史存资料中确认"真少林共七个"，其中"一个在泉州""寺在福建省晋江县东门外凤山麓"。20 世纪 40 年代末，厦门大学历史系教授庄为玑在考察泉州地方史迹时，曾拍下当时通往少林寺的一条由石构牌坊连成的石坊古道，成为今日见证泉州少林寺的一份重要材料。20 世纪 50 年代中期，中国新闻社曾向海外播发一篇题为《赫赫有名的泉州少林寺》的通讯稿，文章认为泉州少林寺即为镇国东禅寺，并且记叙了当时尚可看到的某些废祀遗迹。20 世纪 60 年代以来，泉州著名的地方史学者陈泗东、吕文俊、傅金星等，都曾多次撰文论述南少林在泉州的情况。因此，当莆田考古专家对林山寺院遗址进行发掘，并且认为林泉院就是所谓闽中少林寺时，首先就遭到这些学者的反对。他们对莆田发表的林泉院即南少林寺的资料提出一系列的质疑，从而展开了持续数年的闽中少林寺之争。这些质疑大略包括如下几个方面：

第一，关于范文澜《中国通史简编》所记南少林寺在莆田的材料。范文澜在 1940 年于延安出版的《中国通史简编》中曾说："康熙十三年，三合会成立……相传创始人是福建莆田九莲山少林寺和尚。"这是莆田研究者确定南少林寺就在莆田九莲山的最重要一份材料。然而质疑者则指出，1940 年版的《中国通史简编》是范文澜在延安极为困难条件下，为辅导干部的文化学习而因陋就简完成的一部著作。1964 年修订再版时，作者就以极其严谨的态度，将他认为牵强附会、缺乏根据或虚幻不实之词统统删去。初版中关于莆田县九莲山少林寺的这条材料也被删去。泉州质疑者提出的这点，无疑釜底抽薪，削弱了莆田研究者的论据。相似的情况还有对现任少林寺名誉方丈德禅大师于 1990 年 4 月写的一条"南少林寺就在福建莆田九莲山下"的手迹表示怀疑。此时德禅大师已 84 岁高龄，长年卧床。如此一位德高望重的禅僧，不致轻率到写一张证明条来指证南少林寺所在的地步；而且据与其熟悉的人士表示,字迹也与德禅不相同,是否是德禅真正手迹,还比较可疑。

第二,关于林泉院在"清源里"还是"清远里"的问题。莆田的研究者从《三山志》上查到一条"林泉院,在清远里,陈永定元年置"的材料,便将此一"林泉院"与他们在林山寺院遗址发掘中所确认的在清源里林泉院等同起来。但《三山志》及《八闽通志》中所说的林泉院,都写明在福清的清远里,如何将此变为清源里呢?莆田的研究者从莆田县的历史沿革中发现,太平兴国年间曾割福清、永福(今永泰县)、仙游的一部分置兴化县。其所割的福清部分,是福清县西北部的清源里的一部分。为此,莆田的研究者便认为,宋代状元梁克家撰《三山志》和明进士黄仲昭撰《八闽通志》时所明确写出的"林泉院,在清远里",是作者的一时笔误,将"源"字错写为"远"字,因古人的一字之差,才使后人陷入迷途。但这一想当然的推想,遭到了各地大多数南少林研究者的反对。首先,质疑者指出,无论梁克家还是黄仲昭,都是史有定论治学严谨的学者,不应毫无根据怀疑他们都一致所犯的"笔误";其次,福清的南少林研究者,从多种史志的对照研究中,指出太平兴国年间划入兴化县,所发现的西天尾镇林山村林泉院,属武仁乡。前者在今莆田县的东北部,而后者则在今之莆田县的中部偏南,两者方位相距甚远。再次,《三山志》和《八闽通志》所记的福清县清远里林泉院,从来未曾割给莆田县,因而所谓《三山志》上所记的"旧属福清县",为引用者的杜撰。倒是在《八闽通志》寺观部分的"莆田县"条下,有如下文字记载:"……资福院、北平院、林泉院、龙藏院、灵鹫院、中峰院……以上凡九十院俱废。"可见在莆田县有一座林泉院,但不是福清的林泉院。前者没有始建年代,后者则始建于陈永定元年(557年)。莆田南少林研究者移花接木,张冠李戴,将福清林泉院作为莆田林泉院,并由其始建年代而引发的一系列争论,便全都落空。

第三,关于"僧兵"问题。在林泉院发现的宋代石槽上留有"当院僧兵永其津其合共造石槽一口"的刻石,是莆田南少林研究中最重要的一条证据。由"僧兵"的存在而推认林泉院在北宋中叶已武风极盛,"应为当时武术活动的重要之地",并以僧兵始自少林寺而推论林泉院即南少林寺。然而质疑者从两个方面对这一论据提出反驳。

（1）根据《明史》卷九一、志六七《兵志》三记载："僧兵有少林、伏牛、五台。"因此凡有僧兵并不能就证明是"少林僧兵"。而据《明史》记载，少林僧兵南来平定倭乱，约在明嘉靖年间。朱云锦《豫乘识小录》说："明时倭寇作乱，总制胡宗宪始用少林僧兵。"《云间杂志》说："嘉靖癸丑（1553 年）倭寇初至海上。……按院蔡公可泉，招僧兵百余人，其首号月空，次号自然，傍贼结营。"《新编少林志》在说明于 1986 年重修扩建的西来堂（亦称锤谱堂）的 14 组塑像时，其第 13 组为"月空法师接受都督万表檄文率领僧兵前去平倭的场面"。塑像下面的说明牌上明确写着"在福建泉州修一座南少林寺"，证明《明史》所记载的平倭僧兵确系来自少林寺。而莆田林泉院石槽中的"僧兵"刻字，则在北宋嘉祐年间，早此五百年以上。但使人难以信服的是，古今一切文献，都未曾见有北宋年间僧兵南来的记载，也无资料可以证明此一僧兵系少林僧兵，也非伏牛、五台别系。

（2）不少学者对莆田林泉院石槽刻字的解读上存有颇多疑点。首先是石刻全文若按莆田南少林研究者的解读，文句不通，不像是有较高文化水平的得道高僧所为。石刻全文共 15 字："当院僧兵永其、津其合共造石槽一口。""当院僧兵"作为冠语，永其、津其则为僧名。如此读来有两个问题，一是"合共造"三个字词意不通。《康熙字典》释"合"为"配也""比对也"，即两个配对的意思；而"共"则释为"同出，皆也，公也"，即超过两个以上的共同行为。而"合共"并用，叠床架屋，显得文辞不通，分不清是"两人合造"还是"三人共造"。如此解读，不是当时寺院主持胸无点墨，就是解读者自己的误解了。再者，作为冠语的"当院僧兵"四字，"当院"是佛寺的职务，为禅宗六知事之一，可作为自称之词；而"僧兵"则是无职无衔的"兵"，一般不用来自称，是人称之词，且略含一定的贬义。因此莆田南少林研究者的解读，将职衔和普通的"兵"、自称和人称两词并联在一起，高低不配，显得不伦不类。这一断句的不妥之处是很明显的。联系到林泉院发现的另一残碑上有"当院僧师询刊"字样，莆田南少林研究者断句为"当院僧"三字，而不断为"当院僧师"四字，为何前后体例不一呢？查嵩山少林寺现存《唐皇嵩岳少林寺碑》背面所刻开元十一年十二月二十一日敕赐《少林寺牒》,出现有"上座僧""寺主僧""大将军僧"等名号,其他碑刻也多处出现有"当院僧"的字眼,可见在寺院职衔之后加一"僧"字,乃为通例。林泉院石槽的"当院僧兵"应断句为"当院僧"才正确。那么这个多出来的"兵"字该作何解释呢? 有两种可能,其一,全句断读为"当院僧兵永、其津、其合共造石槽一口",既解决了"当院僧"的断读,又可解决了"合共造"不通的问题;其二,大凡石刻年限久远,风侵雨蚀,使字迹漶漫辨认不清,这是常事。如上述文字之"津"字,在 1989 年 11 月最初发表于《体育报》时,作"佳";1992 年 6 月 1 日刊于《福建日报》时作"津"。而佳、津两字笔画相近,稍有不慎,就会误认。而"兵"字亦然,字迹漶漫,也易认错。查《康熙字典》八部,与"兵"字相近的字眼只有"六""共""其""具""典"等,尤其"其""具""典"三字,最易被认错。这必须将铭文洗涤干净,请专业刷拓人员墨拓数份,寄请金石专家鉴定,而非其他社会史家、宗教家和武术家力所能及的。假如"兵"字为"其"字之误,则全文断读为"当院僧:其永、其津、其合,共造石槽一口",就无懈可击了,这一质疑也从根本上动摇了莆田南少林寺的一条重要证物。

第四,关于林泉院在莆田或在福清的问题。南宋状元梁克家编纂的福州府志《三山志》中,于卷三四(莆田研究者误记为卷三六)、寺观类四、寺僧福清条中曾记"林泉院在清远里,陈永定元年置"。莆田南少林研究者在对林山寺院遗址的调查发掘中,出土了印有"林泉"字眼的僧用瓷器和有"清源"石刻的界碑,又从莆田曾由福清划出一部分的历史沿革中,认为此林泉院即南宋梁克家《三山志》中所记的福清县清远里的"林泉院",始建于南朝陈永定元年(557 年),是一座有一千四百多年历史的古刹。唯"清远"与"清源"是梁克家的笔误,应予改正过来。泉州的质疑者却不以为然。他们查寻了被《四库全书总目》称为"堪称善本"的莆田先贤黄仲昭于明弘治二年(1489 年)所纂的《八闽通志》卷七五,于"福州府福清县寺观"条中,也记载:"林泉院,陈永定元年建……以上四寺在清远里。"如果说梁克家为泉州人,所记有误,那么家居莆田,且一向以"下笔谨重,不为苟且之言,倘有考订未详,则宁缺毋滥"(陈光贻《稀见地方志提要》)而为世所称赞的黄仲昭,对于自己家乡事,则很难笔误。证明之一是他在同书卷七九,"兴化府莆田县寺观"条上又记有:"资福院、北平院、林泉院、龙藏院、灵鹫院……以上凡几十俱废。"同一位谨重的作者,不可能将林泉院既记于福清县名下,又移来莆田记载。可见历史上可能存在两个甚至更多同名"林泉"的寺院。而在这部成书于明弘治二年(1489 年)的《八闽通志》,只记其已废,在后来的志书中,也未见它有重建的记载。这样,在林山发掘的这座被认为毁于康熙年间的林泉院,其来历并不清楚,是否就是梁克家《三山记》和黄仲昭《八闽通志》所记载"林泉院",也尚可讨论了。

第五,关于林泉院与"天地会问题"。莆田南少林研究者在对林山寺院遗址的调查发掘中,于寺址北面有建于南明隆武二年(1646 年)的红花亭一座,旁有地道相连通,便将此一寺院与民间秘密社团天地会歃盟聚义的"红花亭"联系起来,称林泉院即南少林寺,亦即天地会起源的地方。但所谓红花亭旁边的"地道",经考古发掘已证明只是一段南北走向的流水暗沟,而非军事所用的"地道"。而关于天地会的起源,因其为民间秘密的反清团体,为隐匿真实情况,常有许多伪托、附会,在学术界聚讼纷纭。经漳州研究者曾五岳从地名学、方言学、物产学、文物学等多方面,联系天地会新发现的会簿和清廷档案,进行实地考察和周密考证,提出了天地会起源于漳州的论断,获得学界比较一致的肯定。因此,莆田南少林研究者仅凭一个亭子的存在,就将天地会拉来莆田,是缺乏慎重的科学态度的。例如,天地会簿多以闽南方言记叙,而莆仙话并不与闽南方言相通;天地会资料中多处提到该地盛产烟草,而莆田不产,唯漳、泉盛产;天地会资料所记民俗与莆田不同,莆田无"茶杯阵"(功夫茶)的饮茶之风,而功夫茶则在漳、泉盛行;莆田无"三河合水万年流"的地形,也无"江东桥""云霄地面""畲箕湖"等地名,这些都在漳州地区;而从清廷档案记载中所抓获的成员,并无莆田籍。这一切都说明将天地会起源附会在林泉院,并以此证明林泉院即南少林寺,因天地会事件才遭清廷焚毁,是不确切的。

对于莆田南少林寺的质疑还有其他一些方面,如"真觉大师难提之塔"的碑刻,莆田是否是武风鼎盛的武术活动中心,等等。

(二)让沉默的史料说话

史籍文献上对泉州南少林寺确曾留下若干记载,这也是泉州南少林研究者自 20 世纪五六十年代甚至更早以前,就乐此不疲地不断进行发掘的。

这些记载,较早的可见于唐许稷的《闽中记》。

《闽中记》有多种,人们较为熟识的是唐闽侯人林谞之《闽中记》十卷,其后又有宋绍兴年间福州人曾师建所著的《闽中记》。不过这些书今皆已失佚。唐许稷的《闽中记》关于泉州少林寺的记载,是由清代学者晋江东石人蔡永兼(1776—1835)在其《西山杂志》中摘引的。该书"龙降"条云:"唐高祖龙翔(按:应为龙朔)元年(661 年)元春三月,闽之东有异物如大蟒,双角八脚而巨鳞闪光,盘栖于清泉寺之西岭峰顶,两眼眡聪若闪电。其身蜿蜒数里,首踞东峰,尾在西峰。风雨大至,平地洪水三尺焉。淹没田园、村舍成灾也。闽州太守王肇率州绅祷于天坛。天坛傍少林寺,智空禅师拜会王太守,立于天坛,众皆掩目莫敢睹怪物也。智空有十二徒:大徒玄真,其力大也,能擒虎;二徒玄明,善挟千钧之鼎也;三徒玄妙,能执千斤之弩;四徒玄奥,能舞百节链鎚;五徒玄法,能射十里;六徒玄光,飞行迅速;七徒玄耀,八徒玄瑞,九徒玄祥,十徒玄虚,十一徒玄静,十二徒玄良,武艺超群。向太守请愿,除害于天坛上。发射千钧之弩,果中一目也。十二徒奋起自身超群之法,铜链扣颈焉,扎八脚,伤双目,拔百鳞,刀剑不能伤其肌也。龙俯首于智空禅师、王太守之前,流泪血也。清源有巨井焉,智空命十二徒扎龙鎚入此井也,盖之大石矣,后盖菩萨宫以镇之。宋时此为龙降之地,元明时为四十一都之村者。"《桑莲诗集》云:"伏虎降龙出佛门,少林武艺射妖蟠。铜绳扣颈伤双目,镇井观音除怪根。"此则记载,近乎传说。然许稷确有其人,《乾隆晋江县志》卷一二说:"许稷,字君苗。由莆田徙晋江……举贞元十八年(802 年)进士……稷工诗歌,与欧阳詹、林藻友善。"而《桑莲诗集》系宋南安人刘昌言所著,刘于太平兴国八年(983 年)举进士第二名,官至工部侍郎。

　　至宋,有关泉州少林寺的记载增多。上述刘昌言《桑莲诗集》中所记的"少林武艺射妖蟠"即为一例。宋泉州太守程卓主修的泉州第一部府志《嘉定温陵志》也曾记:"开元、天宝(唐玄宗年号),东石许十一薄公(许稷之叔)、郑子和、林光美泛舟游于洛阳江焉,遂登东岳山,眺望天空,洛阳江水溶洋,水天一色焉。乃宿于少林寺僧舍。"这是宋人有关唐人游洛阳、登东岳,夜宿少林寺的记载。而刊于1927年的《武荣傅氏族谱》中,载有北宋康定元年(1040年)12月积溪尉杨拯文撰的"仆射招讨公泉州获安功德院记"的抄文。此文原以石刻立于今之东禅少林寺,1958年后遭破坏,至今下落不明。该文称此院为"东禅诏提",描绘了该院的规模,一殿五堂的名称:"曰法、曰祖师、曰罗汉、曰十三、曰玄女。"即法堂,供奉达摩祖师的祖师堂,供奉罗汉的罗汉堂,供奉十三棍僧的十三堂,供奉九天玄女娘娘的玄女堂。达摩及十三棍僧,是少林僧人,而少林拳术中亦有罗汉拳及玄女拳,均为少林寺的重要证明。

　　明代的记载可见于明抄本《清源金氏族谱》附录之"丽史",云"元元统(1333—1335年)年中,天下乱,林薮多群盗。泉州之清溪(即安溪)沃里凌翁,家富百万,以岁甲申携女无金投群城,侨居朝天巷街右。城中有伊楚玉者,甫弱冠。读书少林寺,常道凌翁门巷……夏六月,生至自潮州,居少林寺……"可见,明代泉州地方文献已记有少林寺之名。有人以为"丽史"是一篇小说,不足为据,但它实际上是借伊、凌、金三家故事,记述元末的一段真实历史,这是为许多史家所公认的。《八闽通志》《闽书》《泉州府志》等都引用过"丽史"的史料。

　　清代的记载,最详尽的要数晋江东石人蔡永兼的《西山杂志》了。

　　关于这部著作,著名的历史学家傅衣凌教授生前曾说:"晋江蔡永兼的《西山杂志》一书,素为研究闽南乡土史学者所重视,但从来没刊行,只有抄本传世,得见者少,我也久闻其名,每以未见全文为憾。"近年,经年轻的史学家林少川在晋江侨乡民间搜索,陆续发现部分失落的手稿及大同小异的抄本五种。据蔡永兼自作的"序言""叙引"和"再陈",我们知道,蔡氏曾因"先七世祖伯延赓公之叛清附成功之祸,而逆及子孙,莫能上进。故吾宗族举第咸之不平,而专乎航之商"。在仕途政治上曾追随郑成功抗清而科举无望后,转入航海经商,事业曾获很大发展。"三世业于航",至其父,已"家有航舟十艘,航于番地"。所到之地,"东之于琉球、台湾;南之于爪哇、暹罗、吕宋"。三至维力,即古人之龙牙门,至吕宋之棉荖、与畿邦梭罗、三宝垄,七度交、暹、槟城,历海艰辛,归勤力苦读。然而由于一次遇到台风,"而沉乎吾舟",家境因此破败。从此不愿再"曷若如飘萍而寄生乎,宁其游方以糊口"。别妻离家,来到异乡设塾授徒。因偶然机会看到富室吴家藏书万卷,便"求之阅焉"。因此读到了大批当时尚存、今已失佚的古籍,如许稷之《闽中记》《梦溪园记》,裴秀之《地域图》及《括地图》《黄论闽记学佬》《嘉佑府郡记》《嘉定温陵府志》《开元十乡志》《宋代二十四里村志》《士族谱图》《古国考》《陈四明历史考》,以及《青阳诗集》《青莲诗集》《紫云诗集》《鲁东诗集》《龙狮诗集》《仁和诗集》等。此后又"游学于八闽、浙、皖、越、楚、燕、齐、粤、交也。凡诸古刹梵字、忠节贞孝仁祠碑记,均录之成佚"。"因之以为归结精华",辑佚成《西山杂志》一书。"上起洪荒、夏、殷、周而之春秋、秦、汉、迄乎者晋、唐、宋、元明也"。"十二脱稿,凡一千六百三十楮",终于成就了一部煌煌大书。由于该书未曾刊印,得以侥幸躲过清朝"文字狱"。然而沦落民间近两个世纪之久,已散失过半,虽经多方查找,仅得六本,凡400条。该书作者虽"为叙述境遇",而"苦寄陈词于乡间见闻",但大多仍以古人之著作和亲自见闻为依据,记载翔实,而非凭空杜撰。由于该书作者博览群书,阅历丰富,不仅游学中国各地,而且航经南洋诸岛,为史籍、碑刻、铭志乃至乡间逸闻的有心之人,不时有自己见解。因此史学界普遍认为,该书存有大量有价值的闽南地区史料,有着可供考古学、社会学、民族学、地名学、谱牒学、宗教学、华侨史、武术史、海外交通史等学科研究的丰富内容,可补正史之不足,或写出正史不敢言或不便言的东西,或作为正史的印证。

《西山杂志》所记关于泉州少林寺的史料共有六条,三千余字。除上面所引的"龙降"条外,尚有"少林寺""东岳""统志""下辇""九坑"五则。

"少林寺"条首先记载河南嵩山少林寺的历史,包括少室山的地理环境、达摩卓锡授徒,直至十三棍僧救秦王和秦王赐以袈裟、褒其习武的故事。但这只是引子,其重要部分在于叙述嵩山少林寺南入福建,于泉州建寺和三度遭毁的过程,这是这些资料中记载最详、也最可供资考的一则。该条云:"十三空之智空入闽中,建少林寺于清源山麓,凡十三落,闽派武僧之始焉。"唐天祐四年(907年)少林寺反王审知之附梁,被毁。北宋太平兴国六年(981年)诏修也。宋末,少林寺反蒲寿庚,千僧格斗元兵三万。元唆都遣胡骑冲少林寺,寺僧被屠大半,而元兵三万死余数千矣。少林寺僧曰法本、法华,武技超群,剑光如飞,杀出生门,逃之德化戴云山焉,建玄妙观。泉州少林寺,明洪武十年(1377年)玄妙观法本高龄百有三十五矣,劝募州官黄立中疏奏朝廷敕修少林寺。僧人传授技击于泉南。嘉靖年间(1522—1566年),倭乱,沿海村里大兴练场。万历年间(1573—1620年),东石武举人蔡秉元是其例也。武庠生蔡延赓,少时从少林寺僧志明,学得十八件兵器法,技击高超。南邑人冯安,从蔡延赓学也。冯安门人有黄眉、白眉、冯道德,而五梅、了凡、了因,则其徒侄也。

晋邑人胡甫之粤,被羊城纶房工员殴毙。其子胡坤,字惠乾,亡入闽,就少林寺学武。悬木于空、四面击、金钟罩、铁布衫之法也。少林寺十三进,周墙(高)三丈,寺僧千人,垅田四顷,树木茂郁,掩映少林寺于山麓。僧分十级也:禅房、方丈、长老、住持、当家、香火、缘斋、武练、武农、武樵。千僧之中皆能武,三武有绝技。寺造柴罗汉、活机组,僧人均无法逃遁,世称十柴人。胡惠乾学未满期,报父仇心切,半空夜逃,打格柴人至十七门,倒从窦扒走也。师兄有佛情,乃释之舍去焉。胡竟专打丝纶房,殴伤命者多。粤人之不甘心,委白进士联结官府,大兴擂台,故有方世玉焉。至善与白眉亦属于一派,白眉受清之赂,而夹伤其百斤之头,死于非命。满人假仁假义,残害方、胡两家,专庇恶绅,此其乾隆所称仁者之无道也。少林寺至善禅师一死,尚不能保少林梵宫。乾隆二十八年(1763年)秋,诏焚少林寺,此即乾隆这比郑王仁则更残忍,少林寺从兹无敢修复者。

少林派之反清,可见其闽僧忠于民苦矣。泉之少林寺隐伏于南邑一片寺,晋邑海隅。嘉庆年间蔡骞(即蔡牵)从一片寺僧性空学武也,故能飞跃于碧波千航之中。性空即了凡之徒也,有徒百人,皆高技绝伦,散居沿海,授馆村里,此即达摩杀狮技击者。了因亡匿永春,故有永春、达尊、太祖、猴拳之说焉。吾族承先君蔡延赓授传少林派武功,捍卫郑森有功,于是承延平郡王之请封于桂王永历,赠吾祖十郎大德侯,气魄显濯也。并褒封吾族虎威、虎卫将军二十八人,骠骑将军三十二人,都尉五人,团练使六人也。蔡秉元都统者,蔡延赓团练使之长,凡七十二人,皆少林派之武工焉。今者遗老相继去世,虽存杀狮技击,然无复昔年之胜。而学吾族练武者,皆吾祖延赓少林法也。南邑朴里、水头之技击青狮、白眉,即一片寺了凡之教,亦属吾祖少林之一派也。桂林、锦里、龟湖、什姓、郭岑、莲河、安海、石狮、深沪、祥芝、邬浔、塘东、上丙、下丙、型厝、相林诸村杀狮技击,俱聘吾族之传授焉。故吾族可谓文武双全也。但满人之不让吾宗之入考场,是慑少林派之复兴而加以附郑叛清之罪也。少林寺武功之法,尚散居在十方千万人之手,一旦可以匡明也。

在记叙了上述史实之后,此条还引徵了若干前人的诗词,作为辅证。其一是北宋太平兴国癸未(983年)进士南安人刘昌言,及其弟端拱己丑(989年)进士刘昌龄所组织的"青阳诗社",诗云:"智空武击法闽中,王氏附梁毁此宫;遗迹清源兴国建,泉南到处少林风。"所述即少林僧人反闽王王审知附梁,寺毁,而于北宋太平兴国六年(981年)敕诏重建的事,是当时人对当时事的歌吟,有很大的可信性。其二是南宋开禧乙丑(1205年)进士晋江人施梦说所撰的《鲁东诗集》,诗云:"少林寺宇筑清源,十进山万方丈垣;百顷田园三岭地,千僧技击反王藩。"所说也是少林僧人反王审知附梁的事,但更具体地描绘了筑于清源山上的少林寺的宏大规模。殿有十进,僧达千人,田占百顷,山跨三岭,是罕有的宏大古刹。其三是宋绍定壬辰(1232年)进士晋江人黄有孚与其弟黄明甫昆仲并榜所撰《紫云诗集》,这是一首叙事诗,诗云:"王家将士起淫心,追逐岑姑入少林。禅月谈经僧呵责,姜芽率众将骑侵,延彬渺间举州困,印志有知达宇参。郡守强词坚逼迫,禅僧飞臂祸来临。来临将士干戈迫,啸聚群僧方丈格。禅月三躬师退寺,姜芽再命焚宫栊。千僧奋起一声呼,刀光剑影逐奸徒。姜芽已死罗南继,万矢齐飞僧半屠。寺毁僧逃落晋南,埋名授馆蔡山庵。风行振武宋重建,十进山门失去三。州官尊佛国尊武,恢复少林震八宇。八宇兴文邦国安,太平兴国国久长。"诗中述及少林寺的兴毁因缘,可存一说。但言其重建之后,"十进山门失去三",则解开了后人对现存少林寺规模过于窄小的疑窦,亦可供参考。

《西山杂志》这则"少林寺"的条目,在长达1800字的记述中,回答了南少林研究者所关心的少林何时入闽中、寺建何处、何时所毁等问题。这一条目不仅详细描绘了少林寺的地址、规模、设备、寺僧级别等内部建制,还第一次披露了少林寺在其沿革兴废历史中,曾因反王审知附梁和抗击元兵入侵而两度被毁,昭示了"闽僧忠于民苦"的精神,同时还对明清时期南少林武术在闽南一带传播的历史,提供了极为生动、翔实的史料。《西山杂志》中关于泉州少林寺的其他几条记载,实际也是对这一条的补充、丰富和印证。

如"东岳"条:"东岳山在泉郡之北也,古清源晋安之名山。唐开元、天宝年间,东石许十一薄公、郑子和、林光美泛舟游洛阳江焉,遂登东岳山,眺望天空,洛阳江水溶洋,水天一色焉,乃宿少林寺僧舍……事见《嘉定温陵府志》。许十一薄公,许稷之叔也。"宋刘昌言《桑莲诗集》云:"东岳封山见泰逢,万年海岛武夷宗。闽中原是屿高地,畲泰分争甲岭申。"……《青阳诗集》曾天麟曰:"闽中古岛是清源,隔水灵源有畲蕃。对峙帽山三鼎足,世称东岳晋人言。"这里所记的是引自泉州第一部府志的《嘉定温陵府志》,描述了许十一薄公一行泛舟洛阳江,登临东岳山,夜宿少林寺僧舍的逸事。可见此寺早在8世纪的开元、天宝年间就已存在并为宋泉州太守程卓主修的第一部《泉州府志》所记。

又如"统志"条云:"晋邑三十六都临海铺十九乡之一,有统志者,一心也。系宋景炎元年(1276年)清源少林寺千僧反蒲寿庚之降也。少林寺长老无妙至泉开元寺,闻密谋之谣(指蒲寿庚降元事),访于欧阳子真居士也,为进士赵孟模之姑子者,悉蒲(寿)晟之密谋唆都焉。唆都屠兴化,亲率虏骑三万,下洛阳矣。元妙俗为赵孟良也,回之少林寺,谈之知客法空、武农法本、武樵法华、募化法正,请说劝蒲氏寺客。元真率僧百人之万安铺(今之洛阳桥),闻元兵沿途焚劫,将至桥南矣。元真为荷负盐菜,急趋之避。虏至,追之少林焉。长老恭迓以遏之,谈理请退,师不听。山门一闭,钟鸣于东,鼓拆于西,千僧俱立,各备僧仗,俨如伍之待敌也。唆都未至,先行奇握揾思儿,凶残成性,挥令冲少林,激起千僧之愤也。刀光剑影,一以当十,元兵尸横清源城东,枕骸遍野也。唆都至,发矢,千僧毙焉,存者百人也。法本、法华有腾空穿檐之奥,率奔临海也,期会五师之来,与欧阳子真会之州城小东门郊。象立矢志,要除蒲寿庚也。欧阳劝之,免祸于赵氏南宗百家,僧许之,去焉,亡入德化焉。欧阳子真以其他谓统志。"这则记载详述了泉州少林寺千僧抗元的经过。统志之名,确有其处。《道光晋江县志》卷二一记载:"三十六都……在城东南十里。临海铺领前铺、金崎、后铺、统志等四十二乡。"而赵孟模、赵孟良也确有其人,《道光晋江县志》卷三〇选举志载:"淳祐元年(1241年)辛丑徐俨夫榜,进士赵孟模。"又查泉州市文管会藏《宋天源赵氏族谱》(南外宗正司宋太祖派下子孙),赵孟良有兄弟四人,孟良居三,出家为少林寺长老。这些资料以具体事实进一步证明了泉州少林寺的存在及其历史。

再如"下辇"条:"泉州城南十里,有下辇村者……景炎元年(1276年)泉州招抚使蒲寿庚闭关拒纳,元兵攻少林寺,分兵包袭,烟烽四起……盖宋幼主在此下辇过渡,因之称之下辇也……该桥元正时僧人法助建,凡百有二十间,题桥曰'御桥',少林造。此僧少林寺之逃亡者,高龄百三十矣,坐化于御桥亭中,以垂念。此亭已亡,有石僧之像存焉。"查下辇与法助,确有其处其人。《福建通志》卷九九记载:"法助,泉州王氏农家子,年十二出家,研究内典,日发猛勇,人称平海头陀。赏麾翳缩潮,海滨埤田,得不馑齿,悉心造桥修路,后世蒙其利焉。"

还如"九坑"条："九坑一曰马坑，在四都内坑之南郊，废墟也……方广寺，宋初属少林僧方悟、方觉，募资重修。"查九坑确有其处，《道光晋江县志》卷二一载："四都……在城西南五十里……九坑等三十九乡。以上二都宋为务本里。"卷六九载："方广寺在七都，五代时僧文真建，初名曰白马寺，后改方广，今废。"联系《西山杂志》《少林寺》条，天祐四年（907年）少林寺被毁，致使僧徒四散，便有方悟、方觉逃往方广等地。这两条材料可以互证。

根据蔡永蒹的记叙，我们大致可以理清泉州少林寺的来龙去脉。它首建于唐，在历史上曾经上演轰轰烈烈"救秦王"故事的十三棍僧之一的智空，南来清源山麓建寺，为闽派武僧之始。五代钱镠王天祐四年（907年），曾因反闽王王审知附梁而被毁；北宋兴国六年（981年），诏修复建；南宋景炎帝元年（1276年），反蒲寿庚降，千僧抗元，再度被毁；明初复修；嘉靖间倭乱，沿海大兴武场，少林寺僧南下参与平倭，使少林武术进一步深入民间。清乾隆二十八年（1763年）或说因天地会反清，或说因"胡惠乾事件"，少林寺第三次被毁，从此无敢再言修复者。

蔡永蒹因其祖先追随郑成功而仕途遭阻，其撰述《西山杂志》之时，正值清廷严禁福建民间练武之际。兴泉永兵宪胡贞岩《弥盗安民议》称："泉属为滨海之区，郑贼招降纳叛，不遗余力。他郡从逆者，尚有跋山涉水之艰，未成先败之虞；此则举足一跨，便是贼艘，伸手一招，即来狂焰，是人人可以为贼，户户可以藏奸者也。"因此，《大清律例》明令禁止"闽省人民歃血为盟"，更不容民间练武。而天地会的秘密活动，实是郑成功反清复明的继续。以天地会名义发动台湾起义的林爽文，与蔡永蒹为同一时代人。在雍正、乾隆年间严酷的文字狱遗风下，蔡永蒹敢于秉笔直书泉州少林寺的历史及民间的练武之风，谴责少林寺的被毁，"此即乾隆之比郑王仁则更残忍"，必须冒着杀头的勇气，完全无需造假托虚。而且，蔡氏生于乾隆四十一年（1776年），离乾隆二十八年（1763年）诏焚少林寺，只隔13年，故老遗址仍在，泉人记忆犹新。蔡氏是属于当时人记当时事，可信的程度是很大的。

此外,在近年出版的一些著作中,也都有述及泉州少林寺的。如《中华武术辞典》介绍少林寺时说:"唐广明元年(880年),在福建省泉州市东门外有座佛教禅宗寺院,称'镇国东禅少林寺'。传说南少林拳便源于此,故有少林圣地之说。今该寺已毁。"

又如《中国名寺志典》"泉州少林寺"条中称:"少林寺坐落在福建泉州东门仁凤街。建于唐乾符年间(874—879年),原名'镇国东禅寺''镇国东禅少林寺'。当时规模很大,寺僧众多,传为我国南派少林拳之发源地。清初寺毁。"

再如《中华武术实用大全》介绍南少林武术时说:"南少林派是武术流派之一。此派传习者崇嵩山少林寺为祖庭,以福建少林寺为发祥地,为与嵩山少林寺相别,该寺称'南少林',所传拳枝称'南少林拳'。传说清康熙或乾隆年间,清廷畏少林寺武功成患,派兵围焚南少林寺,仅至善禅师等五人逃出。他们在福州编传了'五祖拳',至善之徒洪熙官,另有蔡、莫、李、刘四徒,亦分创蔡拳、莫拳、李拳、刘拳并传于广东,形成了南少林派武术的基本内容。"

另外,由嵩山少林寺第31世皈依弟子德虔武师编著的《少林武僧志》中,记有垣然和尚的高足月空法师受命率领30多位打出山门的武僧到福建泉州平倭立功,而后在这里建了一座少林寺的事迹。在少林寺西来堂陈列的14组塑像中,第13组为"月空和尚平倭寇",下面的说明明确写道:月空平倭后,应当地信众之请,"在福建泉州修一座少林寺"。

史乘文献,字迹灼灼,都说泉州有一座少林寺。

(三) 走近这片塌圮的圣地

那么,屡见于文献著述之中的这座泉州少林寺,其遗址究竟在哪里呢?

《西山杂志》"少林寺"条云:"十三空之智空入闽中,建少林寺于清源山麓。"该书"东岳"条又引《嘉定温陵志》的记载,说唐开元、天宝年间,东石许十一薄公携友同游洛阳江,登东岳山,及晚"乃宿少林寺僧舍",说明少林寺就在东岳山附近。同书"龙降"条又称,唐高宗年间,有"异物如大蟒","盘栖清源少林寺之西岭峰顶"。"闽州太守王肇率州绅祷于天坛,天坛傍少林寺,智空禅师会王太守,立于天坛。"三条记载,都言及少林寺的地址,而且一条比一条具体。先记是在清源山麓,再记是在东岳山附近,继而记其与天坛比邻。查泉州舆图,清源山位于泉州北郊,又称泉山、北山或齐云山,方圆 40 里,海拔 500 米,号称"闽海蓬莱第一山"。而据《道光晋江县志》云:东岳山为清源山之余脉,又名凤山,"由北山逶迤而来,势如飞凤,故名,宋名飞落山,中有东岳行宫。"天坛就在东岳行宫前约 20 米处,今遗址尚存。这是一块巨石所托展的平地,下有百级台阶,为古代祭天的所用。"天"是中国传统思想中的最高信仰,历代官府每到这一祭日,都要举行盛大的祭礼。民国以后,这一由官府主持的祭天盛典,虽已停止,但在民间,每年农历正月,各地寺庙的神佛,都要到天坛来"乞火",即在天坛上点燃圣火,然后由各地信众将火种接引回各地的寺庙。上述三则记载,都写明泉州少林寺就在清源山麓东岳行宫前的天坛附近,这可以作为今天确定少林寺遗址的一个坐标。

实地踏勘,在东岳行宫一带(今称东岳村),确还保留不少与少林寺有关的遗迹。在天坛东侧,即明代江夏侯周德兴"剪刀剪芙蓉"的坟墓东边,一个叫做"山门"的地方,当地民众说它就是当年少林寺的山门。而地名叫"山门内"的地方则就是当年少林寺的所在地了。过了"山门内"则叫"山门外",通古福州大道。山门旁有一条水沟,流水潺潺,当地群众叫"洗脚坑"。传说进入少林寺,首先要在这里洗脚,以示清净和虔诚。山门外还有一个叫"入门塔"的遗址,20 世纪 60 年代尚存,今已塌毁,但塔基尚存。附近还有叫"狗涵"和"柴人"的地方,都与少林寺的传说有关。当地的老人还指证,1958 年他们在开山造田时,把"山门"平整掉,曾挖到许多大的方砖块,每块约有今天的四块"尺二砖"那么大,有的还拿回家去作水缸盖。

沿着"洗脚坑"进入"山门内",是一大片开阔地,其规模比现在有四百米跑道的大运动场还宽大。相传这里便是少林寺建筑群的遗址了。《西山杂志》说少林僧人智空入闽中,"建少林寺于清源山麓,凡十三进,又说"少林寺十三进,周墙(高)三丈,寺僧千人,垅田百顷,树林茂郁,掩映少林寺于山麓"。同时还引南宋进士、晋江人施梦说

《鲁东诗集》称："少林寺宇筑清源,十进山门百丈垣。百顷田园三岭
地,千僧技击反王藩。"可见规模之大。其寺内有僧舍可以宿客。唐开
元、天宝年间东石许十一薄就曾携友于泛舟游金陵登山夜宿。明陈子
峰在《乙丑夏游东禅寺述怀十首》中,更具体描绘了避暑少林寺的情
景:"喧嚣城市不成眠,力疾出城觅洞天。遥畏长途逢北客,曲循幽境
入东禅。"在这里,可以泛舟——"钓艇横波泛地仙",可以登山——
"谁知游山能败屐",还可以高卧中堂——"扫塌中堂自在眠",可见当
时的寺院所占地方的规模之大,与蔡永兼所描述的"垅田百顷",和
《鲁东诗集》所说的"百顷田园三岭地"是相符的。

　　占有如此庞大地盘的少林寺是一个包括多座寺院的建筑群体。
此种情况在嵩山少林寺已有先例。明嘉靖年间,抗倭名将泉州人俞大
猷就在嵩山少林寺建了一座名叫"十方禅院"的新寺,并撰文立碑。又
如泉州大开元寺也包括了"支寺百区"。泉州少林寺的范围包括了东
岳行宫及今之东岳山义冢地一带,则已为史载。有学者分析,少林寺
建于唐,东岳庙建于南宋,其庙地可能就是少林寺第一次"反王审知附
梁"被毁后的隙地。而今之东岳山冢地,是明朝中期安溪人李森(李光
地之祖先,富而好善,急公尚义)出钱购买的,可能就是少林寺第二次
"千僧抗元"后被毁的荒地。

　　如今从史载资料中可以比较确切认定,在少林寺建筑群体之中的
是东禅寺。寺在泉州仁凤门外三里东湖畔,建于乾符年间。《武荣傅
氏族谱》(1927年刊本)曾收有宋康定元年(1040年)徒溪县尉杨拯文
所撰的《仆射招讨公泉州护安功德院记》碑刻抄文(此碑原立于东禅
寺中,20世纪50年代尚存,后毁),详细记叙王审知属僚威军节度招讨
使傅实修建该院的经过,其址位于"郡之郊东,俯郊之翌,揖照湖湄,坐
抵林秀,沧溟一盼,阡陌四冲"[一说此处原为傅实宅邸,为妙应禅师看
中,捐出后,于乾符年间建成护安功德院,自己另在武荣(今丰州)择地
另建府第]。寺成后奉祀秘阁太傅。天祐年间天降甘露,郡政录其事
迹上疏,昭宗赐额"镇国东禅寺"。碑文中还详细描绘了护安功德院的
规模:"一所五堂一殿。其五堂之名:'曰法、曰祖师、曰十三、曰罗汉、
曰玄女'。"即法堂、达摩祖师堂、十三武僧堂、罗汉堂、玄女堂,可证其

属于少林寺院之一。

东禅寺作为泉州少林寺的一个部分，在历史上也曾几度兴废。《道光晋江志》卷一五曾记东禅寺兴毁的过程，云："镇国东禅寺，在仁凤门外东湖畔，唐乾符中，郡人郭皎、卓怿建、僧齐因居之。广明元年赐今名。宋德祐、元至正两遭火，寻复建。明宣德十年重修，后废。僧人修其旧址十之一，兼祀知县彭国光，以彭曾为僧复寺田也。"此条记载值得注意者有二：其一，东禅寺两度被废的年代，一为宋德祐年间（1275 年）；一为元至正年间（1341—1368 年）。两次被毁都在《西山杂志》所记少林僧人反王审知附梁和少林寺千僧抗元的时候，说明东禅寺即少林寺之一部分；其二，东禅寺于明宣德（或曰洪武）年间修复时，只"修其废址十之一"，规模已小了很多。然而这还不是我们今天于泉州东门外东禅村所见的东禅寺。明修只存"十之一"的东禅寺，在乾隆二十八年（1763 年）诏毁后，于咸丰元年（1851 年）重建，是时人为寄托对少林先辈的缅思，而复修一座纪念性小寺。只有两进规模，当比原来只存"十之一"的东禅寺又小了许多。人们常有一个疑问：偌大一座少林寺，缘何只是今之所见的东禅寺这一区区小庙？其实东禅寺就只是少林寺诸多寺院中的一座，且在历史上几遭焚毁，由明修只存十分之一，到清咸丰元年（1851 年）重修的一座纪念性建筑，规模更远非当年原寺可比了。

人们还常有另一疑问：缘何少林寺不叫少林寺，却叫东禅寺？这也是当地寺院的一种习惯。泉州著名的寺院一般都有两个名字，如开元寺的山门，不挂"开元寺"只挂"紫云"两字，因此历史上也把开元寺写成"紫云寺"；又如承天寺的山门匾额上也只写"月台"两字，所以"月台寺"也就是承天寺。《四库全书提要》云："元释大圭，至正间居泉州之紫云寺"；明代著名文学家王慎中有诗"岁首与道卿偶集月台寺"，均可作为例证。循此前例，明陈紫峰于嘉靖八年（1529 年）游泉州少林寺，作诗十首，便题曰"乙丑夏游东禅寺十首"，将少林寺称作东禅寺。到了清咸丰重修东禅寺时，距乾隆二十八年（1763 年）焚毁少林寺已近一个世纪，因系纪念性质，便将少林寺和东禅寺合二为一并称了。据香港著名武术家、三师堂武术馆馆长洪敦耕于 1963 年访问东禅寺所留下的记载,其大门匾额上书"东禅古寺",入门第一进的匾额则用篆书写"少林寺",第二进的大殿正中摆有一个香案,案前写道"敕赐镇国东禅少林寺",而在寺的西门竖着"少林古迹"的匾额。"少林寺"与"东禅寺"在历史上曾经有密切关系,在现今人们的心中,更是将其合二为一了。

历史将曾经十分煌熠的少林寺夷为平地。如今"山门内"的那一大片少林遗址在 20 世纪 50 年代就被变作打靶场,成为军事训练的用地。有些侥幸留下来的遗迹、遗物,也在 20 世纪 50 年代的"大跃进"、60 年代的"文革"和 70 年代的"农业学大寨"运动中,进一步受到毁坏。当地群众说,在修打靶场和挖建北渠时,曾挖出不少一米见方的大黑砖,砖上还镌刻有"少林"字样,可惜现均已不存。就连曾经竖在东禅寺西门的那块"少林古迹"的牌匾,也已下落不明。唯在东禅寺内和附近的东禅村里,还可以找到显然与少林寺遗物有关的诸如大缸、石柱、石锁、大型石臼、练武用的巨型石板凳,以及寺僧用于洗涤、贮水的石槽等。而独特的"七星井"则散落在东禅村中。在东岳行宫后面的山冈上,红砖方石的碎块散见于土层中,一块块方底圆顶如草帽状的大石础和两株数百年的大榕树,都仿佛亲见少林寺兴废风云似的格外引人注目。

近年在东岳宫天坛东侧少林寺遗址范围内,发现了一座奇特的宋代圆锥状砖墓室,墓室内放置了两个骨灰陶罐。其中一罐之盖及罐底均有楷书"方"字;另一罐底书有"河南□□□□"六字,而罐盖则为宋代芒口影青的瓷碗,上阴刻有四尊武僧画像,个个作圆睁怒目、摩拳擦掌状,四周还有四朵对称的莲花图案。这批文物的出土,无疑给研究者对泉州南少林寺的考证,提供了有益的历史文物资料。

这样一座曾经屡遭劫难的寺院,一直为人们所关心。1963 年,时任香港三师堂武术馆馆长的洪敦耕先生,曾经访问该寺,并笔录下寺内有关匾额、楹联、石刻,写成了《泉州少林寺见闻》一文,为今已大部不存的东禅少林寺保留下一份珍贵的资料。洪敦耕先生的文章如下:

福建省泉州市凤门外东湖畔有个古刹叫少林寺。笔者于 1963 年冬走访该寺,见一位年迈古稀的老尼,自云在寺中居住五十多年。此寺系在古少林寺遗址上重建的纪念性质小庙,与古少林寺之规模自然今非昔比了。兹将当时所见抄录如下:

少林寺门口长若有九米,只有二进。大门匾额上写着:东禅古寺。边款:丁卯年阳月吉旦,泉郡诸董事重修。入门一进匾额写着:少林寺(篆体字)。左柱联写道:一念真诚通诸座,九天瑞霭获慈航。二进有佛阁,阁上匾额写着:慈航普济。边款:同治六年丁卯孟春谷旦。钦加提督衔署县彭水陆挂印总镇坚勇巴图里人曾元福敬立。左右柱联写道:净瓶杨柳枝洒点点风调雨顺,紫竹白莺歌叫声声国泰民安。边款:咸丰丁巳年花月吉旦,董事倪亦才、陈朝泉、陈明捷同敬立。供桌前写着:敕赐镇国东禅少林寺。佛国供桌写着:东禅寺佛祖案桌。边款:同治丁卯荔月谷旦。泉郡十八罗汉壁画,每边各九,诸磨房同敬置佛像,用玻璃框围之。框缘左右分别列两行字:咸丰年仲冬新建,1955 年秋重修。左右墙壁上的罗汉,形态各异。佛阁右侧有一边门,门内即老尼卧室。卧室右侧另有一门通寺外。门外有遮雨门廊,长度四米。门上有一匾额写着:少林古迹。边款:丙辰春幻空书,乙酉冬瑞陀立。门廊左右墙壁上有联语,分列左右写着:东山寂历道心生,虚谷逍遥野鸟声,禅室从来云外赏,香台岂是世中情。寺后数百米,于东岳山腰有二石亭,叫做万善亭与万缘亭。据说此二石亭即少林寺之山门也。惟寺中老尼对少林寺沿革语焉不详,以致无所问津,实为憾事。

这份记载详尽记述了时至 1963 年尚存在于东禅少林寺的匾额、楹联的情况,是一份可以资信的材料。遗憾的是,洪敦耕先生于 1982 年春节再访少林寺遗址时,所有匾额、壁画、柱联均已荡然无存,该寺已成为泉州市东海公社仁风大队的农械厂了。洪先生也不禁要对这人世沧桑感慨系之,而对自己抄录的资料未曾遭劫,得以留下雪泥鸿爪而庆幸万分了。

（四）精英辈出的习武传统

少林寺首先是一座禅宗寺院,这是毫无疑问的。泉州曾被誉为世界宗教博物馆,世界三大宗教:佛教、伊斯兰教和基督教,都在泉州的文化发展史上占有重要地位。特别是佛教,自晋唐以来就建有许多古刹名寺,历代高僧辈出。宋代理学大师朱熹称它为"此地古称佛国,满街都是圣人"。泉州浓厚的佛教风气,自然成为少林寺存在和发展的温床。

但是,少林寺在诸多佛教禅林中之所以能够脱颖而出,具有自己特别的风貌与价值,则与它的武功有关。少林寺在历史上中曾以自己寺僧的武功,帮助过唐太宗一统天下,从而获得自唐以降历代王朝的青睐,允其寺僧习武,并在国家急需用兵之时征调僧兵参与靖边止乱等政治和军事行动。也由此,少林寺获得更加重要的政治支持,荟萃武林各家门派,在比武论道、切磋技艺中,使少林武功更臻精妙,客观上成为武林盟首。"天下武功出少林",此言虽有过誉之处,但多少反映了少林武功在武林中的地位和社会民众对少林武功的推崇与尊重。因此,当南少林的争论展开之时,一些研究者主张,确定闽中南少林的地址,不能只止于对少林寺遗址的寻找发现这一端,还应更广泛地考察和研究南少林存在和发展的文化环境。他们提出从五个方面来考察南少林的存在:第一,少林寺院遗址的发现;第二,南少林拳种的发掘整理;第三,与南少林有关的武术典籍的考订;第四,南少林武术历史源流的追溯;第五,民间习武之风的考察。

这五个方面,其实就是两个方面:其一是南少林寺遗址的发现,此是争论最为激烈的;其二是南少林武术流传的研究,这是属于对文化环境的研究,常为有些研究者所忽略。泉州的南少林研究者在这一方面付出了不少的努力。

泉州有一句俗谚:"拳头、烧酒、曲",用来形容泉州人的性格和爱好。"拳头"即拳术,亦即自唐宋以来就在泉州一带流传的以"太祖拳"为代表的少林武术。而"曲"即南音,亦称南乐、南曲、南管,为宋代传入泉州的唐宋宫廷音乐。南宋以后偏安一隅,泉州以其"东方第一大港"的海上贸易,在南宋小朝廷中占有重要经济地位,文化也随之有了很大发展。南曲由宫廷走向民间,是一重要的例子。它与少林武功同样对泉州地域文化的形成,具有很大的影响。泉南地区,地少人多,而发达的海上交通和贸易,促使泉邑人氏历来就有远走他邦、经商异域的传统。而在流离乡土的异乡或异域生活中,为谋求生存而逐渐形成的族群观念和尚武好斗的性格,以及怀乡思亲的悲慨情绪,都很容易借助"烧酒"的激发,通过练"拳"和唱"曲"发泄出来。因此,酒的猛烈、拳的刚劲和曲的缠绵悲慨,便形成泉州地域文化性格最具代表的特征。毫无疑问,这一文化性格也推动了武术在泉州地区的流传和发展。

泉州的历史发展,与中原有着密切的关系。历史上三次中原士裔入闽,都落足泉州。第一次在西晋末年永嘉之乱,衣冠南渡,以林、陈、黄、郑、詹、丘、何、胡八姓为多,故又称"八姓入闽"。第二次在唐末藩镇割据的五代十国,王潮及其弟王审邦、王审知率部随军自河南光州入闽,任泉州刺史。第三次在北宋末年靖康之乱,政权南迁,设南外宗正司于泉州。三次北人入闽都带来了灿烂的中原文化。泉州的武术活动也由此而生。

就目前可证的资料,泉州最早的武术活动可上溯至晋。现划归南安的丰州镇,晋代为晋安县(今泉州)县治所在地。在这里出土的部曲将印,可以说明当时已有武术活动。所谓"部曲",是由豪绅世族的家仆和士兵所组成的队伍,随同主人南徙入闽,平时务农,闲时习武,以备看家护院和用兵之需。彼时福建,中原南来的移民渐多,加之并未内迁的闽越遗裔重出山林,豪族之间、汉越之间的纷争时有发生。因此民间练武自卫的风气,相当普遍。唐高宗总章、凤仪年间,闽广之交发生少数民族骚乱,陈政率子陈元光南下平定,请置漳州;圣历二年(699年)又改泉州为武荣州,泉州以"武"为"荣",其州名与民间习武之风密切相关。

泉州武术活动的蔚成风气,与唐末两支中原军队入驻泉州不无关系。其一是昭义军节度使的军队,率泽、潞、沁、相诸州英豪,由傅实统师,以威武军节度招讨使衔,于广明元年(880年)入闽南进驻泉州;另一支是王潮、王审邦、王审知统率的河南光州一带的农民军,于光启年间(885年)入驻泉州。这两支队伍,其士卒来自河南、河北、山东、山西一带,都是中原武术的活跃之地,其中还有不少武林健儿。在他们的带动下,一批行伍出身的泉州籍将士,以勇猛善战著称,而官至刺史、节度使。

至宋,练武之风沿袭不衰。虽在太平时期,但泉州籍出身的宰相,如曾公亮、苏颂、吕惠卿等,均精通兵事。曾公亮编《武经总要》,为历史上第一部由中央政府主修的武备经典著作;吕惠卿著有《弓试》;而苏颂则身先士卒参加靖边止乱。这都与他们本人平时练武、精通兵事分不开。

南宋以后是泉州武术发展的重要时期。一方面,这一时期泉州经济的发达,使其在南宋小朝廷中占有重要地位,廪赋的充足,必然带动文化的活跃,武术活动也在这一富裕的物质基础上得到推广。另一方面,南宋是多事之朝,面临北方强大的军事压力,战事不断。在异族欺凌面前,仁人志士奋起反抗,大多练就一身武艺。这一风气,必然对民间产生很大影响。再一方面,南宋迁都临安以后,将南外宗正司移入泉州。原来宋太祖赵匡胤驾崩以后,传位给其弟赵光义,为宋太宗。此后宋朝皇帝一直是太宗直系,而宋太祖的子孙,便沦为一般皇族。为管理这些皇族,宋仁宗皇祐三年(1051年),设置了宗正司。后来人丁日多,崇宁三年(1104年),又分设南外宗正司于南京(今河南归德),西外宗正司于西京(今河南洛阳)。靖康二年(1127年),金人推翻北宋,宋太宗的子孙都成了俘虏,而南外宗和西外宗属于宋太祖派下的子孙,因而得以幸免。宋室南渡后,这两个机构随其南迁,最后西外宗正司设于福州,南外宗正司则定居泉州。当时泉州是海外交通贸易大港,经济繁荣,税负收入丰厚,宋太祖的子孙依靠政府发给的"宗廪",过着富裕的生活。他们除了读书准备当官,平时便耍枪弄棒,习武练拳,这样既能健身,又可娱乐。其中太祖拳作为皇室家传的拳法,都在必学之列。风气所至,泉州的武风也为之大振。

这里所说的太祖拳,相传为宋太祖赵匡胤所创。据云赵匡胤曾入少林寺学武,以一棍称雄天下。《北拳汇编》说:"少林派亦称外家,赵匡胤其开山祖也。匡胤挟有奇技,秘不示人,醉后曾与群臣言其奥蕴。寻悔之,又不欲失言,卒置其书于少林寺神坛中,其法以硬攻直进为上乘。"明抗倭名将戚继光的《记效新书》说:"宋太祖有三十二势长拳,又有六步拳、猴拳、囮拳诸名势。"《中国体育史》认为:"太祖精于技击断然无疑,或少林拳术得太祖而益精亦未可知。"总之,将太祖拳划入少林派武功之列,是自古以来的普遍看法。而北宋时期享誉一世的杨家将和鄂王岳飞,均以枪法传世。杨家枪法流播于山东、山西、河南、河北,而岳家枪法师承周侗,盛行于湖北荆楚。两家枪法均属少林派。它们都随南渡宋室将士传入泉州。由此可见南外宗在泉州盛行的武术活动,仍以少林武功为主。

唐宋以来,以少林武功为代表的北方武术,沿着僧传和俗学两条渠道,源源传入闽中,使泉州的武术水平在广泛的民间习武基础上,有精绝高超的表现,出现了许多具有重要影响力的军事家和武术家。赵本学和俞大猷是两位突出的代表。

赵本学系南外宗嫡裔,谱名世郁,号虚舟,生于明成化戊戌年(1478年),卒于嘉靖甲辰年(1544年)。南宋覆亡后,赵氏家族一直韬光晦迹,然其尚武之心不绝。赵本学幼习宗室武术,从民间武林高手学得少林真传,又向理学名家蔡清学习《易经》。他洞悉社会,深谋远虑。学成之后,结庐闭户,不求闻达,潜心揣摩,将易理和兵家韬略结合起来,以易演兵家奇正虚实之权,写下了《韬铃内外篇》七卷,《赵注孙子兵法十三篇》三卷,《周易学庸说》《参同契释》等书。所谓"韬铃",即古兵书上的"六韬""玉铃"。其"内篇"四卷,演步阵法22种,并绘图说明;"外篇"三卷,分析汉以来错误阵法39种,让后学者辨析;最后附"诸葛亮阵法十八势"。而《赵注孙子兵法》,则在注释中以当世兵书的误讹为例,加以针砭,理论联系实际,故虽玄而不奥,颇受后世垂爱。明末传入日本,自德川幕府时期流传至今,盛行不衰。今天日本的《孙子兵法》,仍以赵氏注本为底本。但赵本学生前对自己所著,却一直闭口不说。一方面,他深知明中叶以后政荒民扰,武备废弛,外寇屡犯,而民不知兵,便发愿苦练武艺,深研兵法,以期有用于朝廷。另一方面，又因为家世坎坷，其十二世祖曾被俘北去，咽涕装欢，谨慎避祸，才幸能南还继宗。所以谨记祖训，对自己所学，秘藏不露，连自己儿子，也不亲授，直到收俞大猷这个门生后，才将所著尽以传之。

俞大猷，字志辅，号虚江，泉州河市人氏。明弘治十六年(1504年)生，万历七年(1580年)卒。"其先颖州霍邱人，初祖敏，以开国功世袭泉州百户。"猷自幼胆识过人，少年曾与邓寒松结庐读书、练武于泉州北郊之清源山上。今清源山尚有一巨石，上刻俞大猷亲笔所书的"君恩山重"四字，即为"练胆石"，是当时读书、练武的所在。嘉靖元年(1522年)，其父殁，时年18岁的俞大猷遂放弃举子业，承袭百户世职，改学骑射。先随白猿公学拳扑，后从李良钦学荆楚长剑。李良钦，同安人，《福建通志》称他："少任侠结客，得异人传授棍法，神明变化，纵横莫挡。"俞大猷尽得其术。所谓"剑法"，即为棍法，盖因时人以长剑称棍。此时俞大猷棍术与邓寒松拳法已很有名，有"俞公棍邓家拳"之称。后闻赵本学以《易》推演兵家奇正虚实之权，又从其授业。在后来所著的《剑经》"自序"中，曾记叙其从赵氏习兵法的经过："俞学荆楚长剑，颇得其要法。吾师虚舟先生，见而笑曰：'若知敌一人一法矣，讵知万人之法本于是乎？'猷退而思，思而又学，乃知天下之理，原于约者未尝不散于繁，散繁者未尝不原于约。后以质之先师，曰：得矣。于是授以行阵奇正变化之法。猷乃将所得要法，著《剑经》以告后人。"在赵本学的启发下善于思考的俞大猷，深得其师兵法要旨，而且著书立说阐幽发微，使之更为完善。他在《兵法发微》一书中，称誉其师曰："先生输精搜微，穷乎先后天之卦，河图洛书之数，九军八阵之法。自宓羲、文王四圣而下，逮汉孔明、唐李靖、宋岳武穆所著，虽大小不同，而同出天地礼数之源也。千贤古圣垂世之典，宋祖符契之大，昭如日星，其有功前世不概见也。"述及自己所著，缘因"吾读先师所授《韬铃内外篇》者有年，领其大旨，知其无一不根基于《易》者……不自揣，作为剑、射、阵三法，以衍其意如左。顾于根易元奥，未及敷畅，兹复著《发微》四章以概括之"。此四章中，第一章阐述"轩辕握奇阵及孔明八阵"；第二章阐述"九军制阵与夫奇正相生之法"；第三章阐述"阵法本多《易》卦,及布师卦八阵图法";第四章阐述"圣人制阵有奇有正,有分有合",一本河图洛书之数。后来俞大猷又将赵本学所秘藏之《韬钤内外篇》,连同自己所著的《剑经》《兵法发微》等汇编成《续武经总要》,并将自己所学用于后来抗倭实践,终成一代名将。

嘉靖十四年(1535年),俞大猷参加武会试,登第五名进士,授千户,守金门。嘉靖三十一年(1542年)提署都指挥佥事,佥书广东都司,平息感恩、昌化诸黎反抗。时倭寇时常侵扰浙闽沿海。俞大猷受命为宁波、台州诸郡参将,屡破之。嘉靖三十五年(1546年),升为浙江总兵官,功多被掠,遭诬系狱。未及戴罪立功边塞,在山西大同创造独轮车以制敌骑,置兵车营,大破俺答军。嘉靖四十一年(1562年),调升福建总兵官,与戚继光共复兴化城;嘉靖四十三年(1564年)改镇广东;隆庆二年(1568年)海贼曾一本犯广州,转犯福建,俞大猷与郭城、李锡军擒灭之,录功进右都督。在其毕生的戎马生涯中,以其抗倭而与戚继光齐名。虽年长戚继光25岁,但时人乃将戚俞并列,"世言继光如虎,大猷如龙",共誉为抗倭民族英雄。

俞大猷的武学,源自少林赵家棍法真传。但在他从赵本学习赵家棍法和兵法之前,曾跟李良钦学荆楚长剑——岳家棍法和枪法;在征战途中,又吸收山东、河南一带杨家枪法的妙招,转益多师,取宏用约,融会贯通,对少林棍法自有不少发展。在《剑经》中曾记叙他吸收杨家枪法的情况:"山东、河南各处教师,相传杨家枪法,其中阴阳虚实之理与我相同,其最妙左右二门拿他枪法,不妙是撒手杀去而脚步不进。今用彼之拿法,我之进步,将枪收短连脚赶上,且勿杀他,只管定他枪,则无敌于天下矣。"《剑经》一书是俞大猷融会自己从赵氏所学的剑法和兵法,并从自己征战实践中汇集各家枪法所长而完成的中国武术史上第一部专著。它以棍法为研究对象,对武术的基本原理、原则及其体用,作了精确的论述;由棍法而论及各种兵器,不仅是一部斗法的书,而且论及行兵布阵的奇正变化,还是一部斗阵的书。它首刊于嘉靖三十六年(1557年),正是明代朝政腐败,军备废弛,北方俺答侵扰,南方倭患不断的多事之秋。《剑经》的刊行,实为俞大猷的忧国忧民之作,以其临战指导性很强的技法、兵法,应了卫国捍城之需。俞大猷在

《剑经》结束语中云:"倘得数万之兵,教阅经年,东倭何能逞?"俞大猷依此训练军伍,所以俞家军所向披靡,海寇闻风丧胆。戚继光也对之称赞备至,以其法用于练兵,称之:"不唯棍法,虽长枪各色之器械,俱当依此法也。近以此法教长枪,放明效。极妙!极妙!"

作为一本专论棍法的武术专著,《剑经》的贡献还在于它对少林棍法的总结和发扬。因此,它历来被视为少林武术的一部经典著作。在少林武术的发展史上,还留下一则"俞大猷回传少林棍"的佳话:

嘉靖四十年(1561年)三月,俞大猷自北云中(山西)南归,取道河南登封,专程拜谒了少林武功的发源地嵩山少林寺。他在为少林寺撰写的《新建十方禅院碑》中,详细记叙了他回传少林棍的经过:"予昔闻河南少林寺,有神传长剑技。嘉靖辛酉岁,自北云中奉命南征,取道至寺。僧负其技之精者,皆出见呈。予告其主持小山上人曰:此寺以剑技名天下,乃久传而讹,真诀皆失矣。小山慨然而曰:建寺之责,愚僧任之,即平治其基以经始也。剑诀失传,示以真诀,是有望于明公。予谓,非旦夕可授而使悟也。即择其僧之年少有勇者二人,一名宗擎、一名普从,随往南征。三载之间,谆谆示之,皆得其真诀。虽未造于得手应心之神,其十步一人,千里不留行,亦庶几矣。乃辞归。越十有四五载,今万历丁丑岁(1577年)四月间,余适在京师神机营担调车兵,报有一僧求见,与之进,乃宗擎也。谓普从已化为异物,唯宗擎归,以真诀广传寺僧,得其法亦多也。因欲戒坛听戒,飞锡到此。予喜,复授以《剑经》,勉其益求其精之意云。"

另有一篇《诗送少林寺僧宗擎有序》,亦详述此事,称他在少林寺中观众僧练武,"视其技已失古人真诀,明告众僧,皆曰'愿受指教'。而后带了宗擎、普从二人,随余南行,出入营阵之中,时授以阴阳变化真诀,及三载余。二人乞归,遂许辞去。"而后普从物化,宗擎带回他的少林棍术真诀,"以所教之技传授寺众,得其再传者近百僧"。因此他在欣然赠宗擎诗中云:"学成伏虎剑,洞悟降龙禅。"

俞大猷是泉州南少林武术的代表人物。他以《剑经》为代表的著作,奠定了南少林武术的理论基础。明人黄景昉说:"吾温陵(泉州别称)棍法手扑妙天下,盖俞都护(大猷)集古今棍法而大成之。"又说:

"余所接善棍者,皆言其父、其大父亲承都护所指教。"俞大猷之后,泉州"百家绝技,先后接踵,甲于闽中",盖因俞氏将少林武术推到如此高度,奠立了此后发展的基础。体育史家认为,明代是我国武术发展的一个全盛时期,少林武术也大放异彩,其中有很大发展的便是少林棍术;而少林棍术的重振断绝之功,当首推俞大猷。俞大猷回传少林棍这一武术史上的大事,不仅说明了南北少林的武功源于一宗,而且以南派少林武术的灵动神化影响了北派少林武术的发展,是南北少林武术的一次重要交流。无怪乎在今天嵩山少林寺的壁画中,多有南拳的架势。

明朝覆亡以后,政治形势较为复杂,拥清和抗清两股力量集结在南方展开激烈的较量,泉州一时又成为全国政治和军事斗争的舞台。泉州本来尚武之风兴盛,《明史》卷九一《兵志》三称:"泉州、永春尚技击,漳州人习藤牌,漳泉人善水战。"而今处于战乱之中,习武之风更为炽盛。首先是泉州府人氏郑成功崛起东南一隅,以家乡为根据地,高举反清复明大旗,征集泉漳一带家乡子弟兵,抗击清军,进军台湾,驱逐荷夷,建立反清复明的大本营;继而是同为泉州府人氏的原郑氏部将施琅,叛郑附清,也吸收家乡善武之人,统率大军,收复明郑政权。在两大军事力量的对峙抗争中,泉州处于高度用武之势,它客观上使泉州地区产生了许多武术人才,推动了武术的发展和传播。郑成功进军台湾时,所率多为家乡子弟兵,后来郑氏失败,不少部属留在台湾,泉州少林武功也于此时传入台湾,成为台湾最重要的拳种之一。又如17世纪中叶以后,沙俄帝国不断侵扰我国的东北边境。1685年康熙命都统彭春督师出征,令泉州永春人林兴珠率五百福建藤牌兵随行。藤牌兵是郑成功抗清时用以冲锋陷阵的一个特殊兵种。三人一伍,一兵执藤牌保护,一兵砍马,一兵杀人,三人配合默契,常奏奇效。林兴珠原是郑氏藤牌兵,在抗俄中骁勇善战,屡立奇功,美名流传在北疆黑龙江畔。

郑氏失败后,南方又出现反清的民间秘密组织——天地会。根据史家研究,天地会的创始人为郑成功军师、同安人陈永华,其组织"假少林之技,鼓逼臣之血气",以谋反清复明。因系民间的秘密组织,为避祸计,所用人名、地名皆多伪托。但漳州、泉州为天地会的发源之地和主要活动地区之一,则为多数史学家所共认。天地会的飙起,对推动泉州民间武术活动的发展自然起了重要的作用。

自有史可证的晋代以来,泉州民间武术活动的存在,已达一千余年,而且日趋炽盛,它构成了南少林存在和发展的一个重要的文化环境。这在一千多年中,泉州武林人才辈出,这也是众所瞩目的一个突出现象。有研究者据《晋江县志》统计,仅今之泉州市的市区和晋江县(不含历史上泉州府所辖的南安、同安、安溪、永春、德化等县),自明嘉靖十四年(1535 年)俞大猷中武进士算起,至崇祯十三年(1640 年)止,在这近一百年中,晋江县共出了 45 名武进士。而自明嘉靖己酉岁(1549 年),邓城(邓家拳的创始人)中武解元,至崇祯十二年(1639年)的 90 年间,晋江县共出了 261 名武举人。明之后,从清初康熙二十四年(1685 年)至乾隆四十九年(1784 年)止,也约一百年间,晋江县出了 28 位武进士;而从顺治十七年(1660 年)至道光八年(1828 年),晋江县共出了 206 名武举人。两项合计,从明中叶至清初约两三百年间,晋江共出了 73 名武进士,407 名武举人,而武秀才、武童生,更不计其数了。由这一组数字也可以推见当时习武之风的兴盛。这一切,从武术活动的久远历史,武术拳种的传承渊源,武术典籍的深远影响,武林人才的代代辈出,到民间尚武之风的蓬勃活跃,都说明泉州不仅提供了南少林武术传承的优良环境,也是推动南少林武术发展的一块发祥之地。

(五) 流入民间的少林武术

少林武术大量流入民间,甚至衍化成为一种民俗活动,以其在民间的传承和发展作为代表,是泉州南少林武术的特殊现象。此一特征迥异于北方的少林武术传统。嵩山少林寺不仅是少林武术的发源地,而且一直是它的唯一代表。尽管嵩山少林寺也收过不少俗家弟子,使少林武术在一定程度地进入了北方民间;但其传承和发展,主要还在寺院之内。自元初少林祖师福裕订立曹洞宗七十字辈分以后,少林僧人即严格按辈分排列,武术传承也体现在这辈分之中。这可以看做南北少林的一个不同的特点。

这种情况的出现,与南少林几经兴废的历史密切相关。

据新近发现的清代学者晋江人蔡永兼于两百多年前所著的《西山杂志》所述,泉州少林寺在历史上曾三度遭毁。第一次在唐末因反闽王王审知附梁而被毁;第二次在宋元之间,因反蒲寿庚降元而被毁;第三次在乾隆二十八年(1763年),因胡惠乾事件为清廷视为大忌而被毁,从此便无敢言修复者。三次毁寺,都有幸存僧人为避祸散入附近的其他寺院,或隐匿民间。这些能在重兵围困之中以精锐武功逃脱的僧人,大都是武艺高强的武僧。他们为了复仇或重兴少林寺,便在民间广收徒众,从而使少林武术大量注入民间。乾隆之后,无人敢重新修复少林寺,泉州南少林的武功便也无法回归本寺,除少数在其他寺院承传外(如清末崇福寺的妙月和尚),大概只能以俗传为其武功代表了。从《西山杂志》提供的并非完整的资料,我们仍大致可以排出泉州少林寺技击传人的谱系。

最初南来创建泉州少林的开山僧,是曾经帮助秦王李世民一统大唐天下的十三棍僧之一的智空。智空有十二个徒弟,大徒玄真,其力大也,能擒虎;二徒玄明,善挟千钧之鼎也;三徒玄妙,能执千斤之弩;四徒玄奥,能舞百节链缒;五徒玄法,能射十里;六徒玄光,飞行迅速;七徒玄耀,八徒玄瑞,九徒玄祥,十徒玄虚,十一徒玄静,十二徒玄良,均是武艺超群之辈。这是唐朝的情况。

至南宋末年,泉州少林寺反蒲寿庚,千僧抗元时,长老是元妙,俗名赵孟弟,系赵匡胤南外室的苗裔。其时与元妙同在的寺僧,提及的尚有知客法空、武农法本、募化法正、武樵法华等。少林寺被元唆都遣胡骑冲人,寺僧被屠大半,唯法华、法本凭借高超武艺杀出生门,逃至德化县戴云山中,建玄妙观隐匿。明洪武十年(1377年),玄妙观法本禅师还在,时已高龄135岁,劝募州官黄中立疏奏朝廷敕修少林寺,为重振少林武风传授技击于泉南。

至明嘉靖年间,倭寇侵扰,为保家卫国,沿海村社大兴武场。宋代宗室后裔,著名军事家和武术家、少林太祖拳的嫡系传人赵本学,除传授抗倭名将俞大猷兵法、技法外,还亲自到各乡里组织、指导练武。万历年间，泉州寺僧志明将其十八件兵器法授予东石武举人蔡延赓。而蔡延赓又将所学少林技法，传与南安人冯安；冯安又收黄眉、冯道德为徒，而五梅、至善、了凡、了因等，则为其徒侄。胡惠乾学武少林寺为报其父为羊城（广州）轮房员工殴毙之仇，打出少林寺。在胡惠乾事件中扮演重要角色的五梅、白眉、至善等人，皆技出少林，属同一武林宗系。

泉州少林武术散入民间以后，即吸收民间其他技击拳种的优点妙处，在不同传人的创造发挥下，有了新的发展，或形成不同流派，或发展为新的拳种。这可以以在泉漳地区流传最为广泛的太祖拳为例。

太祖拳已如前述，是明太祖赵匡胤所创，作为赵氏宗室的传家拳法而流入民间。五祖拳在武术界有两种解释：一是认为它是五种拳法，即达摩拳、太祖拳、罗汉拳、猴拳、白鹤拳的总称；另一种看法认为它是融汇上述五种拳法而由民间武师新创的一种新的拳法。两种意见，各有所凭。前者从民间收集的各种古拳谱中获得论据。如永春老拳师潘孝德先生于1928年（民国十七年）重抄的古谱《白鹤拳谱》中，就明确写道："自古拳有五祖：太祖、罗汉、达尊、行者、白鹤，其中白鹤拳为最年轻的一种。"泉州发现的古谱《太祖拳谱》也称拳有五法："一太祖、二罗汉、三达尊、四行者、五白鹤。太祖凡二十四势，单人独马，乃天下无敌矣。"可见这五种拳法，是古已存之的。其实在明抗倭名将戚继光的《记效新书》中说及宋太祖的拳法，"既有三十二势长拳，又有六步拳、猴拳，囮拳诸名势"，已隐含了这不同拳法的存在。只是其基本拳理和技击方法有不少相似和相同之处。如五种拳式都强调合胸拔背、沉肩扣背、短手近攻，拳势刚烈等特点，动作名称和路线、手法、步法、脚法、身法等要求也有大同小异之处；有些套路也互相包容、交错，如太祖拳中有三战、打角、千字打法，白鹤拳中也有三战，打角、千字打法等。因此，说这五种拳法有亲缘关系，当不为过。有些研究者甚至认为，五祖拳是以太祖拳为母本，在民间流传及在实战中发展的结果。

五祖拳在泉漳一带民间的流传，各有偏重，这是因为避入民间的少林僧人及其俗传弟子所授的技击重点不同。《西山杂志》说："泉之少林派隐伏于南邑一片寺，晋邑海隅。嘉靖年间蔡骞（即蔡牵）从一片寺僧性空学武也,故能飞跃于碧波千航之中。性空为了凡之徒也,有徒百人,皆高技绝伦,散居沿海授馆村里,此即达摩拳杀狮技击者。了因亡匿永春,故有永春达摩、太祖、猴拳之说焉……"由此可见一般。就目前流传的地域,泉州、晋江、南安、厦门以太祖拳为主,永春以白鹤拳为主,漳州以太祖拳居多,其他达摩、罗汉、猴拳等,则散布各地,皆有所习。因太祖拳流传最广,且又被一些拳师和研究者认为是五祖拳的"母本",因此太祖拳和五祖拳常常混称,所言五祖拳者,其实就是太祖拳。又因其属于少林派,又称少林五祖拳、少林太祖拳,或直呼福建少林拳、南少林拳。

近代以来,在少林太祖拳的传承中,较重要的有三个支系:

第一,僧传的支系在泉州崇福寺。少林寺被焚之后,寺僧志参被诱杀于泉州南校场,其嫡传弟子仰华和尚以武功脱狱,先后住锡泉州清源山和晋江灵源寺等处,继续收徒传艺,泉州北门普明村李愚等"十二人社"即为其门徒。后崇福寺妙月和尚得其真传,在祖堂供奉仰华大师莲位。嗣后妙月和尚又拜泉州著名少林武师林九如为师,这使其技艺大获精进,成为一代少林武僧。在清末少林寺遭焚毁以后,崇福寺便嗣响少林,以拳术闻名遐迩。时人题赞妙月禅师的对联为:"双拳铁罗汉,十亩老农禅。"妙月圆寂后,由该寺元镇师和常青师整理其遗稿,编纂《太祖拳谱》三册。而其法嗣福、元、常辈,亦都精擅拳术。现任世界僧伽协会副会长、新加坡国术总顾问的常凯法师,就是妙月大师的再传弟子,是曾任崇福寺住持元镇大师的徒弟。他的远行,同时也将少林武术带到海外远为播扬。

第二,民间的支系以蔡玉鸣(1857—1910)影响最大。蔡氏原是前清的武秀才,但无志仕途,喜好游山玩水,寻师访友,曾远游北方达13年之久。家道中落以后,才到泉州城里奎章巷开设武馆,以招收学生传授拳术为生。本来,外地来泉州走江湖的,都得先到著名武师林九如处递个帖子,算是拜码头,蔡玉鸣却连个招呼也不打,就设帐授业,自然引起林九如的不满,便去向蔡"请教"。蔡见邀也不推辞,两人便就地"格技"决胜。所谓"格技",是五祖拳比试功夫深浅的一种方法,有长技和短技两种。这次用的是长技,即两人右手覆掌向前平举,手掌互扣对方腕关节处，同时用力，以拔翻对方为胜。林九如身体臂力，都在蔡玉鸣之上，以为稳操胜券。岂料比赛一开始，就败在蔡玉鸣手中。林九如自知功力不及蔡玉鸣，尽管林九如比蔡玉鸣还年长两岁，但心悦诚服，当场扑倒，拜蔡玉鸣为师。这消息一传开，泉州地区的一些武林高手，如魏隐南等，也纷纷向蔡玉鸣递门生帖子，一时传为佳话。默默无闻的蔡玉鸣，顿时名声大噪。

蔡玉鸣在泉州开办过龙会、圣公两个武馆，培养了一大批武林高手，除已提及的林九如、魏隐南，还有尤祝三、沈德扬、陈京铭等。其拳风由泉、漳、厦直播到海外。20 世纪 30 年代初期，曾经一度低落的习武之风，又由于抗日浪潮的高涨而重新兴起。当时，林九如的门人吕鹏琦、林天恩、黄锡禧、陈隧、邱志竹和崇福寺的和尚释妙月等，联合发起成立了晋江县国术馆，由吕鹏琦任馆长。十九路军进驻泉州时，旅长张炎爱好武术，约请观看他们的表演后，便建议他们开班授徒，于是他们接受了一批青少年前来学武。石狮侨乡国术馆馆长周志强、菲律宾光汉国术总馆顾问李道德等，就是晋江国术馆的首批学员。当时为了抢救失传的传统套路，还由林天恩带领邱志竹、姚金狮、吕文俊等，前往海澄县新埯镇拜访蔡玉鸣唯一在世的学生沈德扬，学了梅花枪、单刀等，还记录了一些套路、招式。应林天恩的要求，沈德扬派他的门生邱思志来泉州传艺。邱到泉州后在晋江国术馆的帮助下，在南门成立了富美国术馆，由邱任教练；后邱回新埯，又介绍了何沙母、邱剑刚、邱卫煌等来泉州任教。富美国术馆创办至今已近 60 年，先后培养的学生数以百计。晋江国术馆和富美国术馆在中兴武术、弘扬国粹、帮助泉州少林五祖拳得以代代延续等方面，起了重大的作用。

第三，民间的另一支系为魏希农—魏国器—戴火炎等。这一支系练的是太祖拳棒，他们的套路里面，因包含"鹤战""猴战"的套路而成特色。这一支系在后期有不少拳师到南洋，把太祖拳带到东南亚诸国。

泉州少林寺被焚以后，清朝政府对曾经"以金厦两岛抗天下之师"的郑成功故乡泉漳地区，一直怀有戒心，深恐反清复明群众基础雄厚的这一地区，再聚众滋事，便严厉禁止民间练武，这使武术活动一向十分活跃的泉州地区受到很大遏制。但民间武术界并不甘就此罢休。他们将武术活动融入岁时节庆和敬神祷祝的民俗活动之中,借娱乐以练武,使得少林技艺能够改换面目得到保存和流传。泉州地区出现的"刣狮""宋江阵""戏弄钹""打桌头城"等都属于这种性质。它不仅在闽南城乡流行,还流传到台湾和南洋去。

所谓"刣狮",和一般民俗节日中的舞狮略有不同,是在舞狮的基础发展起来的,由一群手执十八般武器的武士与"狮子"对阵。所执的器械以少林传统的长、短棍为主,并有大劈刀、双刀、单刀、枪、剑、戟、钩镰等。因此武士都必须精通武术,而舞狮者更需技艺超群。因此每到农闲,年青人便集中起来练习,这实际上就是一场少林武功的传授。而狮子则分为乌狮、青狮、青狮白眉三种。舞乌狮是普通的一级,舞青狮则表示武功高人一等,而敢舞青狮白眉者,则是武功最高级的标志了。因此闽南有句俗谚说:"青狮白目眉,没真本事不敢来。"

下面引述永春老拳师潘洞光于他祖父在清咸丰年间,舞出青狮白眉的一段回忆:

所说潘洞光的太祖,是泉州少林寺的真传弟子。他的曾祖父和祖父,都受到太祖的亲传,武功高超。有一年,他祖父和永春一林姓武馆有些过节,便决定打出青狮白眉,来炫耀潘氏家传的真功夫。这消息一经传开,全城为之轰动。正月十八"乞火"这一天,永春城内已由林家武馆设下重重关障:有刀山、火城、独木吊桥和六张八仙桌叠起的路障。"乞火"的队伍被关障挡住都等着青狮白眉来闯出一条路。只见潘洞光的祖父舞着狮头,他叔祖揽狮尾,两相配合默契,浑似一只生猛的活狮子。在锣鼓和鞭炮声中,几番打滚、跳踢、飞腾、扑攫,最后腾空而起,飞上六张八仙桌叠起的高障,衔下彩扎红包,在万众的欢呼声中,摇头摆尾地穿过大街。但是,当"乞火"的队伍走到云龙桥时,一道更大的关障又将他们堵住了。这是由13张八仙桌叠起来的一道超高路障,青狮白眉必须跃上最高一层取下彩篮花包,队伍才能通过。只见青狮几次跳跃、飞扑、冲腾,都没能跃上高障,夹道成千上万的观众发出一阵阵的呼啸声,更使青狮焦躁不安。正在这时,一乘小轿抬着一位银髯飘胸的长者,向桥头飞奔而来。"乞火"的队伍见了,顿时精神一振,锣鼓和欢呼声大作起来。原来,来的正是潘洞光的曾祖父,他老人家一直为儿子打出青狮白眉不安,只好乘着轿子赶来,恰好就在这一节骨眼上赶到。老人走下轿来,朝桥上高障和桥下审视一番,便过来和儿子关照几句,捧过儿子的狮头,由儿子揽狮尾。只见这只精猛活跳的青狮在高障下回旋跳跃几下,一登足跳上桥栏,再一摇身又猛然飞出桥栏,一个游龙出水翻身跃上另一边的桥栏,避过高障,总算闯过云龙桥了。这时,集聚在两岸的观众都为这一惊人绝招欢呼起来。但人群中却有人高呼"不算",因为摆在高障顶上的彩篮花包还没取下来,要求重来一遍。老人并不气馁,他利用"青狮"倒坐搔首的空隙,跟儿子说了几句,又在紧锣密鼓中抖身而起。只见他振鬃扬头,猛然大喝一声,横身腾空而起,一个双燕冲霄的架势,飞到了第七张八仙桌,双脚轻轻一蹬,又一个腾身,跃上了最高层,衔起采篮花包,飞身而下。两岸观众爆发出如雷的掌声和欢呼声,簇拥着青狮白眉胜利过关昂首欢跃而去。

"宋江阵"也是借助民俗节日而开展的一种群众性的武术活动,它通常是在春节、元宵节、中秋等传统节日里表演。它模仿水浒英雄宋江操练军队、排兵布阵的形式,按三十六天罡、七十二地煞依次亮相表演。据厦门著名武术师曾谋尧介绍,宋江阵先以锣鼓点开场,在锣鼓声中,扮演宋江的舞者手执大旗,卷地而起,满天挥舞,大有"横扫千军如卷席"之势。大旗招展之下,李逵舞双斧出现,只见他双斧交叉胸前,昂首伸臂,犹如一座铁塔。忽地挥动双斧,缠头绕身,一个左右排花,又一个旋身蹬腿,前后挑花,刚健又迅猛。这就是"宋江阵"的开场式:穿五峰、开旗斧。接着徐宁使钩镰枪、刘唐抢朴刀,解珍、解宝舞托天叉……梁山泊的众好汉轮番上阵,十八般兵器各呈异彩。紧接下来,由32人演练的"连环八卦阵"将宋江阵推至高潮。表演者四人一甲,一个挟刀持盾,三人手握棍棒,刀盾对棍棒,先三打一对练,然后刀盾对棍、棍对棍,再跳过门进行队列变换,最后集体循环对练。其动作迅猛而多变,多变而有序,一招一式,无不踏着鼓点。那单刀,藏如卧龙吞玉,出似飞虎扑山;那护身盾牌,静似盘石坐地,动若巨蟒腾跃;那棍棒,退似众虎归山,进若群蛇狂舞。整个阵势,明分八卦,暗藏连环,显示强大声威。最后的收场是关胜舞大刀,一把青龙偃月刀,大开大合,潇洒豪放。开阵气吞云山,收势戛然而止,极为气派壮观。

宋江阵的开场大旗,以方天画戟为旗杆,绿色的三角形幡旗镶着黄色的龙鳞边,旗面上绣一条青龙戏珠,龙头上方一弯银月,龙背上绣一只五峰掌,五颗金星,分布于五个指尖之上,寓意少林武术日月同功,永恒不灭。

郑成功复台之后,宋江阵也随其闽南子弟兵传入台湾。据说郑成功的部将陈永华将家乡的这种民间武术阵头,用于军队的操练,并将其作为郑成功盾牌兵的一种操练形式,流传至今。现在台湾每逢迎神赛会的民间节日,仍还会排演宋江阵,只不过其人数一般不到 108 人,最多 72 人、56 人或 42 人,较普遍的是 36 人。所用的器械,都与郑成功当年所用兵器相同,如盾牌、盔甲、短刀、双刀、双斧、棍棒、月牙铲、关刀、叉、钩、鞭、镋等。其阵式的变化,进攻、退守的方法也和郑成功的玉梅花操兵法相似,如马刀阵、二人连环阵、交五花阵、四梅花阵、百足蜈蚣阵、黄蜂出巢阵、八城阵、八城内外阵、八卦阵等。在演练的过程中,除了集体排阵外,还有单人、双人、多人的单打、对打或三人混合打等。三百年来,宋江阵随着郑成功的闽南子弟兵传入台湾,同时也使南少林武技在台湾延播发展,生生不息。它既可用来作为民间节日的遣兴娱乐,也可用作健身和捍卫乡土的手段,还成为连接两岸关系的一条文化纽带。

(六)难以揭开的疑团

对泉州南少林寺的研究,以其对少林武术典籍和传统的发掘、考订,以及对泉南地区少林武风的分析,而取得令人信服的突破。确如它的研究者所企愿的,把南少林研究不仅止于对南少林寺遗址的寻找,而努力进入南少林文化的精神内涵之中,使这场讨论较深入地涉及了南北地域文化的关系、特征、异同及发展等问题。

然而,诱发这场论争的闽中少林寺遗址问题,毕竟是每个研究者所首先必须面对的。因此对于泉州南少林研究所存在的质疑,主要便集中在对泉州少林寺遗址的确定和考订上面,并由此而延及对其征引史料的可信性和权威性上面。

先说遗址问题。

泉州研究者所公布的四种少林寺史料,对其寺院遗址、倡建者和创建时间,均表述不一样。其一为镇国东禅寺,地点在仁凤门外东湖畔,为"唐乾符中郡人郭皎、卓悼修建,僧齐固居之";其二为护安功德院,在"东禅寺侧",原唐乾宁二年"威武军节度招讨使傅实之所建";其三为《西山杂志》所载之少林寺,一说在"清源山麓",一说"在东岳山",为唐太宗赐十三棍僧之一智空所建;其四为《明史》中所记之少林寺,其地址和倡建情况不详。

对此四种说法,泉州南少林研究者以"寺院群落"说来解释之,认为泉州少林寺是一座地占三岭、方圆四百顷的庞大建筑群体,包括多座寺院。东禅寺和护安功德院都是"泉州少林寺之一寺"。

但质疑者难于认同此一说法。

其一,在福建和泉州的权威性地方志书中,如明黄仲昭的《八闽通志》,均把东禅寺和护安功德院分列为两座独立的寺院,且在"护安功德院"条下注文"在东禅寺侧"。该志书中并未有泉州少林寺的记载,更无将此两座寺院作为"少林寺之一寺"的只言片字。可见所谓"寺院群落"是后来研究者的推论。

其二,东禅院非少林僧人所建。据泉州研究者从《西山杂志》所整理出来的泉州少林寺沿革,其始建年代为唐太宗敕赐少林僧人的"太宗文武圣皇帝龙潜教书碑"刻成前后。该碑刻成于唐高祖武德四年(621年),十三棍僧之一的智空入闽建泉州少林寺当在这一时期。而据《八闽通志》所记,东禅寺建于唐乾符中,广明初赐今额。乾符与广明均为唐僖宗年号,距唐高祖武德已有250余年,显然,东禅寺之倡建与十三棍僧之建泉州少林寺毫无关系。而所谓悬于东禅寺边门的"少林古迹"牌匾,并不能证明此就是泉州少林寺。因为,寺院乃至风景名胜的悬置匾额一般可分为"实额"和"虚额"两类。"实额"直书该地名称,通常只有一个;"虚额"则是据典托词或是依景拟句,以其诗意和哲理韵味引人联想,往往可以多个并存,如泉州开元寺,山门根据其寺址原主人黄守恭的堂号悬挂"紫云"匾额两字,大雄宝殿门楣则依此地桑莲开花的传说,悬挂"桑莲宝界"的匾额,据《八闽通志》载,明代还悬有"第一禅林"的匾额。而东禅寺右边门的"少林古迹"牌匾,则为"虚匾"一类,其悬挂年代已无可考,但既曰"古"迹,其为后人所置则无可置疑。泉州研究者据此认为少林寺为东禅寺之别称,但质疑者认为,寺有别称,一般都有史载可查,而东禅寺却从无少林寺的记载可查。况且,"少林寺"为禅宗祖庭的正式名称,其名气显然比东禅寺要大,以一个著名大寺的正式名称来作为一个小寺的别称,殊不可理解。

其三,东岳山少林寺遗址所据的资料来源为清人蔡永蒹所著之《西山杂志》,对此一著作,历来学者信疑参半,多持谨慎态度。论者以为,要确认东岳山少林寺遗址,尚必须有更多的考古信物来予以印证,否则仅凭《西山杂志》所记,很难使人信服。

这就涉及泉州少林研究者所依据的史料问题了。

第一,泉州少林研究者在对泉州少林寺遗址的研究上,所依据的主要史料,一为附载于明抄本《清源金氏族谱》之中的明代佚名小说《丽史》;一为清人蔡永蒹的杂著《西山杂志》。《丽史》是一篇言情小说,但其中又夹有关于某些史实的记载。如于小说结尾部分所记叙的蒲寿庚兄弟叛宋降元,和元末兀纳祸乱泉州的史事,均历来为史家所重视。而小说主人公伊楚玉者,也实有其人,为《清源金氏族谱》所载,其被研究者征引的两条材料,均与伊楚玉有关:(1)"城中士有伊楚玉者,甫弱冠,读书少林寺。"(2)"夏六月,生至自潮州,居少林寺。"这是见于明人记载的泉州少林寺最早、也最重要的两条文字资料。虽然语焉不详,但至少说明到元、明时期,泉州已有一个被民间称为"少林寺"的寺院存在了。但可惜的是《丽史》既为一篇小说,而非历史记录,其中故事情节、诗词文翰等编造杜撰之处很多,如文中穿插一溺尸复活的故事,更属荒诞无稽。因此不能以此小说的资料作为历史的信证,这是常识,当须有正式的史籍给予印证。但目前尚未找到可以印证泉州少林寺的正式史载。与《清源金氏族谱》成书年代相近的《八闽通志》,是黄仲昭受闽省各方大员所敦请,依据"八郡所修之志"编纂而成,其记事翔实,当无可置疑。但在这书中,也无相关泉州少林寺的记载。因此引用小说《丽史》两处简略提及的材料,来证明泉州少林寺,尚还有待查找新的史载予以印证。

第二,这部关于泉州少林寺遗址、寺院规模、兴衰沿革以及少林武术的民间延播、传人谱系等资料,主要来源于《西山杂志》。因此,这部著作资料的可信程度,直接关系到泉州研究者关于泉州少林寺的论证。关于《西山杂志》,著名历史学家傅衣凌先生在生前为其作序时,一方面,对其所保存的为正史所不敢言载的地方史料,给予高度重视;另一方面,对它的成书年代和情况,持有一定的保留。他说这部著作,"似非出于文思严密的嘉、道时人之手,倒是反映了晚清时期的时代思潮。再则这部著作我疑不是一时之作,也非出于一人之手,或是东石蔡氏一家数代根据民间传统,口耳相传,陆续编写出来的。"泉州著名的地方史学家,也是泉州南少林的资深研究者陈泗东先生,在撰写的一系列南少林研究论文中,多处引用了是书材料,在肯定《西山杂志》所提供的是"一个极有力的历史文献资料"的同时,也看到"这些资料既不可不信,也不可全信,应加以科学分析"。本着这一谨慎态度,一些质疑者指出了泉州南少林研究者在引用《西山杂志》资料作为论据时,对其资料本身可能存在有不少讹误之处,须审慎处之。

(1) 关于"十三空之智空,入闽中建少林寺于清源山麓"。查《嵩阳石刻集记》卷三、《金石萃编》卷四一,以及今人德虔《少林武僧记》等可信文献记载,救驾唐王的十三少林武僧,无"智空"其名,连《西山杂志》所记之"十三空"之名,也无一个可以对得上。因此智空入闽中建少林寺,只是一个传说,不能作为历史看待。此点泉州研究者陈泗东先生亦已指出,但他认为这非蔡氏的杜撰,"应是唐以来的悠久的传说,蔡氏加以笔录而已。"

(2) 关于少林寺千僧抗元,蒲寿庚叛宋降元,唆都遭胡骑冲少林寺,致使僧人被屠过半,三万元兵也死余数千的史事。这无论在元史、泉州地方史和少林寺兴衰史上,都是一个重大的历史事件。明代抄本的《丽史》和黄仲昭《八闽通志》对蒲寿庚降元,均有详细记载,独对少林千僧抗元,只字不提;对少林僧人这一壮烈义举,也不见明以后有任何官方或民间的旌表、颂赞的文字留存。即使在著述甚丰的泉州僧人笔下,也未见有对自唐以来屡有义事(反王审知附梁、千僧抗元和支持反清复明)的少林僧人有任何文字记录,这就使人对《西山杂志》所记之少林寺史实的可信性和权威性,存在疑虑。

四、弥勒峰下闻禅声,遗迹处处说少林
——来自福清少林村的发现

(一) 按图索骥少林村

正当莆田和泉州在为闽中少林寺的遗址争论不休时,在福清也有一批文史工作者在默默地寻找。先是福清师专的历史老师刘福铸于1993年4月30日在福清侨联主编的《玉融乡音》上发表了一篇文章《福清也有少林寺》,以他训练有素的历史知识指出,《八闽通志》上所记载的少林寺就在福清的新宁里。一石惊天,此文引起了福清市政协文史委陈华光、余长通、俞达珠三位老人的注意。他们三位退休前一个是中学语文教师,一个是县地名办主任,一个是县文化局长,都是福清文史界有影响的人物。他们商量之后,决定不事先声张,而先从调查研究入手。5月,他们几上福州城,在福建省图书馆查阅了宋淳熙年间刻印的《三山志》、明弘治年间刻印的《八闽通志》和明正德年间刻印的《福州府志》。三部福建省仅存的最早志书上都赫然在目地写明少林寺在福清县的新宁里。接着他们又找到了民国三十二年(1943年)版的"福清县全图",以及中国人民解放军总参谋部1962年绘制的"东张镇军用地图",上面都标有"少林"和"肖林"的坐标。根据方志和地图提供的线索,他们深入对福清西部的东张镇,即古新宁里进行实地勘察。几下东张镇,在东张镇党委的支持下,找到了那个叫"少林村"的地方,还经当地一位小学校长的指点,看到了一些直接镌有"少林院沙门……""少林当山僧……"字样的石桥、石盂铭文。经过一个多月的调查工作,他们于1993年6月10日,向中共福清市委和福清市政府呈送了《关于少林寺在福清的报告》,受到市里的重视,福清市开始组织对福清少林寺遗址的调查和研究。7月20日,他们将初步调查结果以新闻的方式,通过《福建日报》发表了"福清发现少林寺遗址"的消息,以确凿有力的史据和物证令福建南少林研究者刮目相看。

至此,关于福建南少林遗址的争论,便由莆田和泉州的两军对垒,变成了有福清加入的三家鼎立了。

福清南少林研究者的工作,首先就是从被莆田和泉州争论中那几部让研究者们翻烂了的地方志书开始的。既然莆田的研究者毫无由来地认为,南宋淳熙九年(1182年)梁克家纂修的《三山志》"寺观"条中福清县清远里的"林泉院",是这位曾经被誉为治学严谨的状元宰相的一时疏忽,把"清源里"错写为"清远里",因此将这座至今遗址还在福清县渔溪镇(古清远里)的林泉院,等同于曾经划属莆田的福清古清源里的"林泉院",并就此推论莆田西天尾的林泉院即为闽中少林寺,那么福清的研究者便不能不对这椿公案予以重新探究了。

这一探究,使他们有了新的发现。

就在莆田南少林研究者引证的南宋状元梁克家的《三山志》卷三六"寺观"条上,确凿地记载着:"东林院福清新宁里……少林院,同里,旧产钱一百七十七文。"这是最早见于志书记载的"少林寺"在福清的材料。

再寻找下去,也是在被莆田和泉州南少林研究者经常引用的明代莆田先贤黄仲昭于明弘治二年(1489年)成书的《八闽通志》上,卷七五福州府福清县的"寺观"条上,载有"方药寺、东林寺、后塘寺、龙溪寺、招福寺、龙居寺、少林寺、大仵寺,以上8寺在新宁里",而林泉院则在清远里。这部为《四库全书总目》认为"福建自宋梁克家《三山志》以后,记舆地者不下十家,唯明黄仲昭《八闽通志》颇称善本"的志书,当不会有什么"笔误"之类的问题了。

还有一部也是明人撰修的志书:叶溥、张孟敬于明正德十五年(1520年)刻印的《福州府志》,在卷四○的"寺观"条上也有关于少林寺在福清的记载。

这三部著作,都是福建现存最早、也最有代表性的地方志书,作者都是当时学识广博、阅历丰厚、言出九鼎、下笔千钧的著名学者和修史专家,其权威性是不容置疑的。三部著作,都记载着福清县有座少林寺,绝非因因相袭或偶然的巧合,应当是事实的反映。此后,他们又分析了天地会的史料和民间流传的南少林故事的记载,也感到其所记少林寺故事的背景应在福州地区。

第一,史著记载和民间传说多以"闽中少林寺"为南少林寺。而"闽中"是一个专有名称。秦始置闽中郡,治所在福州,因此史载上的"闽中"应指福州地区。而许稷《闽中记》中所称的"闽州之东"应指其治所福州东边,此提法在南朝陈时已有使用。隋大业二年(606年)及唐景云二年(711年)也都曾用过。福清县为闽中郡所辖,在福州东南方向,亦可称为"闽州之东"。

第二,天地会史料中提及的福建少林寺的地址有"福建省福州府九莲山"(见荷兰人施列格根据印尼爪哇岛巴东地方一华侨家中发现的天地会秘密材料整理而成的《天地会》一书,1866年出版)、"福建福州府福田县九莲山"(见萧一山从英国伦敦博物馆获得天地会资料编纂而成的《近代秘密社会史料》,1936年出版)、"福建省蒲龙九莲山"(见李子峰据洪门秘籍编纂的《海底》一书,同书另一处则写为"福建福州福田县九莲山")、"福州府盘龙县"(见无名氏《洪门秘书西鲁传》)、"福建福州浦田九莲山"(见日本平周《中国秘密社会史》)等。查福建省无"福田""圃龙""盘龙""浦田"等名,显为讹传或伪托。但所有这些记载都冠有"福州府",而具体所述的地理环境又与福州密不可分。如洪门秘籍及各种西鲁传说中,都反复提到"乌龙江"的地名,如"乌龙江开剪""乌龙反转头上过""乌龙渡江洪飘见""乌龙江后洪飘见""渡过乌龙见太平",等等,而乌龙江在福州南面,为闽江下游。福清县隶属福州府,地处乌龙江之南。昔人记载福清人物、名胜,前面也大多只冠以"福州"二字。如《大明高僧传》记福清高僧释咸杰为"福州郑氏子也",记曹洞宗创始人之一本寂禅师19岁出家于福清县灵石山,也简载为"福州灵石"。而福州自宋以来就有信史载其建有少林寺。

第三,清末出版的白话小说《万年青》(全名《圣朝鼎盛万年青》,又名《万年青奇才新传》),是少林故事广为流传及近世不少武侠小说、影视作品的滥觞。其小说多叙广东故事,杂有粤语,学者推测其作者应为粤人,对福建地理不甚明了。其中第七回提到"福建泉州少林寺",但故事涉及福建的背景,又多与福州地区有关。如第73回写白眉道人等约试少林寺比武,说他们八人出了西禅寺……不一会出了城,雇了海艇,大家上船,趱赶往福建进发,恰好风顺,到了十八日,已至马江。海艇便停泊下来,高进忠开发了船钱,大家上岸,不过半日,就到了省城。这里所记的与少林寺比武的上岸地点在马江,即乌龙江下段。又如第75回写少林寺被破,"所有寺内尸身,自有闽侯两县前来料理""拿获二名,现寄闽侯两县监中"。闽侯两县应指闽县和侯官县,均与福清县毗邻,都属福州府。可见少林寺应在福州府境内,否则不必从马江登岸,也不必让闽侯两县来料理少林寺善后了。

再以清何求编纂的章回小说《闽都别记》为例,其256回"头陀借宝学棍征怪,七娘请奶降神收妖",写元代福州万寿寺僧人王法助,奉旨募造万寿桥,遇"五怪"兴妖作祟,"无可奈何,便去少林寺求学收妖拳棍,又借有法宝来,以保桥工"。《闽都别记》虽多是民间传说,间杂神仙怪异,但地名古迹,均非杜撰,一向被视为可补正史方志之不足。根据该书叙事取材的习惯,此处所述的"万寿桥",就在福州,而往求学收妖的"少林寺",显非远在北方,而就在左近,当指福清少林寺。

无论史载还是传说,都说明少林寺就在福清县。那么就有必要对这史志凿凿、传言灼灼的记载,予以一番实地考察了。

首先是"新宁里"在哪里?

经历了数百年的历史沿革,在今天福清县(现改市)的地图上,已找不到"新宁里"这个地名了。但查询文献,可以看到新宁里古属长东乡,为今天东张镇的一部分。

原来福清于唐圣历二年(699年)割长乐南八乡置县,后全县并为七乡三十六里。上引《三山志》《八闽通志》《福州府志》的福清部分,均称"长东乡统文兴里、清源里、方兴里、新宁里……"。乾隆版《福清县志》又载:"元因之,明正统壬戌年(1442年)改乡为偶建制。长东乡分属南上偶和南下偶,新宁里归属南上偶。"民国《福清县志》采访稿载:"明代区划沿用至清末。"清宣统二年(1910年)复为新宁里,仍属长东乡。至民国初年,改乡为镇制,改里为乡制。长东乡改为东张镇,新宁里易名为里坪乡,划归东张镇管辖,下辖玉林、泗洲底、黄坑、道桥、胡芦门、华石、崔后等十个村。

从地图上看,新宁里位于东张镇西北角,是福清县的西北边陲。它北隔西岭与永泰县丰和乡永安里(今一都乡)毗邻;东与长东乡方兴里(今镜洋乡)和永福乡的永寿里(今东张水库淹没区)接壤,南与长东乡的清源里相邻,西与莆田县的广业里(今莆田大洋乡)交界。面积约 65 平方公里,是载云山脉的南端,高山崇岭,重峦叠嶂,形势十分险要。

就在这里,在清光绪三十一年(1905 年)的一张"福清县图"上,人们找到了标注在新宁里西北角的一个"少林"的地名。再查民国三十二年(1943 年)版的"福清县全图","少林"二字标注在清末改名为"里坪乡"西北角的原坐标上。而核对中国人民解放军总参谋部于 1962 年编绘的"东张镇地图",这一坐标上标注为"肖林"二字。据当地乡民讲,"少"和"肖"在福清方言中是谐音的,因此地图上便把"少林"更为"肖林"了。

这也是有证可查的。现存于地名办的福清县第一次地名普查档案 1979 年案卷 07 号,地名普查登记卡 365 号,在肖林村的卡片中写道:"原名'少林',后以同音字改为'肖林'。"1990 年《地名补查和资料更新成果表》中,肖林村条的卡片"名称来历,含义及演变"一栏中写道:"肖林,原名少林,因原村后有一古刹,相传是嵩山少林寺分寺,也名少林寺。吴氏于清初择此而居,村以寺名。1960 年部队测绘地图,以方言同音字代替今名。"可见今之"肖林村",即为原来的少林村。现在尚还保留在当地村民中的 1950 年人民政府颁发的土地证、房屋所有证,在村名的栏目中都写为"少林",亦可作为证明。

另一更为确凿的证据是,在少林村左近的吴氏村民的祖墓上,墓碑正中刻着"少林高峰吴公之墓"几个大字,碑右刻署的年月为"乾隆己卯年"(1759 年),说明至乾隆年间,少林寺或许已经焚毁,但村民中仍以少林的地望自称。

少林寺在福清的存在,也为南宋以来福清诸多骚人墨客的诗文所印证。如莆田刘克庄(1187—1269)是南宋时代著名的爱国诗人,娶福清林瑑之女为妻,毕生与福清结下不解之缘。其《后村大全集》,前集刊于莆田,后、新、继集刊于福清。他曾为自己妻兄林公遇(字寒斋)的同葬于福清清源里翁陂山西垄的"方外友"德诚禅师作"墓志铭",称这位"看取少林诚长老,死生林下伴寒斋"的高僧,"尝住邑之少林"。此处所谓的"邑"当指福清,"邑之少林",亦即福清的少林寺了。盛赞这位得法于精通武术的少林高僧允韶禅师(字铁鞭,福清新厝人),并在福清少林寺住了 25 年的"方外友","如达摩,不立文字"。他在与挚友、福清人林希逸(字竹溪)的诗文往来中,也多处叙及福清少林寺逸事。如《生日再和竹溪两首》云:"吾今会得逍遥义,懒访曹溪问少林。"在《读竹溪诗》中又说:"参他少林髓,饶得奕秋先。"在为自己妻弟林公选所作的"墓志铭"中,也称他"兼得少林之骨髓矣"。和刘克庄一样,有着更多"方外之友",因而传记被收入《武林梵志》卷八之"宰官护持"部的林希逸,也多有诗文记及福清少林。如他在写给福清黄檗山照禅师的《己巳生日回檗山照老启》一文中云:"七言虽妙,不入半山之宗;五叶相传,独得少林之髓。"又如在写给刘克庄妻弟林公选之子林同(字子真)的《丙寅生日回林子真启》中,论及"少林之髓"云:"展案上之楞枷,占笔端而游戏;味少林之髓,入矣杜门;弘清庙之音,时乎应世。"而在《和山玉上人》的诗中则说:"我老学禅无长进,相逢却讲少林宗。"福清历史学者刘福铸在引述上列诗文之后推言:"可见,南宋福清禅林少林宗风是很盛行的。"这一鼎盛的少林宗风,也为少林寺在福清的存在提供了一份历史的见证。

(二)似曾相识少林景

现在我们可以进入少林村,对这片在繁山复水之中深藏着一座历史名刹的湮没了的村落,做一番精细的踏察了。

当地乡民传说中的少林寺,位于现今少林自然村后面的弥勒山南麓,这里本是戴云山北端的支脉。绵亘数百里的戴云山由北逶迤向南,其北端支脉,以这里为主峰,蜿蜒向四面盘桓,其东侧循福清县境延伸入海。它层峦叠嶂,构成了这一带气势雄浑的山形地貌。在少林村的周围,有九座山峰环绕。这九座山是:石壁山、竹马山、东坑山、尼庵山、石佛山、驴路山、虎咬马山、寺塔山、弥勒山。山势连环,状似莲花,因而也合称"九莲山"。其主峰为弥勒山,位九莲山正北,其余八座山峰,罗列环抱,峭峰耸立,林木葱秀,一道山溪从弥勒山前蜿蜒流过,构成一幅钟奇毓秀、神韵迷人的境界。少林寺就座落在弥勒山南麓的怀里,背山面水,朝东偏南,大有禅心佛境、超凡脱俗之势。

这一自然景观,使曾经到过河南少林寺的来访者都啧啧称奇。大家知道,当年南来的天竺国圣僧佛陀择址建寺时,口占的四句揭语中有一句是"睡莲花心中"。因此选在河南登封市中岳嵩山西麓,背靠五乳峰,面对少室山。明代著名旅行家徐霞客在《游嵩山日记》中称:"少室绝顶,高于太室,而峰峦峭拔,负'九鼎莲花'之名,附其后者,为'五乳峰'。"而福清少林寺的地貌景观与北少林几无二致,亦在"九莲山"的"睡莲花心中"。北少林附"九鼎莲花"之后有五乳峰,福清少林寺亦背靠五老峰。从照片上看,南北两处山峦,峰峦起伏,其轮廓几可叠合为一了。北少林在五乳峰下,福清少林寺亦在五老峰下。北少林在寺前约 50 米处有一少林溪潺潺流过,人称"清溪锁少林",溪上建有一座少阳桥;福清少林寺前 50 米处亦有一条清溪流入,也称少林溪,溪上同样建有一座石板桥,至今尚还清晰留存下来的石刻铭文,明确记载是由少林和尚捐建,因而也称"少林桥"。北少林寺的左侧,有一村落名少林村,而福清的少林村也在少林寺遗址的左边。这一切形肖毕现的自然景观,使河南少林寺第 33 代法嗣释永寿,来到福清少林寺进行为期七天的考察时,不禁惊叹:"这里的山、水、形胜,都与北少林寺相似。"因此他推论:"这是当年嵩山少林寺僧人来福建建立少林寺分寺,经过一番精心选择的结果。这个寺院遗址,可以肯定是河南嵩山少林寺的分寺。"

据说元代福裕中兴少林寺时,曾提出在嵩山之外,增建九座(或言六座)少林寺的建议。而所建新寺,都选择与嵩山少林寺相似的地貌,以示不忘祖山。现在流传的闽中少林寺几处尚有争议的遗址,也大多选在有着"九莲山"形象的地理环境之中。如莆田的林泉院,其地形如一首偈语所描绘的:"山峰起伏接天台,形似莲花九瓣开;林翠泉清藏寺院,云深雾浓隐如来。"传说是当年少林寺方丈在打坐中,忽见一朵莲花拔地而起,上面端坐着佛祖如来,待到他惊醒过来,佛祖已经升天,九瓣莲花化为九座山头屹立眼前。于是悟出佛祖的旨意,要选在

"形似莲花九瓣开"的峰峦之中建少林寺。所以派出僧人寻遍天下,因此传说的少林寺分寺都与九莲山的形象有某种因缘。不知福清九莲山的少林寺,是否也是佛祖的点化?

饶有兴味的是,河南登封有座嵩山,福清也有座嵩山。位于中岳嵩山之中的河南登封少林寺,以嵩山少林称之,位于闽中九莲山下的福清少林寺,也自称为嵩山少林。这一北一南两座少林寺,遥相应对,都以嵩山少林自谓,表明了福清少林寺对于河南少林寺的承传关系。

福清的嵩山究竟在哪里呢?查 1932 年版《福清县全图》,在福清县西北部与永泰、莆田两县交界的地方,标有"松山"两字。1962 年中国人民解放军总参谋部测绘局绘制的"东张镇地图",也在同一坐标上标注着"松山"二字。按,河南嵩山,古称"崇山",亦写作"嵩高山""崧山"等,《辞海》在"崧"字下注同"嵩",两字音同义同,互为通用。民间流传中,为了简便,去掉"山"字头,或者采访人员在当地调查中,以同音字"松"代替"崧"或"嵩",都是常见的事。因此在福清县地名办存档的《地名补查和资料更新成果表》"松山"卡片的"名称来历、含义及演变"的栏目中就写明,"古名嵩山,以山得名,后用笔画较少的同音字代替,名松山"。可见此"松山",即为古之"嵩山"。福清嵩山,是戴云山的支脉。主峰在少林寺的北面,山势蜿蜒向四面盘桓展开,其西与永泰、莆田两县交接,北部楔入闽侯县,东南部则循福清县境倾斜入海。其主峰巍峨挺拔,钟灵毓秀。四周群峰耸立,郁郁葱葱。登上极顶,俯览永泰、莆田、福清三县,云缠雾绕,成为镇佑一方的圣山。福清的文史工作者在对少林寺进行调查时,曾于嵩山西南麓的南岭自然村里发现一座南岭宫。该宫置于溪涧旁,坐西南,面东北,并列三个开间。因此其宫庙前墙的木柱上赫然留有一幅楹联书曰:

宫向嵩山兴万戴
神居南岭佑千家

当地的村民异口同声称宫庙前面的那座山,就叫嵩山。查南岭宫,始建于北宋元丰三年(1080 年),虽经几度修葺,但旧联仍存,距今已九百多年。它可以作为福清嵩山古已存之的一条重要佐证。

其实在福清历代文人的笔下,"嵩山"的称谓早已屡见不鲜。南宋著名诗人刘克庄(1187—1269)在为"方外友"少林长老德诚禅师撰写的墓志铭《诚少林,日九座》中写道:"诚得法于铁鞭韶师,常住邑之嵩山少林……"。德诚及其师父铁鞭允韶,均为福清人,"邑"之嵩山少林,只能是福清的嵩山少林寺。此时,已出现福清的嵩山,并将福清嵩山与福清少林并称了。明代的福清举人夏芝芳(字尔贤)写有一首《灵石水歌》,云:

首触星辰拂河汉,志凌嵩岳骄沧溟。
沧溟嵩岳惊避席,一声长啸天地骉。

河南的嵩山,在历代文人的诗文中,屡有"嵩岳""嵩阳""嵩峰"等称谓,如唐崔琿的《嵩岳少林寺碑》,白居易的《送嵩客》诗中有"君到嵩阳吟此句"等。福清举子夏芝芳的诗亦循此例,称嵩山为嵩岳。他所吟的福清的灵石寺,位于嵩山余脉的灵石山中,因而此诗所云之"嵩岳",当然是福清的"嵩岳"了。又如明崇祯十六年(1643年)进士林嵋,有七绝《冬日和君十首》,其一云:

冬来三经绝朋从,怪尔遨游嵩少峰。
特地飞花飘玉笛,不妨杯酒传芙蓉。

这里所称的"芙蓉",不是花卉,指的是灵石山的芙蓉峰,即明杨尧臣《灵石山》诗中"山带芙蓉来九垒"的"芙蓉"。因此所咏当也是福清景物,以"嵩少峰"指嵩山少林峰。再如《灵石寺志》卷七所载释寂影《赠公定傅明府》诗中有句云:"钟灵毓秀在嵩阳,百代蝉联化日长。"亦以嵩阳代嵩山。凡此等等,都沿袭着历代文人记咏河南嵩山少林的习惯,表明了将福清少林寺与河南少林寺等同视之的因缘关系。

山水景观的相似,是大自然的造化之功;但选择相似景观建寺,则是僧人的有意所为。而在对自然景物的命名上,更完全体现出景物命名者(从寺庙僧人到乡民大众)的强烈愿望了。似曾相识少林景,不说话的大自然,其实正是最有力的证明。

（三）残碑断瓦叙说昔日辉煌

踏勘少林村,最让人关心的当然是那座叫许多研究者争说纷纭的少林寺了。

根据当地村民的指引,少林寺就建在少林村后、弥勒山南面的山坡上。这里的大部分已被开发种了枇杷等果树,但顺着山坡仍然能够清晰地辨出九级层次分明的平坦地台。可见,当年的少林寺依山起势成阶梯式逐级升高的建筑轮廓。最初的踏勘者除了从左近搜集到一批有着"少林院"铭记或与少林寺建筑相关的地表遗物外,还对其中的第七级台地做了试探性的发掘。除了地表有大量砖瓦、瓷片、陶片及巨型柱下石外,拨开第一层的耕土层,即在第二层发现有规整的方块花岗岩、长条石块,可以辨析出属于寺院殿、厅的轮廓。这些初步的调查,证实了他们从史书方志上获得的材料。

为了进一步印证闽中少林就在福清的结论,并使对少林遗址的考古发掘更具科学性和权威性,考古队员先后于1995年8月和1996年2月,两次向国家文物事业管理局报请并获得批准,由福建省考古队和福州市考古队联合组成"少林寺遗址考古队",进行两期正式考古发掘。在考古队进驻少林村的两年时间里,发掘的面积已达五千多平方米,但其北、西北、东南均未达到边缘。而从西北部揭露的小面积遗存看,这里的建筑还比较精致,说明可能还存在一定规模的建筑遗迹。据调查,少林寺的建筑分布范围可达一万多平方米,目前的发掘仅及其半。而在这仅居其半的发掘中,无论在地层堆积、建筑遗址、出土文物、采集文物,还是建筑文物等方面,都有重要的发现,获得大量的实物证据。在少林寺遗址考古队题为《福清少林寺遗址考古调查与发掘的主要收获》的初期报告中,明确地得出结论:"在对福清少林寺调查、考证的基础上,又进行了大规模的考古发掘,取得的各种材料已基本证实:位于福清市东张镇少林村的少林院遗址,是与史籍记载相符的福建少林寺。""福清少林院遗址的调查发现、考古发掘,以及与古文献的对照,已解决了福建历史上是否存在少林寺的问题,无疑也为'南少林'研究提供了确凿、科学的实物证据,同时也是佛教史、武术史,以及地方史研究的一份重要资料。"

这一考古结论使争论不休的南少林遗址问题,尘埃落定。

从地底堆积看,根据土质、土色及包含物的不同,少林寺遗址从上到下可分为五层。第一层为现代的耕土层。第二层含有少量的砖、瓦、瓷片,出土有青花、青白、青、黑釉瓷等,推测该层年代为明或早至元代。第三层是建筑物倒塌后形成的瓦砾堆积层,包含较多板瓦、筒瓦及瓦当碎片,陶瓷以青瓷最多,少量青白、黑釉等,推测该层年代为南宋或稍早。第四层的包含物有砖瓦等建筑构件残瓦,瓷器以青瓷为主,青白、酱、黑釉次之,从器物的深腹、高圈足作风看,推测本层年代约为北宋时期。第五层土质致密坚硬,无包含物。因此从地层堆积分析,少林寺遗迹的建筑年代,当为北宋年间。

建筑在第四层以上的少林遗址,其总体的结构是依山体走向,沿阶地逐级升高。由于受地形制约,它不大强调对称,总体呈坐北朝南偏东方向。这里共有九级阶地,由第二级到第九级,进深175米,宽约67.5米,总面积达一万多平方米。第一阶地因考古运土需要未予揭露。目前的发掘,主要是从第二级阶地到第八级阶地。发现的遗迹有房屋、天井、道路、水池、水沟、墓葬等。所有这些遗迹,在第一堆积层以下开始大量出现,许多重要的建筑群落,都开口于第三堆积层(南宋时期),并打破第四堆积层(北宋时期),说明大多数遗迹的年代都在南宋以前。从建筑规模看,虽然遗迹存在的地层有相对早晚关系,但就总体而言,其前后的发展还是一脉相承的。未对第一阶地进行发掘,但道路在第二阶地边沿出现,一般说来会有一个单体建筑——山门,作为寺院的引导。由道路进入第三阶地,是一个呈月牙形的放生池,长约50米(现存一半),宽6米许,池深6米,有多处山泉注入;再经过一个较高的台阶便进入寺院的主体。这就是出现在第四、第六、第七阶地上的大量建筑遗迹——少林寺主体建筑的所在。以第四阶地一个大天井为中心,往南有一组较大的建筑群,因要保留叠压在上面的另外两组不同时期的建筑,大部分未予揭露,但从已揭露的小部分看,面宽20.2米,进深17.5米,石砌墙基,砖铺地面,工艺精细,显然是少林寺核心建筑之一。再后面的第七阶地中也有一组较大建筑,从已揭露的基础看,面宽五至七个开间,进深五柱。可见,少林寺的主要佛殿就集中在第四、六、七级阶地上。第八阶地在中轴线之外发现有些建筑基址和一座僧人墓。除了这些作为寺院的主体建筑之外,在第四至第七阶地的东西两侧,还发现有不少小规模的建筑,可能是当地僧人的生活用房。对照寺院的建筑常规,从遗址发掘的布局看,在山门和放生池之后,应是天王殿、大殿前的庭院、大殿、法堂和位于大殿和法堂东西两侧的生活区及其他功能的建筑,还有存放僧人骨灰的墓塔和僧人居住的小院等。所有这些建筑,其基础部分虽然比较粗糙,但一些构件,如柱础石、铺地砖、瓦当、下水道,以及用瓦的仰履砌成天井四周的立面等,其建筑水平和工艺水准还是较高的。

从已发掘的遗址看,规模较大,也较完整,其使用年月大约在两宋至元代。但整个遗址中,属于明代的建筑遗迹只有位于大殿庭院的西边台阶,其余均未发现。这段台阶虽只保存局部,但可以看出,整个少林寺建筑在明代应有一个较大的变化。根据台阶的朝向可以看出,整个寺院建筑的轴线朝向,较宋元时期的建筑群,朝东南方向移动,与位于第一层阶地的一个清代官庙建筑的朝向更为一致。这一变动意味着什么,尚有待深入探究。

从发掘情况看,少林寺遗址保存不好。一方面,因为它废弃的年代较早,自清初以来基本上没有什么建筑留存,相继作为农田被开垦耕作;另一方面,由于当地缺乏石材,遗址上的大量砖石材料都被当地乡民采集建盖私房。这次考古队从左近村子收回了不少原寺院的建筑遗物,连同遗址上发掘出来的,计有石柱础85件,其形状可分为柱状、凸字形、鼓形、磨盘形、梭台形、锅底形六种;刻字的石柱、石条、石板五件;瓦当数十件,计有莲花纹、牡丹纹、花草纹三大类;以及大量的方形砖、长方形砖、筒瓦、板瓦、背饰等。

面对如此庞大规模的建筑遗迹,每个来访者都可想见当年少林寺的宏伟气势和鼎盛香火了。

出土遗物是少林寺遗迹考古发掘中的另一重大收获。其中以陶瓷器最多,钱币次之。除少量明清瓷片外,大部分是宋元时代的青瓷、青白瓷、黑釉和少量的绿釉瓷。器物则有碗、碟、盏、瓶、缸、香炉、器盖等;陶器则有盆缸、瓮、缸等。除福建省产的福清东张窑、莆田庄边窑、南平茶洋窑、德化窑外,还有浙江龙泉窑、江西景德镇窑、江西吉州窑等。器底、器下腹、口沿等未施釉处,写有墨书。这些墨书内容大致可分为四类,一是地名或职务,如"少林""少林院""少林院用""少林常住""少林会司""少林天王"等;二是干支时间,如"甲午""戊午"等;三是吉祥用语,如"吉"等;四是内容未明,尚待深入研究,如"中元""龙兴"等。其中尤为受到重视的是直书"少林"的几件遗物。如出土于第四层的一件呈酱褐色的黑釉盏(标本 T2443④:5),口径 12.3 厘米,足径 4.3 厘米,高 6.7 厘米,在其足心写有清晰的墨书"少林"二字。又如出土于第二层的一件黄釉碗(标本 T2531②:3),腹部刻有对称的两朵荷花,内底有写意花草纹,在其外下腹有墨书"少林会司"四字;再如出土于第一层的一件青灰釉盘(标本 T3538①:6),盘心阴刻牡丹纹,足心墨书"少林寺用"。这些明确标有寺院名称和僧家职务的出土遗物的发现,无可辩驳地说明了这个遗址当时就叫少林院。

出土的 60 枚钱币也为少林寺存在的年代提供了重要的辅证。其中铁钱 3 枚,1 枚为五代时闽国所铸;1 枚清币,1 枚锈蚀无法辨认。铜钱 33 枚,除 2 枚清朝钱币和 3 枚无法辨认外,均为北宋钱币。36 枚钱币均有明确的地层关系;清代 2 枚钱币,1 枚出土于表土层,1 枚出土于第二层;北宋 28 枚钱币,5 枚出土于表土层,21 枚出土于第二层,2 枚出土于第三层;五代铁钱出土于第四层。据此可以推测各地层的上限年代,表土层为清代至今,第二层不早于北宋徽宗时期,即北宋晚期,第三层不早于北宋时期,第四层不早于五代时期。遗址揭露的建筑遗迹大都在第三层和第四层,因此可以推断,少林寺的始建不早于五代,应当在五代至北宋期间。

走出少林寺遗址,在其周围,人们还可以找到许多重要的遗迹。

在寺院遗址的西南角约百米处,有一块八百多平方米的平地,相传为当年僧人的圈马之地,至今村民仍呼之为"马房"。在遗址南面七八百米处为虎咬马山,相传就是当年僧人放马的地方。

在这片山坡的东北侧,有一尚可见出是人工平整的平坦场地,北面、东面均为石砌场地,长 76 米,宽 38 米,东西走向。西面建有一高约 3 米、长 30 米、宽 3.5 米的平台,呈曲尺形。在平台南端,东西走向筑有长 11 米的长台,当地乡民相传,这就是少林寺僧人练武的场所。

就在这片寺址的周围,人们找到了二百多件石缸、石槽、石桥、石墩、石柱等遗物,这些遗物向人们叙说着这座沉寂了几个世纪的寺院往昔的历史。

其中最为宝贵的是三件镌有"少林"等字样的石刻。

其一是一个大石盂。圆形,赭色花岗岩凿就,高 60 厘米,颈长 85 厘米,中心雕凿镂空,盂内深 32 厘米。石盂底部一侧凿有一直径 3 厘米的排水孔。在 15 厘米宽的圆周口沿上,镌刻有如下文字:"少林当山僧月休为考妣及自身舍石盂一口,大观四年十二月□显□。"大观为宋徽宗年号,大观四年为公元 1110 年。此是少林当家和尚月休为已故父母和自身而捐舍的石盂,距今已有八百多年。

其二是少林寺遗址通往东张镇的路上,由少林寺僧人修建的一座当地乡民呼为"少林桥"的单孔石板桥。板面用四条长 3.9 米、宽 50~60 厘米、厚 30 厘米的赭色花岗石板架设,东西两桥墩以厚 30 厘米、长 70 厘米的石条砌筑。石板上阴刻有如下文字:"少林院沙门谨募众缘,共发心德,舍造下洋石桥一间……"

其三是一块桥板。在西距少林寺九公里、东距东张镇九公里的薇洋村有座亭下桥,其结构与少林桥相同,亦为单孔石板桥,桥面也用四块巨型石板架设。其中两块已为村民修建车道截为两半。在一块长 3.4 米、宽 41 厘米、厚 26 厘米的石板上,阴刻有"少林院僧显清舍梁一条、显常一百文……"的铭文;在另一块被砸断的石板上,还遗留有"丙午岁次仲冬,月圆、日象缘造"的文字。这三块石刻直接镌有"少林当山僧""少林院沙门""少林院僧显清"的文字,和遗物中写有墨书"少林"的瓷器一起,向人们揭示了这座寺院的隐秘,是目前南少林论争中最直接有力的实物证据。

此外,在这里发现的一号石药臼上,其一侧阴刻有"住山祖僧□□乙卯□道□"的文字,另一侧又有"弟子郑□□室林八娘□□一贯□足□"的文字。

又如在少林村前的晒谷埕旁找到的一块长 110 厘米、宽 30 厘米、厚 15 厘米的赭色花岗岩残碑,中间竖刻有"……娘同发心德舍六二贯"的文字。

再如在少林桥南边找到的一块长 72 厘米、宽 42 厘米的赭色花岗岩残碑,碑面加工细腻,上阴刻有"……僧景军、景起、元琛、元智、元修、元我(?)"等名字;另一块长 75 厘米、宽 40 厘米的残碑,上面阴刻有"景永、元翼、元章三贯"的铭文。

这些石刻的年代,大约均出于宋。大石盂上的石刻注明其制作年月为宋徽宗大观四年即公元 1110 年;一号石药臼上镌刻的年月是庆元乙卯,庆元是南宋宁宗的年号,乙卯年是公元 1195 年。其他的石刻因残破漶漫,已不存年月。但从石材用料、铭刻的性质、用途均属于同一类型,因此可以推断也是宋代的遗留。从残碑石刻的遗留之多,和石刻上提到的"当山僧""住山祖僧""住持""比丘""沙门""僧众"以及僧人姓名之多,可以推断,至迟到宋代,福清少林寺已是具有相当规模,并对周近信众都有相当广泛影响的一座禅林寺院。

在发现的这批遗物中,还有两件石药臼引起了人们的注意。两件药臼均呈元宝状,一件由赭色花岗岩细加工而成。臼的上部长 126 厘米,残高 32 厘米,宽 36 厘米,,槽面中心凿一长条沟,呈 V 字形。沟中部深 12 厘米,两头渐浅;臼槽中部两侧中间凿有 6 乘 4 厘米的长方形小孔,孔深 6 厘米。另一件为白色花岗岩细加工而成。药臼上部长 107 厘米,中宽 35 厘米,两头各宽 30 厘米,高 45 厘米,底长 55 厘米。中间也凿一 V 字形的沟槽,其状似舟沟。槽面宽 8 厘米,中深 12 厘米,两头渐浅,沟面宽,向下逐渐窄小,两侧平滑。武术与疗伤在中国的传统文化里历来是孪生的兄弟。这两个大药臼的存在,表明至迟到南宋,少林寺僧人已经能够熟练掌握、使用和练就各种中草药的技术,并用以来医治包括伤科、骨科在内的各种疾病了。古代寺院的武僧,总是将练武与治伤联系在一起。这两个大药臼的发现(另外两个已被村民肢解为屋基石),使我们对这座禅院练武及疗伤留下了可供推测的深刻印象。

少林寺一带并不出产花岗石,这些建筑用石大多是从山外运进来的,而砖瓦似乎就在当地烧制。因为在少林寺附近,发现了三座古窑。

一座在石佛仑山,因年岁久远,窑顶已毁。一座在东坑,十几年前被泗洲村的村民扩大改建,现已面目全非。尚存的仅余野竹园的那座古窑了。

野竹园古窑在离少林寺东边700米的半山腰中,坐东面西,窑床高出地面40厘米,窑圹挖山成洞,有三条烟道,烟囱呈略四角形,临窑床一面敞开。由于窑顶土层林密竹深,杂草丛生,顶部已毁,但窑床尚在。窑门前还有一块约五百平方米的埕地,是昔时制造砖坯的场地。由于古窑洞远离山村,四周山垄均是田园,所以窑洞也成为远出耕种者避雨的地方,人畜杂沓,故使窑床内残留的砖瓦破碎过甚,但是就其颜色和质地均与寺院遗址上所发掘的相同,证明了这古窑与当年寺院建筑的关系。

湮没了多少世纪的这片土地上的残砖断瓦、碎瓷古钱、断碑残刻,虽然风侵雨蚀、漶漫破碎,它们无言,但却在有力地讲述着一个曾经辉煌存在的故事。

（四）无处不在少林心

在少林寺的周围还有许多遗存,记载着当年寺僧为附近乡民信众谋求福祉,或乡民信众对少林寺永志不忘的故事。佛心禅境,它从另一个侧面证实着少林寺的存在。

地处戴云山余脉的福清少林寺,群峰拱峙,溪流交错,交通十分不便。为了造福乡众,也为了方便各地香客进山礼佛和十方僧人云游挂锡,修桥铺路这样历来被视为广积阴德的最大善举,在这崇山峻岭之中就显得尤为重要了。现在我们到东张镇,仍可以找到以少林寺为中心的四条山中古道,这些古道沿着山谷逶迤而出,四面向外辐射,沟通与外界的交往。

这四条古道是:(1)向东经黄仑坪、泗洲底、桥头、溪柄等村,到东张镇,全长12公里。(2)向东南经祭溪、卢岭、石碑等村,全长10公里。(3)向西越过五里仑山谷,过拱桥,通往莆田县,全长2公里。(4)向北翻过石壁岭,经印斗、吴畲畲坑、善山等村,通向永泰县,全长13公里。

　　这四条古道,路面宽度均在 90 ~ 120 厘米之间,均以杂石铺设,途中还架设了十几座石桥。虽然年代久远,有些地方因年久失修,损坏严重,但从残存的桥板石和部分石道的碑刻中,都可看出这些路、桥均为八九百年以前的少林寺僧人捐舍和募缘所修。从路、桥修筑的规模,也可以看出当年少林寺的僧众之多、香火之盛。

　　仅以由少林寺至东张镇的这条 12 公里长的古道为例,原来的石道今虽大部分已被新修的公路代替,但某些路段仍然保存旧貌。其中由少林桥到少林尾这三百多米石道,当地乡众就称为少林路。路面宽 90 ~ 100 厘米,均为 40 ~ 50 厘米不等的平面石铺设,路旁有石砌护坡。最初的勘察者在石道上发现了两块阴刻有少林寺和尚修造石道的铭文,一块长 72 厘米,宽 40 厘米,上刻“僧景军、景起、元琛、元智……”等残文;另一块长 75 厘米,宽 40 厘米,上刻“景永、元翼、元章三贯”等残文。而在距少林寺八公里的桥头村,也发现一块长 50 厘米、宽 80 厘米的残断铺路石,石面阴刻有“……拾陆丈”等文字。

　　在这条僧修的少林古道上还建有十几座石桥。现在尚可找到的依次是:少林桥、少林坑桥(已圮)、泗洲佛桥(因修山坑已被拆毁)、板桥、下板桥、永安桥(又称观音桥)、玉林桥、桥头桥、薇洋亭下桥、薇洋亭岭桥、犁壁桥(已圮)等。这十余座桥梁,风格各异,有单孔石板桥、双孔石板桥、舟墩形石桥等,其中最近的是少林桥,距少林寺仅 400 米,为单孔石板桥,桥面用四块长 3.9 米、宽 50 ~ 60 厘米、厚均 30 厘米的条石砌筑。桥板上阴刻有“少林院沙门谨募众缘,共发心德舍造下洋石桥一间,具芳德在沙门显言舍钱三贯,僧显希、显甘各四百,显□三百,子□舍三贯,弟一贯,□众乡亲各五百□圣□各□诸积□照□朱”的铭文。其他如薇洋亭下桥的桥板阴刻有“少林院僧显清舍梁一条、显常一百文”和“丙午岁次仲冬,月圆、日象缘造”等残断文字;在下里坪村的永安桥(又称观音桥)的桥板上,阴刻有“僧景纵一贯;□□卢□林黄……”和“□□舍三贯”“□□□□一贯”等的残断文字。岁月瀹漫,这些铭字虽不可卒读,但仍可确切地推断当时僧众捐舍修路造桥的事实。

　　其他在通往道桥村和通往莆田、永泰的石道上也都发现了类似的残断石刻。如在通往道桥村的一段被称为"少林驴路"的石道上，立有一赭色花岗岩的石碑，碑面竖刻"南无阿弥陀佛"行书，其石质、字体风格，都与少林桥的铭文一样。又如通往莆田的石道上，于桥墩中发现一石条上刻有"方明、方智、方和"等僧人的名字。在通往永泰的石道上，于少林上洋发现一座石桥遗址，残留的半截桥板上也有阴刻"……谨募众缘"等文字。这些铭刻的字体风格与少林桥上发现的铭文毫无二致，可证为同一时期的遗物。

时间可以将有形的物质销毁，但却不能将精神的东西全部淡漠。走进少林村，可以发现一个有趣的现象，几乎处处都可碰到以"少林"两字命名景物，这是乡众对曾经在这里辉煌一时的一座宏大寺院的怀念，是一种淳朴的感情流露。这现象的存在，也或许与这里地处深山，交通不畅，较少受到后来文明的洗刷，因而较多保留下淳朴的古风和历史遗存不无关系。恰因为如此，它才给我们留下寻找闽中少林寺可以依凭的线索。

且举数例以"少林"命名的村、路、山、水来加以说明。

村名"少林村"：传说是清朝初期有两户吴姓移民落户于此，子孙繁衍，遂成村落。因村后就是古少林寺，便村以寺名。现吴氏的祖坟尚在距少林寺西 300 米左右的五里仑山腰，墓碑上方阴刻"皇清"二字，左上方刻有"乾隆己卯年"（1759 年），中间刻有墓主的名款："少林高峰吴公，淑配陈氏孺人"，右刻"长男明治"，落款是"倜男孙厚治立"。此墓距今已二百余年，故可以验证少林寺的存在历史。

路称"少林路"：此系僧修的由少林寺通往东张镇的一段，尚完好地存有三百余米。前已述过，不赘。尚有一条叫"少林驴路"的，由少林寺前南经少林桥，折西，经少林境，过少林尾，然后分为两岔，一通道桥村，一向五里仑。传说系少林僧人在修筑寺院时，因本地不产花岗石，为运输石料特地修筑的山路。所有石料，皆以驴马驮运，故称"少林驴路"。

溪叫"少林溪"（或叫"少林涧"）：它源出堤它山，众山涧聚流于寺东，从石壁岭飞泄直下，西拐经寺前，穿少林桥，抵少林洋，出少林尾，落入五斗坝，全长约 700 米。

桥名"少林桥":距少林寺约400米,在通往东张镇的道上,前已述过,不赘。

田呼"少林洋":当地方言,"洋"为平坦良田的别称。在少林寺前,面积约100多亩,东北边地势略高,称上洋,西南边地势稍低,称下洋,统称"少林洋"。

地名"少林尾":少林寺坐落群山环抱之中,岗峦罗列处,少林溪蜿蜒其中,由这里出口泄入祭山村境内。因这里是少林寺境最南端的交界处,距少林寺东南约700米,故名"少林尾",多种地图上均有标名。

庵作"少林庵"、庙称"少林境":少林庵在少林寺前约400米的石佛仑山南麓,隔少林溪与少林寺遥遥相对,庵堂规模宏大,于清初倒塌,今遗址尚存。另在少林寺前400米左右的西侧山腰上有一庙宇,依山临溪。庙堂仅单间,宽4米,进深6米,檐廊2米,庙门楣上有一木质牌匾,上书"少林境",阴刻镏金,庙堂正中供奉"大王公""大王母"的泥塑佛像,1958年被毁,今遗址尚存。

其他周围的景物,与少林寺相关的地名尚有多处,如:

虎咬马岭:在少林寺西南700米处的寨山北麓,相传是少林寺放养马匹的地方,因常遭老虎伤害,故名。

白马轿:在少林寺南边一公里多处的深涧峡谷中,有一石形如人状,端坐石上,前面有石如马,作奔跑状。溪涧山洪,长年冲刷,石白而滑,组合起来犹如白马拉轿,故名。相传少林寺僧人多在此处练习水功。

马鼻山:在少林寺东一公里半处。山路陡峭,峰脊突起。相传少林寺僧人多在这里练习骑射,有如奔走在马鼻上,故名。

和尚田:在弥勒山西部的山腰林丛中,以及五里仑的半山中,有千丘梯田,依山势用石块砌而成,相传为壮年少林寺僧人所修造,故呼为"和尚田"。现梯田石叠砌,仍完好,多长松、杉、柯等林木。

地名是一份历史的记忆,特别是那些由群众约定俗成、相袭传延下来的名称,往往反映出一段历史的存在及其变迁,也倾吐着民众的一份思念和爱心。它无疑也在群众口碑中为后世留下一份历史的见证。

上述对少林寺遗址及周围环境的踏勘,可以印证信史上有关少林寺的记载。这是目前在南少林讨论中,唯一可以从信史和实物两方面得到互相印证的少林寺遗址。从其寺院遗址可以看出其殿宇构筑宏大,可以容纳众多的僧侣;从其原属寺院的一百多亩良田、成千丘梯田及连片的果园、山林,可看出其当时具有相当丰厚的经济实力;从其遗留下来的对周围路、桥的修筑,可看出其对地方活动的积极参与和对佛法的传播、影响;而从其残留铭文中包括兴化等外地僧尼信众的诸多人名中,也可看出其在当年的影响和地位。这样密集而众多的文化遗存,为我们研究福建少林寺提供了丰富而可信的材料。

(五) 寻根溯源话宗统

对于福建少林寺的研究,遗址的发现是一个重要的方面,而对少林寺禅风宗统的寻索,则是更为深入的另一个方面。

福清少林寺始建于何时,史无确载。南宋淳熙九年(1182 年),泉州状元梁克家编纂的《三山志》称它"无起置年代"。同书在记及新宁里的其他寺院,凡北宋明道(1032 年)以后的均注明建置年代,如栖林院,建于明道二年(1033 年)、大泽院建于嘉祐二年(1057 年)、重林院建于元祐八年(1093 年)、后林院建于政和七年(1117 年)等。由此可见,少林寺的始建,当在明道即北宋仁宗(1032 年)之前,传到南宋梁克家时代,已成一座不明始置年月的古刹了。这一推断可由在遗址发掘中出现的一些北宋文物作为佐证。有学者甚至根据清代蔡永兼《西山杂志》所引唐代许稷《闽中记》,关于唐高宗龙翔(朔)元年元春三月,闽州之东有异物如大蟒,盘栖清源少林寺之西岭峰顶的记载,称其所谓闽州之东,指的就是位于"闽土之中"而称为"闽中"的福州的东部,即福清的少林寺。如此说可以成立,福清少林寺的始造当在唐朝了。不过许稷之《闽中记》已迭,无从核证,此说当只是一种推想,但也不是绝无可能。佛教文化在福清的传播很早,甚至出现在福清置县之前。如与少林寺同在古新宁里的方乐寺,始建于南朝陈太建元年(569 年),则比福清置县的唐圣历二年(699 年)还早 130 年。因此,设若少林寺始建于唐代,也不是天方夜谭。

虽然关于福清少林寺的更详细记载尚未发现，但对其禅风宗统，也还是有迹可寻的。福清学者刘福铸等人在这方面做了许多可贵的工作。

他们首先注意到南宋时期与福清渊源深切的著名文学家刘克庄，为自己的"方外友"少林长老德诚所撰的一篇墓志铭。在这篇题为《诚少林，日九座》的墓志铭中，其首段云：

> 余有方外友二人也：日德诚者，福清人，姓郑；日祖日者，闽县人，姓郑。诚得法于铁鞭韶师，常住邑之嵩山少林、汀之南安岩，辄弃去；坐草庵、翁陂庵各三载，又弃去；入浙，憩净晋蒙堂者六年，以宝祐甲寅夏朔日示寂，俗寿五十二，僧腊三十七。

从可以寻索到的资料中我们知道，德诚15岁随铁鞭允韶禅师剃度，住福清少林院25年，允韶禅师被苏州太守礼请北去之后，德诚继席为少林长老。至41岁时，因少林院为恶僧"小阇梨"把持，愤而离去，先到汀州武平县的南安岩，不久即回，移座草庵、翁陂庵各三载。47岁时去浙江净普寺，六年后示寂，火化时遗体出现"不随薪尽"的异常现象。其烧化的骨灰葬于净普寺墓塔，不化的部分则归葬于德诚曾经坐过的福清翁陂庵西垄，与他生前挚友、刘克庄的妻兄林公遇（字寒斋）同葬一处。因此刘克庄有诗记其与林公遇的友情，称"看取少林诚长老，死生林下伴寒斋"。

曾经入住福清少林院长达25年的德诚禅师，如刘克诚所赞："诚如达摩，不立文字。"而"不立文字，教外别传，直指人心，见性成佛"，是达摩初祖在河南嵩山少林传法时的倡言。可见福清少林寺所传佛教，即是达摩初祖倡言的"不立文字，以心传心"的禅宗一脉。禅宗传至五祖弘忍之后，即分南北两大系系，六祖慧能以"顿悟"立说，在江南盛行，其师兄神秀以"渐悟"立说，在江北传衍。但北宗神秀仅传四世，法脉遂绝。自此天下禅宗皆出慧能。南宗慧能之后，其弟子又分南岳怀让和青原行思两大系。以后南岳又分出沩仰、临济两宗；青原分出曹洞、云门、法眼三宗。南岳的临济宗下又分为黄龙和杨岐两派。不久黄龙绝传,杨岐派再生出虎丘与径山两家。这样禅宗就形成"五宗两流"了。但到北宋初叶,沩仰宗枯萎绝传,曹洞宗衰微不振,实际上只余云门、法眼、临济三家盛行。直到南宋建元初年,曹洞宗才恢复发展;至元,与临济两宗并负盛名。那么德诚所传禅宗属于哪个宗脉呢?这就必须从他的师傅铁鞭允韶往上寻索了。

根据福清旅日高僧即非如一禅师,于清康熙丁未年(1667 年)在日本据旧志纂修的《福清县志续略》(现存日本国会图书馆)有关允韶禅师的传略所述,我们知道允韶"字铁鞭,邑之绵亭(今福清新厝镇绵亭乡)刘氏子,为人刚正孤洁,直谅不规",但未提及师承。不过,南宋释师明的《续古尊宿语要》卷四曾提及铁鞭韶与松源岳、破庵先、曹源生、笑庵悟同嗣法于密庵咸杰。密庵咸杰在《五灯会元》及《大明高僧传》中均载有其事迹,但只说他是福州人。近人陈垣《释氏疑年录》卷八,据纪荫《宗统编年》及宋人葛邓撰写的塔铭,考出咸杰(1118—1186)为福州府福清人,俗姓郑。而释如一的《福清县志续略》则有比较详细的传略,称咸杰禅师"自幼颖悟,长依敛石蕴公为僧,不惮游行,遍参知识,生谒应庵和尚于衡之明杲庵"。敛石寺在福清离少林寺不远;其所师从的应庵昙华,为虎丘绍隆的法嗣;虎丘绍隆则是杨岐黄会的第五世传人。这样我们从德诚上溯,由德诚而铁鞭允韶,而密庵咸杰,而虎丘绍隆,从而知道福清少林寺在南宋时所传的是临斋宗的杨岐派了。

那么杨岐派创立(1046 年)以前呢? 福清学者刘福铸认为有两种可能,一是传临济宗,一是传曹洞宗。因为这两禅宗的创立人,都与福清有关。临济宗的创立人义玄禅师是福清人断际希运禅师的法嗣,而断际希运出家在福清的黄檗寺,并任过黄檗寺的住持。而曹洞宗的创始人之一本寂禅师为莆田人,出家受法于福清的灵石寺。但二者相较,南宋以前福清少林寺以传临济宗的可能性最大。一是黄岐派本嗣法于临济宗,传临济便顺理成章,再是在禅宗五个宗派中以临济创立最早,三是曹洞宗的复兴始在南宋建炎初年的正觉禅师(1091—1157)。此时福清少林寺已为黄岐派的咸杰、绍隆所传了。

问题是这一时期的河南嵩山少林寺所传的是哪一个禅宗门派?

从《少林寺志》和"少林禅师裕公碑"中可以知道,元始祖授命福裕和尚重建少林寺时,福裕首先"一统寺内五派,总归曹洞",这是元初的情形。可见河南少林寺单传曹洞宗是在元初雪庭福裕之后,而在此之前,则是临济、沩仰、曹洞、云门、法眼五派皆传,所以才会有"一统寺内五派"的说法。五派之中尤以临济为重。因为禅宗五派中,唯有临济宗是产生于北方,且较创立于南方的曹洞宗早了几十年。因此释明复在《历代塔寺道场略志》中说,嵩山少林寺于"晚唐五代为临济宗人所住,金元以降,为曹洞道场"。又说"宋初禅宗五家内的沩仰已不传,曹洞和法眼宗也萎靡不振,盛行于各地的是临济宗和云门宗"。因此,五代北宋时期的河南嵩山少林寺以传临济宗为主,当可以确认。

这样,从现存史料德诚禅师的宗统上溯,福清少林寺与河南少林寺在禅宗宗风上可说是一脉相承,都是禅宗初祖达摩及其六传弟子慧能的正传宗统了。南北少林宗统相同也就无可异议了。

少林传统,除了禅宗之外,还有武风。福清少林寺是一个有着习武传统的寺院,这可以从遗址发掘中发现的诸如药臼的遗物和传说为马房、练武场的遗迹中得以证明。目前这一方面更丰富的史料还有待进一步发现。但关于铁鞭允韶的材料,却引起了我们的注意。释如一所撰的《福清县志续略》中关于允韶的介绍中,称其"为人刚正孤洁,直谅不规",是一个武僧的典型个性。其以使用铁鞭著称,故号铁鞭韶,曾应温陵(今泉州)通判之请,往泉州光孝寺传授南少林武术,所以本传亦称"光孝允韶禅师"。后世流传的说部如《火烧少林寺》等,多有"铁杖""铁柄""铁鞋"的武僧名号,可能都由"铁鞭"演化而来。铁鞭允韶的出山传艺,与少林武术的广为传播当有一定关系。

其实古称文献名邦的福清,不仅文风鼎盛,屡见于各种史志,习武传统也颇为深厚,历代武科成绩辉煌。只是相较于鼎盛文风,略逊一筹,邑志也脱漏甚多,才较鲜为人知。从现有资料记载看,福清最早中武科者,是宋徽宗重和元年(1118年)戊戌科的林汝弼,后官保义巡检。在从重和元年到南宋宝祐元年(1253年)的近一个半世纪中,福清有史可查的武科出身者达36人。而从清朝顺治五年(1648年)至道光十九年(1839年)的190年间,据不完全统计,福清武科出身的进士27人,举人224人。不少人还曾任过兵部尚书、兵部侍郎、兵部郎中、兵部主事等高级军事职务,而历任总兵、副总兵、副将、参将等而派驻边镇者,更不在其数。这说明福清的武风之盛,其中不乏少林武术宗风的影响。

在民间,也流传着不少关于少林武术的故事。福清武师陈茂桐曾回忆,21世纪散入民间的南少林武术十分活跃。福清城关,遍设武馆。既有民间的专业拳师如白水师、猫姆师等,也有知识界、医务界、工商界的拳师,如郑恺辰、陈觉辟、陈觉仙(知识界)、林克通、陈德标、陈元麟、翁仿南(医务界)、郑赫瓠、乃棠(工商界)、林木兰(农界)等。曾经随孙中山在日本宣传革命的郑恺辰,就曾经在一次与梁启超等改良派的辩论中,以自己的不凡身手震慑住当时妄图扰乱会场的不轨分子。各武师都身怀少林绝技,如清末进士出身的东张武师姚口口,独擅"朝手"。据云能以两手调换悬挂梁上,下垂与肘平,趁势发功,能将被"朝"的人弹至后方壁上,沿壁滑下,所以称为"背能挂轴"。城关高巷的郑清堂拳师,擅长"独指",号称"一指三千斤"。各武馆名下,都聚集一大批徒众,常有比武盛事。最为轰动一时的是林木兰与陈天祥的比武。林木兰为后山顶人,时年已60,辈分高,名望大;陈天祥为柴坊顶人,年仅40,后起之秀。初次在官井兜比武,拳势正旺的陈天祥,出手占先,林木兰逊退;再次相约到天祥家比武,陈天祥邀约在福清名望极高的珠山寺和尚与联中吴悟帆老师为后盾,两军对垒,一触即发。珠山僧以双方均为少林传人劝和,勿争雄争霸,共弘少林武术。两家罢兵,联合在县中学操场上进行武术表演,成为福清武坛上的一段佳话。珠山僧谪传少林武功,他每下山必肩披一兴化手巾,此手巾即为武器,可抵刀棒;犹善弹指,以黄豆夹于拇指和中指之间,能弹中穴位致命。

现今福清民间武术,所传多为少林武术套路,著名的如八步连、七步行、阴阳手、水火手、夹套、基手。据述者陈茂桐拳师所言,系其先师林长贵自福清少林寺所传南少林拳,一代代相传而来的。

（六）揭谜才刚开始

1996年10月22日的《人民日报》海外版,以"千年风烟,尘埃落定,中国南少林寺遗址水落石出"为题,报道了福清少林寺的考古发掘工作,确认福清市东张镇少林寺为"闽中少林寺"的遗址所在地。千年之谜,真的就这样"尘埃落定"了吗?

对于福清"闽中少林寺"的遗址确定,从历史记载到实地发掘的互相印证,大多数业内人士很难提出反对的看法。但找到了遗址,并不等于揭开闽中少林寺的谜底。即使对于这座已很难让南少林研究者否认的福清少林寺本身,人们仍然是疑窦重重。

首先,福清少林寺的存废年代。志书所载的福清少林寺"无起置年代"。从遗址的考古发掘材料分析,它大约始建于晚唐五代至北宋,到宋元之间达到全盛,到明代已受到较大的破坏,至清朝,则无论从文献到考古,几乎都找不到痕迹了。因此可以明确地论定,福清的少林寺,并非元始祖之后受命中兴少林寺的福裕禅师在登封嵩山祖寺之外另建的那一批少林支寺中的一座。福清少林寺不是元以后所建,那么它建于何朝?是什么情况下在河南嵩山祖寺之外,再到远隔数千里之遥的"闽中"来建少林寺呢?这一必要的根据是什么?福清少林寺与河南登封少林寺是一种什么关系?是作为河南少林寺的支寺、下院,或者是少林僧人南来建庙,只是禅宗传承而无隶属关系?这些都值得深究。

其次,从遗址考古发掘上看,至明代,其原有的建筑"应有一个较大的变化,根据台阶的朝向可以看出整个寺院建筑的轴线朝向,即较宋元时期的建筑群,向东南方向移动",这种变化和移动说明了什么?实际上在遗址发掘中,属于明代的建筑遗址已经很少,而清代遗址几乎没有,说明它毁于明末或清初,其遭毁的原因是什么?是与传说中的少林僧人从事秘密的反清复明活动有关吗?其与传说中的"天地会"秘密组织关系如何?因为在目前所发现的福清少林寺的有关史料中,均未看到与天地会有关的痕迹。福清少林寺的毁圮,是否与传说中的清廷"火烧少林寺"有关,尚可探究。

再次,有关福清少林寺的文献,大多出于南宋以前。因此南宋以后,关于福清少林寺的僧传谱系,连同它的禅宗和武术宗统,几乎无可稽考。一般的解释是,元以后福清少林寺没有出现过有影响力的禅师,所以不载于史。那么为什么在两宋时期曾经盛极一时的福清少林寺到明代就颓落下来呢? 相较于同在福清少林寺周近时有高僧出现的寺院,如黄檗寺、灵石寺等,少林寺的没落为什么这么快? 又是出于何因?

几此种种,都还有待深入探究。

少林寺的存在及其对中国社会和历史的影响,是一种综合性的文化现象。它的兴衰起落,广泛地涉及宗教史、武术史,以及纠葛在中国社会的政治史、军事史,等等。因此,研究南少林,并不能仅仅满足于对遗址的寻找、发掘和论定,还必须更广泛地联系到少林寺存在和发展的历史文化环境中去,不仅研究少林寺自身的历史,更重要的还应深入到它的文化内涵,探讨其存在及发展给予社会和历史的文化影响。

对福清少林寺的研究,也应当深入到这一层次上来。

福清是福建省文明发展和开发最早的地区之一;而福清少林寺遗址所在的新宁里,则又是福清文明的发祥地之一。这里属于戴云山脉的丘陵地带,山峦起伏,溪涧纵横,林木郁茂,盆地相间,自然环境十分优越。已经发现的距今五千年左右的白豸寺新石器时期山坡文化遗址,是福建早期人类活动的地方。唐宋以来,经济繁荣,文化也发展较快,几处宋窑遗址的存在就是证明。因此,佛教文化在福清的传播,既早且盛。据《八闽通志》记载,福清境内有佛教寺院90余座,其最早的方乐寺就在少林寺所在地的古新宁里,始建于南朝陈太建元年(569年),至宋代,据王荣所著《福建佛教史》统计,福清的寺院达106座,为福建诸县的寺院之冠,占福州府建寺的1/5,占全省建寺的1/10。在同一时期福州府所属的其他各县中,所建寺院只有几座。在其他地区,寺院最多的如莆田、邵武,也只有30座左右。仅在古新宁里这一小小的范围里,就有载入史志上的较大寺院10座,如方乐寺、瑞峰寺(始建于宋皇祐年间,1049—1053年)、后塘寺(始建于宋政和七年,

1117年）、东林寺（始建于宋元祐中，1086—1093年）、大泽寺（始建于宋嘉祐中，1056—1063年）、大仵寺、大溪寺、新城寺、招福寺、龙居寺等。其中有的至今尚保存完好。载于《三山志》的大仵寺，位于玉林寺奎石自然村西面，至今仍有香火，为福清、永泰、莆田三县信众所共祀。

这样一个历史深远而广阔的佛教文化的存在，对于福清少林寺的始建和兴废，不能没有影响。因此对于福清少林寺的研究，遗迹的发现仅是其中一个方面，而广泛地联系到文化的各个方面，从佛教传播史、民族史、政治史、军事史，以及对东瀛空手道深有影响的武术史，进入到南少林文化的深层内涵，才是这一研究的更重要方面。因此，目前仅只一个遗址的发现，才只是研究的开始，对于论讼迭起、众说纷纭的南少林研究，还是一个尚未充分揭开的谜。

五、并非谜底：关于福建少林寺的一种推想

关于福建少林寺的争论已经多年。除了上面介绍的莆田、泉州、福清的南少林寺研究者所提出的认证外，尚有不少地方也对传说中本地的少林寺或与少林寺、少林寺僧及少林武术有一定关系的寺院，进行发掘、考证和研究，投入到少林寺所有权的争论之中。

例如，早在泉州与莆田的争论中，漳州地区的文史研究者曾五岳就在一篇支持泉州少林寺的论文中表示，在福建南禅宗的名山古刹中，"只有漳州芝山开元寺，最有可能属闽中早期南少林寺"。他根据历史的记载，认为漳州芝山开元寺在南宋时就出现了武僧；又根据清光绪《漳州府志·艺文志》的记载：宋景炎二年（1277年），文天祥曾率兵驻扎此寺，作《驻师漳州夜宿开元寺》诗一首。同治年间，太平天国侍王李世贤率兵攻克漳州时，此寺毁于兵燹，尚有少林武僧逃出，隐居于城南元魁寺。因此他认为，漳州芝山开元寺如不是南少林寺，至少也属于少林寺系统的禅院。

而在民间，特别是在天地会的有关材料和传说中，被称为南少林寺的则更多。如诏安官坡的长林寺，是相传天地会创始人之一万云龙（万五道宗）始建和长期主持的，因其与少林弟子的密切关系，也被称作南少林。而万五道宗此前长期居住的东山县九仙观，也因其"兴

少室而昌叶条"(九仙观《仙峤记言》)及与天地会的渊源,也被民间称为"忠义少林寺"。

1995年,曾经对争论中的福建少林寺在莆田、泉州、福清的遗址都做过调查的中国社会科学院宗教研究所罗炤教授和中国武术研究院高级研究员潘一经先生,著文披露了他们在天地会探源中发现了一部被称为《香花僧秘典》的清朝嘉庆二十三年(1818年)抄本,其中涉及的东山和仙游两地的少林寺资料,更引起有关研究者的极大注意。

所谓"香花僧",是佛教中很特殊的一个秘密门派,其僧人以主持世俗法事为主,有自己密不示人的严格规矩。所谓《香花僧秘典》是其祖师为门徒制定的有关本门派的历史、法事仪规、科仪、曲赞、秘诗、符咒、偈、联等内容的一部综合性的手册。从发现的秘典考证,可知它传自道宗,其中大部分文字出自道宗之手,少部分是道宗辑录他人的作品。而道宗为天地会创始人,"香花僧"与天地会的关系便显而易见。提供这部秘典的"香花僧",今东山县东明寺住持释道俗法师所作的"香花僧暗号":举起双手,拇指弯曲压住中指,食指、无名指和小指竖起,这也是当年天地会的暗号。"开口不离本,出手不离三"的"香花僧"暗语,也是天地会的暗语。他说:"香花僧是天地会里的人,你们外人不知道。我是香花僧出身,我知道。香花僧是康熙时才有,是从西来寺出来的。东山古西来寺是仙游九座寺派下来的,清源九座寺是真正的南少林。"这就触及了尚未引起南少林研究者注意的东山古西来寺和仙游九座寺也是南少林寺的问题。

果然在《香花僧秘典》的首页"溯源"条下,记有这则重要材料:

夫古西来寺源承兴化清源九座寺,唐懿宗咸通年间(860—873年),正觉寺禅师号曰智广上人倡建,凡寺舍九座相连,故称九座寺。时倡严整威仪、肃功齐法,钵承南祖临(济)义玄禅师,广传临济正宗。寺僧五百余众,有南少林之誉。后开辟南山广化,四众立堂,讲经说法,普利人天。

明天顺间,大德住持随缘赴感,拈花悟旨,亲送寺祖明雪熙贤南下弘法。时居龙潭山涧,着忍辱铠,卧无畏床,坐法空

座。时邑人赞其德,请师于苦菜寺,归众日多,名扬邑里,结
文绅名士,论诗书礼乐。虑非发祥之地,请以怀恩沈公,选于
五都之铜坑顶建寺舍,广授教徒五十余人,戒律精严,文武同
修,精通妙理,法脉滋长。

这则材料揭示了一段重要史实。据南宋《仙溪志》载,仙游始置县
于唐武则天圣历三年(700 年),初名清源县,唐玄宗天宝元年(742
年)改泉州为清源郡,因郡县同名,才改清源县为仙游县,因此文中称
"清源九座寺"。该寺始建于唐懿宗年间,为正觉禅师智广所建。据
《仙游县志》记载,智广在建成九座寺后,募化的钱财尚有剩余,便拿来
帮助修建遭唐武宗"会昌灭佛"时受到破坏的广化寺。因此,今广化寺
僧人尚认九座寺为祖庭,并帮助修复九座寺。明天顺年间(1457—
1464 年),九座寺僧人南下东山建寺收徒,先在龙潭山的苦菜寺,后迁
至铜陵镇来坑,将"苦菜寺"去掉草头,于明成化三年(1468 年)改建为
古来寺。这些材料都可印证史志,说明《香花僧秘典》中所记属实。
《香花僧秘典》中称九座寺属临济正宗,庙宇宏阔,僧众五百,"有南少
林之誉";而他派弟子南下弘法,修东山古来寺,所授僧徒,"文武同
修",亦属少林传统。此则材料在揭示南少林与天地会关系的同时,也
提出了仙游九座寺和东山古来寺与南少林的关系,自然会唤起仙游、
东山两地南少林研究者,积极参与并深入研究和查证的热情。

近年在漳浦发现了一位年已 80 的老拳师洪崇麟,自称是东山古
来寺的第 31 代僧,1931 年入寺,任职武僧,从 12 岁起开始习武,每天
晚饭之后练到深夜,60 多年来始终不曾间断。他遵从师训武德,严守
清规戒律,宁过清贫生活,也不以武艺谋取钱财。所学少林武功,轻易
不肯示人。为了印证其少林套路,中国武术学会研究员潘一经曾会同
南拳大师陈昌棉专程前往拜访,并观看了他的演练。经专家鉴定,洪
崇麟法师演练的少林拳、棍套路,上下盘功夫讲究,具有典型的南拳、
南棍风格和特点,讲究攻防配合,护中夺中,技法简练,动作紧凑,劲力
刚健实用,是"原汁原味"的南拳上乘功夫。他修炼的拳种还有大马
拳、四门打、龙骨打、鹤拳、猴拳等,虽年事已高,矮小精瘦,拳起棍落仍

虎虎生风,功力不减当年。崇麟法师的出现,更证实了东山古来寺与少林的密切关系。

如此说来,关于福建少林寺的研究格局,就更加复杂了。

各地在展开南少林寺调查、论证、研究的同时,都配合开展有声有色的宣传活动,如举办"××少林寺论证会",在全国少林武术大赛、南北少林武术大汇赛等比赛中演示南少林拳种,争取河南少林寺的承认、支持,邀请海外武术界出席盛典,接待海外与少林武术有渊源关系的武术团体归宗谒祖等。这些活动都声势浩大,有着很强的吸引力和鼓动力。每以自己为福建少林寺的正宗,以他方为论敌,言之凿凿,有凭有据,这倒使旁观者更难辨真伪了。

这是当今社会极为有趣的一种文化现象。

关于南少林寺的争论,由来已久,为什么近年来忽又特别热闹起来呢?

究其原因,不外有二:其一,20 世纪 80 年代以来,中国政治的宽松和经济的发展,使人们有可能从过去比较狭隘的束缚和一统的政治文化视野中解放和拓展开来,开始重视开发和建设自身的地域文化。而南少林的存在和发展,是对福建社会(尤其是闽南)有深远影响和深厚积淀的地域文化的一部分。寻找发掘福建少林寺遗址,并由此深入对南少林文化的研究,是认识和建设福建地域文化的一项有益的工作,其积极意义是不言而喻的。其二,在中国常常存在的某些过于短视和急于求成的社会行为中,习惯把文化也片面当做实现经济目标(或政治目标)的一种手段,这样也就难免有时会把文化(例如对于南少林的研究)也置于弄巧成拙而远离其自身文化价值的尴尬地位。南少林争论热潮的兴起,多少也会有一些这样的因素。它使这场争论,既源出于宗教、武术、历史,又超出宗教、武术、历史,成为当今中国社会另一种与经济目标交错的文化现象。虽然这种情况,并非真正尊重科学的南少林研究者所愿意,但身处其间,有时也难以免俗。这就使这场本来因缘纠葛的讨论更加扑朔迷离了。

拂去这些非学术价值的蒙尘,我以为关于南少林的研究尚有许多事情更加值得去做。南少林在福建的存在和发展,既是一种宗教现象和武术传播,同时还是历代封建王朝靖边止乱、治理国家的一种政治手段。因此南少林在福建的兴衰,总是和福建历史上的政治斗争、军事斗争乃至经济发展互相纠葛在一起的。它对福建文化性格和社会心理的塑造,起了不可忽视的作用。因此,从这一更广泛和深刻的层面进入南少林的研究,我们将可以超越仅仅局限于遗址的寻找——当然遗址的寻找也是必要的。重要的是应当在弄清历史(包括遗址)的基础上,加强对南少林的文化内涵及其对福建社会各文化发展的影响研究。

在这里我以为有必要将"少林寺",与少林寺有密切关系或称"有少林寺之誉"的寺院,以及"南少林"等几个概念区分清楚,这样才有利于我们对少林文化的探讨。

首先是"少林寺",即"闽中少林寺"。这是文献《三山志》等相关重要文献记载的,是于唐五代或两宋时期佛教文化大量进入福建时最早建立的福建少林寺。其次是有"少林之誉"的寺院,它并不就是少林寺,而是指在僧人谱系、禅宗传脉或武术传承上与少林寺有密切关系,因而由僧人自称,或被左近信众视同少林的寺院。

福建确有少林寺的存在,这是屡为宋明时人的文献所记载过的。尽管在宋志中称"少林院",明志称"少林寺",但"院"与"寺"实指同一个地方,只是因时代不同而叫法有异。查阅宋志和明志,此类现象不仅少林寺有,其他佛教寺院也都普遍存在。目前关于福建少林寺的争论主要集中在遗址的确定上。有莆田说、泉州说和后来居上的福清说。论争三方虽各持论据,但对少林寺在福建的存在并无异议。随着对文献资料和考古发掘的进一步深入,福建少林寺遗址究属何处也渐渐尘埃落定、水落石出。至于少林寺的建置年代和成因,则正史无载,但口碑和稗史却有各种流传。从目前已发现的资料分析,大约始建于唐或五代。莆田说依传说认为是曾经救驾唐王的十三棍僧之一的道广和尚,奉命入闽平息杜伏威余孽路得才,而后留在福建兴建的;泉州说据《西山杂志》也认为是救驾唐王的十三棍僧之一的智空,入闽平害而建少林寺于清源山麓;福清说则从《三山志》,并从遗址发掘的文物推论其成寺年代当在北宋或北宋之前的五代或唐。而新近发现的仙游九座寺,据《香花僧秘典》所载,则建于唐懿宗咸通年间。如果上述诸寺院的建置年代大致无误,那么出现在唐或稍后五代年间与少林宗风相关的寺院已不只一座,有直称"少林院",也有并不叫"少林寺"而呼为别的名称,如"林泉院""东禅寺""九座寺"等。

面对这种复杂的现象,我们不妨作一种设想。福建有一座自两宋以来就载入文献的少林寺;但福建从少林寺出现开始,也同时存在着不止一座与少林僧传、禅风宗统、武术传承有着密切关系,因而享有"少林之誉",甚而视同少林的寺院存在。因而少林文化在福建的传播,不一定是一元的,很可能是多元的。它一方面可能是少林僧人接受皇命或祖庭的委派,南下福建止乱和弘法而建寺;但也可能有少林僧人云游入闽住锡,弘扬禅宗和武术,其所居住的寺院可能就是少林寺,也可能并不叫少林寺,但以其僧人的传脉、禅宗的宗统和武术的渊源关系,而被外人或后人称作"少林寺"或成为有"少林之誉"的寺院,甚或也可能由此获得嵩山少林祖庭的认可。特别当少林寺在福建确立影响之后,其僧人还有可能由于种种不同原因,携带少林禅宗及武术再度向外辐射。因此随着历史的发展,少林寺和与少林有种种关系的寺院就可能不止一处,而可能在不同地方呈多处出现。

当然这只是一种推测,但这种推测并非毫无缘由。首先,中国寺庙历来就有设置分院、支寺、下寺或者分香的传统。他们之间不一定有严格的隶属关系,但却必有一定的承传关系。元初被尊为国师的福裕和尚中兴少林寺,就曾奏请恩准在内蒙、河北、河南、陕西、山西、山东、福建、台湾等地兴建九座少林寺,作为河南嵩山少林寺的支寺;虽然后来经史家考证,闽中少林寺早在福裕之前就已存在,其他八座亦有真有假。但此传统说明,少林寺并非只此一家,尚有多处存在。全国如此,福建除最早一座少林寺的发祥地之外,又发展了其他与少林密切相关的寺院,也并非没有可能。

其次,南禅宗传入福建以后,有很大发展。朱维幹《福建史稿》云:"禅宗盛行于南方,而尤盛于福建。"因此,自唐以来,便有不少少林僧人进入福建,他们或为朝廷、祖山所委派,或为求法证悟而行脚天下。由于福建地僻东南,山重水复,少林僧人南来之后,由于种种原因北归困难,便长住下来。他们或倡建新寺,或将自己住锡的寺院重新修建,为表明与嵩山祖庭的承传关系,归宗少林,便将自己入住的寺院自称或被称为"少林寺",亦在情理之中。

再次,据史载和传说,福建少林寺在历史上曾经多次遭到劫难。如《西山杂志》所记泉州少林寺在王审知附梁、蒲寿庚降元和天地会反清中,曾三次遭到焚毁。劫难中少数怀有高超武艺的少林寺僧侥幸脱逃,隐入其他寺院或散入民间,其为图复寺业,便在各地广收门徒,教授少林武功,从而使少林武术大量流出寺外,得到社会的广泛承传。这些少林僧人隐匿的寺院,也有一些被称为"少林寺"的。如东山的九山观,就因此被民间称为"忠义少林寺"。

以上种种都说明,由于福建的历史人文背景与中州不同,早期的少林寺或许会有一个最初的发祥地,但到它的发展时期,特别是明清以后,"禅拳分流""丝瓜开花",少林寺或与少林关系密切的寺院就不止一座。承认这一客观事实,对于我们研究少林文化在福建的发展,都有益处。

这就涉及关于"南少林"的问题。所谓"南少林",显然是相对于北少林而言的,即对河南嵩山少林寺的一种通俗的称谓。它出现和流行在明末清初,一直延续到整个清代和民国初年。根据文献资料,福建少林寺始建于唐五代,鼎盛于宋元时期,到明已渐衰落,至清,考古和文献几无发现,证实了传言中的"诏命焚毁"。"南少林"这一称谓,不出现在福建少林寺始建和鼎盛的唐五代及两宋,却流行于少林寺实际上已经不存了的清初以后,说明这一称谓显然不是用来确指具体的少林寺的,而是泛指包括少林寺在内的一种更为广泛的少林文化现象。从大量的事实可以看到,由于少林寺参与"反清复明"的民间秘密反抗活动而招致焚毁之灾以后,少林文化不是就此绝迹,而是随着少林僧人的散入民间,跨出寺院,得到更广泛和深入的传播。不仅在福建,还在与福建相邻的一些省份,甚至进入了华侨众多的东南亚各国。因此,"南少林"不是一个地域的寺院的概念,而是一个以福建为中心,广及南方诸省,源之于少林武术传统为主的,包括武术医学、武术精神的武学文化的概念。由于它在传播过程中与反清复明的民间秘密组织"天地会"有着密切的关系,南少林文化还体现着一种团结御侮、除暴扶民的武德精神。明清以后禅拳的分离,使得禅学宗统在南少林文化中被渐渐淡忘,而少林武功传衍所形成的南拳宗系,成为南少林的主体。无论是谁——僧人、寺庙、或民间拳师、武馆——谁承袭的少林武功越多,谁就更容易被称为南少林。南少林在域外的传播,主要也是指少林武术的传播。寺院因少林武术的承传而重获南少林声誉,武馆因少林武功的传授而成为团结海外华人的核心。

区分了这一关系以后,我们对于南少林的研究就应当逐步从对少林寺遗址的寻找、查证,深入对少林文化研究的层面中来,联系福建的政治史、军事史、文化史、武术史、宗教史和民俗史,进行综合性的研究。

世称少林寺有十座,其中一处在台湾的八番社。后来有学者提出质疑,认为是假托。但没有无本之木、无源之水,这一说法的提出,不会毫无缘由。实际情况如何,还有待台湾学者的调查、认证。不过,即使世传的台湾少林寺并不真实存在,但少林文化传入台湾并保有重要影响,则是不容否认的客观存在。少林文化进入台湾的渠道,首先当与福建闽南人口大量移民台湾密不可分。从文化传播学上说,人是文化的直接载体,也是文化传播的最有效媒介。尤其是浸透在民众日常生活之中的那一部分常俗文化,往往就和民众、族群的生活习惯、心理、性格和行为融为一体。台湾的汉族移民中,80%以上来自福建沿海的泉漳地区,最初的移民高潮是随郑氏政权(从郑芝龙到郑成功)入台的。郑氏也是依靠自己富有尚武之风的泉漳家乡子弟兵,才在台湾驱逐荷夷、奠立反清复明的政权基础的。郑氏的许多部将,也都出生于泉漳的武术世家。他们自然就把在家乡已广泛深入民众之中的少林武术,带入台湾。台湾的又一次闽南移民高潮出现在乾隆、嘉庆年间。此时南少林寺已因郑成功失败和天地会反清复明而遭到焚毁,在民间传习少林武术也受到禁止。但在台湾,遥隔海天,为中央王朝的势力所难以完全控制。遭禁的民间习武之风,并未被完全扑息下去。加之,移民初抵,为争夺开发的土地和水利权益,不同祖籍、村社和族群之间的械斗频繁而剧烈。它需要武术的相助,习武之风便也日趋隆盛。再者,移民们远离祖居,思乡怀祖,倍加殷切。来自祖居地的民间信仰及民俗活动,便受到特别的重视。在泉漳地区,清以后遭到禁止的武术活动转以民俗活动的形式出现,如"刣狮""宋江阵"等,便也随同移民一起流入台湾。隆盛有加,直到今天仍然在各种民间节日和宗教活动中出现,成为最受民众欢迎的节目。

有形的少林寺院及禅宗和少林武术的传播,比较容易为人所看到;而无形的少林文化精神,浸入在人和社会的心理、性格与行为之中,则较易为人所忽略。以闽粤沿海移民为主要人口构成的台湾社会有强烈的族群意识、慷慨豪爽的性格,以及勇武敢拼的心理行为,这与泉漳一带的民众有颇多相似之处。这份共同的文化心理,是否也浸透着某些南少林文化的精神因素呢?

如此说来,对于南少林之谜——从少林寺遗址的发现到南少林文化精神内涵的探讨,也是一个需要两岸来共同揭晓的谜了!

六、附　记

自 20 世纪 80 年代中期以来,关于闽中少林寺热闹非凡的争论引起笔者极大的兴趣。开始笔者曾经属意于带有许多传奇色彩的南少林故事,并沿着这一方面搜集了一些资料。在搜集和研读材料的过程中,发现争论诸方意见相左颇为激烈,充满了个性和对各自所坚持论题的发现——这些发现有不少又是彼此互相矛盾的,其本身就是饶有兴味的一种文化现象。由于争论尚未或者根本不可能有最后的结论,彼此唇枪舌剑争夺少林寺的所属权,最终可能仍归大家所有。这就使这个本来就含有某种神秘色彩的论题,更蒙上一层迷离的雾纱。因此笔者希望能涵纳诸方意见来介绍这场论争,转述他们的发现和论据。则此,本文只是在笔者思路基础上的对于论争各方意见的一种介绍或撰述,或在综合各方资料之后的一种思考,并非全是笔者自己的研究和创见,这是必须郑重声明的。

本文在转述中没有对所有论点出处一一注明,只在这里统一说明,并表示感谢。要感谢的还有莆田南少林研究会、泉州南少林研究会和福清南少林研究会的各位朋友,以及参与莆田和福清两处寺院遗址考古发掘的福建省和福州市考古队的诸位朋友。他们热情地引导笔者参观遗址、介绍情况、提供资料,其对南少林研究的执着精神和认真态度,使笔者十分感动。

本文所引用的争论诸方的意见,主要来自下列文章:

1. 福建省文管会福建省博物馆考古队:《莆田林泉院遗址发掘报告》,《福建文博》,1992 年第 2 期。

2. 方金辉:《拂去蒙尘见真迹——莆田南少林遗迹考察始末》,《福建文博》,1992 年第 2 期。

3. 方金辉:《论莆田林泉院即南少林寺》,《福建文博》,1992 年第 2 期。

4. 方金辉:《并非彻头彻尾的武侠故事》,《福建文博》,1992 年第 2 期。

5. 林德荣:《南少林揭秘》打字稿。

6. 曾凡:《关于莆田南少林寺问题》,《福建文博》,1992 年第 2 期。

7. 陈容明:《莆田九莲山南少林寺考》,《福建文博》,1992 年第 2 期。

8. 杨祖煌:《从"僧兵"谈起》,《福建文博》,1992 年第 2 期。

9. 陈泗东:《南少林在泉州》,《泉州南少林研究》,香港华星出版社,1993 年。

10. 陈泗东:《略论南少林》,《泉州南少林研究》,香港华星出版社,1993 年。

11. 陈泗东:《三谈泉州少林寺》,《泉州南少林研究》,香港华星出版社,1993 年。

12. 陈泗东:《为范文澜和德禅大师说几句话》,《泉州南少林研究》,香港华星出版社,1993 年。

13. 林少川:《"南少林"新考》,《泉州南少林研究》,香港华星出版社,1993 年。

14. 林少川:《泉州南少林遗址研究》,《泉州南少林研究》,香港华星出版社,1993 年。

15. 傅金星:《泉州南少林举要》,《泉州南少林研究》,香港华星出版社,1993年。

16. 傅金星:《泉州著名军事理论家武术家赵本学》,《泉州南少林研究》,香港华星出版社,1993年。

17. 曾五岳:《南少林研究》,《泉州南少林研究》,香港华星出版社,1993年。

18. 蔡湘江:《南国雄风:泉州南少林》复印稿。

19. 吴聪伟:《泉州武术的历史与现代》,《泉州南少林研究》,香港华星出版社,1993年。

20. 郑昆明,郑连来:《南北少林同一宗》,《泉州南少林研究》,香港华星出版社,1993年。

21. 周昆民,傅金星:《中国第一部武术专著——剑经》,《泉州南少林研究》,香港华星出版社,1993年。

22. 周昆民:《五祖拳辩》,《泉州南少林研究》,香港华星出版社,1993年。

23. 卢义荣:《五祖拳源流初探》,《泉州南少林研究》,香港华星出版社,1993年。

24. 吕文俊:《五祖拳略述》,《泉州南少林研究》,香港华星出版社,1993年。

25. 郑梦星:《永春少林风——刣狮》,《泉州南少林研究》,香港华星出版社,1993年。

26. 曾谋尧:《漫话"宋江阵"》,《泉州南少林研究》,香港华星出版社,1993年。

27. 郑炳山:《泉州高僧高参对南洋武术的贡献》,《泉州南少林研究》,香港华星出版社,1993年。

28. 陈华光,俞达珠,余长通:《福建少林寺遗址在福清》,《福清文史资料》,1993—1994年第12辑、第13辑。

29. 刘福铸:《福建嵩山少林寺在福清考——兼与罗炤教授商榷》,《福清文史资料》,1993—1994年第12辑、第13辑。

30. 罗炤:《有关泉州少林寺的史料简析》,《福清文史资料》,

1993—1994 年第 12 辑、第 13 辑。

31. 金卯:《东禅寺即南少林寺质疑》,《福清文史资料》,1993—1994 年第 12 辑、第 13 辑。

32. 余长通,陈华光:《林泉院并非南少林寺——初评〈论莆田林泉院即南少林寺〉》,《福清文史资料》,1993—1994 年第 12 辑、第 13 辑。

33. 少林寺遗址考古队:《福清少林院遗址考古调查与发掘的主要收获》,福清少林寺重建委员会《福清少林寺》,福建省地图出版社,1996 年。

34. 余长通:《福清有嵩山,嵩山有少林》,福清少林寺重建委员会《福清少林寺》,福建省地图出版社,1996 年。

35. 陈光华:《少林古桥传千秋》,福清少林寺重建委员会《福清少林寺》,福建省地图出版社,1996 年。

36. 刘福铸:《南北少林本同宗》,福清少林寺重建委员会《福清少林寺》,福建省地图出版社,1996 年。

37. 俞达珠:《福清少林高僧德诚禅师》,福清少林寺重建委员会《福清少林寺》,福建省地图出版社,1996 年。

38. 刘福铸:《玉融诗文多少林》,福清少林寺重建委员会《福清少林寺》,福建省地图出版社,1996 年。

39. 陈茂桐:《南少林寺武术玉融传》,福清少林寺重建委员会《福清少林寺》,福建省地图出版社,1996 年。

40. 林果,朱云斌:《福清少林院遗址与福建南少林》,《福建文博》,1998 年第 2 期。

41. 罗炤:《天地会探源》,《中华工商时报》,1994 年 10 月 19 日起连载。

42. 潘一经,罗炤:《对福建南少林武术历史的考察》,《中华武术》,1995 年第 3 期。

"台独"文化理论评析

一、"文化台独"是"台独"的理论前提和文化基础

"台湾独立建国论"（以下简称"台独论"）是 20 世纪中叶第二次世界大战结束以后,在国际反华势力的挑唆和庇护下,岛内滋生的一股分裂主义势力对自己政治诉求的理论表述。它的发生和发展,有着复杂的历史背景和社会原因。半个多世纪来,"台独"浪潮经历了由岛内避聚岛外,再由岛外涌入岛内,最后通过"选举",以政党形式实现对国民党的政权转替等几个重要阶段。而"文化台独"——即"台独"的分裂主义文化理论,是"台独论"构成的理论前提和文化基础。它是"台独"为实现自己政治诉求而苦心寻找和创造的文化理论,是为政治"台独"梳妆打扮的文化脂粉。二者既互为表里,也互为因果地为分裂行径起着蛊惑人心和铺平道路的作用。因此,"台独"的所谓文化理论,实质是一种适应政治需求而不断虚构和变换的学术谎言和伪装,并无严格意义的学术严肃性和学理性可言。

台湾的主权归属本来并不成为问题。自古以来就属于中国神圣领土之一部分的台湾,是在 1895 年中日甲午战争失败之后,由当时的清朝政府签署不平等的《马关条约》而割让给日本的。第二次世界大战以后,作为战败国的日本,理应把被它殖民占领达半个世纪之久的台湾归还中国,这是在战争结束之前,于 1943 年 11 月 23 日由中美两国领导人签署的《会谈纪要》,1943 年 12 月 1 日由中、美、英三国领导人签署的《开罗宣言》,以及 1945 年 7 月由中、美、英、苏四国领导人签

署的敦促日本无条件投降的《波茨坦公告》一再申明了的。中美的《会谈纪要》认为："日本以武力夺取的东北四省、台湾和澎湖列岛战后必须归还中国。"《开罗宣言》也明确表示："三国之宗旨在剥夺日本自 1914 年第一次世界大战开始以后在太平洋所夺得或占领之一切岛屿，在使日本所窃取于中国之领土，例如满洲、台湾、澎湖列岛等，归还中国。"《波茨坦公告》再次重申："《开罗宣言》之条件必将实施，而日本之主权必将退于本州、北海道、九州、四国及吾人所决定之其他小岛之内。"归还台湾就包括在"《开罗宣言》之条件必将实施"之中。但是，台湾重要的战略地位早已为美国所垂涎。第二次世界大战期间，同意将台澎归还中国的美国，其内部一直存在着一股企图通过"国际托管"而实现对台湾控制、占领的反华势力。因此，在战后错综复杂的国际局势变幻和国际力量重组中，台湾在远东政治地缘中的潜在价值及军事战略地位，越来越为美国所看重，美国绝不轻易放弃它对台湾的梦想。第二次世界大战期间曾经负责培训"托管"台湾人员的美国战后驻台湾首任副领事乔治·柯尔等，就一再散布《开罗宣言》《波茨坦公告》无法律效力，以及台湾归属未定的言论，并于 1946 年夏天片面地进行民意测验，得出所谓"台湾人不愿受中国管而愿受美国管"的荒谬结论。与此同时，在美国军事管制之下的日本当局，也不甘心完全退出台湾，屡有关于满洲、朝鲜、台湾应由公民投票以决定主权归属的声音在国会中出现。1951 年 9 月美国主导的"旧金山和会"就借口中国的政权分歧，拒绝与日本进行长期抗战、并蒙受最大损失的中国出席会议，并蓄意在最后通过的《旧金山和约》中只写明，"日本放弃对台湾及澎湖群岛以及南沙群岛及西沙群岛之一切权利、权利名义与要求"，而不明确写出日本将台湾、澎湖群岛、西沙、南沙主权交还中国；1952 年日本与在台湾的国民党当局签署《中日和平条约》，也延续《旧金山和约》的这一提法，并通过美国逼迫台湾当局接受，从而为后来的"台独"活动埋下一个伏笔。事实上第二次世界大战以后，美国资本已经大量进入台湾，渗入了台湾的电业、糖业、矿业、化肥业等主要工业部门。除经济的进入外，美国在政治和军事上也牢牢控制台湾，使之成为二战时期西方反共反华包围圈的重要一环。这一切都使从大量对台投资中拥有种种特权的美国垄断财团,及以美国为首的西方阵营,怎么也不愿意看到台湾归入共产党阵营之中。正是在冷战格局中受到这些国际反共、反华势力的支持和操纵,台湾一小撮分裂主义分子便开始集结、登场,以"台湾地位未定"的谬论为前提,要求通过"国际托管"和"公民自决",以求脱离中国,独立建国。此后数十年,"台独"分子尽管其组织错综复杂,形势起伏变化,时而纷逃海外,时而涌入岛内,而在海外,又时而以日本为依托,时而以美国做靠山。他们始终在这样的国际势力或明或暗的支持与挑唆中,寻求将台湾从中国分离出去。可以说,没有美、日的背后支持,便不可能有"台独"的存在。

当然,"台独"的出现还有岛内内部的原因。一方面,台湾曾经遭受日本的殖民统治达50年,又在国民党政权退迁台湾以后与大陆对峙迄今半个多世纪。长期的两岸疏隔,以及日本殖民者的奴化教育和国民党政权的反共宣传,使台湾本来鲜明、强烈的祖根意识和祖国观念有所淡化,本土意识逐渐增强并被片面地夸大。它客观上为"台独"分子的恶意宣传和分裂活动,提供了受众和土壤。另一方面是由于国民党政权自身的弊端和政策失误所导致的。二者相互为用,突出表现在以下几个方面:

第一,国民党政权迁台以后,为稳定自己在岛内的统治,长期实行封闭式的高压政策,通过所谓《戒严法》,剥夺了台湾人民基本的民主权利,窒息了新生民主力量的成长;同时又由于国民党政权自身的腐败,在政治上排斥本省人,在经济上实行垄断,徇私利己,贪污成风,使台湾人民最初盼望回归的热情受到打击。这一切都使国民党政权与台湾人民的矛盾日益加深。它很容易为别有用心的人挑动,将统治集团与人民群众的矛盾,扭曲为外省人与本省人的"省籍矛盾",将阶级矛盾歪曲为族群矛盾,把人民群众要求民主、改革的正当呼声,激化为情绪化的"反体制斗争""民族斗争"。

第二,国民党当局对台湾人民在特殊历史境遇中形成的本土文化和本土认同感情,缺乏理解和尊重;对在日据半个世纪中所受到的异质文化的影响,也缺乏谅解和宽容。在扫除殖民文化的过程中,不恰当地把日本殖民统治遗留下的一些影响视为台湾人民的一种"原罪"，甚至连同台湾人民正当的对本土文化的认同感情，也受到牵连和伤害。统治集团在处理族群关系上的强势族群对弱势族群的歧视、支配与压迫，客观上也为"台独"激化和转化矛盾提供了一种借口。

第三，国民党政权退迁台湾之后，始终声称自己拥有整个中国主权的"法统"地位，并以"反攻大陆"来作为自己维持统治的施政出发点。然而，在中华人民共和国成立之后，国民党政权所谓的"法统"地位受到国内外的质疑，而年年叫嚣"反攻大陆"的美梦，实际上早已完全破灭。特别是1971年中华人民共和国恢复了在联合国的合法地位与权利，国民党政权被逐出联合国，随之于1972年出现的中美关系正常化和中日建交，这使支撑台湾政权最重要的两股国际力量，顿然消失大半。在100多个国家与中华人民共和国建交并承认台湾是中国领土一部分，而与台湾当局保持外交关系仅余下20多个小国的政治局势大逆转下，台湾所谓的"国际人格"已丧失殆尽，"国际空间"也大大缩小。它进一步导致了岛内人民对国民党政权"法统"地位和施政能力的极度不信任。在失去了"法统"这一炫目的政治光环之后，国民党政权维持在岛内统治的公信力大大削弱，台湾民众对国民党政权的不满与反抗，便很容易为分裂主义者诱导为一种"独立"的政治诉求。

第四，海峡两岸的长期隔绝，使台湾和祖国大陆成为无论政治体制、经济制度还是意识形态都完全不同。它不仅导致台湾在自己的经济发展中，出现一批不愿使现存体制和社会秩序发生变动，从而让自己权益和地位受到损害的利益集团与社会阶层，同时也在国民党长期的反共教育与宣传中，因为意识形态的明显差异，而导致生活方式、价值观念、道德准则逐渐不同，从而使两岸由政治疏隔和经济疏隔进一步转化为心理疏隔，淡化了人们对原乡的眷恋和祖国观念。在对台湾前途长期不明而失却信心的彷徨中，这种心态也很容易为"台独"所利用，成为"台独"所鼓吹的"台湾命运共同体"的心理基础。

从20世纪50年代开始，"台独"在建构自己"独立建国"理论时，主要是以"台湾法律地位未定"为其逻辑前提，企望通过联合国托管，然后诉诸"民族自决"或"住民自决"，以实现其"独立建国"的梦想。

"台独论"的这个预设的理论框架,首先必须解决"台湾法律地位未定"的逻辑前提能否成立;其次必须为"民族自决"和"住民自决"寻找它的文化依据和法律依据,也就是必须建立"台独"的民族理论和文化理论。关于前者,即"台湾法律地位未定"的逻辑前提,并不存在。一方面,战后台湾及澎湖群岛的主权归属,早已为《开罗宣言》和《波茨坦公告》等公约所明确规定。即使1952年日本与台湾当局签订的《和平条约》故意不写明将台湾主权交还中国,但在同一条约的第四条中,日本承认中日两国在1945年前缔结之一切条约、专约及协定,均因战争结束而无效",其中当然包括1895年割让台湾的《马关条约》。台湾主权归还中国,其法律地位是十分明确的。另一方面,第二次世界大战结束以后,中国作为战胜国接收台湾。在中国派驻台湾的行政长官陈仪给日本前驻台总督安藤利吉的"第一号命令"中,就明确宣布,"本官及本官所指挥部队及行政人员接受台澎列岛地区日本陆海空军及其辅助部队之投降,并接收台澎列岛之领土、人民、治权、军政设施及资产"。而日本前驻台湾总督安藤利吉在接受命令后出具的"受领证"中,也表示对于上述命令及以后一切命令、规定或指示,"均负有完全执行之责任"。可见,中国在战后对台湾的接收,不仅是纯军事性的接收,而且是政治性的接收,包括领土、人民、主权和治权等所有方面。事实上,自1945年日本投降,中国接收台湾以后,即向世界宣布台湾重归中国版图,原有中国国籍的台湾人民,也一律恢复了中国国籍,此一事实已为世界所公认。"台独"分子所肆意制造的"台湾法律地位未定",才是没有法律依据的无稽之谈。

为了实现"民族自决"的梦想,"台独"论者还必须制造一系列"独立"的民族理论和文化理论。因为根据《联合国人权公约》的规定:"所有民族都享有自决权,根据此种权利,自由决定其政治地位及自由从事其经济、社会与文化之发展。"尽管这一公约并不完全为所有国家普遍认可,因为关于"民族自决权"的原则,具有两重性。一方面,它推动了战后风起云涌的民主解放运动与民族独立运动;另一方面,它也可能为帝国主义所利用,变成干涉别国内政、制造民族矛盾、分裂主权国家的工具。因此,国际社会普遍要求对"民族自决权"的行使应规定明确的限度。"台独"论者也力图把自己的"独立"诉求与"民族自决"联系起来，以便获得国际社会的同情和支持。但要实现"民族自决"以求"独立建国"，则首先必须论证有一个独立的"台湾民族"的存在。如果无法证明世界上存在着一个独立的"台湾民族"，就难以把"台独"的政治诉求和"民族自决"的理论联系起来；把分裂主义的背叛行径打扮成一种正义的民族解放运动，通过"民族自决"以实现"台独"便也失去前提而无法成立。这就是"台独"论者始终把建立一套分裂主义的民族理论，作为自己"台独"理论建构的核心而不遗余力的根本原因。

从20世纪50年代最早一批"台独"分子粉墨登场，到20世纪末"台独"势力在岛内兴风作浪，尽管其旗帜和形态不断变换，成员也不断更新，但"台独"把"独立民族"的文化理论作为自己"台独"理论建构的前提和核心的努力，始终未变；制造一个自外于中华民族的独立的"台湾民族"神话，一直是他们努力的目标。为了实现这一目标，他们主要从血统和文化两方面来论证，不惜制造了一大堆理论谎言。

第一，他们认为"台湾民族"在血统上是和汉族不同的一个"单独的民族"。这一论调，较早有战后美国首任驻台副领事乔治·柯尔在他那本《被出卖的台湾》一书中所提出的"混合种"说，后来有林浊水在"台湾意识"论战中提出的与越南人同文同种的"百越民族"下位说，许世楷在《台湾民族之我见》中提出的"政治地理分隔说"，张俊宏和陈隆志从文化上来论证的台湾是不同于中国的"海洋民族"说，以及史明在《台湾人四百年史》中全面从政治、经济、文化、历史、地理等各方面论证台湾已超越了与中国血缘、文化关系的"新兴民族"说。凡此种种，都在于强调台湾是一个"单一的、独立的民族"，以求使"台独"运动变成一个"民族解放运动"的概念。为此甚至有人不惜公开表明，"台湾民族的提法不是人类学提法，人类学上说的是种族问题，台湾民族是政治的提法"。①

第二，他们认为台湾文化不是中国文化。因为中国文化是一种内

---

① 郑节:《台湾时代》,1980年第11期。

陆文化,台湾文化是一种不同于中国文化的海洋文化,它已培育出了一个"新兴民族"——"海洋民族"。①

第三,他们认为"台湾话"不是中国话。"台湾话中的福佬话更近似于越南话(而非近似北京话)。""福佬话有'白话音'、'文言音'之别,许多白话音无法写成汉字,且和目前的越南话同音。"②由于他们把方言作为"民族性"的标志,因此"台独"所有大小聚会,都必须讲"台湾话",这实际上是闽南方言的"台湾话"被提升到台湾"国语"的地位。

第四,他们认为台湾历史不是中国历史,最典型且具规模的是史明长达120万字的《台湾人四百年史》一书。它以"台湾人"为核心来叙述台湾400年的发展史,不仅把中国排斥在台湾历史发展的主体之外,而且把从郑成功驱荷复台到清朝统一台湾和国民党政权撤迁台湾的统治,都描绘成与荷兰、西班牙、日本等一样的"外来殖民政权",使台湾300多年来一直是个"殖民地性的社会"。如一些学者所指出的,它是以"台湾民族论"为预设的前提和立场来截取和诠释历史的,企望通过历史的叙述进一步求证"台湾民族"的存在,其史观,是一种不顾史实只求能够"遂其政治目的"的"工具史观"。

此外,"台独"的分裂主义文化理论还可以列出其他一些论调,但这四个方面是最基本的,其他的一些所谓理论,大部分是由这四个基本观念派生、衍化出来,或是这些观念在文化各个层面的渗透、贯彻和应用。20世纪80年代以后,当"民族自决"的梦想破灭后,一部分"台独"论者又把"民族自决"改为"住民自决",并且相应地赋予它某种新的理论形态,其最典型的是所谓"台湾人命运共同体"说。其所倡言的"命运共同体"只是把原来"台湾民族"的概念,转换成族群的概念,其分裂主义的本质并没有不同。

有鉴于"台独"分子把分裂主义的文化理论作为自己的理论前提

① 张俊宏为许信良《风雨之声》所作的"序言",1977年。
② 林浊水:《〈夏潮论坛〉反"台湾人意识"论的崩解》,《台湾意识论战选集》,台湾前卫出版社,1986年。

和基础,我们对"台独论"的批判,便也首先从对其文化理论的清理和解剖开始。

二、评所谓"台湾人不是中国人"

所谓"台湾人不是中国人""台湾是个单独、唯一的民族",是"台独"论者从一开始就倾注最多精力企图论证的一个基本命题。因为只有这一基本命题成立,才能使"台独"运动与"民族解放运动"挂起钩来,实现"台独分子""独立建国"的梦想。因此,在半个多世纪的发展中,其论说层出不穷,论证也不断花样翻新。总括起来,包含了三个互相关联却又不尽相同的方面:其一是从血统上来论证台湾人是一个单独的民族,既不是汉族,也不包含在中华民族之中;其二是从历史的发展来论证台湾人已经超越了汉族的血缘和文化,成为一个新兴的、独立的民族;其三是从主观意识上来论证台湾人是一个"命运的共同体",以所谓"台湾意识"来作为民族形成的基础。这些所谓的论说和论证,都建立在一个虚构的历史之上,因此无论就其理论本质,还是其论证方法,都是违反科学规律和客观事实的。

在进入本文讨论之前,首先必须弄清"台独"论者所述的"台湾人"所指为何? 一般而言,它指的是明末以来自祖国大陆移民台湾的汉族人口和被泛称为"原住民"或"高山族"的台湾少数民族。后者为一个"单独、唯一的民族"当无异议,而占今日台湾人口80%以上而被称为"台湾人"的汉族人口是不是以一个"单独、唯一的民族"存在,则需要进一步辨析。

什么是民族? 这是需要弄清的理论出发点。1913年,斯大林在分析西方资本主义国家民族状况时,曾提出一个著名的民族定义:"民族是人们在历史上形成的一个有共同语言、共同地域、共同经济生活,以及表现于共同文化上的共同心理素质的稳定的共同体。"①尽管这一定义曾经引起一些讨论,但它所包括的民族形成的重要因素,仍为大家所共认。首先,民族是在历史发展中形成的;其次,民族是在共同地

---

① 《斯大林全集》第2卷,人民出版社,1953年,第294页。

域、共同祖先、共同历史渊源基础上形成的一个稳定的共同体;再次,民族具有在语言、生产方式、文化、风俗习惯,乃至宗教信仰和心理认同等方面的共同特征。因此,斯大林的这个定义,对20世纪的民族研究仍产生了深刻影响,甚至常为"台独"论者所借用。号称"唯物主义"的"台独"理论家史明在其《台湾人四百年史》中,就引用了斯大林这一民族理论而加以肆意歪曲。他把民族形成的因素划分为客观因素、主观因素和历史过程三个方面。客观因素指的是血缘、地缘、语言、文化、经济生活和政治命运等所形成的共同性;而主观因素则指的是一个社会集团内部拥有的区别于其他集团,并关心集团共同利益和前途的共同意识,认为"民族是必定有一定的客观因素的契机并引起主观因素的发生,而在历史过程中才成立的一种社会共同体"。在史明的论述里,所谓"客观因素"又被划分为前期和后期,前期以血缘、地缘为主,后期则以语言、文化、经济生活和政治命运为主。而"在这三个因素之中,对民族的形成最有决定性的是主观因素即共同意识"。[1]

不难看出,史明的这一"民族理论",是各式各样"台湾民族论"言说的基础,带有很大的欺骗性。尽管他披着唯物论的外衣,却难掩其唯心论的本质。林劲在《从〈台湾人四百年史〉析史明的"台湾民族论"》的长文中,指出其理论上明显的错误:第一,将民族的形成分为客观、主观和历史过程三个因素,并认为主观因素是民族形成的决定因素,暴露了其历史唯心论的本质。第二,史明将客观因素划分为前期和后期,前期是自然因素即血缘和地缘起决定作用,这就把"民族"的概念与"氏族""部落"的概念混同起来;后期是社会因素即经济生活和政治命运起决定作用,又把"民族"与"国家""社会"的概念混同起来。第三,史明笼统地把"共同的政治命运"和"经济利益"以及由此产生的"共同意识"作为民族形成的基础是极其荒唐的。因为所谓的"政治命运"和"经济利益",都是有阶级差异的,而所谓的"共同意识",也会因为政治态度和经济利益的不同而出现分野,不能够笼统地

---

[1] 史明:《台湾人四百年史》,台湾蓬岛文化公司,1980年,第580–581页。

将政治命运、经济利益及由此所产生的实际上是部分人的"共同意识"来代替"民族意识"。第四,史明把作为上层建筑的"共同意识"本末倒置地当做民族形成的基础,它必然导致"先有民族主义,而后才产生民族"的逻辑混乱。第五,马克思主义认为,民族是一个历史范畴,是人类社会发展到一定历史阶段的产物,并且将随着阶级和国家的消亡而实现民族的大融合;而史明则把民族看成与"人类创世"俱来的现象,并将随着社会的发展永恒地延续下去。号称"马克思主义"的史明,实际上与马克思主义背道而驰。①

建立在这种唯心史观的"民族理论"基础上的"台湾民族论",同样也是谬误百出。我们不妨摘其要点做一些简略地剖析:

(1)"混合种"说。这是从血缘上来论说台湾人既不是汉族,也不包括在中华民族之中的另一个单独的民族。此说最早出于一贯主张"托管"台湾的战后美国首任驻台副领事乔治·柯尔,他在《被出卖的台湾》一书中认为,台湾人不是汉人,而是中国人和骆族、瓦罗族、印尼人、马来人、西班牙人、荷兰人、英国人、法国人和日本人的混合人种。因此它不能包括在汉族之中,而是一个单独的民族。后来,《台独党纲》的始作俑者林浊水也从另一个角度来论说台湾人在血缘上和汉族的不同。他认为占台湾人口70%以上的福佬人,就血统而言,主要应为百越民族,"并非一般所谓中原南迁的'纯汉族'";而占人口13%左右的客家人,其血统来自畲族的成分不会少于中原汉族,"因此,若上下位概念是由血统起源向下延伸,则福、客,尤其是福佬人,应和越南人同为越族的下位概念,而非汉族"。②

这些企图从血缘关系来论说台湾是一个单独民族的论调,其错误是十分显然的。首先,在理论上是以种族的概念代替民族的概念,因为血缘所决定的只是种族,而不是民族。民族是一个社会学的概念,而种族

① 林劲:《〈从台湾人四百年史〉析史明的"台湾民族论"》,《史明台湾史论的虚构》,台湾人间出版社,1994年,第239—244页。
② 林浊水:《〈夏潮论坛〉反"台湾人意识论"的崩解》,《台湾意识论战选集》,台湾前卫出版社,1988年,第158—159页。

是生物学的概念,二者不能互相替代。一个民族可以包含有血缘不同的几个种族,而一个血缘相同的种族也可以分属几个不同的民族,这是世界民族区分中常见的现象。"血缘主义"的"台湾民族论"在理论前提上本身就是错误的。其次,它也不符合台湾的客观事实。众所周知,自明清以来形成的多次大陆汉族移民,构成了今日台湾社会的人口主体;随同大陆汉族移民携带入台的汉民族文化,构成了今日台湾社会的存在形态和发展基础。这些为"台独"论者人为划分为"本省人"的早期闽粤移民和被称为"外省人"的1949年前后随同国民党政权搬迁而来到台湾的大陆各省籍人士,就其血缘和民族归属上并无区别,其基本构成都是汉族。这也是连许多主张"台独"的人都无法否认的客观事实。诚然,在人类的历史发展中,随着交往的日益频密,会出现不同种族或民族之间的通婚现象。特别如台湾这样在历史上曾经几度遭受到异族侵扰和占据的地区,在台湾的汉族人口和异族通婚(且不论是被迫的还是自愿的)的概率相对会高一些,这是社会发展的正常现象。但这并不意味着与异族通婚的现象存在,就一定会改变一个民族的血统和属性,甚至产生另一个新的民族。是否会出现这种情况取决于两方面因素,一是与异族通婚的人口要占这一民族人口的绝大多数,才会改变一个民族的血统;二是与异族通婚所带来的异质文化,从根本上取代了本民族固有的文化,或者融洽成为另一种新的占据主体地位的文化,才会使一个民族的文化属性发生改变。只要稍微尊重客观事实的人,都知道这两点皆不符合台湾的情况。在台湾的历史发展中,与异族通婚者只占极少数,它所改变的顶多只是极少数个别家庭的血统,而不是整个民族的血统;而这样的家庭,只要还居留在中国的土地上——台湾是其一个部分,便笼罩在中华民族的文化氛围与语境之中,顶多只是吸收了某些异质的文化因素,而无碍于整个民族文化属性和传统的延续。这些都是极其浅显的道理,也是台湾今天的事实。出自帝国主义分子笔下的"混合种"说,是对中华民族的亵渎,也是对台湾同胞的诬蔑,是每个具有民族自尊心和正义感的人所不能容忍的。

至于把台湾人视为"百越民族"的下位,从而将台湾人从汉族中分离开来,如果不是对于中华民族发展史的无知,就是一种别有用心。

著名人类学家林惠祥在《中国民族史》中指出:"汉族之名肇自汉代,非初起之名。且今之汉族,已为复合之民族。除其固有之人民外,尚混有后来加入的四裔民族之成分。"①这"四裔民族"即被称为汉族四大族源的华夏系、东夷系、荆吴系和百越系。这里所说的百越系,是指原居住在中国东南及南方,包括浙江、江西、福建、广东、广西等地区以及越南的古越族。福建人口含有一部分古越族之一支闽越的血统并不奇怪;而主要人口来自闽粤移民的所谓台湾"本省人",其含有某些越族的血统,也是正常的事。因为古越族本来就融入汉族之中,所以无论福建人、广东人,还是移民台湾之后称为"福佬人""客家人",不管它含或不含越族血统,都是汉族的一部分,这也是公认的事实;并不能因为它的部分血统含有百越血统,就笼统地把它定位为属于"越族的下位",而形成一个不同于汉族的"单独的民族"。

(2)所谓"超越说"。这是史明精心设计的一套理论。他的原话是:"经过了三百余年殖民地性的社会发展与反殖民地斗争的结果,到了日据时代,台湾社会与台湾人大体上已超越(克服、扬弃)了这些跟中国相同的血缘、文化关系,并在与中国不同范畴的社会基础上,发展为一个单独的、唯一的台湾民族。"②这段经常为"台独"论者所引用的关于"台湾民族"形成的"经典表述",其错误也是十分明显的。简而言之,它表现在以下几个方面:

首先,它的理论前提是错的。"超越说"建立在前面我们已经指出的史明关于"民族理论"的错误观念基础上,一是混淆了种族和民族的概念,以为"超越"了血缘这一种族关系,便也就超越了民族关系;二是片面夸大了"社会发展"和"主观意识"对民族形成的作用,以为只要有了不同的社会发展,能产生另一种"共同意识",便能"超越(克服、扬弃)"原有的民族关系,形成另一个"单独的民族"。理论前提的错误,其所推导的结论便也只能是"差之毫厘,失之千里"了。

其次,史明对台湾社会的历史发展和性质做了错误的表述和定

① 林惠祥:《中国民族史》上册,商务印书馆,1993年,第45页。
② 史明:《台湾人四百年史》,台湾蓬岛文化公司,1980年,第94页。

位。把300多年台湾的历史,包括郑氏三代对台湾的经营,清政府统一台湾后的200多年统治,以及战后台湾回归祖国和国民党政府搬迁以后对台湾的统治,通通看成与荷兰殖民占领和日本殖民割据一样的"外来殖民政府"的统治,从而把300多年来的台湾社会一概定性为"殖民地性的社会"。这一历史表述和社会定位,暴露了史明颠倒黑白的历史观。因为谁都知道,郑氏驱荷复台是结束荷兰殖民占领,恢复中国对台湾主权的正义之举;而清治台湾200多年,恰是被史明称为"台湾人"的大陆汉族移民定居台湾和台湾与祖国大陆相同的汉族社会形成的200多年。试问,如果没有从明郑至清200多年的大陆移民和对台经营,何来今日的"台湾人"和"台湾社会"?即使是第二次世界大战结束以后国民党政权对台湾的统治,也是索回日本从清政府手中割占的台湾主权。史明的这一论说,把对台湾恢复和实行主权管治说成"外来殖民统治",把清政府、国民党政府对台湾民众的统治与被统治的关系歪曲为殖民与被殖民的关系,把本来界限分明的统治阶级与被统治阶级的阶级问题当做民族问题,由历史表述导致的对台湾社会的定性,便也随着表述者的故意歪曲而性质颠倒了。

第三,片面地强调台湾社会发展的特殊性,夸大台湾与祖国大陆的差异、对立和抗争,从而制造台湾、台湾人与现实的中国、中国人,"在社会上、意识上已成为不同范畴的两个民族集团"。在这里,值得注意的是史明把他前面所说的"台湾民族"换成了"民族集团"的概念,两者是有着根本区别的。因为社会发展的差异,并不是民族产生的前提。更何况,台湾社会的发展在清治200多年中,是沿着与祖国大陆相同的文治社会的方向建构与发展的,虽然地理条件有所差别,但其政治体制、经济结构和文化建制,与大陆社会并无二致,只是在日据半世纪中,才由于日本的殖民占领,中断了与大陆社会的同步发展,但社会构成的文化基础并无根本变化。第二次世界大战结束以后台湾在国民党政权强调"法统"地位的背景下,社会发展的中华文化基础得到了进一步加强,因此所谓的台湾与祖国大陆的差异性、特殊性、主体性,虽然存在,但并不成为社会主导。即使在国民党政权治台的半个世纪中,两岸存在着实际的疏隔和对峙,但这也不能改变两岸同是中国人的这一民族属性。或许正是出于对自己理论虚构的难以自圆其说，史明才把声声强调的"台湾民族"的概念换成实际是属于族群概念的"民族集团"，以便于把台湾人与大陆人的对立、抗争和仇恨极端化，再推导出一个与祖国大陆不同的"台湾民族"来，以实现其"反殖民统治"的"民族解放运动"的政治神话。

（3）所谓"台湾人命运共同体说"。此说是在"台湾民族论"逐渐沉落之后，"台独"论者企图以"命运共同体"的说法，来修正、补充和代替漏洞百出的"台湾民族论"，以求用社会学的概念来实现民族学概念所未能达到的政治目的。它最早出现于 1981 年 4 月彭明敏、黄有人、郑节、许信良等人在美国费城召开的政治座谈会和同乡座谈会上。其主要论点是："台湾人虽然与大陆人同文同种，却早已不属一个共同的经济实体。而共同的经济利益比共同的语言和种族来得重要。"这是一个"具有特定时空意义的华人——'台华'"。他们有一种认同台湾、归属台湾的情结，凡事首先为台湾命运着想的"台湾意识"。"它把台湾凝结成一个'命运共同体'。而这种'共同命运'的意识才是构成民族国家的基础。"①后来由《被出卖的台湾》一书的作者乔治·柯尔笔录、出版的彭明敏的回忆录《自由的滋味》，再次鼓吹这种"共同命运意识"的论调，认为实现台湾"建国的基础，不在于种族、文化、宗教或语言，而是在于共同命运的意识和共同利益的信念"。② 这一论调很快为其"台独"后继者所接受，他们进一步把"共同命运归属感"的"台湾意识"，放在"共同反共"的意识形态背景下，说"台湾面临中共政权强大的威胁和压力之下，台湾住民自然形成台湾岛命运共同体的台湾意识"，以求弥合"本省人"和"外省人"的省籍矛盾。台湾前民进党主席谢长廷在《新的台湾意识和新的台湾文化》一文中就认为："在强化台湾住民的抵抗本能和自卫观念，形成彼此命运一体、息息相关的共同意识，此种住民意识，与省籍意识不同，我们可以称为新的台湾意识或'台湾岛命运共同体的意识'。"与民进党异曲同工的是李登

① 黄嘉树：《台湾能独立吗——透视台独》，南海出版公司，1994 年，第 218－219 页。
② 彭明敏：《自由的滋味》，台湾出版社，1986 年，第 87－88 页。

辉还在国民党"主席"位上提出的"新台湾人主义",充分暴露了李氏的"台独"本质。"新台湾人"的概念最早是由新党成员杨泰顺提出的,意在从文化层面和心理建设上摒弃"旧台湾人"好勇斗狠、重利轻义、悲情心态、为乡不为国、情理法失衡等不良心理,将"旧台湾人"的岛屿性格提升为"新台湾人"包容开放的海洋性格。而李登辉在1998年提出的"新台湾人主义",却重在政治层面上,对内在弥合省籍矛盾的同时,强调"新台湾人主义"是"作为一个生命共同体的身份认同",对外则是以"新台湾人主义"作为确立台湾是一个"国家"的政治认同的口号。它实际上又和彭明敏等新老"台独"论者所鼓吹的以"台湾命运共同体"为基础来建构台湾"新国家"走到一起。

和史明的"台湾民族论"一样,所谓"台湾人生命共同体"也是一种理论的虚构,它建立在两个基础上,其一是共同的经济实体和经济利益,其二是共同命运归属感的"台湾意识"。

第一,台湾是一个以私有制为基础的多元化社会,社会内部是按照人们在社会生产关系中所处的地位的不同而被划分为不同的阶级和阶层的。因此,台湾作为一个阶级社会,并不存在一个包括全体台湾人在内的以共同经济利益为前提的经济共同体;相反的,阶级、阶级利益和阶级矛盾,倒是一个客观存在的事实,这一客观存在把台湾划分为有着不同经济利益的不同阶级和阶层的经济实体。"命运共同体说"和史明的"台湾民族论"异曲同工,同样是否定了社会结构中阶级和阶层的存在,抹杀了阶级的界限,把阶级和阶层大而化之,变成一个并不存在的、包括全体台湾人在内的、具有共同经济利益为前提的"准民族"的概念。

第二,所谓"台湾意识",必须一分为二地进行分析。一方面,台湾作为一个移民社会,在向定居社会转型的过程中会产生对本土社会和本土文化的认同感和归属感,这是正常的。而所谓"本土社会"和"本土文化",其实质是汉族移民定居台湾以中原文化为基础建构的社会,是中原文化播迁台湾之后具有某些地域特征的亚文化。因此,在这个意义上,所谓"台湾意识"是以"中国意识"为内容和背景的。在日据时期,"台湾意识"曾经作为中华民族的民族意识,在对抗着日本殖民统治所推行的"皇民意识"等方面,起着积极的作用。但是,另一方面,今天"台独"论者所鼓吹的"台湾意识",是以"中国意识"为对立面的,所起的却是分族裂国的作用,其实质是一种"分裂意识"。究竟有没有这样一种以分裂祖国为目标的全体台湾人的"共同意识"存在呢?今日台湾尖锐存在的"统""独"分野和斗争,就说明它只是一部分分裂主义分子的"共同意识",而不是全体台湾人的"共同意识"。对台湾这块土地的"认同感"和"归属感",本来是一种正常的乡土感情,但"认同"和"归属"乡土,并不等于就要叛祖裂国,二者并无必然的逻辑关系。"台独"论者利用这一迷人口号而偷换概念,进行错误推导,将"认同"和"归属"视为一个"命运共同体",进而将其作为"构成民族国家的基础",其理论推导虽然偷偷摸摸,其政治野心却是暴露无遗。

第三,所谓"新台湾人",本身就是一个可以作多种解释的模糊概念。它既可以从文化层面上,作"新"与"旧"的解释,也可以在本身认同上缓解省籍矛盾,还可以以国家认同为目标,突出"新台湾人"作为台湾"独立建国"的基础。如果说前两个解释有它的合理成分,第三个解释,即李登辉的"新台湾人主义",则明显已经滑向"台独"的立场,以之来沟通"台独"论者提出的所谓"台湾人生命共同体"和"共同命运归属感"的"台湾意识"。正如郭正亮所一针见血指出的,"新台湾人主义"的底蕴和精髓,是企图通过"新台湾人主义"的演绎,使台湾人民脱离中华民族的身份,变为"不是中国人"的"新台湾人",重构"台湾民族"和"新兴的台湾民族主义",以对抗"中华民族主义",使台湾成为独立于大陆之外的拥有主权的"实体台湾",其要害,仍是通过建构"台湾民族"来实现"独立建国"。然而与"台湾民族论"一样,"新台湾人主义"同样也不能成为民族建构的依据。"新台湾人"充其量只是一个族群的概念。时间的发展,可能在文化上使一定的族群获得某些新的内涵,但却不能从根本上改变族群的民族属性。正如不能以族群代替民族,同样,更不能以族群的新或旧来作为民族划分的标准。李登辉企图以"新台湾人"作为"新台湾国"的"国家认定"和"国籍认同"的基础,正好暴露了他谋取"台独"的战略野心。

台湾人民无论是福佬、客家还是其他省籍的人士,也无论是汉族还是其他兄弟民族,都是中华民族的一分子,也都是中国人,这是悠长的历史所形成的,并不是随便一些毫无学理依据的荒谬言说可以轻易改变的。

三、评所谓"台湾文化不是中国文化"

台湾文化和福建文化一样,都是中华文化中汉民族文化的一种区域性体现,这是由台湾移民社会形成的历史所决定的。自 17 世纪中叶到 19 世纪末,持续 200 多年的来自闽粤的大陆汉族移民,构成了台湾社会的人口主体,并以其所传承的以闽南和客家地域形态为特征的汉民族文化,奠立了台湾社会的基本形态和发展基础,与台湾固有的少数民族文化一起,成为中华民族文化的一个组成部分,这是谁也无法否认的客观事实。当然,台湾文化作为一种移民社会的文化,必然会在新土的自然与人文环境中发展出某些与自己母体文化不尽相同的新特征,但这些从自己母体文化发展逻辑上派生出来的差异性特征,并不能改变从属于自己母体文化的本质属性,也正是这些差异性的存在,具有区域特征的地方性文化,才构成中华文化的博大、丰富和多彩。这也是文化发展普遍存在的客观规律与事实。

然而,"台独"论者要从文化上来为台湾"独立建国"制造舆论,就必须从根本上否认台湾文化的中国属性。而要完全否认自己移民社会的中国文化属性,是不可能的;其最通常的手段只有夸大移民文化与自己母体文化的差异性特征,从而把自己从母体文化中分离出来。"台独"的分裂主义文化理论便是如此。其说法种种,这里选择较具代表性的三种理论,分别予以剖析。

其一是史明的台湾文化"超越说"。这是史明在《台湾人四百年史》中的一个重要论点。他说:"经过了三百余年殖民地性的社会发展与反殖民斗争的结果,到了日据时代,台湾社会与台湾人大体上已超越(克服、扬弃)了这些跟中国相同的血缘、文化关系,并在与中国不同范畴的社会基础上,发展为一个单独、唯一的台湾民族。这点皆有目共睹。"①对史明的这段"经典表述",前面我们曾从血缘方面进行反驳,下面再就文化的"超越"进行一些分析。在这里,要"超越",就必须承认台湾文化是源自中国,是中国文化的一个部分。这是史明无法绕过的事实。然而,既不得不承认台湾文化与中国文化的关系,又要"超越"这种关系,这就使史明这段经常被许多"台独"论者所引用的"经典表述"充满了许多理论黑洞。

首先,如前面我们已经指出的,它奠立在一个错误的前提上,即认为台湾300多年的历史,都是被殖民的历史,300多年的台湾社会是"殖民地性质的社会"。因为只有把包括郑成功、清朝政府和国民党迁台政权都打成与荷兰、西班牙、日本一样的"外来殖民政权",才能由"殖民地性质的社会"推导出奠基台湾社会的中华文化是"外来的殖民文化",他的"超越跟中国相同的血缘、文化关系"才能成立。前提错了,他推导的这个结果当然也就落空。其次,史明认为,台湾"超越跟中国相同的血缘、文化关系"是在"日据时代"。这就让人奇怪,恰是台湾人民反抗殖民统治最激烈的年代,倒成了台湾"超越跟中国相同的血缘、文化关系"的年代。我们知道血缘要"超越",只有一种可能:混血。史明认为日据时代是台湾超越与中国血缘关系的时代,那实际上就是说在日据时代占台湾人口90%以上的汉族血统,已和日本大和民族混血,变成了超越中国血缘的"混合种",即"杂种"了。这种背祖叛宗的话,有什么根据呢? 同样,在日据时代日本殖民者强制推行的文化同化政策中,台湾人民正是以中华民族文化作为反抗的武器,使中华文化在台湾得到保存、延续和发展的。尽管在当时的情况下,不能讲民族,只好讲乡土,但这个乡土是以中华民族文化为内涵的,乡土是其外在的形,而民族是其内涵的质,这个逻辑关系是十分清楚的。虽然秉持殖民政治、军事和经济力量的"皇民化"运动,曾给台湾文化的发展留下严重的伤害和影响,但并未改变台湾文化的中华民族属性,这正是台湾人民反殖民斗争的骄傲。认为在日据时代台湾文化超越了与中国的关系,同"超越血缘说"一样,都是为"台湾民族论"

---

① 史明:《台湾人四百年史》,台湾蓬岛文化公司,1980年,第94页。

寻找依据,通过文化"超越"来论证"民族"的超越,其政治意图十分明显。"超越"说之不能成立,使史明认为"有目共睹"的"台湾民族"的存在成为一个"有目共睹"的神话和谎言。

其二是所谓"混合文化说"。此理论认为"台湾文化的要素是多元的"。它糅合了荷兰文化、日本文化、台湾少数民族文化、汉文化、西洋文化,中华文化是台湾文化的一部分。首先,文化形成的多元性要素和文化发展的多元化影响是不同的两个概念。文化形成要素是指文化构成的因素,决定着文化的性质和特征;而文化发展的多元化则指文化在形成了自己的本质属性和特征以后,随着时代的变迁和文化交流的影响,在合乎自身本质属性的逻辑发展中呈现出多样化的形态。但无论文化要素的多元性,还是文化发展的多元化,它们之间的关系都不是平等并列的。形成文化的要素可能来自不同方面,但必然会有一个是居于主体地位,在融摄和综合其他文化要素中起着主导作用,并决定这一文化的基本属性和特征,呈现出文化的独特风貌的。文化发展的多元化也是一样,是以"我"为主的,沿着自身的发展逻辑,适应时代变迁和文化发展的需要,呈现出多样化的形态的。次要文化因素不能等同或并列于主要文化因素,客体文化也不能代替主体文化。就台湾的情况分析,汉民族文化是台湾文化形成的主体因素,它和台湾少数民族文化一道构成了台湾社会发展的中华民族文化基础。而所谓荷兰文化、日本文化、西洋文化,等等,都只是在台湾社会的特殊历史境遇中,侵扰和冲击以中华民族文化为基础的台湾社会文化的异质文化。它可能影响台湾文化发展的存在形态,而不是决定台湾文化的性质,这是首先必须区别清楚的。这也是"混合文化说"把文化影响当做文化要素的一个理论盲点。其次,这些伴随东、西方殖民者而来的异质文化,对台湾文化的影响也只是局部的、有时限性的,从来未曾改变过台湾文化的中华民族文化属性。比如荷兰文化和西班牙文化,只是在他们侵据台湾的很短时间里,通过基督教和天主教文化对被他们占领的部分台湾少数民族产生过一些影响,而对后来形成的台湾汉族社会,基本上不发生作用。又如日本文化是日本殖民者据台时期带来的。殖民当局企望通过强制推行日本文化来主导和改造台湾社会,使台湾不仅在政治上归属日本,经济上成为日本原料基地,文化上也完全纳入日本体系。因此,在这一特定历史时期,日本文化可以说是台湾社会殖民统治集团的主导文化,但台湾社会的人口主体和文化主体是汉族和汉民族文化。统治集团的主导文化并没有能够完全成为台湾社会的主体文化。这一时期台湾殖民与反殖民斗争的很重要的一个方面,就表现为主导文化与主体文化,即殖民统治集团主导的、用以改造台湾社会的日本文化和台湾社会广大民众固有的、作为社会基础和文化主体的中华文化的矛盾。虽然它一定程度地影响了台湾文化在这一时期的存在形态,并且留下深远影响;但即使如此,也未能从根本上撼动台湾的中华民族文化基础,这也是有目共睹的事实。这一切正如著名的台湾问题专家陈孔立所批评的:"这些说法是把不同文化等同地并列起来,貌似客观、公正,其目的显然是有意不分主次,企图削弱主体文化的地位。"①

其三是所谓"海洋文化"说。这是"台独"论者坚持最多,也自以为最有创意的一种理论。他们认为中国是一个内陆型的地区,而台湾四面环海,是个海洋型的地区。因此,中国文化是一种大陆型文化,其属性是阴柔的、缓慢的、复杂的、狠辣的、幽暗的、内敛的;而台湾"已经发展出了独特性格的海洋文化传统",其属性是进取的、单纯的、爽朗的、阳刚的、活泼的、明快的、开放的。正是因为"台湾已经发展出独特性格的海洋文化传统",所以台湾人民虽然与中国人有血缘关系,但已成为一个"新兴的民族","当2001年到来之前,台湾将成为一个人口稠密、商业经济发达、民主阵容强大、自由开放的海洋国家"。②

关于海洋文化和大陆文化的界分学说源自黑格尔的《历史哲学》。当黑格尔从人类在三种自然环境的不同生存状态,即高原地区、大河流域和海岸区域,来说明人类文明起源和发展的三种类型时,其对人

---

① 陈孔立:《台湾"去中国化"的文化动向》,《台湾研究集刊》,厦门大学台湾研究所,2001年第3期。
② 张俊宏为许信良《风雨之声》所作的序,转引自黄嘉树《台湾能独立吗——透视台独》,南海出版公司,1994年,第207-208页。

类文明起源的划分,特别是对海岸区域的商业文明给予人类社会发展深远影响的论述,有着深刻的合理内核。它作为一种历史哲学,深刻影响了后来者的研究。但正如许多学者所指出的,黑格尔这一理论也存在着的环境决定论和欧洲中心论的弊端,而常为学术界所质疑。尤其他以欧洲为中心看世界,把孕育自海洋文化的西方文明,看做一种动的、冒险的、扩张的、开放的、斗争的文化;而孕育自大陆的东方文明,虽是人类文明的起源,则如日薄西山一样,是一种静的、保守的、苟安的、封闭的、忍耐的文化。这就为后来所有歧视、贬损东方文化的论者提供了理论资源和背景。"台独"的"海洋文化"说,也是以此作为他们的理论出发点。然而,"台独"论者的"海洋文化"说,不仅如黑格尔一样常常陷入自身的悖论之中,而且从根本上背离了台湾的历史与现实。

首先,中国并不仅仅是一个内陆国家。中国不仅有广袤的陆地,还有漫长的海岸线。按照黑格尔的划分,海洋文化也是中国文化的一个组成部分。这点已为台湾许多著名的学者所指出,如陈昭南在为1984年出版的《中国海洋发展史论文集》所作的"引言"中说:"中国不仅只是一个大陆国家,也是一个海洋国家。""今日台湾乃是中国的海洋发展所造成的历史事实。"① 余英时在为1982年出版的《发现台湾》所作的"序言"中也认为,从16世纪以来"中国已不仅是一个内陆农业的文明秩序,另一个海洋中国也开始出现了",它"是从中国文化的长期演进中孕育出来的"。② 李亦园亦在《中国海洋发展史论文集》的"序言"中,把中国的海洋发展从地理区域上划为三个部分:"首先是作为海外发展基地的沿海地区,其次是沿海的岛屿,包括台湾和海南岛,再次是非本地的海外地区。"③ 这些都说明仅仅把中国看成一个内陆国家是片面的,中国文化也包含着海洋文化。

① 陈昭南:《中国海洋发展史论文集》,台湾"中研院"三民所,1984年,引言。
② 余英时:《海洋中国的尖端——台湾》,《发现台湾》,台湾天下杂志出版社,1992年,序言。
③ 李亦园:《中国海洋发展史论文集》,台湾"中研院"三民所,1984年,序。

其次，台湾因为地理环境上的四面环海，孕育了海洋文化的发展，但台湾文化有着更为丰富和复杂的构成，其主体部分是传承自祖国大陆的汉民族文化，按照黑格尔的划分，也是一种"大陆文化"。最早居住台湾的先住民并没有因为四面环海而发展了具有现代意义的海洋文化。只是到了17世纪以后，大陆沿海地区的海上贸易日趋活跃，并向附近岛屿发展，至郑氏父子，如余英时所指出的，其依靠海上商业力量建立的政权，"象征了现代海洋中国的开始"。因此，如果说台湾具有现代意义的海洋文化是从郑氏父子以台湾为据点的海上商业活动开始的，那么它恰是孕育自祖国大陆沿海地区的海洋文化向台湾的延伸。所以，余英时说："海洋中国是从中国文化的长期演进中孕育出来的。"陈昭南也认为："今日台湾乃是中国向海洋发展所造成的历史事实。"台湾四面环海的地理环境，并不是直接孕育台湾"海洋文化"的决定因素。

再次，所谓"大陆文化"或"海洋文化"，只是一种文化类型的划分，并不决定文化的高低、先进或落后。事实上，就在被称为"海洋文化"的欧洲，黑格尔的祖国德国并不是海洋国家，而是一个内陆国家。但这并不影响其拥有先进、发达的科技与文化；相反的，在拉丁美洲和非洲的一些海岸和海岛国家，其经济、文化的发展之迟缓则是有目共睹的。可见，海洋环境以及由此而发生的"海洋文化"，并不是社会发展和文化进步的决定因素。文化的先进与落后，是由社会更多方面的因素决定的。中国被视为一个大陆国家，中国文化在历史上的辉煌创造是世界所公认的。中国不仅是世界四大文明的发源地之一，而且是最具有生命力的一种文明。在古埃及文明、古印度文明和巴比伦文明相继衰落之后，唯有中国文明仍在现代世界葆有深广的影响力和充沛的生命力。世上事物都具有两重性，诬称中国文化落后，是一种阴柔、缓慢、复杂、狠辣、幽暗、内敛的文化，如果指的是曾经统治中国2000多年的封建文化，那也只是封建文化的负面糟粕，封建时代的文化也有其灿烂光辉的精华一面，否则中国社会就不可能长期延续并获得新生，同时以其文化影响了今日世界的存在和发展。台湾文化在历史上是接受中原文化的传承，并被纳入中华文化的体系之中的，其所接受的传统文化,同样也有着精华与糟粕的两面。对中国文化的片面歪曲,实际上也是对台湾文化的片面歪曲。如果"台独"论者对中国文化的诬称,指的是现代文化,那么,现代中国已经在批判地继承传统文化的基础上发展出新型的现代文化了。它的开放和进取,已为今天社会的进步、发展所证明。而在台湾,今天社会存在的诸种问题,恰恰是它文化复杂的另外一面,即狭隘性、功利性、无序性等的体现。把台湾文化说成一种"海洋文化",又把"海洋文化"抬到无比的高度,用以蔑称大陆文化,即"台独"论者口中的中国,其目的只有一个,就是制造一个"台湾文化 = 海洋文化 = 海洋民族 = 海洋国家"的逻辑谎言,来与中国和中国文化对立,以求从中国和中国文化中分离出去。

四、评所谓"台湾话不是中国话"

民族共同语言是民族形成的重要条件和特征之一。中华民族在漫长的历史发展中,形成了以北京话为标准音的汉语标准语作为民族的共同语言,这是历史选择的结果。"台独"论者企图把台湾方言从中国话中分离出去,否认台湾方言是汉语方言系统中的一个次方言,把台湾方言与中国话对立起来,把台湾方言说成是与中国话、日本话一样的独立的语言,以此来搭构他们所谓的"台湾民族"的神话。"台独"论者在语言问题上的发难,其政治目的是十分清楚的。

这一论调随着"台独"浪潮的起伏而波荡全岛,特别自 20 世纪 80 年代以来,愈演愈烈。虽然说法纷纭、互相矛盾,其主要论调大致可以概括为如下三个方面:

第一,认为台湾方言更近似越南语,不是中国话,这一观点是由"台独联盟"的许世楷提出的。他以台湾方言中的福佬话更近似越南话(而非近似北京话)①为由,把台湾方言从汉语中分离出去。民进党《台独党纲》的始作俑者林浊水进一步发挥这一观点,认为"福佬话有'白话音'、'文言音'之别,许多白话音无法写成汉字,且和目前的越

---

① 许世楷:《台湾民族之我见》,《台湾公论报》,1982 年 10 月 8 日。

南话同音"。① 他由语言进一步推论台湾现住民中 70% 的福佬人和 13% 左右的客家人,"其血统应和越南人同为越族的下位概念,而非汉族"。

第二,认为台湾方言"绝不等同于福建话"。曾筹组"台湾革命党"并任"建党委员会"召集人的洪哲胜在《台语发展史巡礼》一文中,虽然无法否认台湾话"是以福建话为主干发展出来的",但他强调,台湾"三四百年的独特历史吸收并发展了自己的丰富的内容","台语当中已经有很多成分是原来,甚至当今的福建话所没有的"。因此他反对把台湾 3/4 人口使用的语言叫做"台湾福建话",而主张直接称为"台语";并且认为把台湾方言称作闽南话,"不但犯了把台语和福建话等同起来的错误,而且是对操用这种语言的人一种歧视"。②

第三,人为制造国语与"台语"的对立。认为"这个国语的概念,本来就是站在沙文主义上的","过去日据时期台湾总督府所施行的国语政策如此,现在国民政府所推行的国语政策还是如此"。③ 后来的叶石涛、彭瑞金、陈芳明等在论述台湾文学的本土化时进一步发挥这一论调,危言耸听地诬蔑汉语标准语的推行是"外来统治民族强压的语言政策所导致的结果","统治者用政治力量来宰制文学及民众的日常语言,是最法西斯的强暴手段"。④ "国民政府在台湾'不仅继承'了'甚至还予以系统化、制度化'了'日本殖民者对台湾内部语言文化进行高压制与排斥'的'荒谬的国语政策'。依赖这个'国语政策',中国的'强势的中原文化'才能透过宣传媒体、教育制度与警察机构等等管道而建立了霸权论述。"⑤

第四,他们主张把"由政治上引起的反抗意识反映到语言的层次

① 林浊水:《〈夏潮论坛〉反"台湾人意识论"的崩解》,《台湾意识论战选集》,台湾前卫出版社,1988 年,第 159 页。
② 洪哲胜:《台语发展史巡礼》,《台湾与世界》,1983 年,第 1 期、第 2 期。
③ 胡不归:《读〈台湾语言问题论集〉有感》,《台湾与世界》,1984 年,第 3 期。
④ 叶石涛:《新旧文学论争与张我军》,《台湾新闻报》。
⑤ 陈芳明:《马克思主义有那么严重吗》,《联合文学》,2000 年第 190 期。

上来",通过"台语书面化运动"进行所谓"文化对抗"。① 在"台语书面化运动"的基础上,鼓吹把用"台语"写作的方言文学,提升为"台语文学",并认为只有"台语文学"才是"台湾文学",力图赋予它"国家主义文学"的性质。

对于"台独"利用语言进行分裂活动的谬论,台湾人间出版社出版的《思想与创作丛刊》2001年秋季号,曾发表童伊的文章《文化台独把"语言"当"稻草",荒谬!》从学理上对上述谬论进行了深入的批评。

首先,什么是"台湾话"? 这本来是十分明了的问题,"台湾话"或"台语",就是通行在台湾地区的汉语地方方言。目前通行于台湾的地方方言,不计部分台湾少数民族的语言(那是少数民族的民族语),主要是占台湾人口70%以上的福佬人所使用的福佬话和占台湾人口13%左右的客家人所使用的客家话,以及少数零散的全国各省区的地方方言。不过,由于福佬人的人口强势,福佬话已经进入客家人聚居的地区,也为大多数客家人和其他外省籍人士所通用。因此在"台独"论者的笔下,所谓"台湾话"或"台语",实际上指的就是福佬话。那么,什么是福佬话呢? 其实它就是自17世纪中叶以来随同以福建泉、漳二府为主的移民进入台湾而带来的闽南话。由于福建人口主要是历史上从中原河洛一带南迁入闽的,福佬人有时以音谐义近也被称为河洛人,福佬话也被叫做河洛话,二者所指都是闽南话。据童伊文章所引,福佬一词在唐代已经出现,并作为对闽方言的一种称谓。台湾话即福佬话,亦即闽南话,这是无论历史还是现实,都证实了的事实,连"台独"论者都无法否认。所以最早鼓吹"台语运动"的洪哲胜,一方面,要把"台语"从福建话中分离出来;另一方面,也不得不承认:"台语当中,从中国福建跟随汉人移民横洋过海移植来台湾的语言成分,至今仍然是构成台语的主干。"②

福佬话就是闽南话,或者说就是在台湾使用的闽南话。但闽南话并不是一种独立的民族语言,它只是汉语的一个次方言。民族的共同

① 邱文宗:《关于台语书面化的一些情况》,《台湾与世界》,1983年第3期。
② 洪哲胜:《台语发展史巡礼》,《台湾与世界》,1983年,第1期、第2期。

语言,作为民族形成的重要条件和特征之一,是随着民族的形成而形成、发展而发展的。它的基本运动方式呈现为分化和整合两种趋向。一方面,随着社会的分化,人口的迁徙,民族的交流,山川地理的阻隔,以及语言内部各种矛盾不平衡的发展,共同的民族语言会分出通行于不同地区的地方方言,这是语言的分化运动所存在的普遍现象。考察数千年延续至今的汉语方言谱系,可以看到,在漫长的历史进程中出现了七大方言子系,即北方方言、吴方言、湘方言、赣方言、粤方言、闽方言和客家方言。其中,闽方言是汉语方言谱系中最为复杂的一支。其内部还可划分为五个次方言,即闽北次方言、闽东次方言、闽南次方言、闽中次方言和莆仙次方言。由此可见,闽南话只是汉语方言谱系中从属于闽方言的一种次方言,是民族共同语下属第三梯级的一脉支裔。

闽南次方言的通行地区相当广。除了在福建,覆盖了以厦门、泉州、漳州为中心的"闽南金三角"24个县市以外,还向西南延伸到广东东部的潮汕地区和海南岛某些县区,向北进入浙江南部的温州地区,向东则隔海传入台湾岛,同时还散见于江苏、江西、广西、四川等省。在全国海岸线上,闽方言区约占1/3,并且还随着闽南的海外移民,播散到世界各地,成为海外华侨华人社区的主要方言之一。由于地理阻隔和社会发展的多方面原因,闽南次方言还可划分为若干个小方言片,以厦门话为代表的闽南地区为一个小方言片,而潮州话和文昌话分别代表广东东部的小方言片和海南岛的小方言片,温州话则代表浙江南部的小方言片。通行于台湾全岛的闽南话直接来自历史上的泉漳移民,与闽南的小方言片并无太大差别,属于同一个小方言片。由此可见,台湾方言是在民族共同语言运动中分化出来的,隶属于闽方言之一的闽南次方言,并与厦、泉、漳同属一个小方言片的汉语方言。

那么,通行于台湾的闽南次方言,在经历了两三百年的发展以后,是否如某些"台独"论者所宣称的发生了根本的变化,发展了自己丰富的内容和新的成分,以致成为另外一种不同于闽南话的语言了呢?事实并非如此。语言学告诉我们,同一种语言或方言在不同地区的流传,会由于社会历史条件的不同而出现一些差异,这些差异主要表现在语音和词汇两个方面。我们可以从这两方面来考察所谓台湾闽南话和福建闽南话的差别究竟有多大。根据厦门大学教授周长楫的研究,台湾闽南话与福建闽南话在语音方面的差别,主要是它的"漳泉滥"现象("滥"是闽南方言,意即掺和、混杂),而不是新语音的出现。①这是由于漳州和泉州的移民,到了台湾以后混杂居住或互相通婚的原因,以致他们所说的家乡母语,无论是漳州音还是泉州音,都不是纯粹的漳州音或泉州音,而是在漳州音中夹杂有泉州音、厦门音,在泉州音中夹杂有漳州音、厦门音。周长楫教授引用台湾杨秀芳教授所著的《台湾闽南语语法稿》(大安出版社,1991 年)所提供的资料,列表说明台湾的台北地区(韵母读音属泉州音,下简写为"泉")、汐止地区(泉)、澎湖地区(泉)、安平地区(泉)、中部沿海地区(泉)、台南市区(其韵母读音属漳州音,下简写为"漳")、台中市区(漳)、宜兰地区(漳)、云林地区(漳)等八个地区漳泉语音混杂的现象和规律。这种"漳泉滥"的语音混杂现象,并非台湾所独有,在闽南厦、漳、泉三地的某些地区也一样存在,它并没有超出闽南话的语音系统。因此,它不是不同于闽南话的另一种语言。

台湾闽南话与福建闽南话的另一个微小的差异是词汇。周长楫教授在他的论文中以福建出版的闽南话词典和台湾出版的"台语"(台湾闽南话)词典进行比较,从统计中得出结论,台湾闽南话词语中,90% 以上是和福建闽南话一样的,而存在殊异的词语成分总数不到10%。这些殊异的词语成分,一类是由于地理历史条件和生活环境的不同所产生的。如福建闽南话叫"乡社",台湾闽南话叫"庄脚";福建闽南话叫"五脚记",台湾闽南话叫"亭仔脚";福建闽南话叫"针车",台湾闽南话叫"衫车"等。另一类则主要是吸收外来语的不同。福建很早就有华侨到东南亚,而且来往频密,所以福建闽南话吸收的外来语大部分是马来语、印尼语;而台湾因为日据时期的统治,外来语多从日语中吸收。但即使这样,其外来语数量在词汇总量中所占比重也不大。根据台湾许极炖编写的《常用汉字台语词典》的附录统计,台湾闽

---

① 周长楫:《略说台湾闽南话》,《首届海峡两岸闽南文化学术研讨会论文汇编》,2001 年。

南话中的日语外来语约 400 多条,占该书所收的闽南话词条不到 5%,而这 400 多条日语外来语中,不少是专业性很强的行业性用语,还有一些是已经过时了的历史性词语,能为人们熟悉并在日常生活中使用的外来语词条不过六七十条,只占整个台湾闽南话词语总量的 0.5% 左右。

由此可见,不论从语音还是从词汇看,被"台独"论者描绘得神乎其神的、在"这个美丽岛屿的独特风俗上""发展了自己丰富内容",增添了许多"瑰丽成分"的"台语"——台湾闽南话,与福建闽南话并无多大差别。它没有,也不可能发展成为另一个独立的"台湾民族"的独立的民族语言。无论是以一个虚构的"台湾民族"来证明它语言的独立存在,还是以一个同样虚构的民族语言来证明"台湾民族"的独立存在,都是一种政治神话。

民族共同语言的另一个基本的运动方式是整合。语言运动的分化造成方言的殊异纷纭,不利于民族的团结、交流与共同发展,于是便出现了在某种方言基础上形成统一的标准语的整合要求。这种标准语,有它口头的语音,也有书面的文字,成为统一的民族内部必须遵循的标准和规范。它的形成,不是人为的偶然的结果,而是在民族的长期发展中,由政治、经济、文化、社会的诸种因素所选择和决定的。标准语的存在,对于民族的团结和统一,民族文化的保存和传承,民族内部的交流与发展,具有不可低估的意义。因此,任何一个统一的民族国家,其统治集团都会把标准语的推行作为维护民族团结与统一,促进民族共同发展的一项基本国策来加以施行,全世界所有民族国家都是这样做的。汉语的标准语是以北方方言为基础,以北京音为标准音的,这也是在汉民族漫长的发展中由历史所选择和决定的。因此,汉语的标准语,也被称为国语。它最早由王照在 1903 年重印《官话合声字母》中提出来,并为后来的国民政府所接受,成为汉语标准语的通名。1949 年以后,随着国民党政府迁台,国语的通名继续在台湾使用,而在大陆则以普通话名之。在海外,也有人把它称为汉语、华语。国民党政府在台湾推行国语的过程中,为了清除日语的影响,可能存在着对台湾地方方言(闽南话和客家话)缺乏必要尊重的某些不当政策,这当然是应当批评和纠正的。但"台独"论者却把这种对汉语标准语的推行看做"外来统治民族强压的语言政策","是站在沙文主义上的",是"统治者用政治力量来宰制文学及民众日常语言"的"最法西斯的强暴手段",等等,则从根本上否定了一个统一的民族国家推行自己统一的民族标准语的合理性和必要性。这与对在推行标准语过程中政策不当的批评和纠正,是两种性质的问题。把推行民族共同的标准语,视作"外来统治民族强压的语言政策",要害还是把国民党在台政权看做"外来统治政权"。以反对"外来统治政权"的名义,来反对共同的民族标准语,其所散布的种种谬论,以及分裂的本质就在这里。

五、评所谓"台湾历史不是中国历史"

把台湾历史从中国历史中剥离出去,把中国在台湾社会发展中的地位排斥在台湾的历史叙述之外,以虚构的台湾历史的"主体性""自主性",建构"台独"的民族理论和国家理论,这是"台独"论者处心积虑的一个重要的理论侧面。从较早的王育德的《苦闷的台湾》、史明的《台湾人四百年史》,到"台独"政治大佬彭明敏的《彭明敏看台湾》,以及近年《认识台湾》教科书,等等,无不在这一核心问题上花样翻新却又万变不离其宗地提出许多"新"观点。这些观点,摘其要者,可以概括为以下三个方面:

第一,在史观上提出"台湾人中心论",这是针对过去台湾历史研究中以中国为中心的所谓"中原史观""国民党史观"而提出的。提出者认为台湾的历史应当"从台湾人的观点出发"去解释,重在"台湾历史的内在结构"和"台湾人民的主体性","亦即以台湾住民、台湾社会为主体",把台湾"视为一个独立的发展单位",从"世界史的视野"赋予台湾一个"独立的历史舞台"。一句话,这个所谓台湾史观的提出,就是想从根本上反对"把台湾史作为中国史的一部分",或"把台湾史当做母国史的一支流",从而排斥中国的主体性,为"台湾独立"提供历史依据。

第二,在社会性质上,把台湾数百年的历史,统统说成"殖民地性质"的社会发展史和台湾人"反殖民地斗争"的历史。不仅荷兰、西班牙、日本对台湾的统治是"殖民地性质"的,连郑氏三代对台湾的经营和驱荷复台、清政府统一台湾200多年和国民党政权迁台半世纪,也都是"外来政权"的殖民统治。从而便于在性质上把"台独"运动定性为反殖民主义的"民族运动",为制造一个独立的"台湾民族"和"台湾国家"提供逻辑前提。

第三,在史实上进行歪曲和捏造。其所涉及的范围,极其广泛。陈孔立教授把"台独"论者的歪曲和捏造所造成的"台湾历史的'失忆'"概括为11个方面,从事实层面和学理层面上予以批驳。这11个方面是:(1)关于台湾历史的特殊性:所谓的"海洋型文化";(2)关于台湾历史的开端:中国早期对台湾的发现、移民与开发;(3)关于郑氏政权的性质:既非"独立政权",也非"外来政权";(4)关于大陆移民与祖籍地的关系:他们既没有"放弃中国",也没有被"放逐于中国社会之圈外";(5)关于台湾开港之后与大陆的关系:既没有"脱离中国",走向世界的国际化程度也不高;(6)关于台湾在日据之前的开发情况:并非荒芜之地,而是已经开始近代化建设的全国先进省份之一;(7)关于《马关条约》的责任问题:罪魁祸首是日本的侵略,不能把"出卖台湾"的责任嫁祸在祖国人民头上;(8)关于日据时期所谓台湾人民"自由选择国籍"的历史真相;(9)关于在日本殖民统治下所谓台湾"地方自治选举"的欺骗性;(10)关于日据时期台湾"生活水准疾速提高"的真实情况;(11)关于日本发展台湾经济的殖民主义掠夺本质和局限性。① 在这一系列问题上,"台独"论者的歪曲和捏造,掩盖了历史真相,造成台湾历史的严重"失忆"和"失真"。

由于"台独"论者对台湾史实的歪曲和捏造,不胜枚举,已有许多学者以充分的事实著文予以揭露和澄清,这里无法一一详细论述。以下仅就史观方面,进行一些分析。

第一,历史是对已经发生了的事实的叙述。虽然这种叙述难免带有叙述者所处时代的痕迹和他个人主观认识的局限,但不能如某些西

---

① 陈孔立:《台湾历史的"失忆"》,《台湾历史与两岸关系》,台海出版社,1999年,第1页。

方的历史研究者,例如法国的年鉴学派所认为的那样,把历史完全当成历史学家主观的东西——历史学家依靠自己的经验、思想去构想。历史事实是不以历史叙述者个人意志为转移的一种客观存在,这是历史学科的科学性所在。对台湾史的研究同样也必须尊重和遵循台湾历史发生和发展的客观性,而不能把它当成可以随心所欲进行删改修削的主观臆想的东西。

一方面,台湾历史发生和发展的一个基本的事实是,台湾在远古时代就与中国大陆发生密切的关系,1700多年前的文献记载就已表明,是中国人最早发现台湾;而在此后的历史发展中,也是中国人和中国政府最早开始经营台湾并设立行政机构,对台湾进行移民开发。台湾的主权自古以来就属于中国,这是台湾历史的一个最基本的事实。因此,作为中国行政区划中的一个省,叙述台湾的历史是不能无视中国在台湾历史发展中的主体地位的,也就是说不能摆脱台湾历史作为中国历史的一部分的中国性。如果说"台独"论者所反对的中原史观指的就是台湾历史的中国性,那么它作为台湾历史的一个基本的客观事实,恰恰是应当尊重和坚持的。

另一方面,我们历来主张历史是人民创造的,人民群众是历史的主人和历史的推动力。这一观点当然也适用于对台湾史的研究。但这种历史的人民性观点,并不与台湾历史的中国性相矛盾。人民性的历史观,是针对帝王创造历史的帝王史观提出来的。如果说"台独"论者所主张的台湾人史观,是强调人民在历史发展中的作用,以人民为中心,而不是以帝王为中心来叙述历史,那并没有错,但事情显然不是如此。"台独"论者一方面把帝王史观和所谓中原史观(实际上是中国史观)等同起来,诬称所谓中原史观就是帝王史观;另一方面又以反对帝王史观为借口来反对中国史观,用人民性来对抗中国性。这种偷换概念的把戏说明了"台独"论者所谓的台湾人史观,实质是一种反对中国史观的"台独"史观。

第二,台湾作为中国一个相对特殊的地区,其历史具有自己的特殊性,这不奇怪。问题是这一特殊性,是否超越了它作为中国历史之一部分的共同性,即中国性,甚或已经从共同性中脱离出来,成为独立于中国之外的历史了,这才是问题的关键。

什么是台湾历史的特殊性呢? 大陆著名的台湾史学家陈孔立在肯认"台湾历史作为中国历史的一个组成部分,它与全国的历史有共性;但台湾作为中国的一个比较特殊的地区,它的历史也必然有其特殊性"的同时,着重指出其特殊性表现在两个方面:(1) 台湾与中国其他地区相比,是一个开发较晚的地区,而且在相当长的时期里,是一个主要来自福建、广东的移民社会,在人口结构、社会结构、政权结构等方面,都与定居社会有不同的特点。不仅在经济上、文化上、社会关系上,而且在政治上都与其母体社会(福建、广东)有着特别密切的关系。(2) 台湾在历史上曾经被荷兰侵占达 38 年,被日本殖民统治达 50 年,这是全国其他地区所没有的。① 台湾历史这两方面与中国其他地区不同的特殊经历和特殊遭遇,并没有把台湾从中国的历史之中分离出去,恰恰相反,是更紧密地把台湾历史凝结在中国历史之中。

先说移民和移民社会。台湾在历史上是一个主要由福建和广东的移民开发和建构起来的移民社会,这是台湾史研究中并无分歧的共识。这一说法主要包括了两个方面的内容:一是台湾社会的人口主体,是由闽粤移民为主体构成的;二是闽粤移民带来的汉民族文化,是构成台湾社会的文化基础,它使台湾社会由早期的台湾少数民族的社会形态,转化为与移民的母体社会相一致的汉族社会形态。因此,在这个意义上也可以说,台湾的移民发展史是台湾历史的核心和主干部分。而台湾的移民史,实际上也是祖国大陆对台湾的开发史和台湾以中原文化为基础的汉族社会形态形成、发展的历史。"台独"论者不是主张台湾人史观吗? 这个台湾人,实际上也就是主要移民自福建、广东的闽南人和客家人,以他们为主体来叙述台湾的历史,怎么能够割断他们与自己祖根之地的母体社会的联系,从而把台湾从中国分离出去呢?"台独"论者还制造另一种舆论,认为移民离开大陆来到台湾,是"放弃中国,不愿接受中国的统治","是带着和中国断绝关系的心

---

① 陈孔立:《台湾历史与两岸关系》,台海出版社,1999 年,第 5-6 页、第 42 页。

情移民台湾"①,是"被当政者放逐于中国社会之圈外,而和中国大陆完全断绝了关系"②。这是纯粹的谎言。稍有台湾史知识的人都会知道,台湾的移民主要有两种类型:一是经济型的开发性移民,主要是由于家乡的人口压力和生活环境恶化,造成"无田可耕,无工可雇,无食可觅"而移民台湾谋求出路的,他们往往单身独人渡海来台,春来秋还、开荒拓垦赡养家口。二是政治性的战争移民,主要是郑成功为驱荷复台而带来的军队。为了把台湾建成反清复明的军事基地,郑氏带来的这些家乡子弟兵,也从事经济性的开发拓垦。这两种类型的移民,无论是为了养家糊口而拓垦台湾,还是为了反清复明而屯军台湾,都以大陆为经济的或政治的归指。他们既没有放弃中国,也不被逐出"中国社会之圈外"。相反的,其实现自己的经济目的和政治愿望,都必须回到祖国大陆,其与自己的祖根之地,便有着不可分割的极其密切的关系。即使后来,他们在把自己的妻子儿女移入台湾,并定居台湾繁衍后裔,也念念不忘这种关系。至今仍在台湾留存的种种归葬原乡、祭祖认宗、建祠修谱,乃至在墓碑和神主牌上刻写祖籍地名等风俗习惯,这便是明证。由此可见,台湾的移民和移民社会这一历史的特殊性,恰恰不是把台湾和中国分离开来,而是把台湾和祖国大陆更紧密地联系在一起,把台湾历史纳入在中国历史之中。

再说荷兰、西班牙、日本的殖民侵占,这是台湾历史遭遇的另一个特殊性。不过,它并不是孤立地在台湾发生,而是近代以来中国备受东西方殖民者弱肉强食的屈辱遭遇的一部分,同样也纳入中国遭受帝国主义殖民侵略的历史之中。作为16世纪后期继西班牙和葡萄牙之后崛起的海上霸权国家,荷兰从17世纪初开始便进入东方,并把目标对准中国。1601年,荷兰就有船抵澳门,要求通商;东印度公司成立之后又多次派遣军舰、商船企图攻取澳门。在受到先期进入澳门的葡萄牙殖民者抗击后便转向澎湖,先后两次入据澎湖,在岛上建筑城堡,以作据点;同时派船进入台湾,寻找良港;并不断以武力骚扰福建沿海,

① 彭明敏:《自由的滋味》,台湾文艺出版社,1987年,第250页。
② 史明:《台湾不是中国的一部分》,台湾前卫出版社,1992年,第36页。

贿买奸商污吏,强迫中国就范,为之提供西方所需的商品。直至 1624
年 8 月,在我大军登陆澎湖的威逼之下,才被迫撤往台湾,开始了对台
湾长达 38 年的占领。荷兰殖民者进入台湾以后,截断了从中国到菲
律宾的航路,使占据菲律宾的西班牙殖民者的商业利益受到损害。西
班牙驻菲总督便于 1626 年派遣远征军经吕宋,沿台湾东海岸北上,占
领鸡笼(今基隆),以台湾北部为据点,与占领台湾南部大员港(今安
平地区)的荷兰人抗衡,争夺对于中国的商业利益。由此可见,无论荷
兰殖民者还是西班牙殖民者,他们对台湾的占领都不是偶然、孤立的
事件,是发生在他们对中国进行经济掠夺的殖民活动之中的,占领台
湾只是他们实现这一目标的一个环节。台湾的这段历史如果不放在
中国历史的大框架和大背景下,怎么能够说得清楚呢!

　　同样,日本对台湾的占领也是日本对中国觊觎已久的阴谋之一。
早在明治初年,日本就提出:"为了征服中国,我们必先征服满蒙;为了
征服世界,我们必先征服中国。"他们北以朝鲜作为进入满洲的跳板,
南以台湾作为向东南亚扩张的基地,在甲午战争之前就屡次派人进入
台湾窥探和调查,直到发动甲午战争,便把占领台湾作为战争的目标
之一。实际上,在清朝败绩,被迫求和,条约尚在谈判之时,日本已经
在军事上开始了对台湾的占领行动,以此威逼无力讨价还价的清政府
割让。因此,台湾的割让,其罪魁祸首首先是日本对中国的侵略行为,
其次才是清朝政府的腐败无能。正确地认识台湾这段历史,难道不也
应当把它放在中国近代历史的大背景之下,把它作为中国备受殖民侵
略和屈辱的近代史之一部分,才能叙说得清楚吗!

　　荷兰、西班牙、日本对台湾的侵占,使台湾在一段时间里遭受异族
的占领,甚至沦为异族统治下的殖民地,中止了它与祖国大陆社会同
步发展的进程,这是台湾历史的一段特殊经历,也是中国近代历史的
一段曲折。但"台独"论者把 300 多年的台湾历史统统说成"外来政
权"统治的历史,把台湾 300 多年来的社会统统说成一个"殖民地性质
的社会",这是一种含有明显政治意图的故意歪曲。这里有个问题需
要首先辩明:何为"外来政权"? 是指从外国来的异族统治政权,还是
指外地来的政权,即从台湾地区以外委派官员来台湾的中国政权,二

者有着性质上的根本不同。如果是指前者,那只在荷据和日据时期,而不是台湾的全部历史;如果是指后者,那并不是外来政权,而是中国在行使对自己领土台湾的主权。只是由于封建时代的官员回避制度,本地生员不能在本地任职,所以清治时期的台湾官员都从外省委派。这在大陆各省,均是如此。显然,"台独"论者是把中国对台湾行使主权的所有政权,都视为"外来政权",而且是和荷兰、日本异族殖民者一样对台湾实行殖民统治的"外来殖民政权",所以才会得出300多年的台湾社会都是"殖民地性的社会"的结论。其中也包括从荷兰殖民者手中夺回台湾主权的郑成功政权,统一台湾后对台湾行使主权的清朝政府、第二次世界大战以后台湾回归祖国和由祖国大陆撤迁台湾的国民党政府。这显然是一种不分皂白、混淆性质的说法。把中国政权都说成"外来政权",把所有"外来政权"都变成殖民政权,这样就可以不仅把300多年的台湾社会都变成"殖民地性质的社会",而且把300多年来的台湾历史都变成"反殖民地斗争的历史"。于是,"反殖民地斗争"的台湾人的历史,当然不能包括在"殖民者"的中国政权对台湾统治的历史之中,台湾历史也就不是中国历史。"台独"论者的这一篡改历史的用心可谓良苦,其包藏的祸心,也极险恶。

刘登翰学术年表

1937年农历七月七日,生于厦门鼓浪屿一华侨家庭,祖籍福建南安。

1952年—1955年,就读于厦门师范学校,毕业后分配至厦门日报社当记者。

1956年,考入北京大学中文系,开始尝试写诗和评论,并在《诗刊》等刊物上发表文章。

1958年冬,应时任《诗刊》副主编徐迟的邀请,与谢冕、孙玉石、孙绍振、殷晋培、洪子诚合作撰写《新诗发展概况》,并于1959年6月以连载方式首发本人执笔撰写的第一章《女神再生的时代》,至1959年12月载到第四章后就无疾而终,复杂的情况不为当时还是大学生的我们所能了解。半个世纪以后,我们五人(殷晋培已于1992年因病辞世)以《回顾一次写作》为书名,忆述和反思《新诗发展概况》写作与发表的前前后后,以及此后半世纪各自不同的人生道路和学术经历,并作为一份学术史资料,重新刊发当年的书稿全文,于2007年由北京大学出版社出版。

1961年7月,毕业于北京大学中文系。为照顾家庭申请回厦门工作,却因"海外关系复杂"被分派到闽西北山区,一待19年。其间当过中学教师、地方报社编辑、公社干部、下放干部、基层文化干部等,业余除偶尔写点诗或散文外,几无任何文学与学术活动。

1978年9月,参加刚恢复活动的中国作家协会首次组织的作家访问团,前往鞍山和大庆进行为时一个月的访问。

1979 年 8 月,与孙绍振合著的诗集《山海情》由福建人民出版社出版。

1979 年 10 月,调至福建社会科学院文学研究所工作,先后任副所长、所长、闽台文化研究中心主任、院学术委员会副主任等职。

1980 年,参加朦胧诗讨论,发表《一股不可遏制的新诗潮》《朦胧诗:昨天和今天》等文章,对新诗潮表示支持;应《文学评论》之约,撰写关于新诗潮代表诗人舒婷的专题论文《会唱歌的鸢尾花——论舒婷》于该刊发表。

1982 年,加入中国作家协会。

1982 年,作为福建社会科学院文学研究所的代表,参与筹备并出席在暨南大学召开的第一届香港台湾文学研讨会,第一次接触台港文学。

1984 年 4 月,参与筹备并出席在厦门大学召开的第二届台湾香港文学研讨会,发表个人第一篇台湾文学论文:《论台湾的现代诗运动——一个粗略的史的考察》。此后出席历届台港澳暨海外华文文学两年一次的全国性学术会议(除 2008 年因赴台交流缺席南宁会议外),并提交论文。同时还多次出席台港澳暨海外华文文学各种不同主题的中小型学术会议,并提交论文或作学术发言。

1984 年 8 月,散文、报告文学集《钟情》由福建人民出版社出版。

1984 年,应人民文学出版社之约,与洪子诚合作撰写《中国当代新诗史》。1986 年执笔完成初稿后,由洪子诚为主修改第二稿,此后又经多次互相修改;1988 年交付人民文学出版社出版,审稿过程中因朦胧诗等若干章节的问题,被搁置五年,延至 1993 年 5 月由人民文学出版社出版,书中第一次设专章介绍了台湾诗歌。2000 年 8 月,该书被译成韩文,在韩国出版。2005 年 4 月,以洪子诚为主对《中国当代新诗史》进行修订,并由本人增补香港和澳门诗歌的专章,改由北京大学出版社重排出版。

1984 年,为出版参与编写的《中国·福建》一书,初次访问香港,并替福建社会科学院图书馆购回一批台湾、香港文学图书。此后陆续编选的《余光中诗选》《黄春明小说选》《台湾玉——施叔青小说选》

《台湾儿童诗选》等，大都使用这批资料。2000年，由海峡文艺出版社出版的《余光中诗选》，入选"百年来影响中国的百部文学作品"，增补本由中国青年出版社出版。

1984年，受海峡文艺出版社之托编选《台湾现代诗选》，收20世纪50年代以降40位诗人的387首（组）作品，并附有评述台湾现代诗运动的专题论文。全书近700页，为当时介绍台湾诗歌较具规模和代表性的选本。亦因政治原因被搁置，于1987年8月才改由春风文艺出版社出版。此书后改名为《中外抒情诗精选系列：台湾现代诗选》，多次再版。

1985年5月，应香港大学亚洲研究中心邀请，出席在香港大学举行的"香港文学研讨会"。此后多次访问或途经香港，出席香港大学、香港中文大学、香港岭南大学、香港城市大学等大学和社会文化机构、文学社团举办的各种文学会议，或受聘香港文学奖评审等，与香港结下不解的文学情缘。

1985年10月，被选为福建省作家协会副主席，至2007年卸任，转任顾问。

1986年12月，提交在深圳大学召开的第三届台湾香港文学研讨会的论文《特殊心态的呈示和文学经验的互补——从中国文学的整体格局看台湾文学》，为《文学评论》1987年第4期刊发，此为国家一级文学研究刊物发表台湾文学论文较早的一篇。

1988年10月，福建省台港澳暨海外华文文学研究会成立，被选为会长。同时，启动作为研究会成立后第一个合作项目，开始筹划撰写《台湾文学史》。

1988年11月，出席中国文学艺术界联合会第六届代表大会。

1990年9月，参与筹备由福建省作家协会主办的"海峡诗人节"，与台湾诗人、作家、艺术家洛夫、姜穆、古月、李锡奇等及香港诗人秦岭雪、张诗剑、梦如、路羽等，结伴循厦门、泉州、莆田、福州北上同游武夷，一路谈诗论艺，此为第一次与台湾、香港作家的深度交流。

1991年5月，诗集《瞬间》由海峡文艺出版社出版。

1991年6月，《台湾文学史》上卷由海峡文艺出版社出版；两年之后,下卷于 1993 年 10 月继由该社出版。此书由刘登翰、庄明萱、黄重添、林承璜共同署名主编,福建省台港澳暨海外华文文学研究会多位同仁参与撰写。该书出版后获第八届国家图书奖、福建省第二届社会科学优秀成果一等奖。2007 年 9 月,此书被收入《中国文库》第三辑,由中国出版集团旗下的现代教育出版社改为三卷本重排出版。

1991 年岁末,应台湾艺术家李锡奇介绍,接受台湾某文化机构邀请,与时任福建省作家协会副主席兼秘书长的小说家袁和平联袂访台半个月。归来撰写的五万余字的长篇散文《台湾半月行》,发表于 1992 年 5 月号的《人民文学》上。此为首次赴台,后又二十余次应邀访台,出席各种文学、文化、艺术和社会、政治的学术会议和活动。

1993 年起,享受国务院有突出贡献专家津贴。

1994 年 11 月,论文集《文学薪火的传承与变异》由海峡文艺出版社出版。

1995 年 3 月,论文集《台湾文学隔海观》由台湾风云时代出版股份有限公司出版。

1995 年 8 月,散文集《寻找生命的庄严》由海峡文艺出版社出版。

1995 年 8 月,应香港岭南学院现代中文研究中心邀请,赴港进行为时三个月的客座研究。撰写《香港文学研究的几个问题》《论〈诗风〉》等多篇长篇论文,为香港文学研究的开始。在港期间曾接受时任香港三联书店编辑的梅子、舒非的提议,撰写香港文学史,后因经费问题未果。

1995 年中秋,应澳门基金会的邀请,从香港赴澳门商讨基金会与福建社会科学院合作事宜。同年 11 月,随福建社会科学院组团访问澳门,与澳门基金会签署了五项课题合作协议。由本人主持、多位澳门学者参加的《澳门文学发展概观》为其中的一项。此后又多次赴澳门出席会议和参加活动。

1996 年,被中共福建省委和福建省人民政府评为"福建省优秀专家"。

1996 年春,应澳门基金会邀请,前往澳门大学讲学三周,同时为澳门文学研究课题作准备。在此期间,香港作家联谊会会长曾敏之和香港作家出版社社长犁青过澳门来访,提议由曾敏之筹集撰写经费、犁青提供出版资助,由本人出面组织大陆学者撰写《香港文学史》。澳门归来之后即进入紧张的筹划、撰写工作。

1996 年 12 月,《彼岸的缪斯——台湾诗歌论》(与朱双一合著)由百花洲文艺出版社出版。

1996 年 12 月,出席中国作家协会第五届代表大会。此后,连续出席第六届(2001 年 11 月)、第七届(2006 年 11 月)、第八届(2011 年 11 月)全国作家代表大会。

1997 年 5 月,由本人主编、多位澳门学者参与撰写的《澳门文学概观》一书,由鹭江出版社出版。为《澳门文学概观》撰写的绪论《文化视野中的澳门文学》,为《文学评论》1999 年第 6 期选用,继而又为《新华文摘》2000 年第 2 期全文转载。

1997 年 7 月,应菲华作协邀请,赴马尼拉出席菲华文学研讨会,提交论文《精神漂泊与文化寻根》。

1997 年 8 月,主编的《香港文学史》(繁体字版)由香港作家出版社出版。所撰写的总论《香港文学的发展道路》在《文学评论》1997 年第 4 期发表。后又经一年多时间的修订和补充,其简体字版于 1999 年 4 月由人民文学出版社重新出版。

1998 年,受聘为福建师范大学文学院博士生导师。

1999 年 9 月,应加拿大华裔作家协会邀请,赴温哥华出席会议,发表论文《北美华文文学的文化主题及与 20 世纪中国文学的关系》;会后应美国华文作家协会的邀请,访问纽约、达拉斯、旧金山等地。

2001 年,《南少林之谜》作为本人主持的《番薯藤文化丛书》之一,由台湾幼狮文化事业股份有限公司出版。

2001 年 2 月,赴菲华作协举办的华文文学讲习会讲课。

2001 年 8 月,应旅澳中国人文学者联谊会邀请,出席悉尼华文文学国际学术研讨会。

2002 年 5 月,中国世界华文文学学会成立,被选为副会长。2010 年 10 月卸任。

2002 年 11 月,应柏克莱大学亚裔系邀请,出席"开花结果在海外——第二届华裔文学研讨会",提交论文《论"过番歌"》。会后访问了加州并进行学术演讲和交流,由洛杉矶市特雷帕克市长签署授予"荣誉市民"证书。

2002 年 12 月,《中华文化与闽台社会——闽台文化关系论纲》由福建人民出版社出版。此为由本人主编的大型学术书系《闽台文化关系研究丛书》(两辑,共 17 册)中作为导论的一本。该书获福建省第五届社会科学优秀成果一等奖。

2003 年 7 月,主编《文化亲缘与两岸关系》一书,由九州出版社出版。

2003 年 12 月,应日本福冈大学山田工作室邀请,参与山田敬三教授主持的环太平洋圈华文文学研究课题,就所承担的香港文学部分进行报告;会后参访日本九州大学、一桥大学和东京大学。

2004 年 1 月,应《外国长篇小说名著精读》编委会邀请,改写的狄更斯长篇小说《双城记》,由华夏出版社出版。2012 年,该书被列入中国致公出版社"MK 珍藏版世界名著系列"(少青版)重排再版。

2004 年 6 月,获国务院侨办和全国侨联颁发的"全国归侨、侨眷先进个人"奖章和奖状。

2004 年 8 月,诗集《纯粹或不纯粹的歌》由香港文学报出版公司出版。

2004 年 12 月,应邀出席在印尼万隆举行的"世界华文微型小说研讨会",提交论文《从血缘亲情走向种族和谐》。

2005 年 7 月,福建省海峡文化研究中心成立,负责学术方面工作。撰写《论海峡文化》一文,提出关于文化区划分的海域概念,引起讨论。

2005 年 10 月,与刘小新合写的论文《华人文化诗学:华文文学研究范式的转移》获中国文联文艺评论理论文章二等奖。

2006 年 1 月,作为总撰稿人主持的《福建:山海交辉的文化福地》由外文出版社出版,此书作为"全景中国"之一种,被译成英、法、日等多种版本,向世界介绍福建。

2006 年 7 月,书法集《登翰墨象》由香港中国文化出版社出版。随后《登翰墨象二集》《登翰墨象三集》分别于 2008 年 8 月、2012 年 1

月继由该社出版。

2007 年 6 月，主编的《双重经验的跨域书写——20 世纪美华文学史论》，由上海三联书店出版。该书"引论"以《双重经验的跨域书写》为题，刊发于《文学评论》2007 年第 3 期，并获《文学评论》2003—2007 年度优秀论文奖。

2007 年 8 月，论文集《华文文学：跨域的建构》作为 70 岁生日的纪念，由福建人民出版社出版。

2007 年 8 月，报告文学集《关于人和历史的一些记述》由海潮摄影艺术出版社出版。

2007 年 8 月，由中国世界华文文学学会、福建省海峡文化研究中心、福建省台港澳暨海外华文文学研究会和国际新移民华文作家笔会联合主办的《华文文学研究：理论和实践》国际学术研讨会在福州举行。会前出版的论文集扉页题词："谨以此书祝贺刘登翰先生七十华诞"，书中收有对本人学术评论的文章 9 篇。

2007 年 8 月，于福州画院首次举办以《登翰墨象》为题的个人书法展。此后还多次在福州琴南书院（2009 年 10 月）、福州东方书画社（2013 年 4 月）、厦门宏宝斋画廊（2010 年 10 月）、泉州威远楼（2012 年 9 月）等举办个人书法展。

2008 年 8 月，序跋和短论集《书影背后》由中国文化出版社出版。

2008 年 11 月，于福建社会科学院退休。

2010 年 1 月，散文《骰声灯影背后的澳门》获澳门基金会与天津百花文艺出版社《散文（海外版）》合办的《我心中的澳门》征文一等奖。

2010 年 10 月，《跨越海峡的文化记认》由台湾海峡学术出版社出版。

2010 年 10 月，散文集《自己的天空》由花城出版社出版。

2010 年 11 月，赴马尼拉举办个人书法展，并在宗亲和菲华作家云鹤、秋笛夫妇的帮助与陪同下，往菲律宾南部纳卯市华人义山祭奠父亲亡灵。

2012 年 1 月，论文集《华文文学的大同世界》（繁体字版）由台湾人间出版社出版。

2012年2月，应邀在台北孙中山纪念馆与香港诗人、书法家秦岭雪联办书法双人展。

2012年7月，应泰国留中总会邀请访问曼谷，以《华文文学的大同世界》为题作学术演讲。

2012年10月，论文集《华文文学的大同世界》（简体字增订版）作为"世界华文文学研究文库"首批出版的自选集，由花城出版社出版。

2013年5月，受聘为福建师范大学海峡两岸文化发展协同创新中心专家。8月，又受聘为厦门大学两岸和平发展协同创新中心专家委员会委员。

2013年9月，《中华文化与闽台社会》经修订，由人民出版社重排出版。

2014年1月，与陈耕合著的《论文化生态保护——以厦门闽南文化生态保护实验区为中心》由福建人民出版社出版。